GESICHTER DER ARBEIT

Neue Berliner Beiträge zur
Technikgeschichte und Industriekultur

Schriftenreihe der Stiftung
Deutsches Technikmuseum Berlin

Band 6

Joseph Hoppe · Bernd Lüke · Jörg Rüsewald (Hg.)

GESICHTER DER ARBEIT

FACES OF WORK

Fotografien aus Industriebetrieben der DDR

Photographs from the GDR's Industrial Plants

von Günter Krawutschke

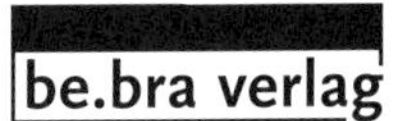

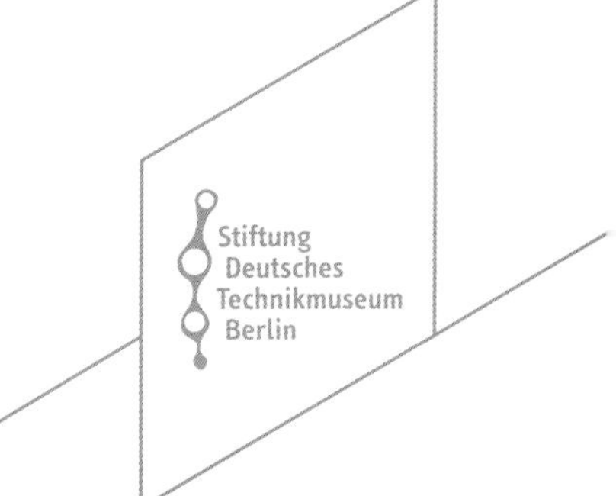

Mit freundlicher Unterstützung durch

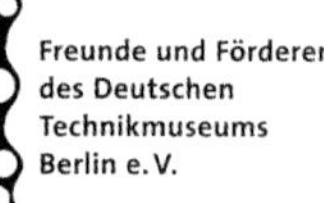

Alle Bildrechte, sofern nicht anders gekennzeichnet, liegen bei:
SDTB, Historisches Archiv / Günter Krawutschke.
Der Abdruck der Berliner Zeitung auf S. 22 erfolgt mit freundlicher Genehmigung des Berliner Verlags und des Autors Joachim Eckert.

Bibliografische Informationen der Deutschen Nationalbibliothek
Die Deutsche Nationalbibliothek verzeichnet diese Publikation in der Deutschen Nationalbibliografie; detaillierte bibliografische Daten sind im Internet über https://dnb.d-nb.de abrufbar.

KulturBrauerei Haus 2
Schönhauser Allee 37, 10435 Berlin
post@bebraverlag.de
Herausgeberschaft: Joseph Hoppe, Bernd Lüke, Jörg Rüsewald
Projektleitung: Jörg Rüsewald, Tiziana Zugaro
Lektorat: Joseph Hoppe, Ingrid Kirschey-Feix, Günter Krawutschke, Bernd Lüke, Jörg Rüsewald, Tiziana Zugaro
Übersetzung: Barry Fay
Umschlag: Ansichtssache, Berlin
Satz: typegerecht berlin
Schrift: Frutiger Next Pro
Druck und Bindung: Finidr, Český Těšín
ISBN 978-3-89809-183-1
ISSN 2511-3143

www.bebraverlag.de www.technikmuseum.berlin

Inhalt

Contents

Inhalt	Contents	
Grußwort	**Introduction**	8
Geleitwort	**Foreword**	9
Joseph Hoppe **»Gesichter der Arbeit« im Museum** Die Tonspuren der Fotografie	*Joseph Hoppe* **“Faces of Work” at the Museum** The sound track of photographs	11
Peter Paul Schwarz **Mehr als Arbeit** Rückblick auf die Arbeiterklasse in der DDR	*Peter Paul Schwarz* **More than Work** A look back at the working class in the GDR	15
Bernd Lindner **Wirklich – unwirklich** Pressefotografie in der DDR	*Bernd Lindner* **Real – Unreal** Press photography in the GDR	23
Gespräch mit Günter Krawutschke	**Interview with Günter Krawutschke**	29
PORTRÄTS BLICKE UND MOMENTE	**PORTRAITS** GLIMPSES AND MOMENTS	35
PRODUKTION MENSCHEN UND MASCHINEN	**PRODUCTION** PEOPLE AND MACHINES	61
BRIGADE GEMEINSINN UND LEISTUNG	**BRIGADES** COMMUNITY SPIRIT AND PERFORMANCE	109
ZWISCHENZEITEN PAUSE UND ERHOLUNG	**INTERIM TIMES** BREAKES AND RECREATION	125

REALER SOZIALISMUS | **REAL SOCIALISM**
ORDEN UND AGITATION | COMMENDATIONS AND AGITATION 153

INDUSTRIELANDSCHAFTEN | **INDUSTRIAL LANDSCAPES**
WEGE UND WERKE | WAYS AND WORKS 173

1990 | **1990**
FREIHEIT UND ABWICKLUNG | LIBERATION AND LIQUIDATION 195

Günter Krawutschke | **Günter Krawutschke** 202

Anmerkungen | **Notes** 204

Grußwort

EAW, TRO, BB, EKL – Abkürzungen, mit denen heute nur noch die Wenigsten etwas anfangen können, die für Zehntausende von Arbeiterinnen und Arbeitern jedoch Jahrzehnte ihres Lebens bedeuten. Fabriken, besser »Volkseigene Betriebe« (VEB), im Osten der Stadt, Arbeit unter miesen Vorzeichen, im Kollektiv, an oft veralteten Maschinen … Arbeit, die sich tief in Gesichter gegraben und in Körper gefressen hat.

Es hat mich immer fasziniert, wie der Blick eines Fotografen, durch die Linse seines Apparates, Momente einfängt. Momente, die es den Betrachtenden erlauben, zu sehen und zu verstehen, ganze Welten zu erfassen. Die Fotos von Günter Krawuschke sind solche Fotos. Man ist mittendrin statt nur dabei – im realexistierenden Arbeiterinnen- und Arbeiter-Alltag des DDR-Sozialismus. Die Bilder sind kostbar, nicht weil die Zeit ihrer Entstehung Vergangenheit ist. Kostbar macht sie die Wärme und Weichheit bei aller Kälte und Härte des Arbeitsalltages, die Nähe zu den Fotografierten, ohne ihnen zu nahe zu treten.

Im Gesicht des »Brigadeführers« bei Elektrokohle Lichtenberg (EKL) versteht man die betriebsinterne Abkürzung »EKeL« sofort. »Lenchen Möller« ist zutiefst liebenswert und gar nicht komisch, mit ihrem Kamm und dem Graphitstaub auf der Kittelschürze. Und die »Männlichen Machtspiele bei einer Betriebsfeier« im VEB Bergmann Borsig erinnern an den 8. März (Internationaler Frauentag) in der DDR und seine unehrlichen Rituale – »Unsere Frauen, diese Prachtkerle!«

Großartige Fotos allesamt, die vollständige Sammlung der Bilder, die das Deutsche Technikmuseum bewahrt, ein einzigartiges Dokument der ostdeutschen Industriearbeiterschaft vor 1990. Die Bilder sind historische Zeugnisse, wenn es um die fast gänzlich aus unserem Alltagsbewusstsein verschwundene Industriekultur in Berlin geht – dafür, wie sie die Geschichte dieser Stadt prägte. Und ihre Menschen. Das wiederum erlaubt uns heute zu verstehen, was wie warum so war und manches heute so ist.

Klaus Lederer
Senator für Kultur und Europa

Introduction

EAW, TRO, BB, EKL are abbreviations only very few people can make sense of today, but they mean decades of their lives for tens of thousands of workers. They stand for "state-owned companies" (VEB) in the eastern part of Berlin, working under terrible conditions, in a collective, on often obsolete machines … Work that hollowed out faces and ate into bodies.

It has always fascinated me how a photographer can capture moments by looking through the camara lens. Moments that enable viewers to see and comprehend, to grasp whole worlds. Günter Krawutschke's photos achieve this perfectly. They give a sense of being there instead of just observing, of dwelling in the unvarnished reality of the daily existence of workers in GDR-style socialism. The pictures are notable, not because they depict the past so fully but because of their warmth and softness despite all the coldness and harshness of everyday working life and the closeness to the people being photographed without getting too near them.

In the face of the "brigade leader" at Elektrokohle Lichtenberg (EKL) the spoof abbreviation "EKeL" (= disgust) that was used internally is immediately understood; "Lenchen Möller" with her comb and her dusty smock apron is deeply endearing and not in the least comic; and the "male power games at a celebration" at VEB Bergmann Borsig reminds one of the Women's Day in the GDR and its disingenuous rituals under the motto "Our women, these hunky men".

A great series of images, this collection of photographs at the Deutsches Technikmuseum is a unique documentary record of the East German industrial workforce before 1990. The pictures are historical testimonies to how industrial culture in Berlin, a heritage that has mostly disappeared from our everyday consciousness, shaped the history of this city. And its people. This in turn allows us to understand the how, what and why of things back then and how things got to be the way they are today.

Klaus Lederer
Senator for Culture and Europe

Geleitwort

Das Deutsche Technikmuseum versteht sich als ein Forum der Kulturgeschichte der Technik. Wichtigster Bezugspunkt in den Ausstellungen und Bildungsangeboten des Deutschen Technikmuseums ist immer die Frage nach den Folgen für die Gesellschaft und für den Einzelnen; damit wird eine sich ausschließlich an technischen Parametern orientierende Betrachtung gebrochen und die Würdigung des Humanen als Wert über den eines diffusen technischen Fortschritts gestellt. Zugleich geht es uns darum, nicht nur die Vergangenheit, sondern denkbare Zukünfte zu beleuchten.

Eine große Aufgabe im Verhältnis von Technik und Gesellschaft wird es sein, die Folgen wirtschaftlicher Brüche in heute noch bedeutenden Branchen aufzufangen und zu verarbeiten; dies betrifft vor allem die Mobilitäts-, Energie- und Informationsindustrien. West- und Ostberlin sowie die »neuen Länder« haben in den vergangenen Jahrzehnten die Erfahrung von De-Industrialisierung und die Schwierigkeiten von Re-Industrialisierung geteilt. Es gibt nur wenige Industrieregionen in Deutschland, in denen gesellschaftliche und wirtschaftliche Brüche so radikal durchgesetzt wurden und verarbeitet werden mussten. Im Nachgang sind jedoch die Zeitzeugnisse solcher sozialer Verwerfungen rar und disparat.

Umso mehr ist zu würdigen, dass das Deutsche Technikmuseum in den vergangenen Jahren einen Großteil der fotografischen Arbeiten von Günter Krawutschke einwerben konnte. Unglaubliche 17.000 Bilder liegen jetzt im Historischen Archiv des Technikmuseums, entstanden seit den 1970er bis in die frühen 1990er Jahre. Sie dokumentieren umfassend und detailreich die Arbeits- und Lebenswelt der DDR und deren Transformationen. Dabei richtet sich der Fokus vor allem auf die betroffenen Menschen. Unsere Ausstellung »Gesichter der Arbeit«, die mit diesen Bildern arbeitete, stieß bereits auf ein außerordentliches Interesse.

Mein besonderer Dank gilt dem Förderverein des Deutschen Technikmuseums, der die Drucklegung des Bandes großzügig unterstützt hat.

Joachim Breuninger
Vorstand Stiftung Deutsches Technikmuseum Berlin

Foreword

The Deutsches Technikmuseum sees itself as a forum for the cultural history of technology. The most important point of reference in its exhibitions and educational programs is invariably an inquiry into the implications for society and the effects on the individual; with this, an approach based exclusively on technical parameters has been abandoned in favor of one that places humanistic values above that of diffuse technological progress. At the same time, the museum is not satisfied with just looking backwards but also seeks to expand its ability to provide important information about conceivable future developments.

A major task arising from the relationship between technology and society will be to absorb and process the consequences of economic disruptions in industries that are still significant today; this applies above all to the mobility, energy and information sectors. In the past decades, West and East Berlin as well as the "new federal states" have all endured the experience of de-industrialization and the difficulties of re-industrialization. There are only a few industrial regions in Germany in which social and economic disruptions were so radically imposed that serious mitigation measures were required. In the aftermath, however, eyewitness accounts of such social upheavals are rare and disparate.

This makes Deutsches Technikmuseum's success in acquiring the majority of Günther Krawutschke's photographic works over the past years all the more impressive. An unbelievable 17,000 pictures, most of which were taken from the 1970s to the 1990s, are now secure in the Deutsches Technikmuseum's archive. They comprehensively document in rich detail the working and living environment in the GDR and its transformations, with particular focus on the people affected. Our "Faces of Work" exhibition, which is based on these pictures, has already met with remarkable interest.

My special thanks go to the Förderverein des Deutsches Technikmuseum, which generously supported the printing of this volume.

Joachim Breuninger
Director of the Stiftung Deutsches Technikmuseum Berlin

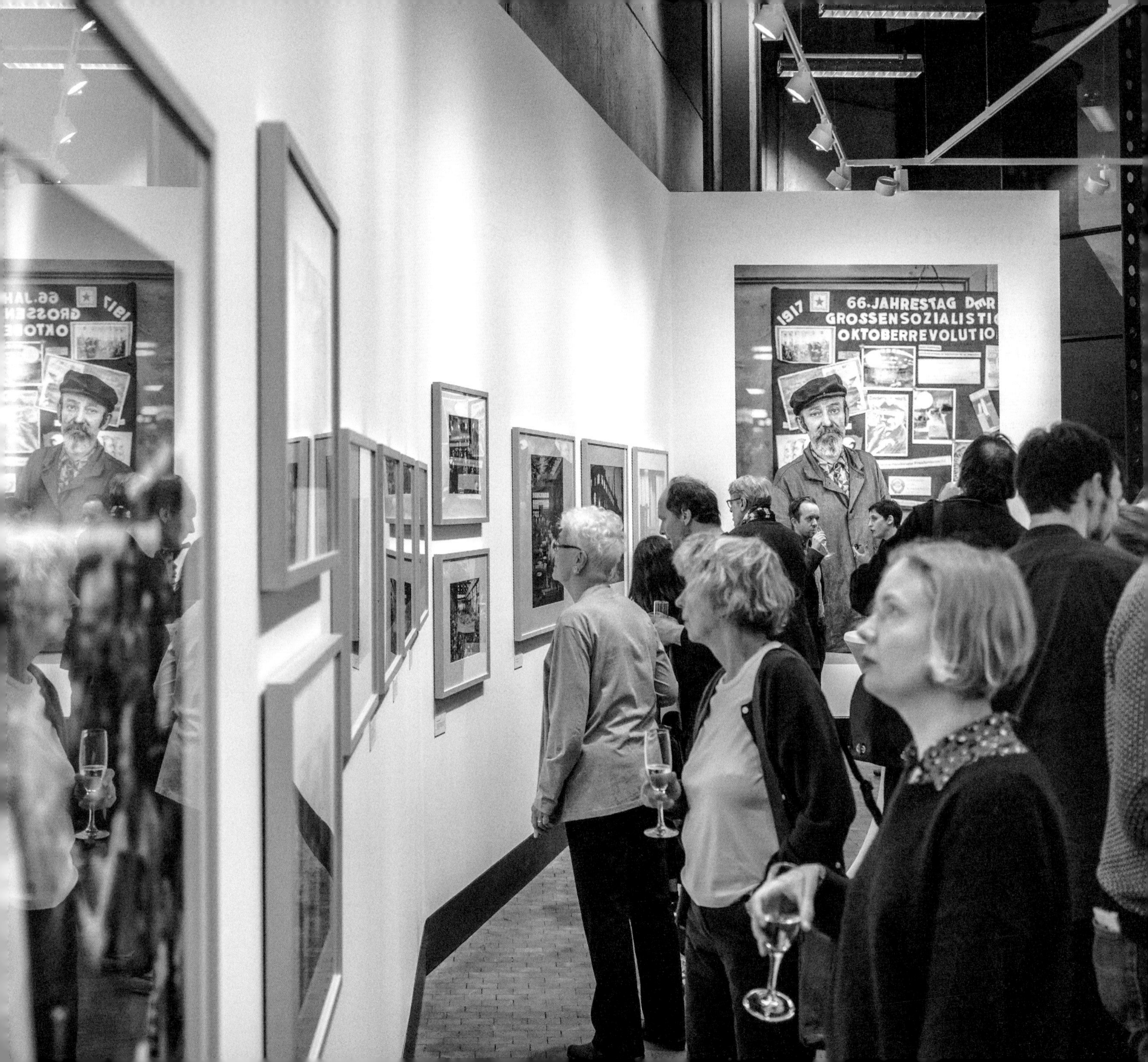
1917
66.JAHRESTAG
GROSSENSOZIALISTI
OKTOBERREVOLUTIO

Joseph Hoppe

»Gesichter der Arbeit« im Museum

Die Tonspuren der Fotografie

»Die Sprache des Museums sind die Objekte« ist ein vielgenutzter Satz, um die besondere kommunikative Kompetenz der Museen als Teil des Orchesters gesellschaftlicher Verständigungen und Vermittlungen zu beschreiben. Im Besonderen gilt dies für die Museen, die sich mit der Geschichte der Technik und Arbeit und der Industriekultur befassen. In Deutschland haben diese Einrichtungen in den letzten 30 Jahren eine auffällige Konjunktur erfahren.

Museum professionals wollen nicht einfach in einer rein technisch oder ingenieurwissenschaftlich determinierten Anordnung Objekte in großen Räumen verteilen; vielmehr ist es der Anspruch jeder neuen Ausstellung, dass diese eine »Erzählung« vorträgt. Sehr oft stellt sich heraus, dass die Objekte doch nicht so sprechfähig sind, wie man es gerne hätte. Inszenierungen oder Szenografien, ein geschickter Einsatz von Innenraumarchitekturen, von Materialien, Farben und Symbolen sowie in den letzten Jahrzehnten ein erheblicher Aufwand an medialen Installationen sollen die Grammatik der Erzählung stützen und verstärken. Das funktioniert zweifellos immer gut, wenn es um die Verbindung von Technik und lebensweltlichen Erfahrungen wie Konsum, Bewegung, Kommunikation geht. Eigentümlicherweise scheitern diese Ansätze aber oft dann, wenn es um die Welt der Arbeit geht. Videos von Arbeitsvorgängen können einzelne Interaktionen von Mensch und Maschine gut illustrieren. Die Reenactment-Stationen mit historischen Maschinen, wie sie in vielen Technikmuseen zu sehen sind, bieten eine gute Möglichkeit, bestimmte Arbeitsprozesse nachzuvollziehen. Dies ist von besonderem historiografischem Wert, wenn die entsprechen-

← Vernissage der Ausstellung »Gesichter der Arbeit« im Deutschen Technikmuseum am 4. März 2019. SDTB, Foto: Henning Hattendorf

Joseph Hoppe

"Faces of Work" at the Museum

The sound track of photographs

"The language of museums is the objects" is an oft-repeated phrase used to describe the special communication competencies of museums as they play their part in the orchestra of social understanding and mediation. This is particularly true for museums dealing with the history of technology and work and its offspring "industrial heritage". In Germany, these institutions have experienced a conspicuous rise in public interest over the last 30 years.

Museum professionals are no longer satisfied with simply arranging objects in large rooms according to purely technical or engineering-related criteria; rather, the aim of every new exhibition is to present a "narrative". It very often turns out, however, that objects are much less "articulate" than one would hope. Stagings or scenographies, a skillful use of interior architecture and of materials, colors and symbols and, in recent decades, a considerable number of media installations have all been geared towards supporting and reinforcing the grammar of these narratives. This undoubtedly works well when it comes to the connection between technology and experiences from everyday life such as consumption, mobility and communication. Strangely enough, however, these approaches often fail when it comes to the world of work. Videos showing work procedures can capably illustrate the individual interactions between man and machine. And many technology museums do have reenactment exhibits with historical machines, which provide a wonderful opportunity to gain an understanding of certain work processes. Such exhibits are of particular historiographical value if the corresponding crafts or industrial work

← Reception for the "Faces of Work" exhibition in the Deutsches Technikmuseum on March 4, 2019. Photo: Henning Hattendorf

den Handwerke oder industriellen Arbeitsprozesse schon ausgestorben sind und so auch eine Wissenstradition erhalten werden kann.

Aber sind das auch Erzählungen von der Wirklichkeit der Arbeit und der arbeitenden Menschen?

Arbeit ist mehr als das gekonnte und erfolgreiche Bedienen von Maschinen: Sie ist ein komplexes Netzwerk der Interaktionen und Interdependenzen von Menschen, Apparaturen, Organisationsstrukturen, ökonomischen Interessen, sozialen Biotopen und menschlichen Antrieben wie dem Streben nach Sicherheit und Wohlstand, nach Anerkennung und Macht. Berufstätige verbringen oft mehr Lebenszeit am Arbeitsplatz mit den dortigen Verhältnissen und Menschen als in ihren privaten sozialen Umgebungen – und das über meist mehr als 40 Jahre der Lebenszeit hinweg, die zugleich als die produktivste und aufregendste Zeit beschrieben wird. Gleichwohl ist die Welt der Arbeit ein so bedeutsames wie unzugängliches Sujet für Dokumentation und bildliche Reflektion; politische, rechtliche und unternehmerische Vorgaben sind Faktoren, die Zugänge zu den Arbeitsplätzen erschweren und oft die Codierung von Bildern derart massiv bestimmen, dass von einer dokumentarischen Zeitzeugenschaft massenhaft entstandener Auftragsfotos nicht wirklich gesprochen werden kann.

Umso mehr sind die Lichtbilder von Günter Krawutschke als Glücksfall zu begreifen. Dank seines offiziellen Status als Fotoreporter bekam er Zugang zu den in aller Regel streng abgeschotteten Betrieben der DDR und dank seiner Neugierde auf das Menschliche jenseits der politisch-medialen Vorgaben hat er tausende von Aufnahmen gemacht, die uns jetzt und zukünftig Einblicke und Studien ermöglichen, für die es sonst nur sehr wenig Material gibt.

Krawutschke nimmt in seinen Bildern immer beides in den Blick, die räumlichen und gegenständlichen Koordinaten von Arbeit, oft genug bedrückend anzuschauen, aber vor allem die arbeitenden Menschen als Individuen und Gruppen. Genaueres Hinsehen erschließt eine in sich geschlossene Welt von Beziehungen und Bedeutungen, die mit dem Jahr 1990 radikal zu Ende ging.

Typische Arbeitswerkzeuge, die Zustände an den Maschinen, deren Alter, die Präsenz von Emissionen, aber auch das Spiel der Hierarchien und Brigadestrukturen, die Taktung des Tages zwischen Zeitstress und teils idyllischen, oft unfreiwilligen Pausen, die starken Gesichter mit ihren Zeichnungen und vielfältigen Mimiken zwischen Ergebenheit und Schlitzohrig-

processes have already died out, whereby traditional cultural knowledge is also preserved.

But are these exhibits also narratives about the reality of work and working people?

Work is more than the proficient and successful operation of machines: It is a complex network of interactions and interdependencies of people, organizational structures, economic interests, social biotopes and basic human drives such as the pursuit of security and prosperity, of respect and power. Working people often spend more time with the people and the organizational system at their jobs than they do in their private social sphere – and that usually pertains to over 40 years of a person's life, years that are considered their most productive and exciting times. But that world of work remains a subject for documentation and pictorial reflection that unfortunately is often as inaccessible as it is important: Political, legal and corporate constraints are factors that make access to places of work more difficult and often determine the coding of images to such an extent that it is not really possible to speak of mass commissioned photography as documentary evidence.

This is all the more reason to consider Günter Krawutschke's photographs a stroke of luck. Thanks to his official status as a photojournalist he was able to gain access to businesses in the GDR that were normally sealed off from the rest of the world, and, thanks to his invaluable curiosity with regard to the human element existing beyond the political or mediacentric directives, he took thousands of photographs that now and in the future can allow us insights and enable studies for which very little material can otherwise be found.

Krawutschke always keeps an eye on two things in his pictures: The spatial and physical coordinates of work, which often enough are depressing to look at, but above all the working people themselves as individuals and as groups. A closer look reveals a self-contained world of relationships and meanings that came to a radical end in 1990.

Typical work tools, the circumstances at the machines, their age, the presence of emissions, but also the play of hierarchies and brigade structures, the rhythm of the day fluctuating between "pressed-for-time" and the work breaks that are often idyllic but sometimes forced by lack of supplies; the strong faces with their distinctive markings and diverse facial expressions shifting between devotion and slyness, the quiet resistance

keit, die leise Widerständigkeit in Gesten und Haltungen, die direkte und herzliche Kommunikation wie auch die Rituale der offiziellen Belobigungen, die zeittypischen und doch modefreien Frisuren und Brillen, die Bekleidungen und ihre Codes, die kleinen Accessoires an den Arbeitsplätzen in ihrer Symbolik, die Zugewandtheiten und Abneigungen in den Kollektiven, alles das tragen die Bilder von Krawutschke in sich. Zumeist nicht strategisch inszeniert, erzählen sie in Momentaufnahmen kleine und große Geschichten von den Menschen der DDR und ihrer Arbeit. Neben ihrer unzweifelhaften ästhetischen Qualität sind diese Erzählungen – als zu decodierende Tonspur den Fotografien mitgegeben – der eigentliche Wert der Fotos von Günter Krawutschke und bilden eine besondere Überlieferung in der Geschichte der Arbeit in der DDR bis zur Wende. Fotos wie diese lassen sich durchaus auch hören und riechen und schmecken, sie zielen nicht nur auf den Sehsinn. Damit sind sie ein großartiges Potenzial für die Darstellung von Technik-, Industrie-, Sozial- und Alltagsgeschichte der DDR. In der Dichte ihrer Szenen sind Fotos solcher Qualität besser geeignet, zu Studium und Empathie einzuladen, als dies in aller Regel Bewegtbilder können.

In vielen Museen der Technik und Arbeit der Bundesrepublik ist in den vergangenen Jahren die Fotografie als Medium von Erzählungen des Lebens und Arbeitens wiederentdeckt worden, vor allem im Essener Ruhrmuseum mit seinen großartigen Sammlungen zur Ruhrgebietsgeschichte, in der Dortmunder DASA wie auch im Hamburger Museum der Arbeit. Sehr unterschiedliche historische Arbeitslandschaften und Milieus können hier studiert werden. Vermissen muss man allerdings die Dokumentation der zeitgenössischen Arbeit und ihrer ganz anderen Lebenswelten. »Das Wesen der gesamten Photographie ist dokumentarischer Art«, so der Anspruch von August Sander, formuliert 1931 als Grundlage seiner einzigartigen Fotoserie über »Die Menschen des 20. Jahrhunderts«. Die Museen der Arbeit und Technik sollten sich verbünden mit der besten Reportagefotografie unserer Zeit, um eine neue Sammlung zu den arbeitenden Menschen des 21. Jahrhunderts aufzubauen, anknüpfend an die großen Traditionen der dokumentarischen Fotografie in Deutschland, deren Teil jetzt auch die Bilder von Günter Krawutschke sind.

Wenn Arbeit unsichtbar zu werden scheint, ist die Fotografie erst recht aufgerufen, ein neues Kapitel der Erzählung vom Arbeiten zu schreiben.

in gestures and postures, the direct and cordial communication as well as the rituals of official commendations, the hairstyles and spectacles typical of the time and yet fashion-free, the clothing and its codes, the small adornments at the workplaces with their symbolic intimations, the friendships and enmities within the collectives – all this is what Krawutschke's pictures carry within them. They tell in mostly unstaged snapshots many stories great and small about the people of the GDR and their work. Apart from their undoubted aesthetic quality, these stories – delivered by the photographs as a kind of sound track to be decoded – are the real value of Günter Krawutschke's photos and form a special legacy in the history of work in the GDR up to the fall of the Berlin Wall. Photos like these can certainly be heard and smelled and tasted; they are not only aimed at the sense of sight. This is what gives them their incredible capacity for presenting the technical, industrial, social and everyday history of the GDR. In the density of their scenes, photographs of such quality are more apt to inspire study and arouse empathy than most moving images.

In recent years, many museums focusing on technology and work in the Federal Republic of Germany have rediscovered photography as a medium for narratives about life and work, most prominently in Essen's Ruhr Museum with its magnificent collections covering the history of the Ruhr region, but also in Dortmund's DASA as well as in Hamburg's Museum of Work. Very different historical working landscapes and milieus can be studied across these museums. What is missing, however, is documentation of contemporary working conditions and the completely different lifestyle that is their corollary. In 1931 August Sander formulated the proposition that "The essence of all photography is the documentary" as the basis of his unique photo series titled "The People of the 20th Century". The museums for work and technology should join forces with the best photojournalism of our time to build up a new collection on the working people of the 21st century and thereby continue the great traditions of documentary photography in Germany, of which Günter Krawutschke's pictures are now a part.

As the world of work seems to become more and more invisible, it is all the more incumbent upon photography to write a new chapter in the narrative of work.

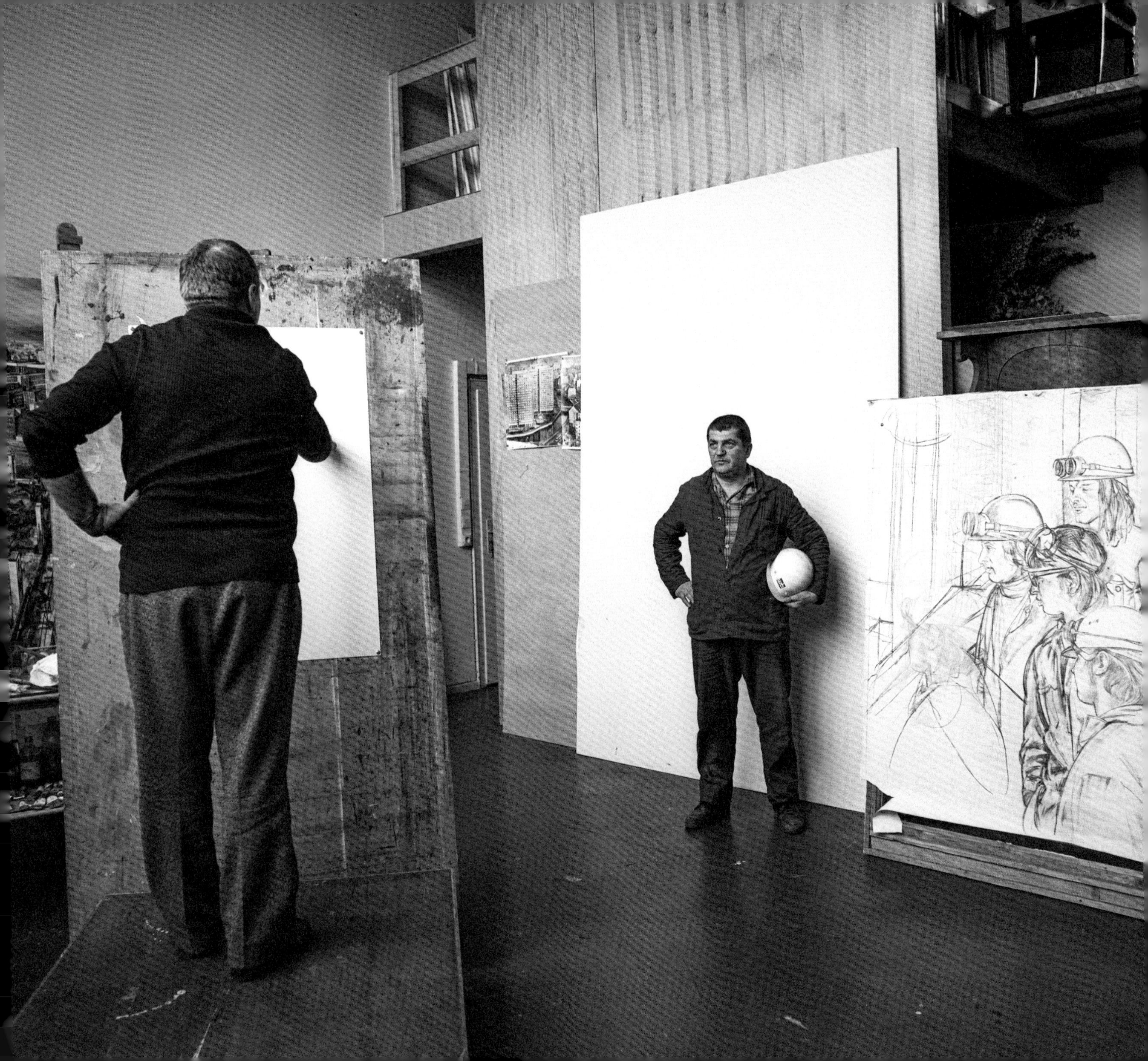

Peter Paul Schwarz

Mehr als Arbeit
Rückblick auf die Arbeiterklasse in der DDR

Günter Krawutschkes Bilder geben Einblicke in das Innenleben und den Arbeitsalltag längst nicht mehr existierender ostdeutscher Industriebetriebe. Die »Augenzeugenschaft«[1] dieser Fotografien ist umso reizvoller, da sie zum großen Teil erst nach dem Ende der DDR veröffentlicht worden sind. Bilder und Abbildungen des »Arbeiters« als Vertreter der »führenden Klasse« im »Arbeiter- und Bauernstaat« waren alles andere als eine Lappalie. Arbeiterinnen und Arbeiter gehörten neben Sportlerinnen und Sportlern zu den zentralen Motiven des offiziellen Bildprogramms. Abstrakte propagandistische und politische Botschaften sollten so die Köpfe und Herzen der Menschen erreichen. Von Kinder- und Schulbüchern, Zeitungen, Wandzeitungen in Betrieben und Briefmarken über Film und Fernsehen bis hin zu Ausstellungen und Denkmälern: Arbeiterinnen und Arbeiter waren führend in der staatstragenden Bildpolitik.[2] Nicht passende Blickwinkel wurden kritisch beäugt und oft zensiert. Kurzum: Die »Gesichter der Arbeit« sind spannungsreich verflochten mit der »Sozialfigur des Arbeiters«, die in der DDR zum »Idealbild der sozialistischen Lebensweise« erhoben worden ist.[3] Daher lohnt ein kurzer Rückblick auf die »Arbeiterklasse« in der DDR.

Arbeiterklasse in der DDR-Gesellschaft

Im Arbeiter- und Bauernstaat zählten fast alle zur Arbeiterklasse. In den 1980er Jahren waren es rund 89 Prozent aller Werktätigen. Diese überraschende große Zahl liegt vor allem darin begründet, dass sie politisch

Seite 14 und 19: Walter Womacka, DDR-Staatskünstler und Rektor der Kunsthochschule Berlin-Weißensee, porträtiert den »Held der Arbeit« Herbert Kohlmann. Berlin, um 1975

Peter Paul Schwarz

More than Work
A look back at the working class in the GDR

Günter Krawutschke's pictures provide insights into the inner life and everyday work routine of East German industrial firms that have long since ceased to exist. The "eyewitness"[1] nature of these photographs is all the more enticing because most of them were only published after the end of the GDR. Pictures and illustrations of the "worker" as a representative of the "leading class" in the "workers' and peasants' state" were anything but trivial. Along with women and men in sports, workers were among the central motifs of the official image program that served as a way for abstract propagandistic and political messages to reach the hearts and minds of the people. From magazines to children's books and schoolbooks, from wall newspapers in companies to stamps, movies and television as well as exhibitions and monuments: Workers were at the forefront of the state's image policy.[2] Inappropriate perspectives were viewed critically and often censored. In short, the "Faces of Work" are dramatically interwoven with the "social figure of the worker", which in the GDR was elevated to the "ideal image of the socialist way of life".[3] Therefore, a brief look back at the working class in the GDR can be very useful.

The working class in GDR society

Almost everyone belonged to the working class in the workers' and peasants' state. During the 1980s this amounted to around 89 percent of all working people. This surprisingly large number is mainly due to the fact that it was a political objective. The propaganda portraying the working

Page 14 and 19: Walter Womacka, GDR "state artist" and rector of the Weißensee Academy of Art, made a series of portraits of the "Hero of Work" Herbert Kohlmann. Berlin, circa 1975

gewünscht war. Die Propaganda der Arbeiterklasse als Trägerin der politischen Macht sollte sich auch statistisch niederschlagen. Eine wesentliche Stellschraube der Berechnung war, dass ab den 1960er Jahren in den staatlichen Statistiken Arbeiterinnen und Arbeiter sowie Angestellte zusammen als eine Gruppe gezählt wurden. Der Begriff »Arbeiterklasse« war folglich sehr weit gefasst. Tatsächlich kamen in der Volkszählung 1981 real existierende 54 Prozent an Arbeiterinnen und Arbeitern zusammen.[4]

So zurechtgezimmert diese Zahlen auch waren, und so wenig die Arbeiterinnen und Arbeiter die Macht im Lande innehatten, »das soziale Zepter hielten sie in der Hand«.[5] Die DDR-Gesellschaft kann als eine »arbeiterliche Gesellschaft« betrachtet werden, der von der Arbeiterschaft der soziale und kulturelle Stempel aufgeprägt wurde.[6] Die DDR war eine »Arbeitsgesellschaft«, weitgehend homogen und mit einer im Verhältnis zur Bundesrepublik geringeren materiellen und sozialen Ungleichheit. Soziale Gleichheit galt als »Fortschrittsmaß der sozialistischen Gesellschaft«, das nicht zuletzt durch Enteignung und Verstaatlichung mit aller Härte umgesetzt wurde.[7]

Der Arbeiterklasse anzugehören, erfüllte viele mit Stolz, es wurde als »hohe Auszeichnung« empfunden. Bis in die 1960er Jahre garantierte diese Zugehörigkeit ziemlich sicher den persönlichen und sozialen Aufstieg.[8] Ein Blick auf soziologische Erhebungen aus der DDR verrät, dass diese ausgeprägte Identifikation auch messbar war. Eine Befragung aus den 1970er Jahren zeigt, dass sich die ostdeutschen Erwerbstätigen in der Mehrheit mit der Arbeiterklasse identifizierten; nicht nur Arbeiterinnen und Arbeiter in der Produktion, sondern auch Verwaltungsangestellte, Ingenieurinnen und Ingenieure sowie »Leitungskader« sahen sich selbst als Angehörige der Arbeiterklasse. Der Begriff Arbeiterklasse wirkte ähnlich attraktiv und integrativ wie vielleicht heute der Wunsch, zur Mittelschicht zu gehören.[9] Im Vergleich zur Bundesrepublik waren die Arbeitermilieus etwa doppelt so groß.[10] Dies führte auch dazu, häufiger als in kapitalistischen Gesellschaften üblich, über ›Klassengrenzen‹ hinweg zu heiraten oder in ›wilder Ehe‹ zu leben.[11]

Das bedeutet aber nicht, dass es in der DDR eine in sich geschlossene Arbeiterklasse mit einem verbindenden Klassenbewusstsein gab. Dazu waren die Gruppen zu verschieden. In seiner 1981 in der Bundesrepublik erschienenen Erzählung »Die Arbeiter« findet der ostdeutsche Autor Wolfgang Hilbig eindrucksvolle Worte für Reibereien und Standesdünkel innerhalb der Arbeiterschaft.[12] Zudem bildeten sich ab den 1970er Jahren zu-

class as the bearer of political power also had to be reflected statistically. One linchpin in this statistical calculation was the fact that from the 1960s onwards the state statistics counted blue-collar and white-collar workers together as one group. The term "working class" was therefore very broadly formulated. In fact, the 1981 census pegged the number of real laborers at 54 percent.[4]

However well-crafted these figures were, and however little the workers actually held power in the country, "they held the social scepter in their hands".[5] GDR society can be regarded as a "community of working people", which bears the social and cultural stamp of the working class.[6] The GDR was a "work-oriented society", was largely homogeneous and had less material and social inequality than Western Germany. Social equality was regarded as the "measure of progress of socialist society", a concept that was implemented with great rigor, not least through expropriation and nationalization.[7]

Belonging to the working class was for many a source of pride; it was felt to be a "high accolade". Well into the 1960s, this affiliation served as a guarantee of personal and social advancement to a significant degree.[8] A look at sociological inquiries from the GDR reveals that this pronounced identification was also measurable. A survey from the 1970s shows that the majority of East German workers identified themselves with the working class: not only production workers, but also administrative staff, engineers and "management cadres" as well. The idea of being working class was as attractive and integrative as perhaps the desire to belong to the middle class is today.[9] Compared to Western Germany, the working class milieus were about twice as large.[10] This resulted in greater instances of marriages across 'class boundaries' or living in 'wilder Ehe' (common law marriage) than found in capitalist societies.[11]

But this does not mean that there was a self-contained working class with a unifying class-consciousness in the GDR. The various groups were far too dissimilar for that. In his story "Die Arbeiter" (The Workers), which was published in 1981 in the Federal Republic of Germany, the East German author Wolfgang Hilbig used dramatic words for the friction and snobbery within the working class.[12] In addition, increasing social differences began emerging from the 1970s onwards, especially between the new socialist intelligentsia and workers.[13] In the GDR, as in all other industrialized countries, great changes were taking place in the world of work, in society

nehmende gesellschaftliche Unterschiede heraus, insbesondere zwischen der neuen sozialistischen Intelligenz und Arbeiterinnen und Arbeitern.[13] Wie in allen anderen Industriestaaten veränderten sich auch in der DDR Arbeitswelt, Gesellschaft und die Arbeiterschaft selbst. Es galt nun das Leistungsprinzip. Stress war auch auf Ostdeutsch kein Fremdwort. Es genügte schon längst nicht mehr, der Arbeiterklasse zu entstammen, um die soziale Leiter emporzuklettern.[14]

Arbeiterklasse im Betrieb

Betriebe waren in der DDR mehr als Orte der Arbeit. Sie waren – unter sozialistischen Vorzeichen – zentrale »soziale Räume« und standen im Mittelpunkt des gesellschaftlichen, kulturellen und sozialen Lebens.[15] Hier konnten Eltern ihre Kinder in die betriebseigene Kita bringen, es gab betriebliche Gesundheitsdienstleistungen, Kantinen, Lebensmittelgeschäfte, Ferienangebote und nicht selten wurde der Transport zur Arbeitsstätte organisiert. Träger dieser sozialen Leistungen war die größte Massenorganisation der DDR, der Freie Deutsche Gewerkschaftsbund (FDGB), der in seiner zentralen staatlichen Dimension eine Schlüsselfunktion in den Betrieben innehatte und letztlich eine »verstaatlichte Arbeiterbewegung« erzeugte.[16] Deren stärkstes Symbol war sicherlich der zentrale Staatsfeiertag am 1. Mai mit dem umständlichen Namen: »Internationaler Kampf- und Feiertag der Werktätigen für Frieden und Sozialismus«.

Kollektive und Brigaden waren die Herzkammern der Betriebe. Auf dem XXIV. Parteitag der Kommunistischen Partei der Sowjetunion (KPdSU) 1971 in Moskau wurden »Arbeitskollektive« als »Grundzellen der sozialistischen Gesellschaft« hervorgehoben. Sie seien »entscheidend für die Erhöhung der Produktion« und die Herausbildung »neuer sozialistischer Eigenschaften«.[17] In den Auszeichnungen »Held der Arbeit« oder »Kollektiv der sozialistischen Arbeit« wird die Verschmelzung von Ideologie und Arbeit sichtbar. 1947 wurden erstmals Arbeitsbrigaden – Gruppen von Werktätigen unter Leitung einer Brigadierin oder eines Brigadiers – ins Leben gerufen. 1988 waren zwei Drittel aller DDR-Beschäftigten, also rund 5,5 Millionen Menschen, in Brigaden organisiert.[18] Hier half man sich untereinander, verbrachte gemeinsame Abende, schrieb Brigadetagebücher. Nicht selten nahm man als Patenbrigade eine Schulklasse unter die Fittiche. Dass dies auch Pluspunkte beim Bemühen um die Auszeichnung als »Brigade der sozialistischen Arbeit« brachte, soll nicht unerwähnt bleiben – zeigt

and in the workforce itself. The performance principle now applied. East Germany, too, had its share of stress. Just coming from the working class was no longer enough to assure success in climbing the social ladder.[14]

The Working class at the plant

Companies were more than just places of work in the GDR. They were – under socialist auspices – central "social spaces" and were the focal point of social, cultural and community life.[15] Parents could bring their children to the company day care center and companies provided health services, canteens, grocery stores, holiday offers and oftentimes transportation to the workplace. The responsible body for these social benefits was the largest mass organization in the GDR, the Free German Trade Union Confederation (FDGB), which in its central state dimension played a key role in the companies and ultimately generated a "nationalized labor movement".[16] Its most powerful symbol was certainly the central state holiday on May 1 with the awkward name "International Day of the Struggle and Celebration of the Workers for Peace and Socialism".

Collectives and brigades were the heartbeat of the companies. "Labor collectives" were declared the "basic cells of socialist society" at the XXIV Party Congress of the Communist Party of the Soviet Union (CPSU) in Moscow in 1971. They are "decisive for increasing production" and for the development of "new socialist characteristics".[17] The fusion of ideology and labor is manifest in such awards as the "Hero of Labor" or the "Collective of Socialist Labor". Work brigades – groups of laborers led by a brigadier – were set up for the first time in 1947. By 1988, two thirds of all GDR employees, i.e. around 5.5 million people, were organized in brigades.[18] These groups helped one another, spent evenings together, wrote brigade diaries. It was not uncommon for a brigade to take a school class under its wing. It should not go unmentioned that this also brought plus-points in the effort to become an acclaimed "Brigade of Socialist Work" – but above all it shows how fully different areas of society such as schools, businesses and governing institutions were intricately interwoven.

In everyday working life, a brigade would regularly and self-confidently confront management, often voicing criticisms of the numerous deficiencies of the economy of scarcity. As long as it refrained from being political, this was acceptable.[19] Ongoing discussions covering important topics such as the inefficiencies of the planned economy led to the formation of "small

jedoch vor allem, wie stark unterschiedliche Gesellschaftsbereiche wie Schule, Betriebe und politische Kontrolle miteinander verwoben waren.

Im Arbeitsalltag trat eine Brigade der Betriebsleitung häufig selbstbewusst entgegen, äußerte nicht selten Kritik an den zahlreichen Missständen der Mangelwirtschaft. Solange es nicht politisch wurde, war dies akzeptiert.[19] Am Arbeitsplatz bildeten sich »kleine Öffentlichkeiten«[20] heraus, indem man sich unter anderem darüber unterhielt, was in der Planwirtschaft nicht rund lief. Dieser inoffizielle Austausch am Arbeitsplatz ist nicht gleichbedeutend mit Gegenöffentlichkeit, war aber eine Herausforderung für die Funktionäre und die von der SED gesteuerte offizielle Öffentlichkeit.[21] Die zeitgenössische Stimme der jungen Facharbeiterin Ute, die Maxie Wander in ihrem 1977 erschienenen Buch »Guten Morgen, du Schöne« überliefert, führt diese Art von Eigensinnigkeit am Arbeitsplatz nachdrücklich vor Augen: »Für Kompromisse bin ick nich, nich uff Arbeit.«[22] Nicht ohne Grund erfasste das Ministerium für Staatssicherheit (Stasi) als »Schild und Schwert der Partei« mit dem massiven Ausbau der Überwachung in den 1970er Jahren mehr und mehr die Betriebe.[23]

Auch außerhalb der Arbeitsstätte spielten die Betriebe im Alltag der Menschen eine große Rolle. Sie stellten in den Wohngebieten Events auf die Beine, Betriebssportgruppen nutzten Sportplätze vor Ort und man traf sich regelmäßig bei den betrieblich organisierten Subbotniks – das waren freiwillige Arbeitsaktionen – in den Wohnvierteln.[24] Dies erzeugte ein hohes Maß an sozialer und ideologischer Kontrolle. Der Staat hatte über die Betriebe einen weitreichenden Zugriff auf die Arbeits- und Lebenswelt der Menschen. Betriebe und Brigaden waren von grundlegender Bedeutung für die Entstehung von kollektiven Identitäten[25] – sie wirkten wie ein zentraler sozialer Schmierstoff.

Die Loyalität der Arbeiterinnen und Arbeiter zum SED-Staat war nicht selbstverständlich. In der Schwerindustrie waren nur etwa 25 Prozent, in kleineren Betrieben rund 10 Prozent SED-Mitglieder. Der immer stärkere wirtschaftliche Zerfall in den 1980er Jahren, der ständige Umgang mit Mangel, erzwungene Produktionspausen durch ausbleibenden Materialnachschub kratzten am Selbstbild der stolzen Arbeiterschaft. Die Loyalität gegenüber dem Staat schmolz. ›Herumtrödeln‹ wurde typisch.[26] »Privat geht vor Katastrophe« wurde zu einem geflügelten Wort. Wachsende Unzufriedenheit, nachlassende Arbeitsmoral und Leistungsbereitschaft sind jedoch nicht mit politisch widerständigem Verhalten gleichzusetzen.[27] Die

public coteries"[20] in the workplace. This unofficial exchange of ideas in the workplace is not synonymous with a "counter-public", but nonetheless represented a challenge for the functionaries and posed problems for the official public sphere controlled by the SED.[21] The contemporary voice of the young skilled worker Ute, whom Maxie Wander presents in her 1977 book "Guten Morgen, du Schöne" (Good Morning, My Lovely), emphatically demonstrates this kind of obstinacy in the workplace: "I ain't in the mood for compromise, not at work."[22] It was thus clearly not without reason that the Ministry for State Security (Stasi), as the "shield and sword of the party", exercised more and more control of businesses through their massive expansion of surveillance in the 1970s.[23]

The companies also played a major role in people's everyday lives even outside of the workplace. They put on events in the residential areas, company sports groups used the local sports facilities and company-organized "Subbotniks", which were days of voluntary unpaid work, provided a platform for regular get-togethers in the residential neighborhoods.[24] This brought about a high degree of social and ideological control. Through the companies the state had far-reaching access to people's working and living environments. The companies and the brigades were fundamental to the creation of collective identities[25] – they acted as a central social lubricant.

The workers' loyalty to the SED state could not be taken for granted. Only about 25 per cent of workers in heavy industry were members of the SED, in smaller companies about 10 per cent. The ever-increasing economic deterioration in the 1980s, the constant need to deal with shortages, forced production pauses due to a lack of material supplies all led to the erosion of the self-image of the proud workers. Loyalty to the state faded. "Dawdling around" became widespread.[26] "The personal takes precedence over the catastrophe" became a prevailing dictum. However, growing dissatisfaction, a declining work ethic and a lack of motivation cannot be equated with politically resistant behavior.[27] The de facto introduction of the "10-month work year" by the workers themselves was a further expression of the growing erosion in the world of work from the late 1970s onwards. What sounded like a modern work-time model actually had a completely different reason: The "modernity" characterization served to mask the fact that in addition to vacations, on average another month of the year was anyway lost due to workers not showing up to their jobs because of illness or displeasure. A committee of the GDR

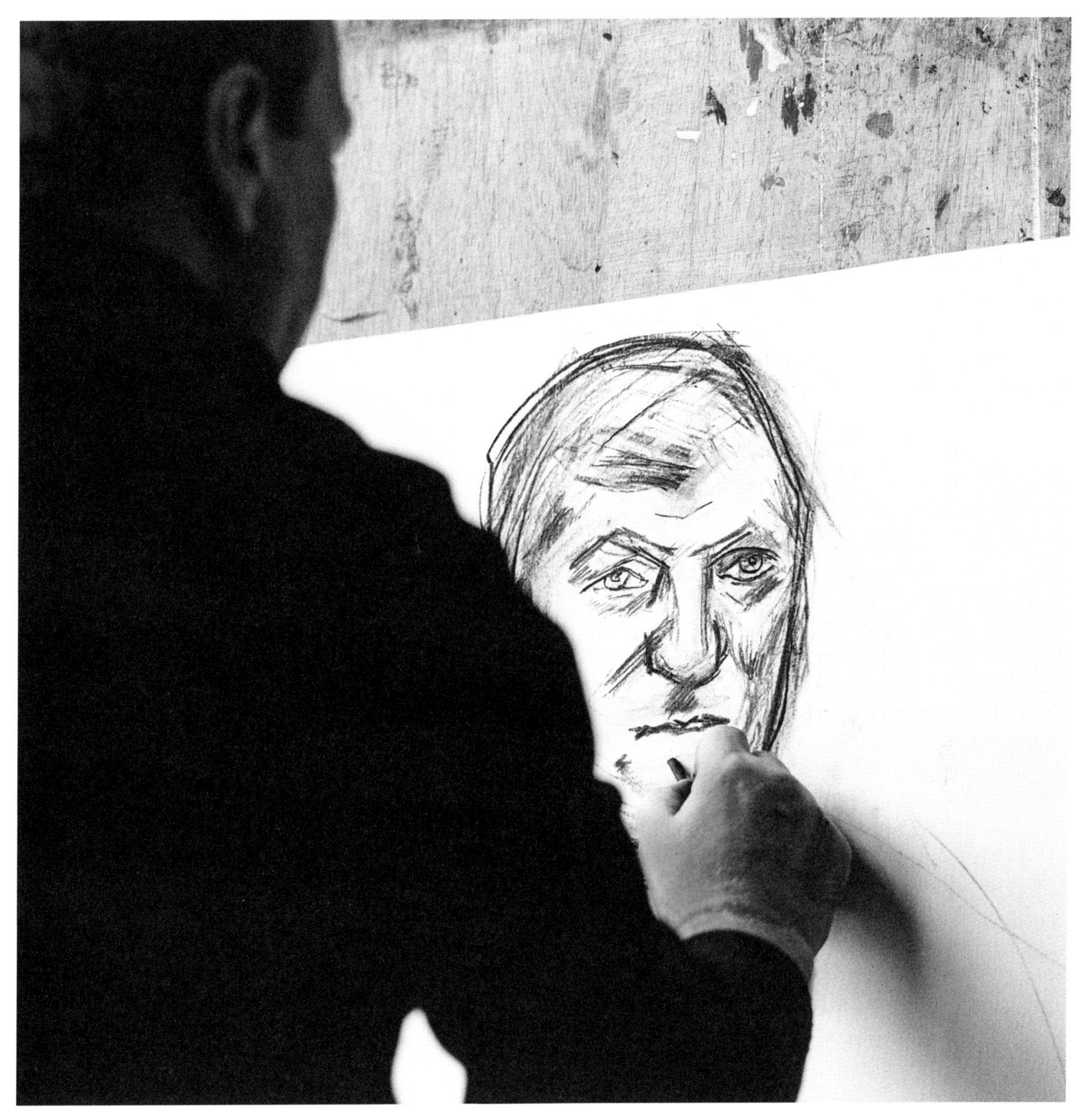

De-facto-Einführung des »10-Monate-Arbeitsjahrs« durch die Arbeiterinnen und Arbeiter selbst war ebenfalls ein Ausdruck der wachsenden Erosion in der Arbeitswelt ab den späten 1970er Jahren. Was nach modernen Arbeitszeitmodellen klingt, hatte eine ganz andere Ursache. Dahinter verbarg sich der Umstand, dass man neben dem Urlaub im Schnitt einen weiteren Monat im Jahr wegen Krankheit oder Unlust nicht auf der Arbeit erschien. Ein Ausschuss der Volkskammer beschäftigte sich 1980 mit diesem Problem und berichtete: Mittlerweile schlage der Verlust an Arbeitszeit mit ganzen 15 Prozent der Gesamtarbeitszeit der DDR-Wirtschaft zu Buche.[28] Besonders bei jungen Arbeiterinnen und Arbeitern nahm die Zustimmung zum Staat in den späten 1980er Jahren bemerkenswert schnell ab, wie Umfragen des Leipziger Instituts für Jugendforschung offenlegten. 1987 waren es sogar mehrheitlich Arbeiterinnen und Arbeiter, die im Fadenkreuz der Stasi standen oder verurteilt wurden. Bei Verfahren wegen sogenannter Flucht- oder Ausreisevergehen musste die Geheimpolizei 1987 sogar feststellen, dass 98 Prozent der »Täter« nicht älter als 40 Jahre und zu 75 Prozent der Arbeiterklasse zuzuordnen waren. 1989 waren etwa 60 Prozent der Antragsteller auf Ausreise aus der DDR junge Facharbeiterinnen und Facharbeiter.[29] Der 1980 erschienene Gedichtband »Hineingeboren« von Uwe Kolbe verlieh mit seinem Titel der Stimmung vieler junger Menschen Ausdruck.[30] Die junge Generation fühlte sich »hineingeboren« in eine Gesellschaft, die im Gegensatz zur Aufbaugeneration für sie kaum noch Perspektiven bereithielt.

Ihre Arbeitstage erlebten viele Arbeiterinnen und Arbeiter – so Peter Hübner – als »ständiges Lavieren, Mobilisieren und Improvisieren – nicht aber Scheitern«. Dies formte ein ambivalentes Selbstbild. Vieles ertrug man geduldig, nicht alle feierten krank, man gab sein Bestes – getragen vom Stolz, aller Misere zum Trotz unverzichtbar zu sein.[31] Genau diesen Stolz in seinen Bildern einzufangen, war Günter Krawutschke stets ein Anliegen. Ein Stück weit erklärt sich so die »rätselhafte Stabilität der DDR«: Dieser Stolz zwang nicht selten die Funktionäre in den Betrieben zu Kompromissen und Entgegenkommen, um die Arbeiterinnen und Arbeiter bei Laune zu halten. Zudem spielten die vorhandenen Spannungen zwischen verschiedenen Teilen der Arbeiterschaft dem Staat in die Hände. Dadurch gab es schlicht kein Zentrum innerhalb der Arbeiterschaft, das in der Lage gewesen wäre, Unmut und Unzufriedenheit zu bündeln und in wirksame Aktionen zu überführen, die dem Staat hätten gefährlich werden können.[32]

parliament addressed this problem in 1980 and reported: In the meantime, lost work time accounted for 15 percent of the total working time of the GDR economy.[28] Particularly in the case of young workers, approval of the state declined remarkably fast in the late 1980s, as evidenced by surveys done by the Leipzig Institute for Youth Research. In 1987 it was mostly young workers who either found themselves in the firing line of the Stasi or who had been convicted of some infraction. In considering the legal proceedings of that year for so-called escape or emigration offences the secret police were forced to conclude that 98 percent of the "perpetrators" were younger than 40 years old and 75 percent belonged to the working class. By 1989, nearly 60 percent of the people applying for an exit visa were young skilled workers.[29] The poetry collection "Hineingeboren" by Uwe Kolbe, published in 1980, expressed the mood of many young people with its title:[30] The younger generation felt "born within" (i.e. "stuck in") a society which, in contrast to the earlier founding generation, offered them hardly any prospects.

Many workers experienced their working days as, in the words of Peter Hübner, "constant maneuvering, mobilizing and improvising – but not as futile". This prompted the formation of an ambivalent self-image. Carried forth by the pride of being indispensable despite all the misery, many things were endured patiently, not everyone faked being sick, one gave one's best.[31] It was precisely this pride that Günter Krawutschke always endeavored to capture in his pictures. This also explains to some extent the "mysterious stability of the GDR": This pride often compelled company officials to compromise and make concessions in order to keep the workers happy. Moreover, the existing tensions between different sections of the working class played into the hands of the state. As a result, there was simply no center within the working class that would have been able to pool discontent and dissatisfaction and translate it into effective actions that might have been dangerous to the state.[32]

The working class after reunification

Strangely enough, strong identification with the working class remained with many East Germans even after reunification and was firmly anchored in everyday consciousness. A survey showed that this "long-term socialization effect" of the GDR's "working peoples" society led to many East Germans genuinely seeing themselves as members of the working class

Arbeiterklasse nach der Wende

Erstaunlicherweise blieb die große Identifikation mit der Arbeiterklasse bei vielen Ostdeutschen auch nach der Wende bestehen und war im Alltagsbewusstsein verankert. Diese »sozialisatorische Langzeitwirkung« der »arbeiterlichen« DDR-Gesellschaft führte dazu, dass sich noch 2002 – wie eine Erhebung ergab – viele Ostdeutsche sogar entgegen der tatsächlichen Zugehörigkeit als Angehörige der Arbeiterschicht sahen. Diese Selbstzuordnung unterscheidet sich deutlich von derjenigen der Westdeutschen. Hier hatte die Arbeiterschicht ein anderes Prestige, und man verortete sich lieber in der Mittelschicht.[33]

Die Massenarbeitslosigkeit infolge des wirtschaftlichen Umbruchs nach der deutschen Einheit 1990 wurde zu einem tiefen Einschnitt und kollektiven Schicksal in den neuen Bundesländern. Dies wog umso schwerer, da Arbeit in der DDR eben mehr war als Broterwerb, Betriebe mehr als Produktionsstätten. Viele erlebten den Verlust der Arbeitsplätze als Verlust von langjährig gewachsenen sozialen Bindungen und Entwertung ihrer Person und Biografie.[34]

Die Bilder in diesem Band sind in den 1970er und größtenteils in den 1980er Jahren entstanden. Sie zeigen die Arbeitswelt vor den einschneidenden Transformationserschütterungen der Zeit nach 1990. Mit ihren Betrieben fühlten sich auch viele Arbeiterinnen und Arbeiter abgewickelt. Das Werk von Günter Krawutschke ist ein eindrucksvolles fotografisches Zeitzeugnis für einen prägenden Lebensabschnitt dieser Menschen.

even when that ran counter to their actual affiliation. This self-assignment differs significantly from that of West Germans. For them, the working class had a much lower level of prestige and they clearly preferred to define themselves as middle class.[33]

The mass unemployment resulting from the economic upheaval following German unification in 1990 had a deeply negative impact and became the collective fate for the newly formed federal states in the former GDR. This weighed all the more heavily on the populations there because work in the GDR was more than just a livelihood and businesses were more than just production facilities. Many experienced the loss of jobs as a loss of long-standing social ties and a demeaning of their person and their personal narrative.[34]

The pictures in this volume were taken in the 1970s and, to a larger extent, in the 1980s. They show the world of work before the drastic transformational upheavals of the post-1990 period. Many workers felt that they had been liquidated along with their companies. The work of Günter Krawutschke is an impressive photographic eyewitness account of a formative and challenging period in the lives of these people.

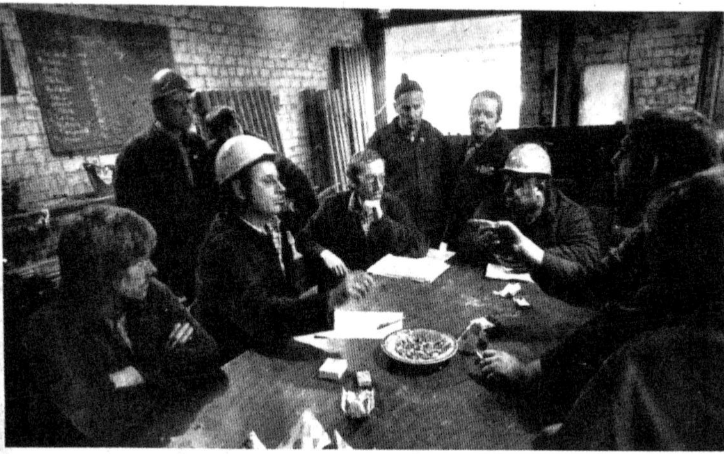

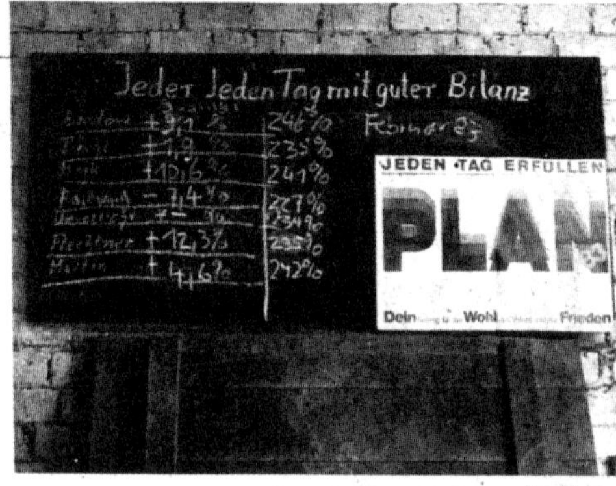

Die Produktionsberatung: Trotz besserer Qualität — da ist noch mehr drin. Dispute um ein Loch im Hallendach, eine defekte Absaugung und gute Materialmischungen.

Fotos: BZ-Krawutschke

Mit Marx, Muskeln und viel Gefühl für wenig Bruch

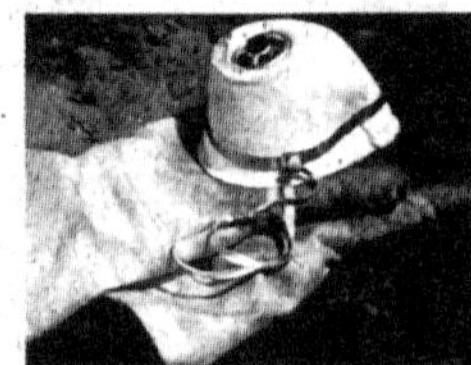

BZ-Reporter arbeitete als 15. Mann einer Brigade bei Elektrokohle

Frisch geduscht und weißgesichtig saßen sie mir gegenüber. Ein bißchen dunkler Staub hing noch zwischen den Wimpern, schwer lagen ihre Arme auf der Tischplatte. Da saßen Leute, denen man ansah, daß die letzten Stunden kein Zuckerlecken waren. Sie erzählten von ihrer Absicht, fünf Prozent mehr an Produktivität zu bringen, als es der Plan eigentlich von ihnen verlangt. Vom Karl-Marx-Jahr sprachen sie und davon, daß es für sie schon eine ganz besondere Bedeutung hat, denn ihre Brigade trägt den Namen des Mannes, der uns unsere Weltanschauung gab.

Das war vor ein paar Monaten. Jetzt, Ende März, habe ich nachgefragt, wie es steht mit der Erhöhung der Ausbeute, mit der besseren Qualität und einigem anderen, was die zusätzlichen Prozente bringen soll.

„Komm doch her und mach mit bei uns, dann wirst du sehen, wie's läuft", sagten sie daraufhin. So wurde ich für einen Arbeitstag der 15. Mann in einem Kollektiv, das sich mit dicken Staubwolken und zerbrechlichen Siliziumkarbidstangen herumschlägt.

★

Da steh' ich nun, früh, kurz vor halb sechs, frisch eingekleidet und pingelig im Arbeitsschutz unterwiesen, an einem der 20 Öfen. Jürgen von Bredow, er ist hier der Vertrauensmann der Gewerkschaft, drückt mir eine Schippe mit kurzem, abgesägtem Griff in die Hand. Er schiebt mir den Schnorchel zurecht, der auf die Nase drückt und den Staub fressen soll: „Na mal los, mein Lieber!"

Für uns Ofenarbeiter beginnt der Tag mit dem Auspacken der Siliziumkarbid-

zer funkelt mich durch seine verdreckten Brillengläser an und raunzt: „Mehr als 1,3 Prozent dürfen nicht zu Bruch gehen, verstehste, und eigentlich wollten wir mit noch weniger auskommen. Sonst ist's Essig mit unserem Wettbewerb."

Jetzt ist nichts Verbissenes mehr an ihm, wie vorher beim Schippen. Mit den Fingerspitzen zelebriert er das Herausheben der Heizleiter.

Ich helfe dann doch lieber „Mikki" beim Einpacken. Michael Mertin, wie er richtig

nen, und daß man jeden Tag an unserer Bilanz ablesen kann, ob wir's auch begriffen haben oder nicht."

Das gaben ihm die anderen aus der Brigade mit zu der Konferenz, und genau darüber erzählte er dort. Er erntete viel Beifall und hinterließ manches nachdenkliche Gesicht.

Während wir die Öfen fertig machen, schildert mir Mikki, was es für sie heißt, 25 Ofendurchsätze zusätzlich zu schaffen und dabei mehr

in einer Halle nicht funktioniert oder das durch ein Loch im Hallendach herabtropfende Regenwasser die Materialmischungen verschlechtert?

„Das ist das eine, und es muß geändert werden", sagt Meister Werner Konsolke, der auch stellvertretender Sekretär der Abteilungsparteiorganisation ist. „Doch damit ist kein Mischer aus der eigenen Pflicht entlassen. Ihr müßt die Technologie einhalten und ständig die Qualität kontrollieren. Mischungen, denen man

geht. Hier wird um ein Ziel gekämpft. „Die 13 müssen heute kommen", ruft mir der emsig schaufelnde Panzer zu.

Sie kommen auch. Zum Schichtschluß sind insgesamt 13 Öfen aus- und wieder eingepackt.

Der Feierabend beginnt hier unter der Dusche. Nirgendwo geht es bei Elektrokohle offener zu als hier. Warum also nicht mit einem nackten Mann über Marx reden? „Er hat uns die Ruhe geklaut", sagt Jürgen von Bredow lachend.

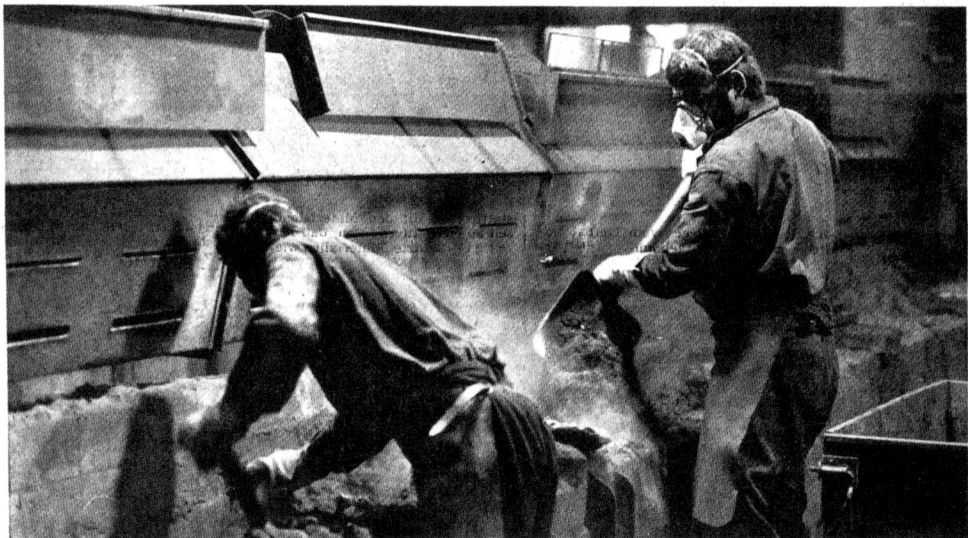

Ofenarbeit: Täglich müssen 13 Öfen beschickt und entleert werden. Das Wettbewerbsziel sieht 25 zusätzliche Ofendurchsätze vor.

Bernd Lindner

Wirklich – unwirklich
Pressefotografie in der DDR

Wohin das Auge blickt: Selbstbewusste Arbeiter, Bauern und Ingenieure im Kampf um die Erfüllung der Jahrespläne in den Volkseigenen Betrieben (VEB) und den landwirtschaftlichen Produktionsgenossenschaften (LPG). Bilder von Produktionsanlagen unter Volldampf und von Mähdreschern in der »Ernteschlacht«, die keinen Zweifel daran lassen, dass der sozialistischen Gesellschaft die Zukunft gehört. Fotografien in DDR-Tageszeitungen, die sich alle auf eigenartige Weise gleichen; unabhängig davon, ob man sich Ausgaben von 1949, 1969 oder 1989 vornimmt. Oder sind das doch alles nur Klischees?

Jeder kann die Probe aufs Exempel machen und sich beliebige Jahrgänge des *Neues Deutschland* (ND), der tonangebenden Tageszeitung der DDR[1], vornehmen – oder auch ihren Hauptstadt-Ableger die *Berliner Zeitung*[2]. Über die Staatsbibliothek Berlin sind die Jahrgänge beider Zeitungen bis 1990 digital abrufbar.[3] Überall stößt man dort auf vergleichbare Bildmuster und Arrangements. Selbst die Arbeitskleidung der Werktätigen – ob Blaumann oder Kittelschürze – veränderte sich mit den Jahren kaum. Ebenso der Schutzhelm, die Haarnetze und Kopftücher, die getragen werden mussten. Das war über 40 Jahre Realität in der DDR-Pressefotografie; auch wenn das von ihnen vermittelte Bild von der Gesellschaft über weite Strecken irreal war. Was »wirklich« und was »unwirklich« ist, entschied allein die Abteilung Agitation beim Zentralkomitee (ZK) der Sozialistischen Einheitspartei Deutschlands (SED)[4], der alle Massenmedien unterstanden. Ihre Weisungen wurden stringent durchgesetzt, auch um den Preis, dass alle Tageszeitungen (fast) gleich aussahen.

Rein zahlenmäßig gab es eine reichhaltige Presselandschaft in der DDR. Anfang der 1980er Jahre erschienen dort 39 Tageszeitungen, 30 Wochen-

← Reportage im VEB Elektrokohle Lichtenberg (EKL) in der Berliner Zeitung, 9./10. April 1983

Bernd Lindner

Real – Unreal
Press photography in the GDR

Everywhere you look there are self-assured workers, farmers and engineers engaged in the struggle to meet the annual goals of the state-owned companies (VEB) and agricultural production cooperatives (LPG): Note the pictures of production plants under full steam and combine harvesters on the job in the "Ernteschlacht" (harvest battle) leaving no doubt that the future belongs to socialist society. And the photographs in GDR daily newspapers, all of which are strangely similar regardless of whether they come from 1949, 69 or 89. Or is this just a series of clichés?

Anyone can draw their own conclusions by looking at any year of *Neues Deutschland* (ND), the leading daily newspaper of the GDR[1], or the *Berliner Zeitung*[2], one of its offshoots in the capital city. All editions of both newspapers can be accessed in the Berlin State Library digitally.[3] Comparable images and arrangements are encountered everywhere. Even the workers' clothes – whether blue overalls or aprons – hardly changed over the years. This is also true of the protective helmets or the hairnets and headscarves that had to be worn.

That was the reality of GDR press photography for more than 40 years, even though the overall image of society it conveyed was largely unreal. At that time the mass media were controlled by the Agitation Department of the Central Committee (ZK) of the Socialist Unity Party of Germany (SED)[4] and it alone decided what was "real" and what was "unreal". Its instructions were strictly implemented, even at the expense of having all the daily newspapers look (almost) identical.

In terms of pure numbers, the GDR did indeed have a substantial media landscape. At the beginning of the 1980s there were 39 daily newspapers, 30 weekly and monthly magazines (including five illustrateds), 508

← News report in VEB Electrokohle Lichtenberg (EKL) in the Berliner Zeitung, April 9./10., 1983

und Monatszeitschriften (davon fünf Illustrierte), 508 Themen-Zeitschriften (davon 321 Fachblätter) sowie 667 Betriebszeitungen. Alle Printmedien der DDR hatten zusammen eine Auflage von circa 40 Millionen.

In der DDR-Verfassung stand schon 1949: »Eine Pressezensur findet nicht statt.« Doch sah die Praxis anders aus. Jede Woche wurden die Chefredakteure im ZK-Gebäude in die aus SED-Sicht relevanten Themen eingewiesen – auch darin, worüber nicht zu berichten sei. So nahm die SED-Führung massiv auf Inhalt und Erscheinungsform der Presse Einfluss, bis hin zur Vorgabe konkreter Formulierungen.[5] Diese »Empfehlungen« galten auch für die Zeitungen der Blockparteien und Massenorganisationen, obwohl die formal dem Presseamt beim Ministerrat unterstanden.

Pressefotografie als illustratives Beiwerk

Die SED-Propaganda war extrem wortfixiert. Die Anweisungen des ZK betrafen fast nur die Textbeiträge. Vorgaben für Fotografen finden sich kaum.[6] Die Pressefotografie galt eher als Mittel »zur Illustration der Wortbeiträge«.[7] Auch wenn Redakteure »mit der Illustration … genauso Politik« machten »wie mit Nachrichten, Kommentaren oder Berichten«, sollten sie diese nicht überbewerten. Denn: »Die Zeitung ist keine Illustrierte, sondern eine illustrierte Zeitung.« Fotos seien lediglich »sinnvoll … auf die Seiten zu verteilen«.[8] Unabhängig davon galt: »Der neue sozialistische Mensch« müsse im »Mittelpunkt unserer Pressefotografie« stehen: »Gegenstand der Bildinformationen sind in erster Linie die Leistungen der Besten.«[9]

Die Pressefotografie spielte folglich in den Standardwerken des DDR-Journalismus eher eine marginale Rolle.[10] Die beiden Handbücher für Bildjournalisten stammten aus den 1960er Jahren[11] und wurden bis 1989 nicht überarbeitet.[12] Und so galt bis zum Ende der DDR die Maßgabe, dass die Pressefotografie ihren »echten dokumentarischen Charakter« nur entfalten könne, »wenn die journalistischen Prinzipien der Wahrhaftigkeit und Parteilichkeit vom Fotoreporter akzeptiert und angewandt worden sind«. Daher »sollte ein guter Bildredakteur kein Bild zurückweisen, dessen inhaltliche Aussage stark ist, auch wenn es ästhetische Schwächen aufweist.«[13] So reproduzierten Pressefotografien in der DDR beständig die »offizielle Ikonografie« des SED-Staates, um damit nicht nur das Bild von der Realität, sondern möglichst auch die Realität selbst zu beeinflussen.[14]

Gelungen ist das – auch nach Einschätzung des SED-Politbüros – kaum. Bereits 1959 forderte es die Abkehr von »starren und gestellten Bildern«,

themed magazines (including 321 specialist journals) and 667 company newspapers. Taken together, the print media in the GDR had a combined circulation of around 40 million.

As early as 1949 the GDR constitution declared, "There is no censorship of the press". But the reality was otherwise. The editors-in-chief had to report to the ZK every week in order to be briefed on the topics that were important from the SED perspective – and also what was not to be reported as well! In this way, the SED leadership had a massive influence on the content and appearance of the news media, right down to specifying the required wording.[5] These "recommendations" also applied to the newspapers put out by the political "bloc parties" and mass organizations even though these were formally subordinate to the press office at the Council of Ministers.

Press photography as supplementary illustration

SED propaganda was inordinately obsessed with words. As a result, the ZK's instructions to the press were almost exclusively concerned with the texts. There were hardly any guidelines for photographers.[6] Press photography was considered more of an "illustration of the textual contribution."[7] Even if editors did "use illustrations to serve a political agenda just as they did with news, commentary and reports" they were not to overestimate their significance – because "the newspaper is not a pictorial periodical; it is just a newspaper with illustrations." Photos were only required to be "sensibly arranged on the pages".[8] Be that as it may, "the new socialist man" still had to be the "focal point of our press photography". Furthermore, "the basic subject matter of an image should above all be the performance of the best."[9]

As a consequence, press photography was reduced to playing a marginal role in the standard works of GDR journalism.[10] Even the two official manuals for photojournalists that were written as early as the 1960s[11] remained unaltered until as late as 1989[12]. Accordingly, the prevailing principle until the end of the GDR was that press photography could only develop its "real documentary character" if "the journalistic principles of truthfulness and partisanship were accepted and applied by the photo reporter". This meant "a good photo editor should not reject an image whose political content is strong, even if it has aesthetic weaknesses."[13] Press photographs in the GDR thus constantly reproduced the "official ico-

die »schädlich sind, denn das Pressefoto hat das pulsierende Leben darzustellen ...«.[15] Doch geschah dies nur halbherzig, so dass 1963 erneut beklagt wurde, dass bei Tageszeitungen weiterhin »Primitivität und Schematismus" stark in Erscheinung treten würden.[16]

Pressefotografen im Widerstreit

Auch unter den Bildjournalisten wuchs die Unzufriedenheit mit dem Zustand ihres Genres. Daher schlossen sie sich ab Mitte der 1960er Jahre zu mehreren Arbeitsgruppen zusammen, um auf die Qualität der in der Presse veröffentlichten Fotografien Einfluss zu nehmen. Hauptsächlich für die DDR-Illustrierten *NBI*[17], *Zeit im Bild*[18], *Für Dich*[19], *Freie Welt*[20]oder die Zeitschrift *Sibylle*[21] arbeitende Fotografen gründeten die Gruppen *Direkt* (1966 bis Anfang 1980er Jahre) und *Jugendfoto Berlin* (1969–1979). Trotz mancher Rückschläge gelang es ihnen schrittweise, der Fotografie in den Illustrierten mehr Gestaltungsraum zu verschaffen.[22] Weniger Erfolg war dagegen den Mitgliedern der 1965 unter dem Dach des Verbandes der Journalisten (VDJ) gegründeten Gruppe *Signum* beschieden. Zu ihr gehörten 17 namhafte Pressefotografen, darunter Herbert Hensky, Gerhard Kiesling, Peter Leske, Horst Sturm, Ulrich Kohls, Jochen Moll und Gerhard Murza; alles Angestellte des Allgemeinen Deutschen Nachrichtendienstes (ADN) oder von überregionalen Tageszeitungen.[23] Viele von ihnen waren – ähnlich wie Günter Krawutschke – berufliche Seiteneinsteiger, die parallel zu ihrer Tätigkeit als Pressefotografen die nötigen Berufsqualifikationen erworben hatten.[24] Angetreten waren sie »mit dem Anspruch, selbstbestimmt zu arbeiten und aus schablonen- und klischeehaftem Denken auszubrechen«.[25] Damit mischten sie sich in die Medienhoheit der SED ein, was schon nach vier Jahren zum Ende von *Signum* führte.[26]

So blieb es letztlich den einzelnen Fotografen überlassen, ob sie sich weiterhin mit der Ablieferung der geforderten Fotomotive zufrieden gaben oder ob sie ihre Kamera darüber hinaus auch auf die weniger glorreiche Arbeitsrealität in den VEB richteten – selbst, wenn für diese Bilder keine Aussicht auf Veröffentlichung bestand. Zum Glück siegte bei einigen das Berufsethos über den Parteigehorsam. Hätten sich alle nach den Vorgaben von den »Helden der Arbeit, im Kampf um die Planerfüllung« gerichtet, gäbe es solche Fotodokumente – wie sie uns auch Günter Krawutschke überliefert hat – heute kaum. Denn allein die Pressefotografen hatten in der DDR das Privileg, in Betrieben fotografieren zu dürfen. Ihren,

nography " of the SED state in order to influence not only the prevailing picture of reality, but also, if possible, the very reality itself.[14]

This goal did not even come close to being attained – as even the SED Politburo had to concede. As early as 1959, it called for a departure from "rigid and posed images" that are "harmful because a press photo has to depict the pulsating life ...".[15] But this, however, was only halfheartedly implemented, so that in 1963 there were renewed complaints that "primitivity and schematism" continued to be prominent in daily newspapers.[16]

Press photographers in disaccord

Dissatisfaction with the state of their genre also grew among the photojournalists themselves. From the mid-1960s onwards they therefore turned to forming a number of working groups as a way to influence the quality of the photographs published in the press. Photographers working for the GDR pictorial periodicals *NBI*[17], *Zeit im Bild*[18], *Für Dich*[19], *Freie Welt*[20] or the *Sibylle*[21] magazine founded the groups "Direkt" (1966 to the early 1980s) and "Jugendfoto Berlin" (1969–1979). Despite some setbacks, they gradually succeeded in gaining more creative freedom for photography in the magazines.[22] The members of the *Signum* group, which was founded in 1965 under the umbrella of the Association of Journalists (VDJ), had less success. That group included 17 well-known press photographers, including Herbert Hensky, Gerhard Kiesling, Peter Leske, Horst Sturm, Ulrich Kohls, Jochen Moll and Gerhard Murza, all of whom were employees of the General German News Service (ADN) or the national daily newspapers.[23] Like Günter Krawutschke, many of them had come to photography from different fields and had acquired the necessary professional qualifications in parallel to their work as press photographers.[24] They took up their duties "with the aspiration to work independently and to break free from formulaic and cliché thinking".[25] In doing so they encroached on the SED's media sovereignty, which resulted in *Signum* being disbanded after only four years.[26]

It was ultimately left to the individual photographers to decide whether to be content with simply producing the required photo motifs or whether to additionally focus their cameras on the less glorious working reality at the state-owned enterprises they were covering – even when faced with the prospect that none of the photos would be published. Fortunately, some of them let professional ethics win out over party obedience. If they

erst im Kulturbund und ab Ende 1981 im Verband Bildender Künstler (VBK) organisierten freischaffenden Kollegen,[27] blieb der Zutritt in die VEBs, Kombinate, und LPGen in der Regel verwehrt. Zumal, wenn sie bereits durch ungeschminkte Aufnahmen ins Visier der Zensur geraten waren, wie die Nestorin der sozialdokumentarischen Fotografie in der DDR, Evelyn Richter. Ihre Fotografien von arbeitenden Frauen – entstanden Ende der 1950er Jahre in Großdruckereien und Textilfabriken – waren Anlass dafür, dass sie »vorerst keinen Zugang mehr zu den Fabriken« erhielt. Weil sie »keine strahlenden Arbeiterinnen, sondern vielmehr müde, erschöpfte, aber auch konzentriert Arbeitende« hinter maroden, altertümlichen Maschinen fotografiert hatte,[28] durfte ihr geplanter Bildband nie erscheinen. Gedruckt wurden einige der Fotos (so ihre berühmte *Frau an der Linotype*) erst 1973. Andere Fotografen – wie der Leipziger Gerhard Gäbler – gingen mit viel List vor, um ungeschönte Fotos vom realen Arbeitsalltag in der DDR machen zu können. In seinem ersten Beruf als Chemiker im Gesundheitswesen tätig, war er mit Schadstoffmessungen in VEBs beauftragt. Unter dem Vorwand, dafür auch Fotoaufnahmen zu benötigen, fertigte er beklemmende Bilder vom Niedergang der DDR-Industrie in den 1980er Jahren an.[29]

Auch Günter Krawutschke nimmt zu Recht für seine Fotos in Anspruch: »Diese Aufnahmen kann man nicht wiederholen, weil die Arbeitswelt eine andere geworden ist.« Die der DDR ist unwiderruflich verschwunden und mit ihr die Arbeiter und Arbeiterinnen, die unter oft widrigen Umständen, ihre Berufe so gut wie möglich ausgefüllt haben. So wie der Fotograf Günter Krawutschke auch, der seine »Arbeit als Bildreporter« durchaus zur Zufriedenheit der *Berliner Zeitung* erledigt hat. Der aber, wenn seine Aufträge »erfüllt« waren, »immer nebenbei geguckt« hat, was in den Betrieben noch so los war. Der sich die Fähigkeit bewahrte, »erst mal einen Schritt zurück zu treten, um das wirklich zu erfassen, was da passierte«. Auf diesen Bildern aus der Arbeitswelt fehlen dann auch die gestellten »Nu-mach-doch-mal-Gesichter«, auf die die DDR-Presse abonniert war.[30] Diese Fotos wurden kaum gedruckt. Zum Beispiel das von einer Solidaritätsveranstaltung im VEB Bergmann-Borsig, zu der 1977 sogar der SED-Generalsekretär Erich Honecker gekommen war. Begleitet von dem gerade aus dem Gefängnis befreiten Führer der chilenischen Kommunisten, Luis Corvalán. Krawutschke hat hier nicht nur die beiden Parteiführer auf der Tribüne abgelichtet, sondern auch die Arbeiter hinter sich. ›Abdelegiert‹

had all followed the official guideline of the "heroes of work, in the struggle for the fulfillment of plans", hardly any photographic documentation such as that which has been handed down to us by Günter Krawutschke would exist today. This is doubly true because the only people who had permission to take pictures in industrial plants in the GDR were indeed these same press photographers. Their freelance colleagues, who at first were organized in the Kulturbund (Cultural Association) and later, towards the end of 1981, in the Verband Bildender Künstler (Association of Fine Artists),[27] were as a rule denied access to the state-owned factories, combines and LPGs. This was especially true when their frank photos had already caught the attention of state censors, as was the case with Evelyn Richter, the doyenne of social documentary photography in the GDR. Her photographs of working women in large printing plants and textile factories taken around the end of the 1950s were the grounds for her "being banished from entering any factories". Because she had "not photographed radiant workers but instead rather tired, exhausted, but admittedly concentrated workers" who were using dilapidated, old-fashioned machines,[28] her projected photo book was not allowed to be published. Some of her photos (such as her famous *Woman on a Linotype Machine*) did not appear in print until as late as 1973. There were also photographers like Gerhard Gäbler from Leipzig who even turned to trickery in order to take uncompromising photos of everyday work in the GDR. In his first job as a chemist in the healthcare sector, he was tasked with pollutant measurements in VEBs. Under the pretext of also requiring photos for the job, he produced dispiriting pictures of the decline of industry in the GDR in the 1980s.[29]

Günter Krawutschke also rightly makes the claim for his photos that "… such snapshots as these can never be taken again because that world of work has completely changed." The world of the GDR has disappeared irrevocably, and with it the workers who, often under adverse conditions, performed their tasks as well as possible. The photographer Günter Krawutschke, who did his "work as a photographic reporter" to the satisfaction of the *Berliner Zeitung,* is a case in point. After having "performed" his assigned tasks, however, he always "incidentally looked around" to see what else was going on in the factories. He cultivated the ability to "first take a step back in order to grasp what was really happening". Those pictures from the world of work do not have the staged "now give us your

zu der Propaganda-Veranstaltung, folgen sie ihr mit gelangweilten Gesichtern.[31] Oder das Foto von einem Arbeiter des VEB Elektrokohle Berlin vor seinem Spind. Der stand in einer schmuddeligen Ecke der großen Werkhalle, hinter ausgedienten Maschinenteilen, Baustoffen etc., weil für gesonderte Umkleideräume dort kein Platz war. Als das Foto 1987/88 auf der X. Kunstausstellung der DDR gezeigt wurde,[32] erfuhr auch Krawutschke die Grenzen seiner Streifzüge durch die Arbeitsrealität der DDR. Der Betrieb protestierte beim VBK energisch, wenn auch ohne Erfolg. Auch in der DDR konnte man sich (mittlerweile) auf die Freiheit der Kunst berufen. Dafür aber durfte sich Krawutschke fortan nicht mehr ohne Begleitung durch das Werk bewegen.

Aus den Schubladen geholt

In der DDR ist neben der künstlerischen und sozialdokumentarischen Fotografie auch eine qualitativ hochwertige Reportagefotografie zu Alltagsthemen entstanden. Sie ist bisher noch viel zu wenig gewürdigt worden.[33] Sicher auch, weil die Titelseiten der Illustrierten (die der Tageszeitungen ohnehin) bis zum Ende der DDR von den Helden der Arbeit dominiert wurden und die Fotografen, trotz aller erkämpften Freiräume, mit »der politischen Zensur und der mangelnden ästhetischen Urteilsfähigkeit der Auftraggeber« zu kämpfen hatten. Das führte dazu, dass selbst bekannte Fotografen wie Roger Melis weiter »wie andere mit großer Beharrlichkeit … für die Schublade«[34] arbeiteten. Schubladen, die sich zum Glück nach und nach öffnen und wertvolle Einblicke in die Bandbreite des Schaffens einzelner Pressefotografen der DDR freigeben.[35] So wie es mit dem vorliegenden Band in die Arbeit Günter Krawutschkes möglich wird. Zugleich gibt er einen ungeschminkten Einblick in die Arbeitswelt Ostberliner Industriebetriebe, jenseits der überlieferten Tageszeitungen der DDR.

happy laborer look" which was the staple of the GDR press.[30] His unofficial photos were hardly ever seen in print. Like the ones from a 1977 solidarity event at VEB Bergmann-Borsig, which SED Secretary General Erich Honecker had attended in the company of the Chilean communist leader Luis Corvalán, who had just been released from prison. Krawutschke not only took pictures of the two party leaders on the grandstand, but also of the workers in the audience behind him. Having been delegated to attend the propaganda event, the workers follow the proceedings with bored faces.[31] Or the photo of a worker from the VEB Elektrokohle Berlin standing in front of his locker, which is located in a grubby corner of the large workshop because no space has been set aside for separate changing rooms. When the photo appeared at the X. GDR art exhibition in 1987/88,[32] Günter Krawutschke would learn the limits of his forays into the working reality of the GDR. The company protested vigorously to the Association of Fine Artists, albeit without success because by that time one could indeed invoke the protections guaranteed by the ostensible freedom of art. But from then on Krawutschke was no longer allowed to move about the factory without an escort.

Retrieved from closed drawers

In addition to artistic and social documentary photography, the GDR also produced high-quality reportage photography covering everyday topics, much of which is presently coming to light. Up till now it has received far too little attention.[33] This is most probably because the front pages of all the illustrated magazines (those of the daily newspapers even more so) continued to be dominated by the "heroes of work" theme until the end of the GDR, and the photographers, despite all the freedom they had fought for, had to struggle with "the political censorship and the lack of aesthetic judgment on the part of their clients". This led to even well known photographers like Roger Melis continuing to work "like others, with great persistence … for the so-called *drawer*".[34] And it is those drawers that are now finally opening up and providing valuable insights into the creative scope of individual press photographers in the GDR[35] – as is attested to by the works of Günter Krawutschke in the present volume. Meanwhile he also manages to provide an unvarnished insider view into the working world of East Berlin's industrial companies that goes far beyond anything found in traditional – or, rather, doctrinal – GDR daily newspapers.

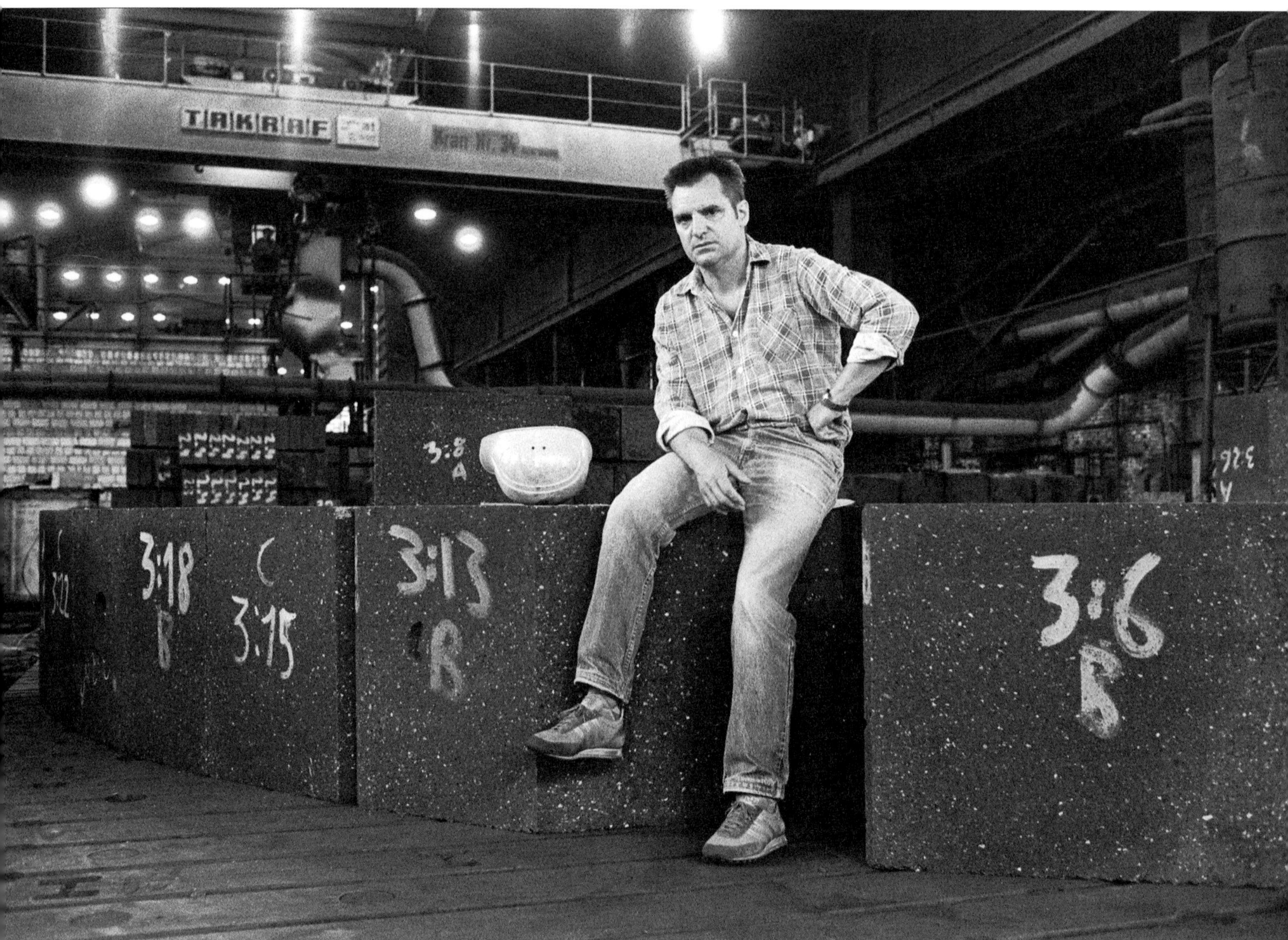
TAKRAF
3:8
A
3:18
B
3:15
3:13
B
3:6
B

Gespräch mit Günter Krawutschke

Wie sind Sie zur Fotografie gekommen?
Mein Vater fotografierte mit einer 6×9 Plattenkamera. Das fand ich faszinierend. Als sich in meinem Umfeld im Jahre 1960 mehrere Leute Pentacon-Kameras kauften, machte ich das dann auch. Mein erstes Bild war ein Blick aus dem Fenster unserer Wohnung in den Hof der Marienburger Straße 5 in Berlin-Prenzlauer Berg. Sofort war ich begeistert und daran hat sich nichts geändert.

Ab 1962 war ich Kameraassistent beim Deutschen Fernsehfunk. Dort habe ich sehr viel gelernt, was den Umgang mit Kameras, Licht und Motiven angeht. Ich habe auch teilweise während der Dreharbeiten fotografiert und konnte meine ersten Fotos ins Fernsehen bringen. Die drei Jahre zwischenzeitlich beim *Neuen Deutschland*, vorwiegend als redaktioneller Mitarbeiter in der Bildredaktion, vermisse ich nicht.

Es ging erst wieder aufwärts, als ich 1970 zur *Berliner Zeitung* kam. Hier hatte ich nicht nur ein breiteres Spektrum zu fotografieren; die Zeitung hatte auch ein großes Interesse daran, dass sich ihre Mitarbeiter weiterqualifizierten. Berufsbegleitend habe ich dort den Facharbeiterbrief Fotografie gemacht, anschließend mein Fernstudium in Leipzig absolviert und als Diplomfotografiker abgeschlossen.

Wie hat Ihr Studium an der Hochschule für Grafik und Buchkunst Leipzig Ihre Arbeit beeinflusst?
Schon die Aufnahmeprüfung war eine Herausforderung. Es wurden nur gestandene, praxiserprobte Fotografen mit einer Ausbildung eingeladen; ich hatte ja den Facharbeiterbrief in der Tasche.

Mit der Vorbereitung auf die Aufnahmeprüfung hatte das Studium schon begonnen. Wie an jeder guten Kunsthochschule wurden erst einmal Grundlagen der Kunst, Typografie und Gestaltung gelehrt. Betreut

← Günter Krawutschke im VEB Elektrokohle Lichtenberg (EKL), Berlin, 1985

Interview with Günter Krawutschke

How did you become interested in photography?
My father had a 6×9 plate camera. I was totally fascinated by it. In the 1960s, when a number of people in my milieu were buying Pentacon cameras I did so as well. My first picture was the view from the window of our apartment into the courtyard of Marienburger Straße 5 in Berlin-Prenzlauer Berg. I was immediately smitten and nothing has changed.

I began working as a camera assistant at Deutscher Fernsehfunk (the GDR TV station) in 1962. There I learned a lot about dealing with cameras, lights and motifs. I sometimes took pictures during filming and was able to get my photographs shown on TV for the first time. The three years at the *Neues Deutschland* newspaper, where I worked off and on mainly in the image editing department, are not recalled with fondness.

My situation only began to improve after I went to the *Berliner Zeitung* in 1970. There I not only had a wider spectrum for my photography, but the newspaper also showed a great interest in improving its employees' skills and qualifications. I received my accreditation as a skilled photographer while still working there and subsequently completed a correspondence course from Academy of Fine Arts in Leipzig as a graduate photographer.

How did your studies at the Academy of Fine Arts, Leipzig influence your work?
The entrance exam alone was already a challenge in itself. Only experienced, field-tested photographers with training were invited; I had the skilled worker accreditation in my pocket.

The course had basically already begun with the preparation for the entrance exam. As with any good art college the basics of art, typography and design were taught first. I was mainly supervised by Horst Thorau, who is known for his landscape and industrial photography.

← Günter Krawutschke at VEB Elektrokohle Lichtenberg (EKL), Berlin, 1985

wurde ich unter anderem von Horst Thorau, der für seine Landschafts- und Industriefotografie bekannt ist.

Im Studium wurden fotografische Themen gesetzt, die hatte jeder Student auszuarbeiten und vor allen Kommilitonen auszubreiten. Die vom Dozenten geleitete Auswertung brachte die unterschiedlichsten Herangehensweisen, Ansichten und Interpretationen zum Vorschein. Und darin lag das größte Lernpotenzial für mich: Probleme und Menschen annehmen, ins rechte Licht setzen, das Wesentliche erkennen, fotografisch herausarbeiten und für den journalistischen Auftrag der Zeitung anwenden. Eine wichtige Erkenntnis meines Studiums war, die Sicht auf Menschen, Situationen und das Umfeld zu schärfen – losgelöst vom eigentlichen Auftrag. Außerdem lernte ich viel über formalen Bildaufbau, der für mich beim Fotografieren bis heute essenziell ist.

Gab es Vorbilder, die prägend waren für Ihre Art zu fotografieren?
In Berlin gab es junge Fotografen, die außerhalb des Kunstbetriebes einen für die DDR neuen Arbeitsstil entdeckt hatten: Mit dem Weitwinkelobjektiv die Menschen in ihrem Umfeld zeigen. Dieser Gruppe schloss ich mich in den 1970er Jahren an. Einige Mitglieder waren glücklicherweise in meiner Studiengruppe. Ein Zusammenschluss wie *Signum* oder *Jugendfoto* war das nicht. Man traf sich, tauschte sich aus und sprach über Beteiligungen an Ausstellungen.

Große Vorbilder für mich waren die französischen Realisten wie Robert Doisneau, der Amerikaner Bruce Davidson und viele andere, die so arbeiteten. Da ist noch unbedingt Heinrich Zille zu nennen mit seinen fotografischen Milieustudien. Und natürlich die Bauhausfotografen. Aber auch die Porträtfotografie mit der Plattenkamera nach der Jahrhundertwende finde ich heute immer noch spannend.

Können Sie Ihre Art zu fotografieren beschreiben, speziell wenn es darum geht, arbeitende Menschen zu porträtieren?
Das klingt erst einmal wie ein Allgemeinplatz, aber: Mir kommt es auf das individuelle Wesen des Portraitierten an. Diese Persönlichkeit zu entdecken, sah und sehe ich als meine Aufgabe an. Lassen wir mal den Schnellschuss für ein briefmarkengroßes Abbild in der Tageszeitung außen vor.

Es gilt: Recherchiere vorab, wo du hingehst, was du voraussichtlich vorfindest und auf wen du triffst. Rede mit den Verantwortlichen und deinen

During the course, photographic topics were designated and every student had to work out his or her shots and present them in front of all the fellow students. The evaluation presided over by the lecturer brought to light the most diverse approaches, views and interpretations. And therein lay the greatest learning potential for me: accepting problems and people for what they are, putting them in the right light, recognizing what is of essential importance, bringing it out photographically and using it for the journalistic mission of the newspaper. An important result of my studies was the sharpening of my perceptions of people, situations and the environment – detached from the actual mandate. I also learned a lot about formal image composition, which is still an essential part of my photography today.

Were there role models that had a formative influence on your photographic style?
In Berlin there were young photographers working outside of the art establishment who had discovered a style of work new to the GDR: Using a wide-angle lens to photograph the people all around them. I hooked up with this group in the 1970s. Luckily, some of the members were in my study group. It was not an association like *Signum* or *Jugendfoto*.

People simply met, exchanged ideas and talked about participating in exhibitions.

The great role models for me were the French realists like Robert Doisneau, the American Bruce Davidson and many others who worked in that style. I definitely have to also mention Heinrich Zille with his photographic milieu studies and of course the Bauhaus photographers. And even today I still find the turn of the century portrait photography with a plate camera very exciting.

Can you describe your way of taking photos, especially when it comes to portraying working people?
It may sound a bit clichéd at first but: It really depends on the individual character of the person being portrayed. Discovering that essential individuality is what I saw, and still see, as my main task – leaving aside of course rushed shots for a postage stamp sized picture in a daily newspaper.

The first rule is to research in advance where you are going, what you are likely to find and whom you will meet. And communicate with the

Begleitpersonen. Nachdem ich den zu Fotografierenden vorgestellt wurde, habe ich mich erst einmal umgesehen, das Umfeld erkundet: Was wird im Falle eines Produktionsbetriebes hier im Detail wie hergestellt. Dann habe ich fotografiert. Nebenher sprach ich mit den Arbeiterinnen und Arbeitern über ihre Tätigkeit, aber auch über die meinige und versuchte, eine Diskussion herzustellen. Ich bin dann zurückgetreten, so dass die Arbeit nicht unnötig unterbrochen wurde. Irgendwann wurde ich dann nicht mehr wahrgenommen und verschmolz, wenn man das so sagen kann, mit der Umgebung. Wenn es möglich war, habe ich die Arbeiterin, den Arbeiter gebeten, sich für ein Porträt an einen von mir ausgewählten Platz zu stellen, wie Gerhard Voß oder Joseph Klimanel [siehe Seite 45 und 53 in diesem Band, Anmerkung der Redaktion].

Einige brauchten etwas, an dem sie sich festhalten konnten, um sich sicher zu fühlen und in sich zu ruhen. So konnte ich einen offenen, entspannten Gesichtsausdruck einfangen. Es mag merkwürdig klingen, aber ich hatte dabei oftmals die schon erwähnte Porträtfotografie um die Jahrhundertwende 1900 im Kopf.

Inwieweit sehen Sie im Rückblick Ihre Arbeit durch politisch-ideologische Vorgaben beeinflusst?

Die Tätigkeit bei der *Berliner Zeitung* war gekoppelt mit den politisch-ideologischen Vorgaben von Partei und Regierung. Und das war nicht nur bei der *Berliner Zeitung* so, sondern auch bei jeder anderen Publikation bis zur Zeitschrift für Kleingärtner, dort natürlich nicht so vordergründig.

Bei der alltäglichen Arbeit für die *Berliner Zeitung* war eine von oben übergestülpte Zensur jedoch eher die Ausnahme. Selbstzensur war im Redaktionsalltag allerdings immer präsent. Warum sollte man ein Bild anbieten, von dem man genau wusste: Das wird nicht gedruckt! Strikter war es jedoch bei Fotos, die man von hochgestellten Persönlichkeiten gemacht hatte. Solche Bilder mussten erst mit der Redaktion des *Neuen Deutschland* abgestimmt werden.

In welchem Maße konnten Sie unabhängig agieren?

Wie bei jeder anderen Tageszeitung auch. Der Auftrag als Vorgabe redaktioneller Planung für die entsprechenden Seiten war klar formuliert. Da ich im Laufe der Zeit sehr schnell war und gute Kontakte zu den meisten Betrieben pflegte, ergaben sich zeitliche Freiräume für Motive, die nicht

persons in charge and with the assigned escort. After being introduced to the people to be photographed, I would first look around and explore the surroundings: What exactly – in the case of a manufacturing facility – is being produced here and by what means. Only then would I start taking pictures. By the bye I would talk to the workers about their jobs and about mine as well and try to start up a conversation. I would then withdraw into my work so as not to be unnecessarily interrupted. Eventually my presence would be forgotten and, if you can put it that way, I would melt into the surroundings. If the opportunity arose I would ask a worker to position himself in a place I selected for a portrait, as was the case with Gerhard Voß or Joseph Klimanel [editor's note: see pages 45 and 53 in this volume.].

Some of them needed something to hold on to to feel comfortable. That helped to calm them down. I was thus able to capture an open, relaxed facial expression. It may sound strange, but as I worked, I often had in mind the already referenced portrait photography at the turn of the century 1900.

In retrospect, to what extent do you see your work influenced by political and ideological tenets?

My work at the *Berliner Zeitung* was directly linked to the political and ideological requirements of the Party and the government. And this was not only the case with the *Berliner Zeitung*, but also with every other publication including the magazine for allotment gardeners, where of course it was not so overt.

In the day-to-day work for the *Berliner Zeitung*, however, censorship imposed from above was rather the exception. Self-censorship was nevertheless always present in everyday editorial work. Why would anyone submit a picture that he or she knew would never be printed! Photos of high-ranking personalities, on the other hand, were treated much more scrupulously. Those pictures first had to be approved by the editorial staff of *Neues Deutschland*.

To what extent were you able to act independently?

About as much as at any other daily newspaper. The editorial planning for a particular page clearly defined the parameters of our assignments. Since my experience allowed me to work fast and to establish good relation-

direkt zum Auftrag gehörten. Das waren Menschen, die mir auf dem Weg zum Auftragsort begegneten, Stillleben und Details an Gebäuden und Maschinen. Aber auch Industrielandschaften vom Standort des Auftrages aus gesehen. Viele davon wären in der Zeitung gar nicht erst abgedruckt worden. Mit der Zeit habe ich auch kleinere Ausstellungen auf die Beine gestellt, beispielsweise in Prenzlauer Berg oder Lichtenberg. Dort konnte ich dann auch diese Fotos zeigen. Wenn ein Foto nicht in gesteigertem Maße die Richtlinien der Politik kritisierte, war so etwas okay. Es gab eben unzählige Nischen in der DDR, so auch für die Fotografen.

Wie arbeitete die Redaktion in der *Berliner Zeitung*?
Das lief nach dem Chefredakteurs-Prinzip ab. Damit unterschied sich die *Berliner Zeitung* in Struktur und Aufbau nicht wesentlich von den gängigen Tageszeitungen in der Bundesrepublik. Der Unterschied war der politische Auftrag. Wenn man sich heute einige Blätter in Deutschland genauer ansieht, stellt man, natürlich gut verbrämt, auch den Einfluss von Strömungen und Parteien fest.

Für langfristig geplante Seiten konnte man sich als Fotograf vorbereiten. Die Vergabe interessanter Themen auf einer ganzen Seite war einvernehmlich, andererseits gab es hier auch einen Wettbewerb der Fotografen untereinander. Das letzte Wort und den direkten Zugriff hatten natürlich Bildchef und Chefredaktion. Es gab eine unverbindliche Wochenplanung, die Fotografen konnten ihr Interesse anmelden.

Alle für die Berliner Zeitung arbeitenden Fotografen mussten im Prinzip alles machen. Allerdings ging der Bildchef auf die Interessen der Einzelnen ein. Und so waren die Felder grob aufgeteilt. Theater und Kulturelles, Sport und Berliner Leben machten alle. Vorzugsweise, aber nicht ausschließlich, hatte ich die Industrie.

Was waren Ihre wichtigsten Werkzeuge?
Natürlich Kameras und Filme. Bis etwa Mitte der 1970er Jahre wurde die Mittelformatkamera Pentacon Six bevorzugt, denn sie garantierte ein relativ gutes Ergebnis auf dem ORWO-Film. Allerdings gab es hierfür keine richtigen Weitwinkelobjektive. Und dann waren da noch die Praktica Kleinbildkameras, mit denen die Fotografen ausgestattet wurden.

Ältere Modelle, meist Vorkriegsentwicklungen, wurden aus unterschiedlichen Gründen wegrationalisiert. Der technische Vorsprung der

ships with most companies, I was able to garner some free time to take photos that were not directly part of my assignment. They were of people I met on the way to the shoot and of still lifes and details of buildings and machines. But also industrial landscapes as seen from the site of the job. Many of those photos would never have been printed in the newspaper. Over time I also set up smaller exhibitions, for example in Prenzlauer Berg or Lichtenberg, where I was then able to display my own photos. If a photo was not overly critical of governmental policy that was okay. There were countless informal niches in the GDR, including ones for photographers.

How did the editorial staff at the Berliner Zeitung work?
It was based on the editor-in-chief principle. Thus, the *Berliner Zeitung* did not differ significantly in structure and organization from the conventional daily newspapers in the Federal Republic. The difference was its political objectives. If you take a closer look at some of the papers in Germany today you will notice that, although artfully veiled, they too are influenced by political currents and parties.

Assignments planned far in advance allowed you time to anticipate any photographic needs. The allocation of interesting topics for an entire page layout was done by mutual agreement; on the other hand there was also competition among the photographers. The last word and direct control was, of course, given to the picture editor and the editorial board. There was a voluntary weekly planning meeting whereby the photographers could make their interests known.

Basically, all photographers working for the *Berliner Zeitung* had to do everything. The picture editor did, however, take the interests of the individual photographers into account. The various fields were thus loosely allocated. Theatre and culture, sport and life in Berlin were covered by everybody. By preference – but not exclusively – I covered industry.

What were your most important tools?
Cameras and films of course. The medium format Pentacon Six camera was preferred until about the mid-1970s because it guaranteed a relatively good result on ORWO film. That camera, however, did not have a suitable wide-angle lens. Then there were the Praktica 35 mm cameras that were also part of the photographers' tool kit.

Older models of mostly pre-war design were superseded by newer

1950er Jahre wurde leichtfertig verspielt. Die hochempfindlichen ORWO-Filme waren für den professionellen Einsatz nur bedingt tauglich.

Immer wieder wurde die Frage gestellt: »Warum sind die Fotos der Westagenturen schärfer und brillanter?« Die Erkenntnis, dass die DDR nicht in der Lage war, hochwertige Kameras und Filme zu produzieren, war bitter. So wurden die führenden Medien schon ab Mitte der 1970er Jahre mit Kameras von Nikon und Hasselblad ausgerüstet. Ein gewisses Kontingent an Kodak-Filmen gehörte dazu. Nun klappte es auch mit der Qualität.

1987 sind Sie bei der *Berliner Zeitung* ausgestiegen. Wie war es danach als freier Fotograf in der DDR, wie in der Nachwendezeit?
In der DDR als freier Fotograf zu arbeiten, war kein Problem. Voraussetzung waren ein Qualifizierungsnachweis, zum Beispiel Handwerksfotograf, das Studium an einer Fach- oder Hochschule für Journalistik, als technischer Fotograf oder an einer Kunsthochschule. Weiterhin brauchte man Auftraggeber, also Publikationsorgane, Betriebe oder Organisationen und dazu den Nachweis in Form von Fotoabzügen. Hatte man das alles beisammen, konnte man einen Antrag bei einer Kommission für eine Zulassung, auch hinsichtlich Finanzamt- und Sozialversicherungspflicht, als freiberuflicher Fotograf stellen.

Das gleiche Prozedere galt auch für Kunst- und Kulturschaffende, Journalisten, Maler oder Grafiker.

Es bestand ein deutlicher Unterschied zur Bundesrepublik. Viele der Berufsbezeichnungen sind hier nicht geschützt. Auch gibt es keine Versicherungspflicht. Das führt zu Wettbewerbsverzerrungen und sozialen Problemen.

Die Zeit nach der Wende war für mich unproblematisch. Mitte der 1980er habe ich mich der Bau- und Architekturfotografie zugewandt. Ein interessanter Auftraggeber war die Berliner Baudirektion, für die ich wichtige Vorhaben wie die Neugestaltung der Friedrichstraße dokumentiert habe. Ein schönes Projekt war der Wiederaufbau der Neuen Synagoge in der Oranienburger Straße, den ich fotografisch von 1988 bis 1995 begleitet habe.

ones for various reasons. The leading edge technologies of the 1950s were carelessly squandered. The highly sensitive ORWO films, for example, were only of limited usefulness for professional photographers.

Again and again the question was asked: "Why are the photos of the western agencies sharper and more brilliant?" That the GDR was not able to produce high-quality cameras and films was a bitter realization. Thus the leading media were eventually equipped with cameras from Nikon and Hasselblad as early as the mid-1970s. A certain number of Kodak films were also in use. This solved the quality problem.

You left the Berliner Zeitung in 1987. What was it like after that as a freelance photographer in the GDR and in the post-reunification period?
Working as a freelance photographer in the GDR was no problem as long as you had some proof of qualification: for example, as a trade photographer, a completed study at a technical college or university for journalism, experience as a technical photographer or study at an art college. Also you needed clients such as publishing media, companies or organizations and to have proof in the form of photo prints. Once all this information had been marshaled, an application for a license as a freelance photographer could be made to a commission whereby tax and security obligations were also clarified.

The same procedure applied for artists, cultural workers, journalists, painters or graphic artists.

This was considerably different from the Federal Republic. Many of the job titles are not protected here. There is also no compulsory insurance. That leads to distortions of competition and social problems.

For me the time after reunification was not problematic. In the mid 1980s I turned to building and architectural photography. An interesting client was the Berliner Baudirektion (building department), for whom I documented important projects such as the redesign of Friedrichstraße. Another fine project was the reconstruction of the new synagogue in the Oranienburger Straße, which I documented photographically from 1988 to 1995.

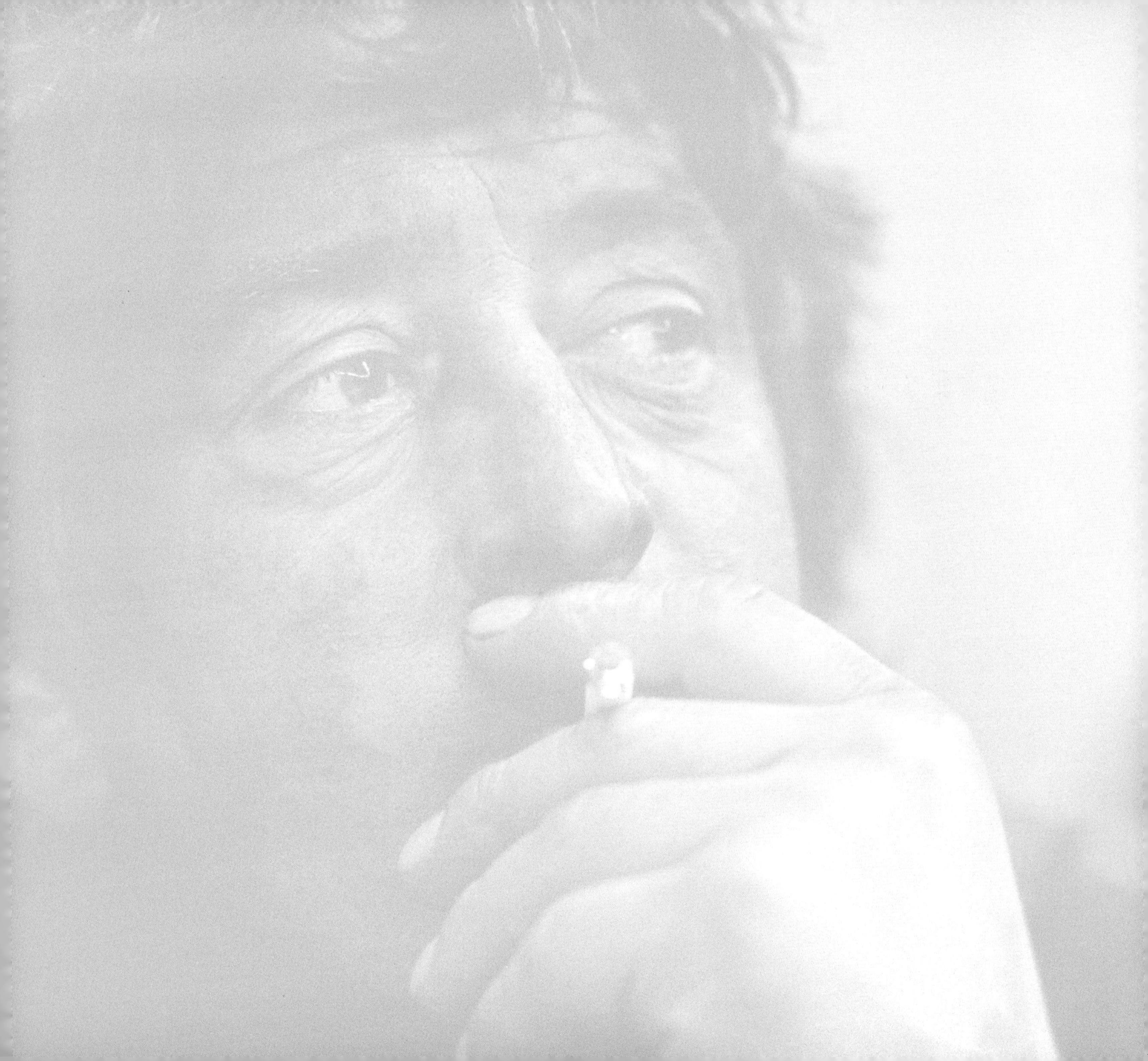

PORTRÄTS

BLICKE UND MOMENTE

PORTRAITS

GLIMPSES AND MOMENTS

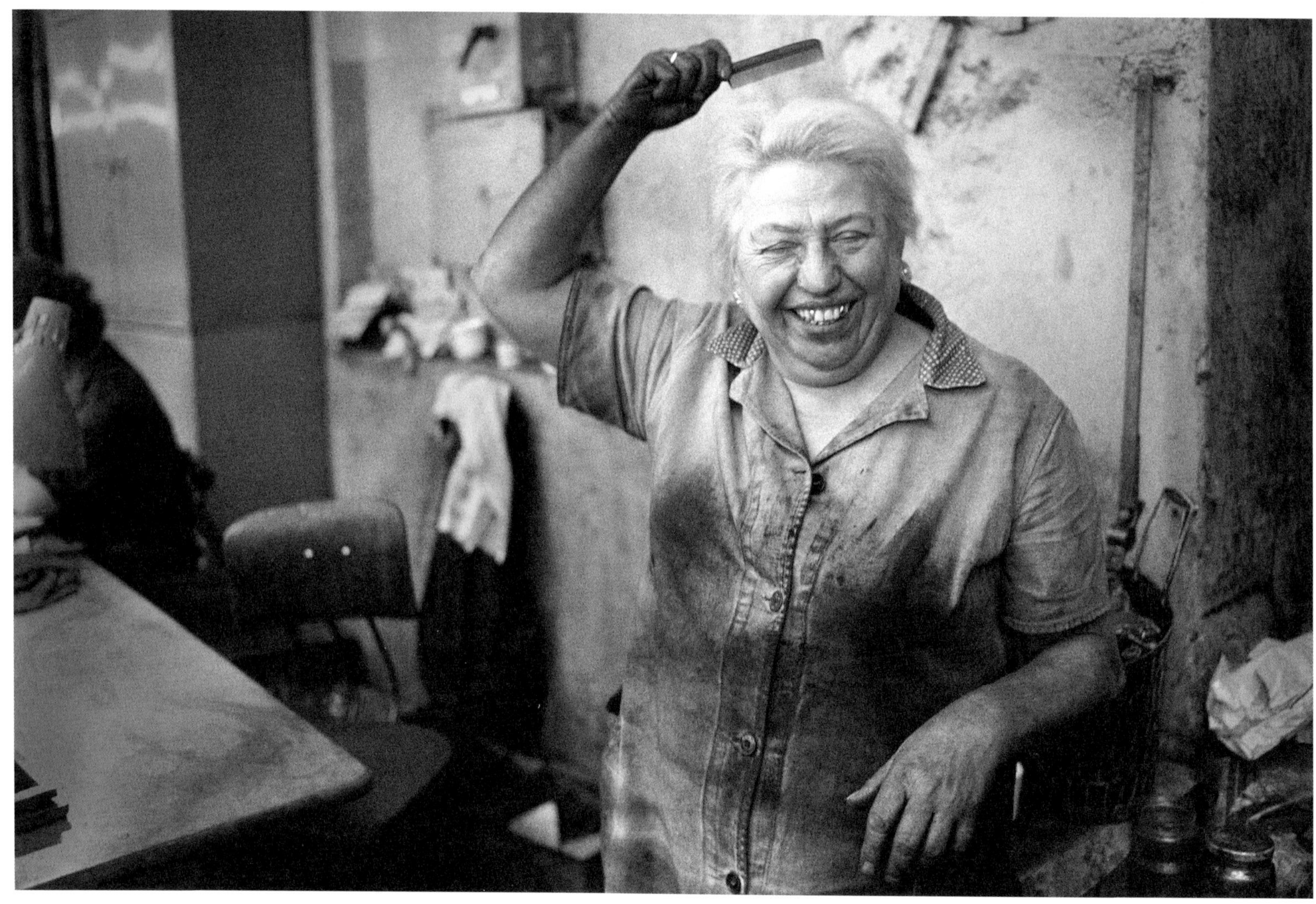

»Das Bild von Lenchen Möller entstand während einer Reportage über ihren Meister Paul Richter. Ich wollte ein Porträt von ihr. Und als ich ansetzte sie zu fotografieren, sagte sie: ›Moment mal, ich muss mich erst mal hübsch machen‹. Dann hat sie den Kamm rausgezogen und sich gekämmt – aber in dem Moment war es schon passiert. Das wusste sie nicht – ich wusste es da ja auch noch nicht.«
VEB Elektrokohle Lichtenberg (EKL), Berlin, 1979

"The picture of Lenchen Möller was taken while doing a story about her foreman, Paul Richter. I wanted a portrait of her. As I got ready to photograph her she said, 'Wait a moment, I have to pretty myself up first'. She then pulled out the comb and combed her hair – but at that moment it had already happened. She didn't know it and I really didn't know it at the time either."
VEB Elektrokohle Lichtenberg (EKL), Berlin, (coal and graphite company), 1979

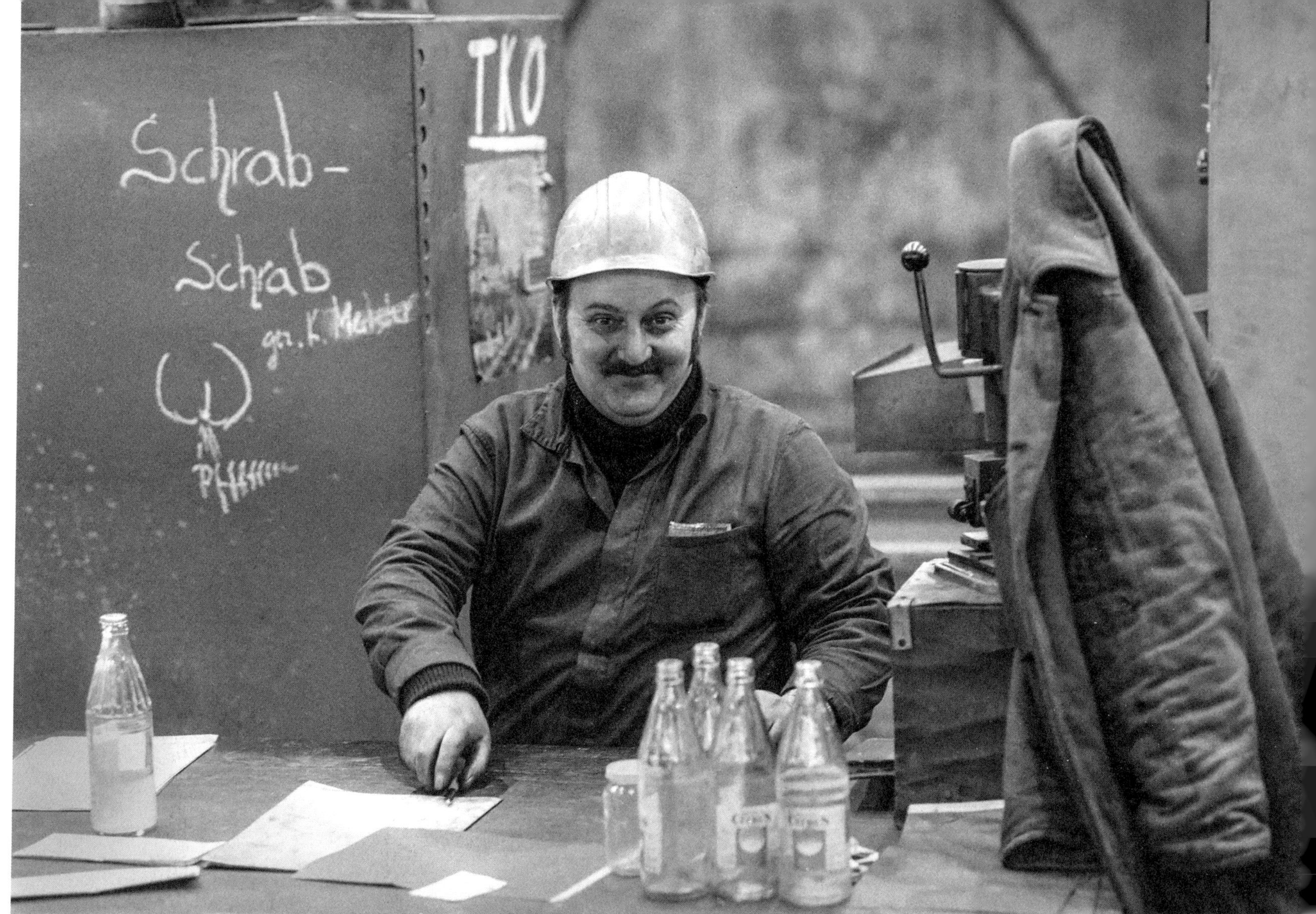

Kreative Arbeitsplatzgestaltung im Bereich Großkohle, VEB Elektrokohle Lichtenberg (EKL), Berlin, 1985

Creatively configured workstation in the “Großkohle” section, VEB Elektrokohle Lichtenberg (EKL), Berlin, (coal and graphite company), 1985

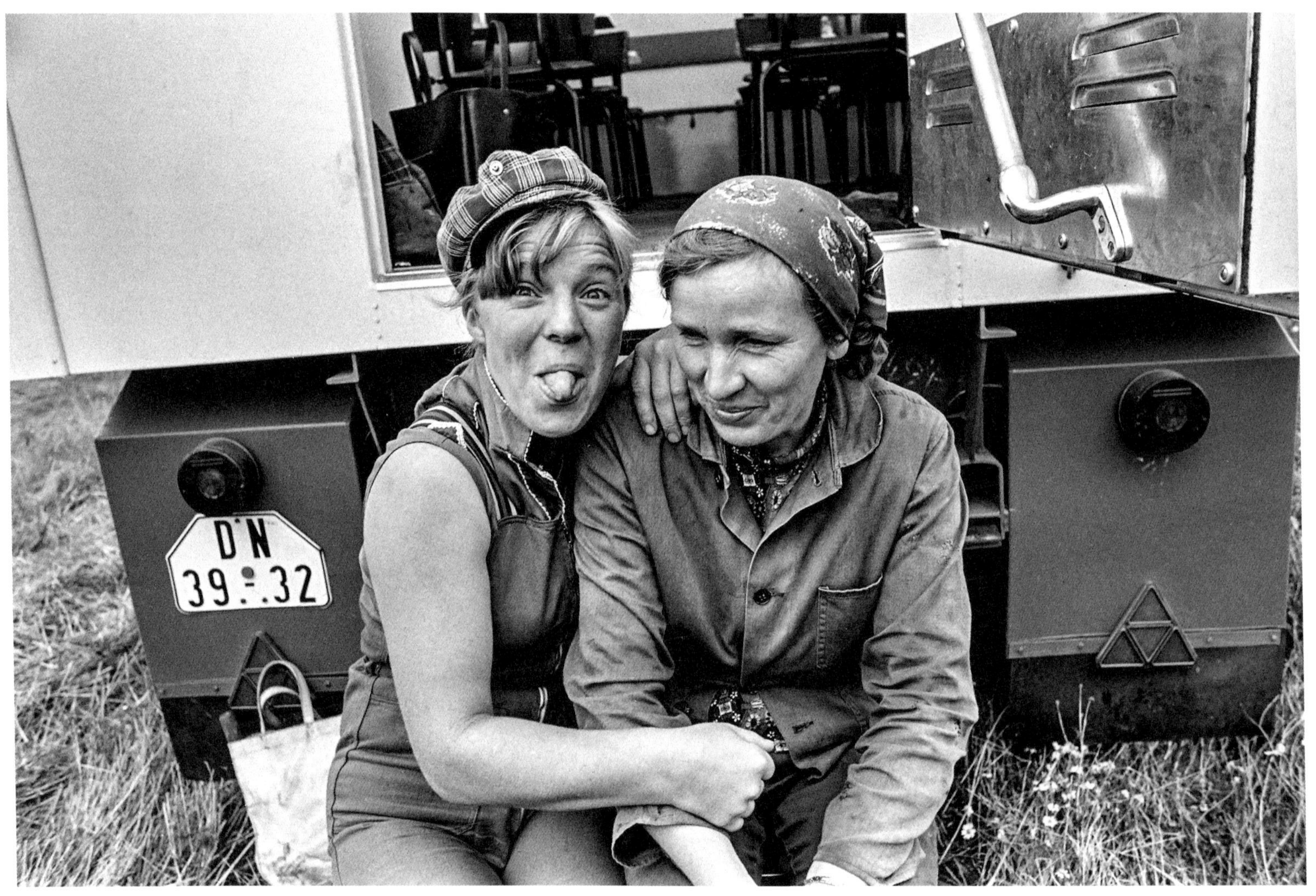

Zwei Erntehelferinnen der Kooperativen Abteilung Pflanzenproduktion (KAP), Stolzenhagen, 1974

Two harvest helpers for the "Kooperative Abteilung Pflanzenproduktion" (KAP) Stolzenhagen, (cooperative crop production department), 1974

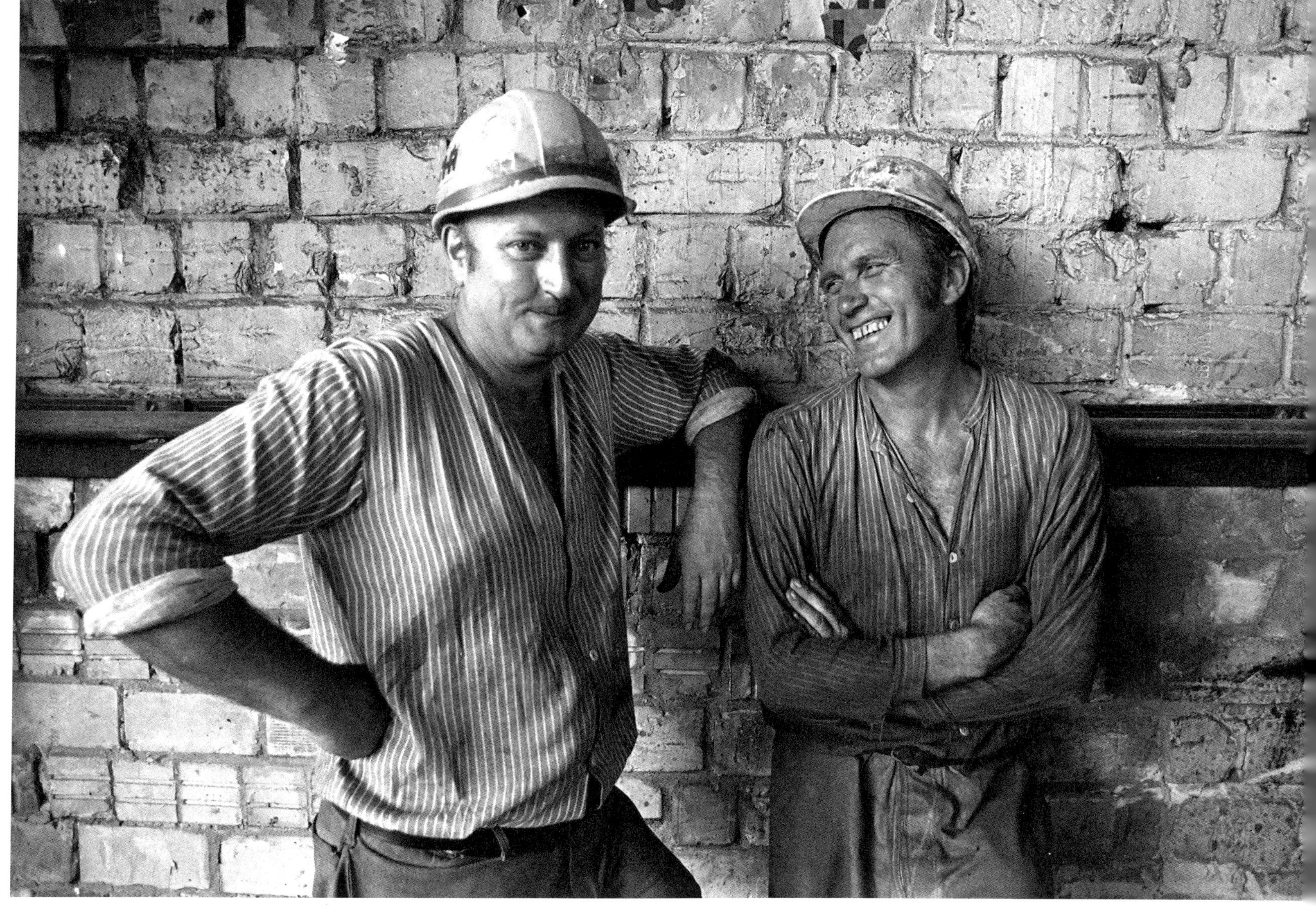

Arbeiter des VEB Berliner Metallhütten- und Halbzeugwerke (BMHW), 1986

Workers at the VEB Berliner Metallhütten- und Halbzeugwerke (metal works), 1986

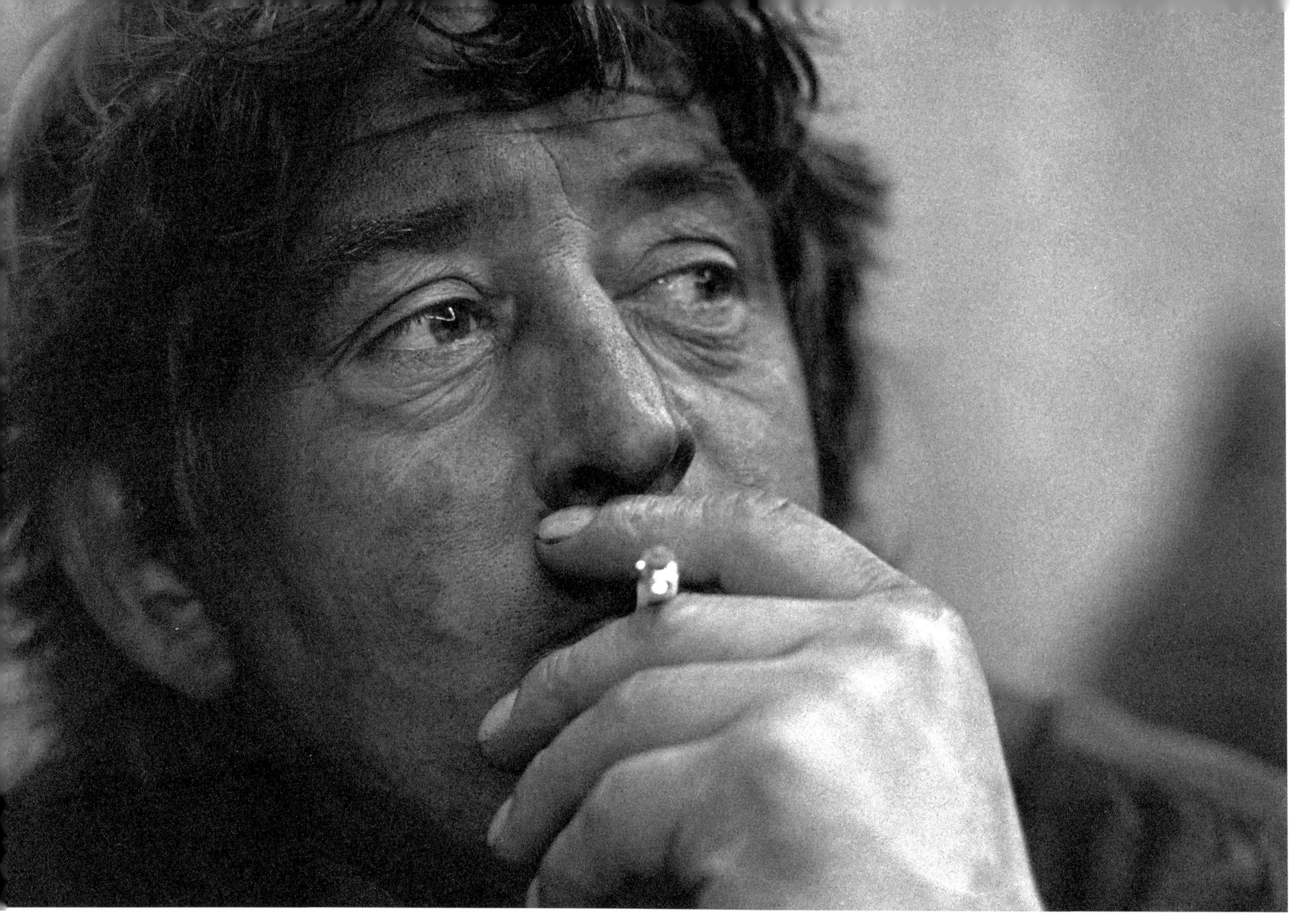

Arbeiter der Brigade »Karl Marx«, VEB Elektrokohle Lichtenberg (EKL), Berlin, 1983

Worker from the “Karl Marx” brigade, VEB Elektrokohle Lichtenberg (EKL), Berlin, (coal and graphite company), 1983

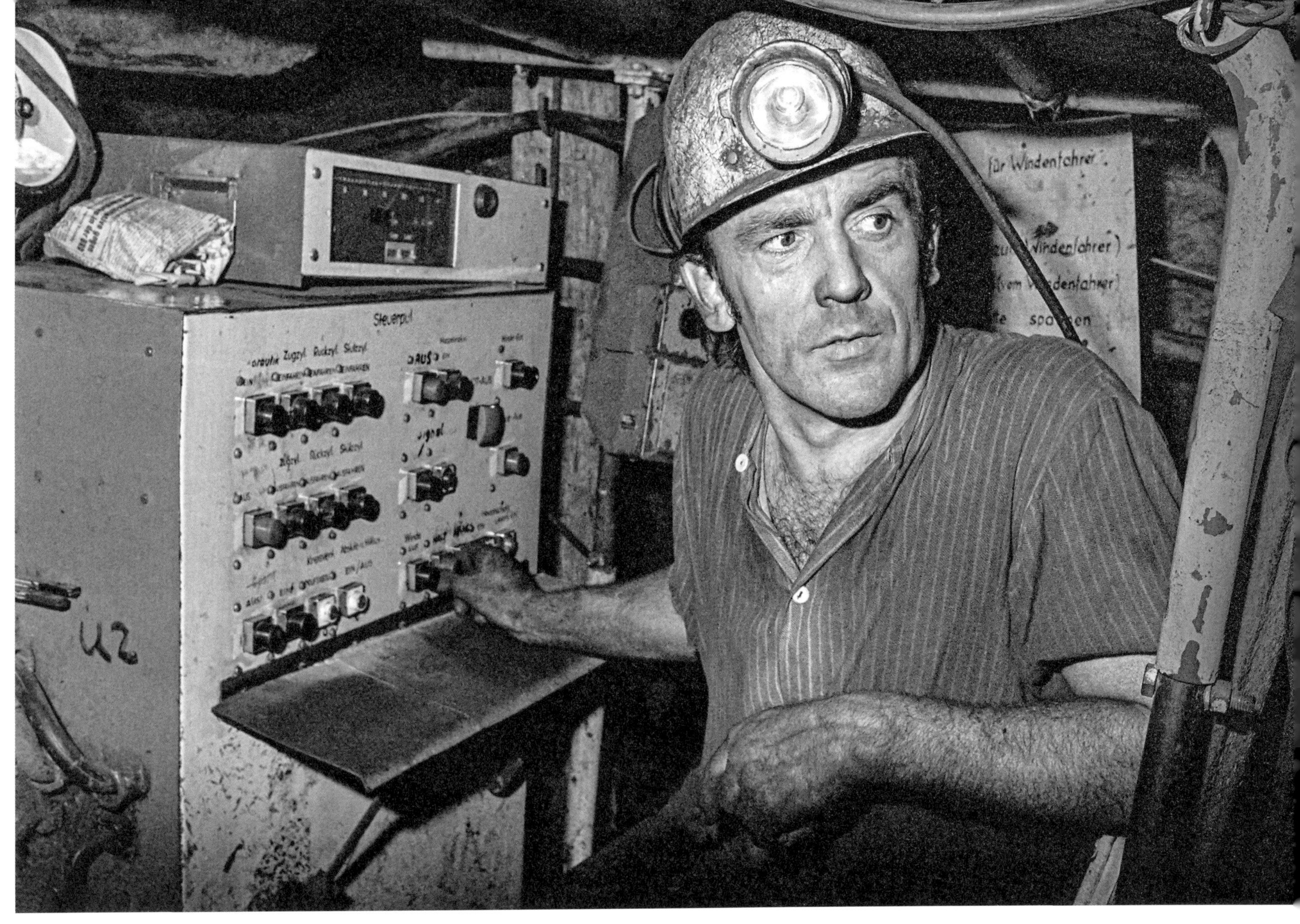

Kumpel im Kupferbergwerk, VEB Thomas-Münzer-Schacht, Sangerhausen, 1982

Miner in copper mine, VEB Thomas-Münzer-Schacht, Sangerhausen, 1982

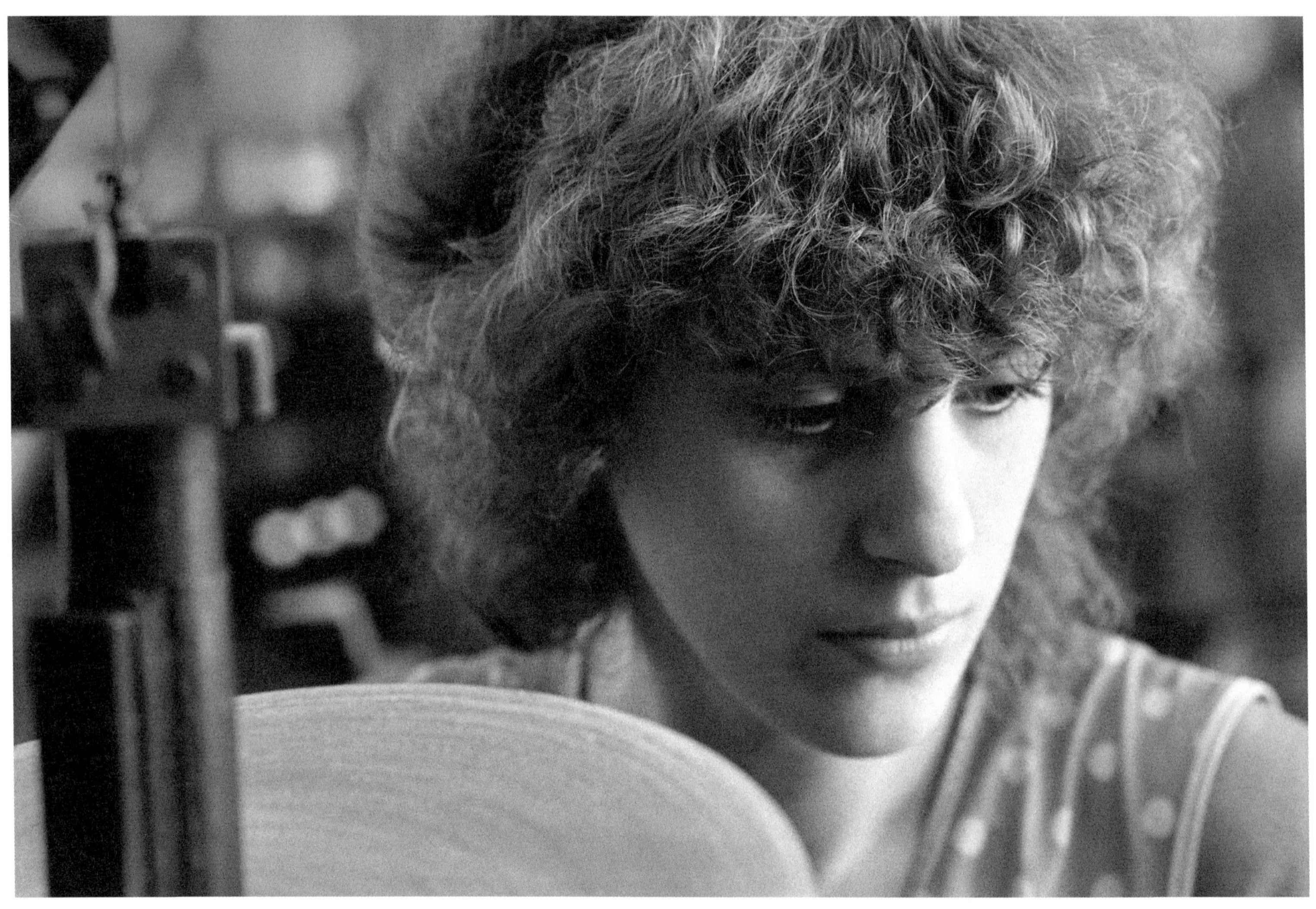

Kabelwicklerin im Bereich Fernmeldekabel, VEB Kabelwerk Oberspree (KWO), Berlin, 1981

Cable wrapper in the telecommunications cable section, VEB Kabelwerk Oberspree, Berlin, (cable works), 1981

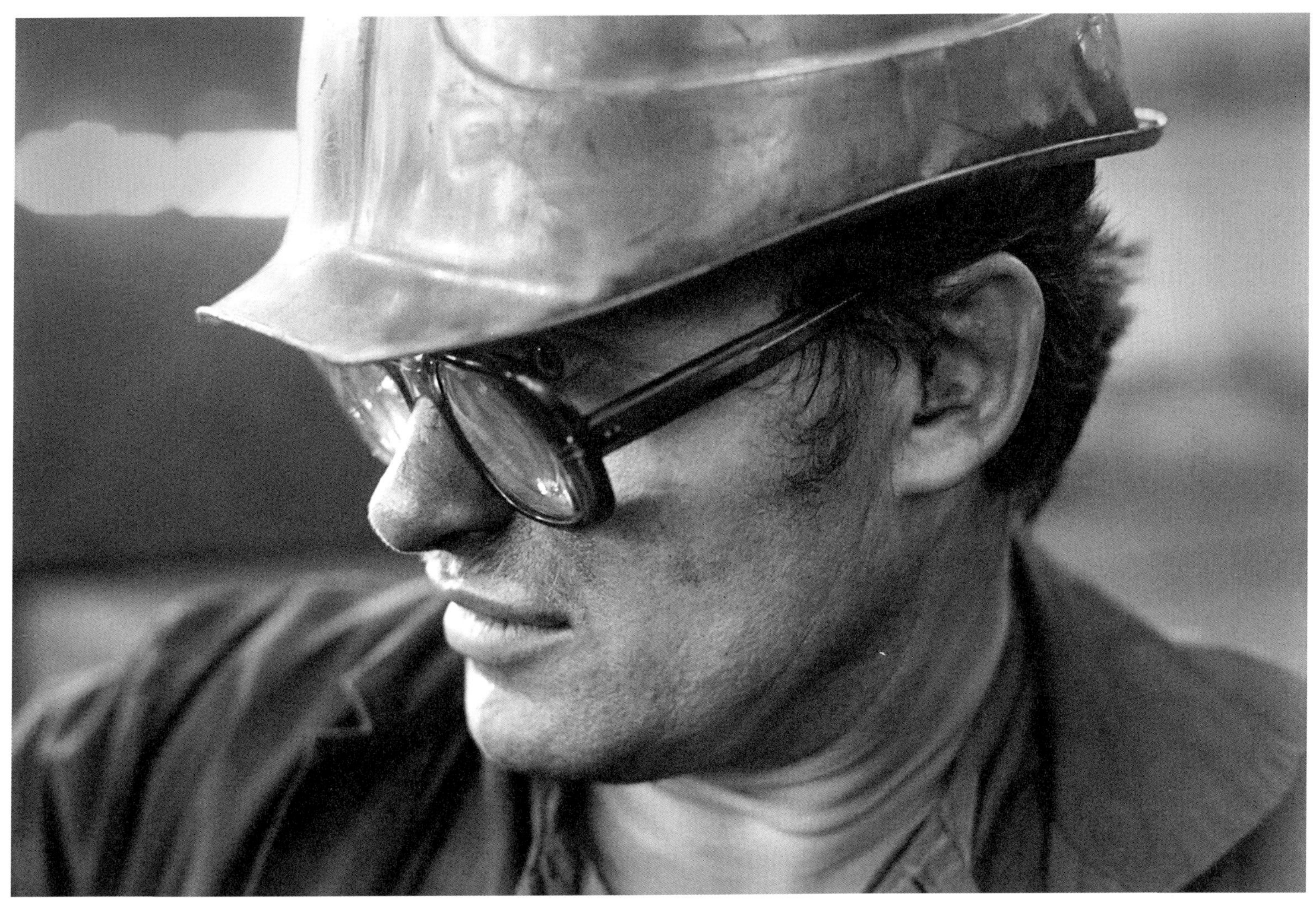

Arbeiter der Jugendbrigade »Maurice Thorez«, Bereich Großkohle, VEB Elektrokohle Lichtenberg (EKL), Berlin, 1985

Worker from the "Maurice Thorez" youth brigade, "Großkohle" section, VEB Elektrokohle Lichtenberg (EKL), Berlin, (coal and graphite company), 1985

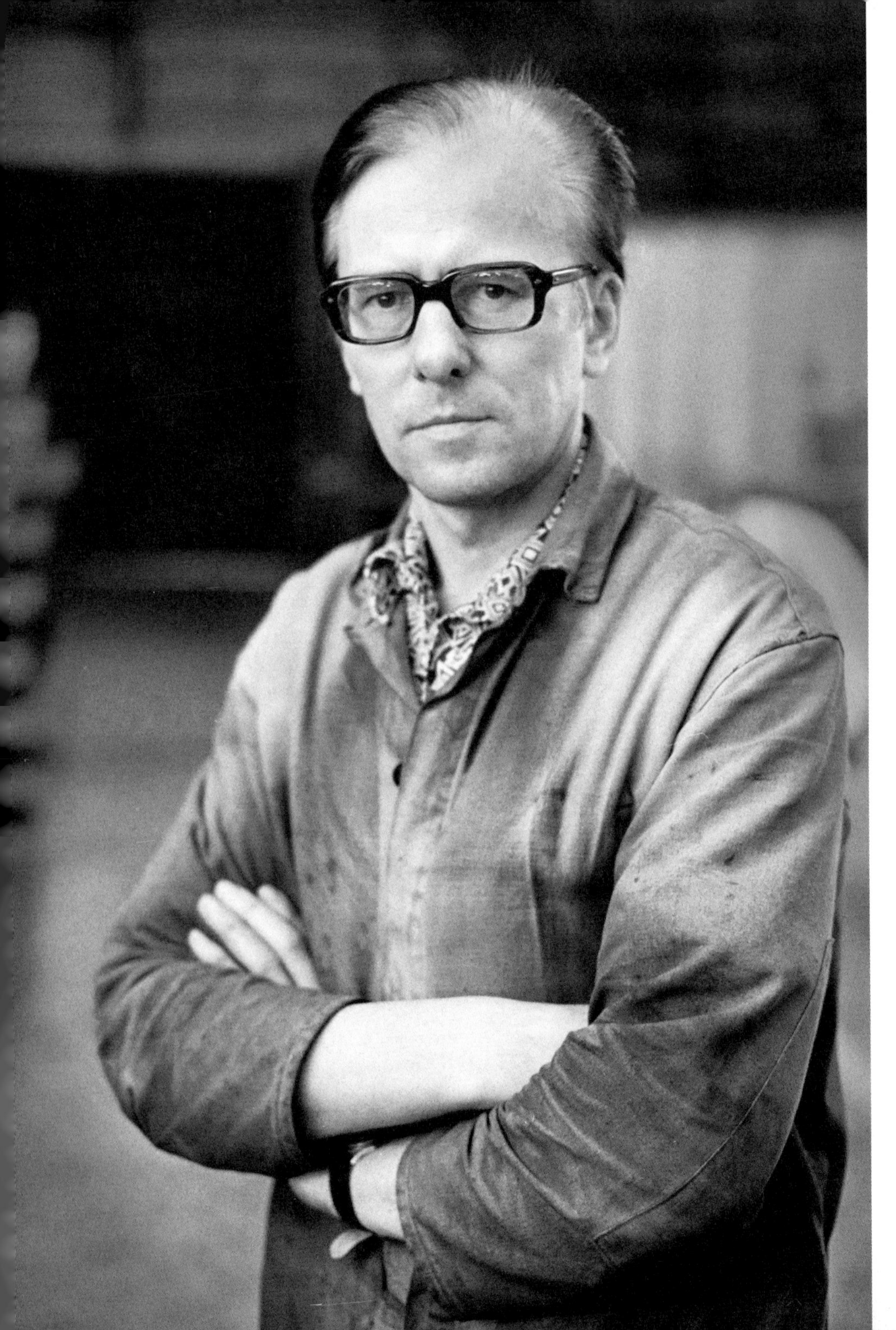

Arbeiter in der Vorfertigung, VEB Kühlautomat Berlin, 1981

Worker in the prefabrication section, VEB Kühlautomat Berlin, (refrigerator company), 1981

»Gerhard Voß war ein hochgelobter Brigadier und als Anlagenmaschinist ein Vorzeige-Arbeiter. Eigentlich war er ein ganz normaler Mann, der darauf geachtet hat, seine Arbeit ordentlich zu machen, und das hat er auch von seinen Kollegen erwartet.
Dieses Bild habe ich zur Porträtfotoschau in Berlin eingereicht. Dort hing es dann auch ziemlich groß. Später galt dieses Porträt – das fand ich ganz ulkig – als sogenannter ›Klassiker‹. Das wurde Jüngeren gezeigt und gesagt: ›Guckt mal, so kann man einen Arbeiter fotografieren!‹«
VEB Elektrokohle Lichtenberg (EKL), Berlin, 1980

"Gerhard Voss was a highly praised brigade leader and as an equipment technician a model worker. Actually, he was just a normal guy who took care to do his job properly and expected the same from his colleagues.
I submitted this picture for the portrait photography show in Berlin. There it really stood out. Later this portrait – I found that quite funny – was considered a so-called 'classic'. This was shown to younger photographers who were told: 'Look, this is how you can photograph a worker!'"
VEB Elektrokohle Lichtenberg (EKL), Berlin, (coal and graphite company), 1980

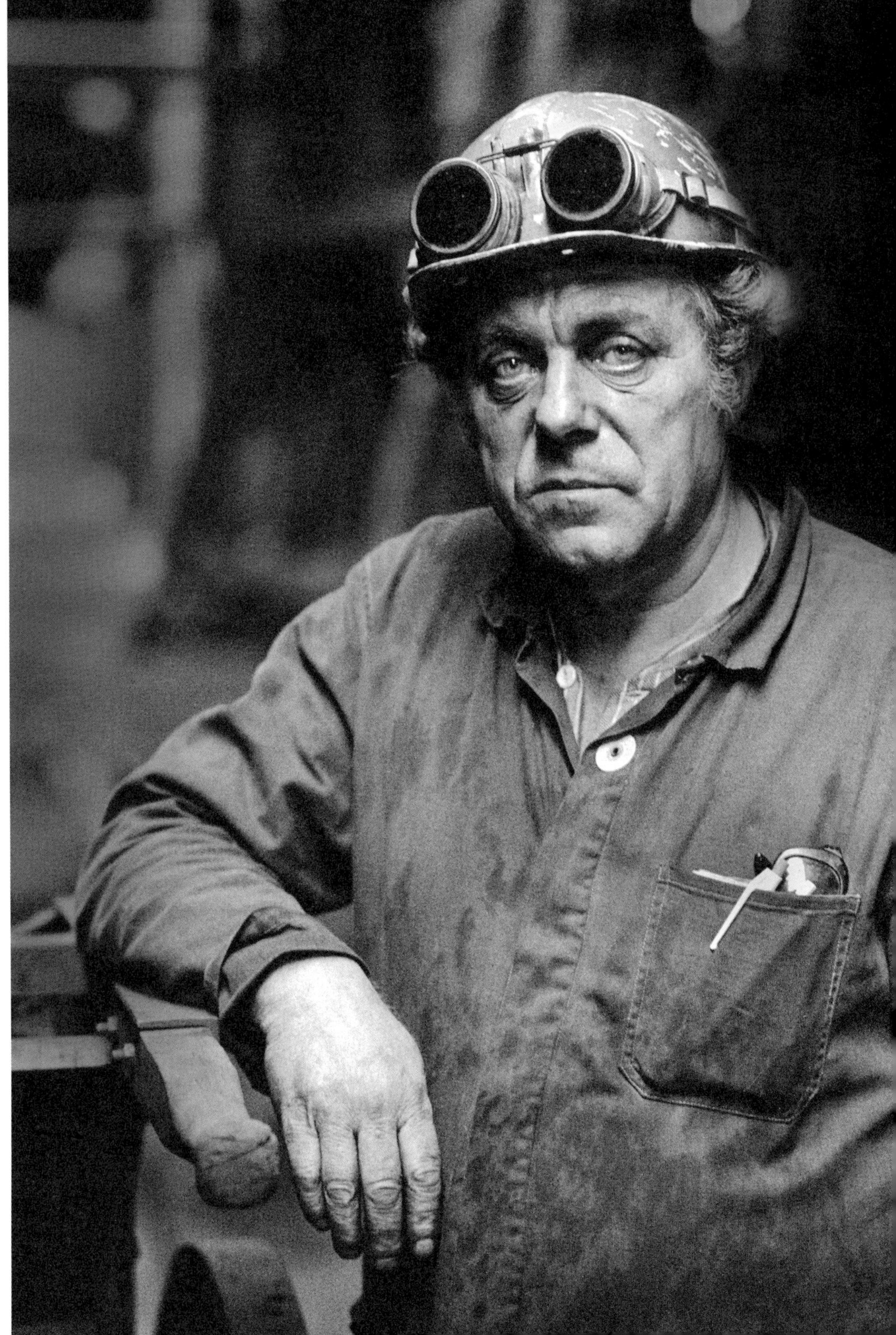

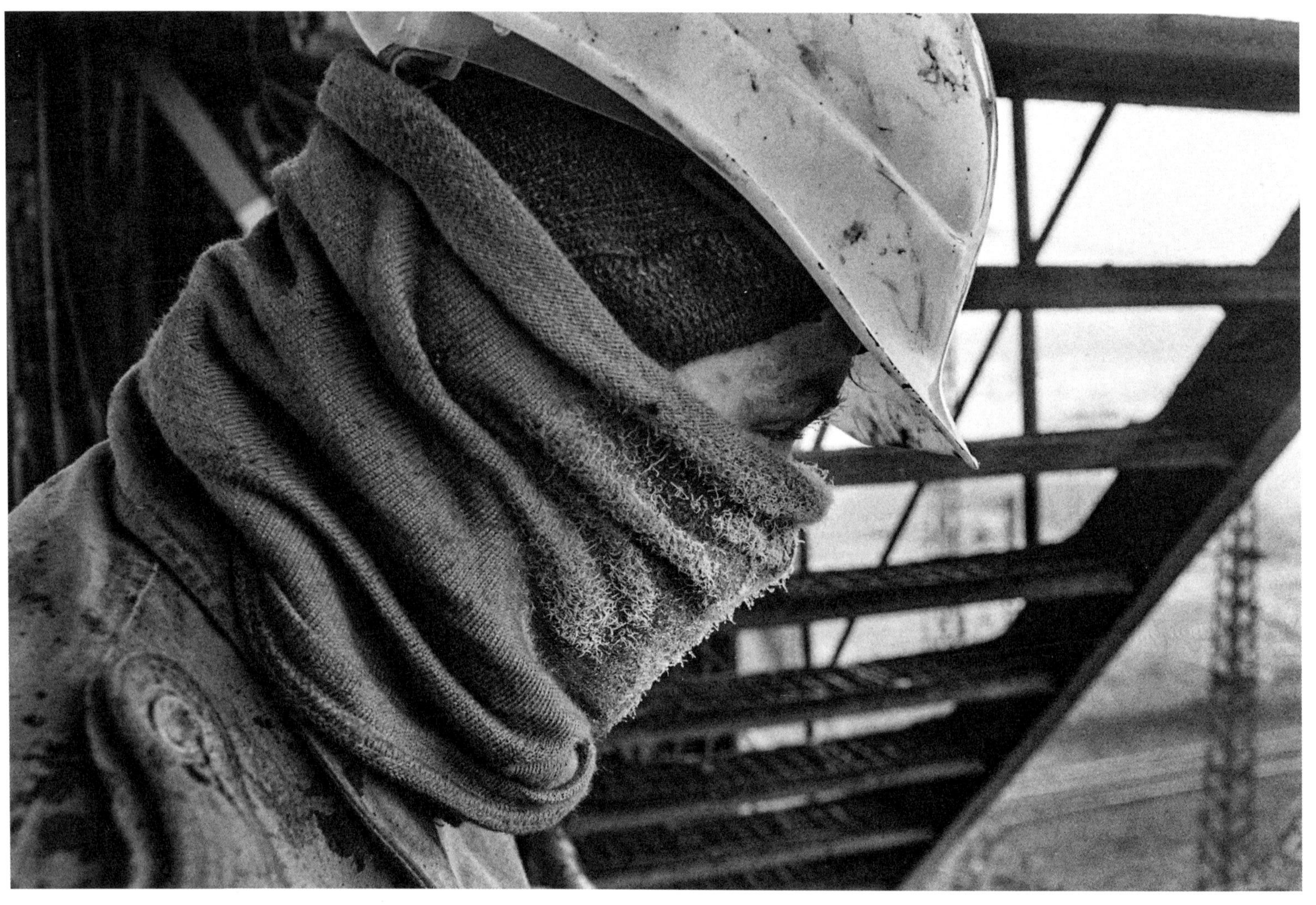

Bergmann im Braunkohletagebau Meuro/Lausitzer Revier (heute Großräschener See), 1987

Miner in Meuro brown coal surface mine, Lausitz district (today Lake Großräschen), 1987

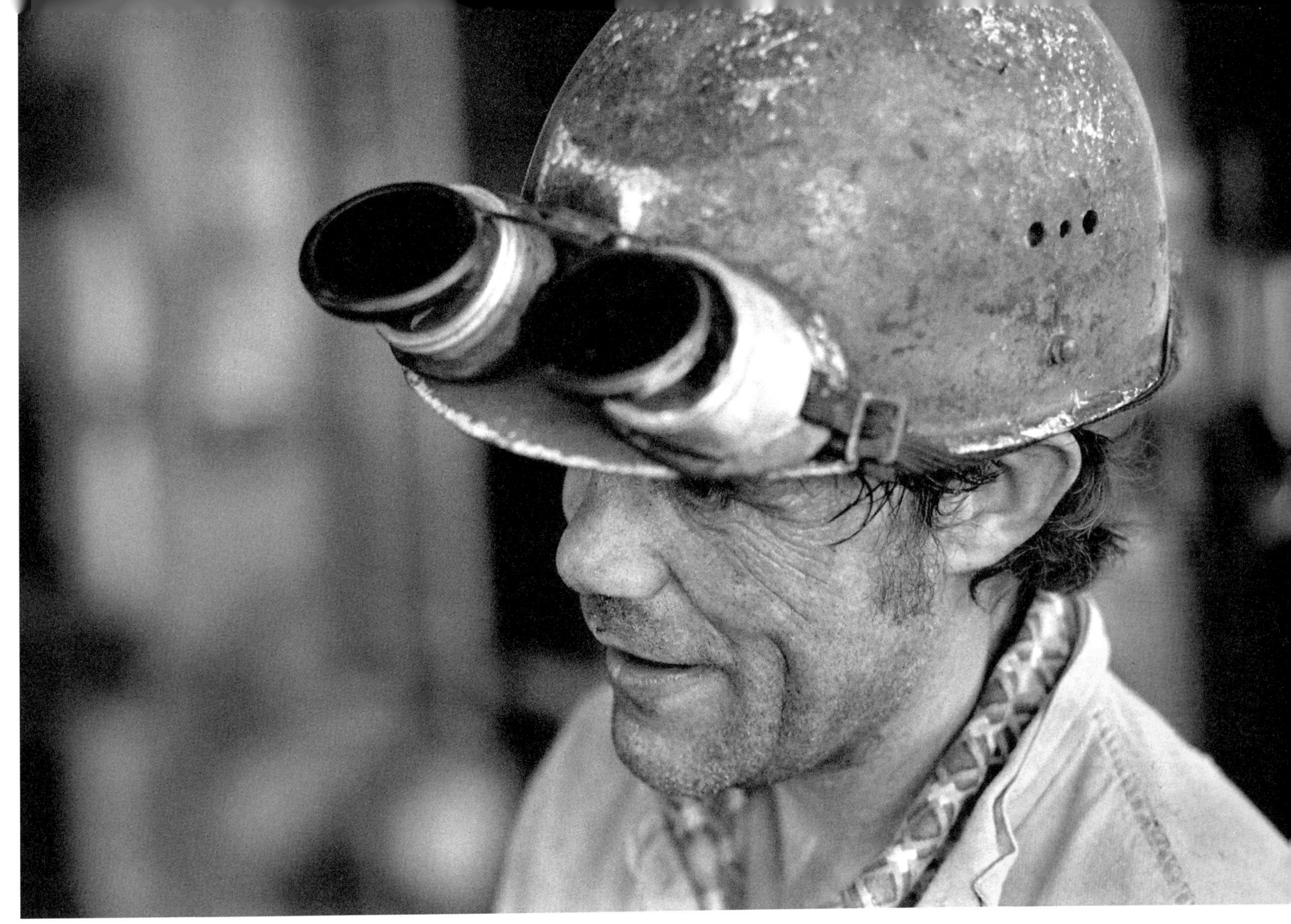

Hüttenwerker am Verblaseofen der Zinnhütte Freiberg, VEB Bergbau- und Hüttenkombinat »Albert Funk«, 1981

Metallurgist at the fuming furnace, Freiberg tin-mill, VEB Bergbau- und Hüttenkombinat "Albert Funk" (mining and smelting combine), 1981

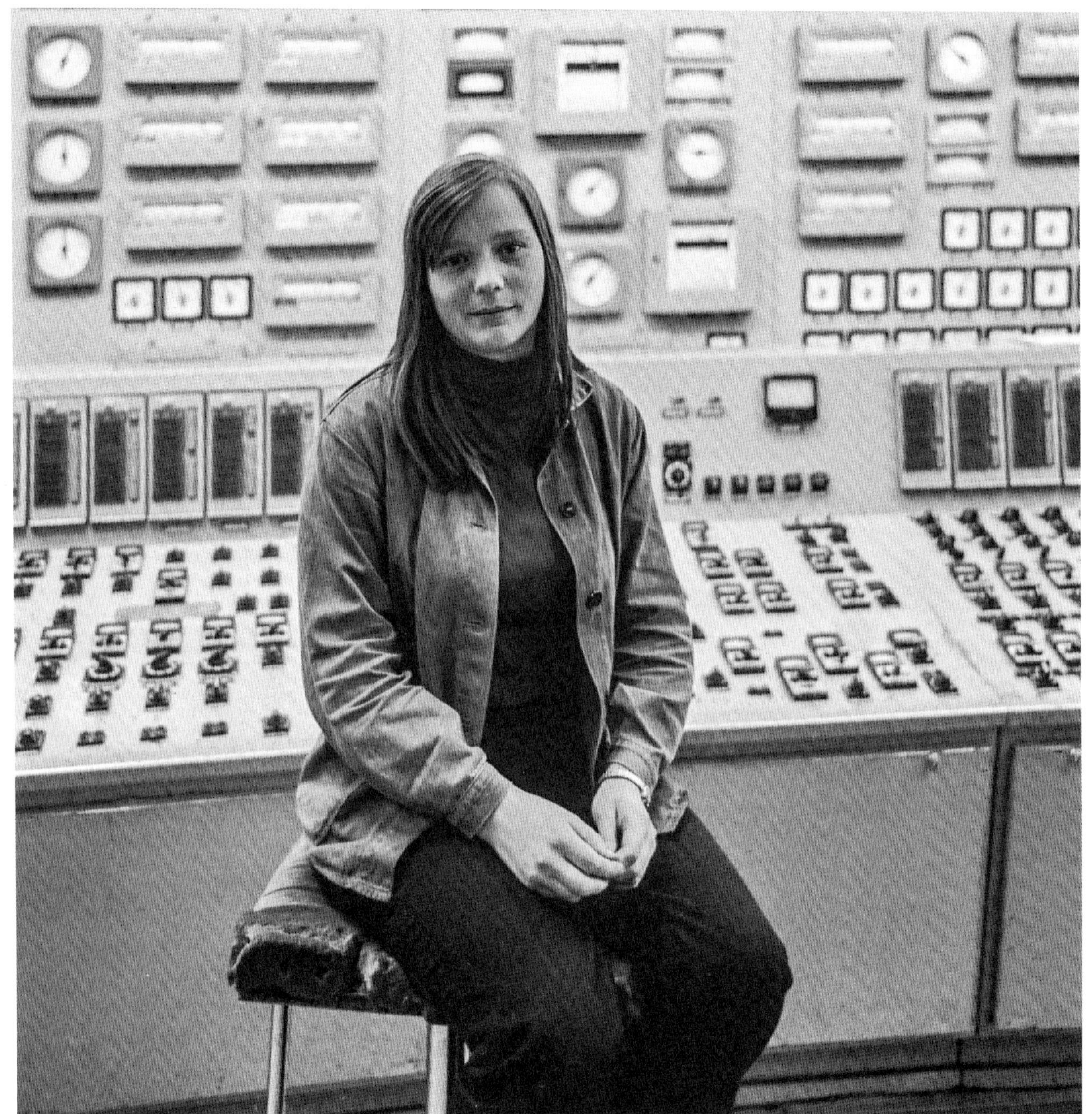

Auszubildende in der Schaltwarte, Braunkohlekraftwerk Boxberg/Oberlausitz, um 1975

Trainee in the control room, Boxberg/Oberlausitz brown coal power station, circa 1975

»Helga Rex leitete ein Frauenkollektiv in der Endmontage des Kaffeeautomaten K109. Im Kollektiv ging es sehr locker und herzig zu. Trotzdem (oder gerade deswegen) haben die Frauen dort ›Bestleitungen‹ vollbracht. 1984 erhielt ›Rexi‹ den Karl-Marx-Orden. Darauf war der ganze Betrieb stolz – deswegen auch der große Blumenstrauß. Obwohl sie so gefeiert wurde, war und blieb sie eine bescheidene Frau. So stand sie da, als ich das Foto mach-te – ungestellt, mit dem Plakat über sich. Ich habe das mit der Kamera nur abgenommen.«
VEB Elektromechanik Kaulsdorf, Berlin, 1984

"Helga Rex led a women's collective in the K109 coffee machine final assembly section where things were very relaxed and fun. Despite (or perhaps because of) this, the women there were the 'top performers'. 'Rexi' was awarded the Order of Karl Marx in 1984. The whole company was proud of this. That explains the big bouquet of flowers. Although she was so celebrated, she was and remained a modest woman. She just stood there like that when I took the photo – unposed, with the banner above her. I simply let my camera take the shot."
VEB Elektromechanik Kaulsdorf, Berlin, (electromechanics company), 1984

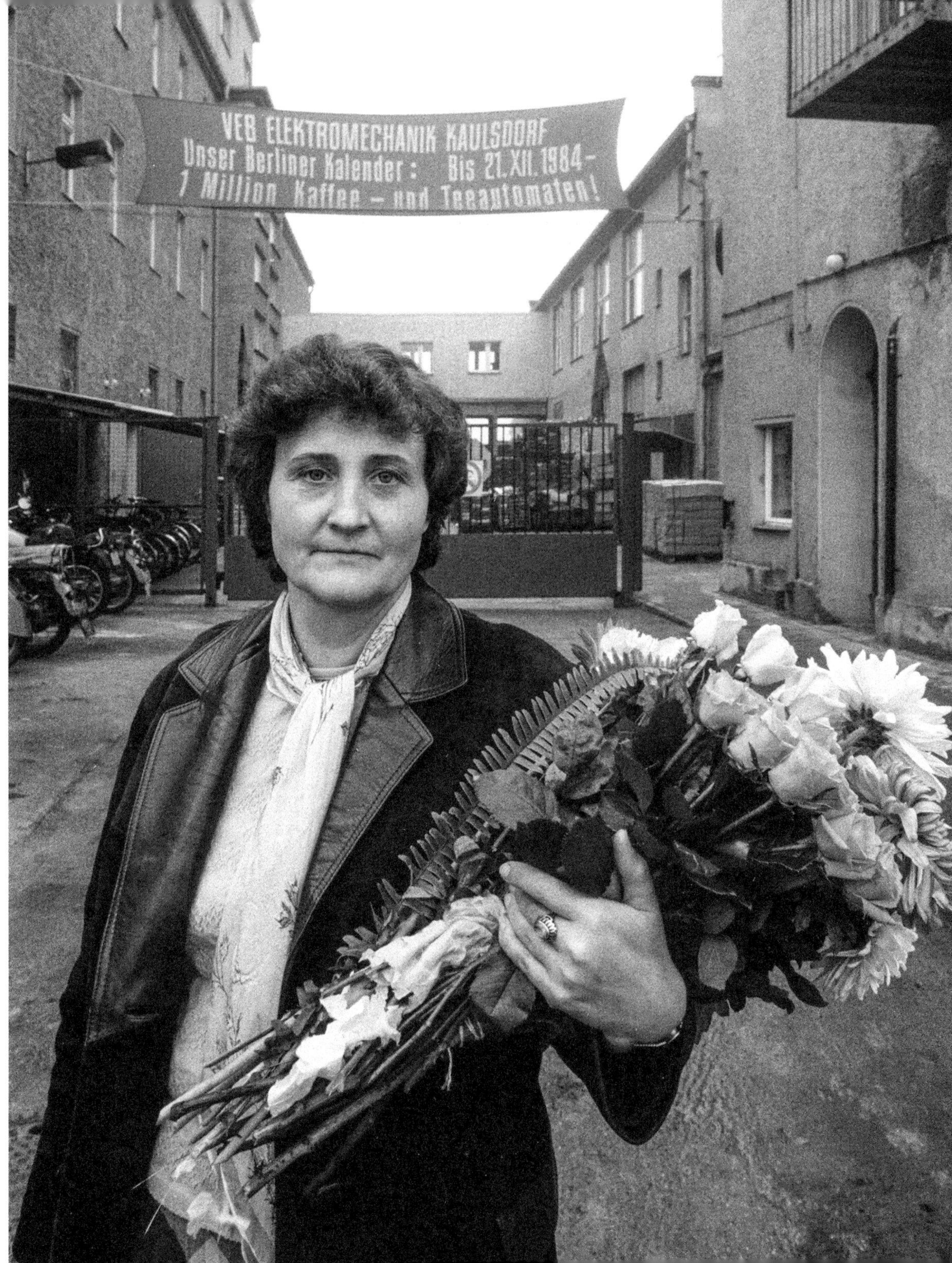

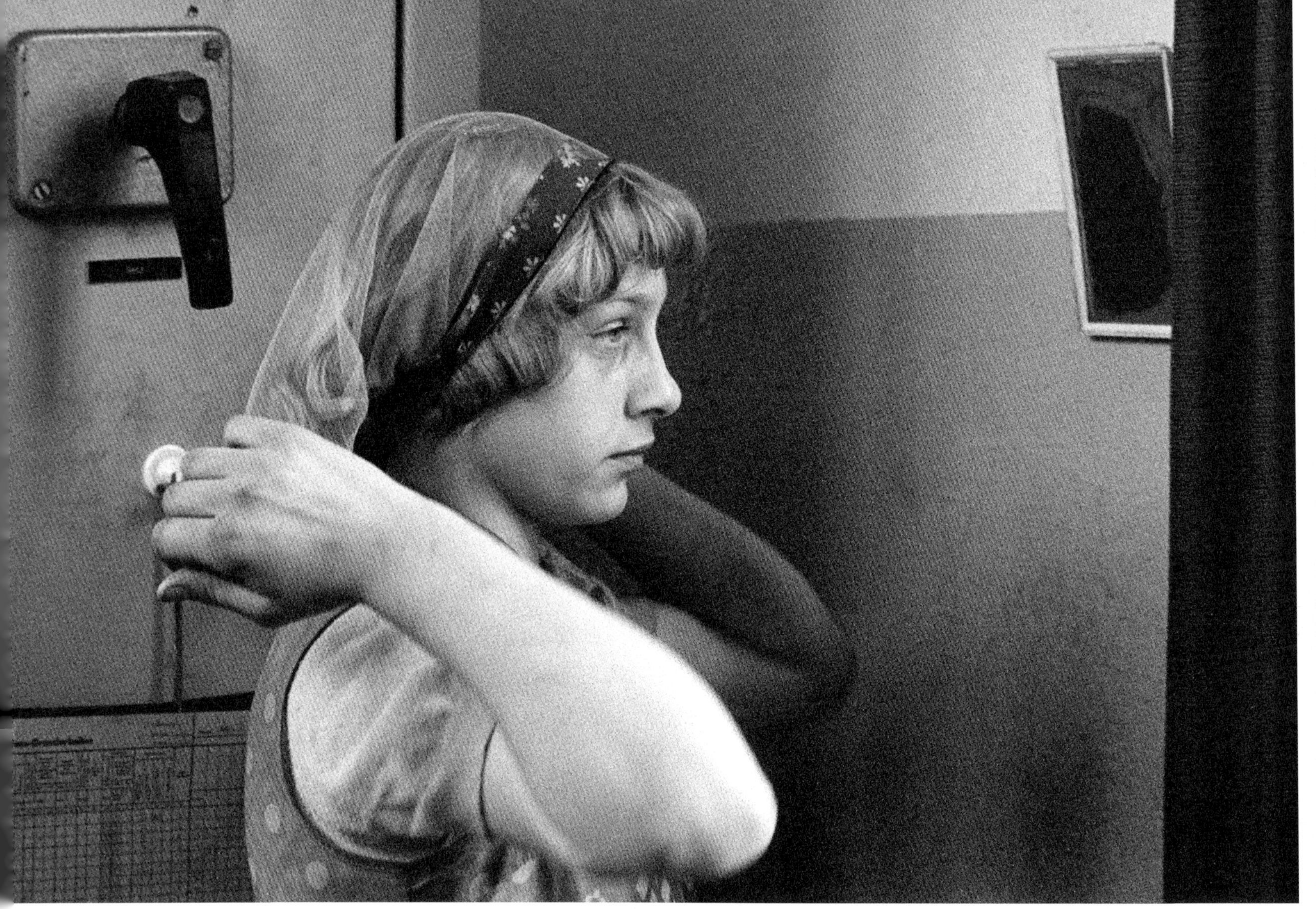

Textilarbeiterin, VEB Gubener Wolle, 1980

Textile worker, VEB Gubener Wolle, (wool company), 1980

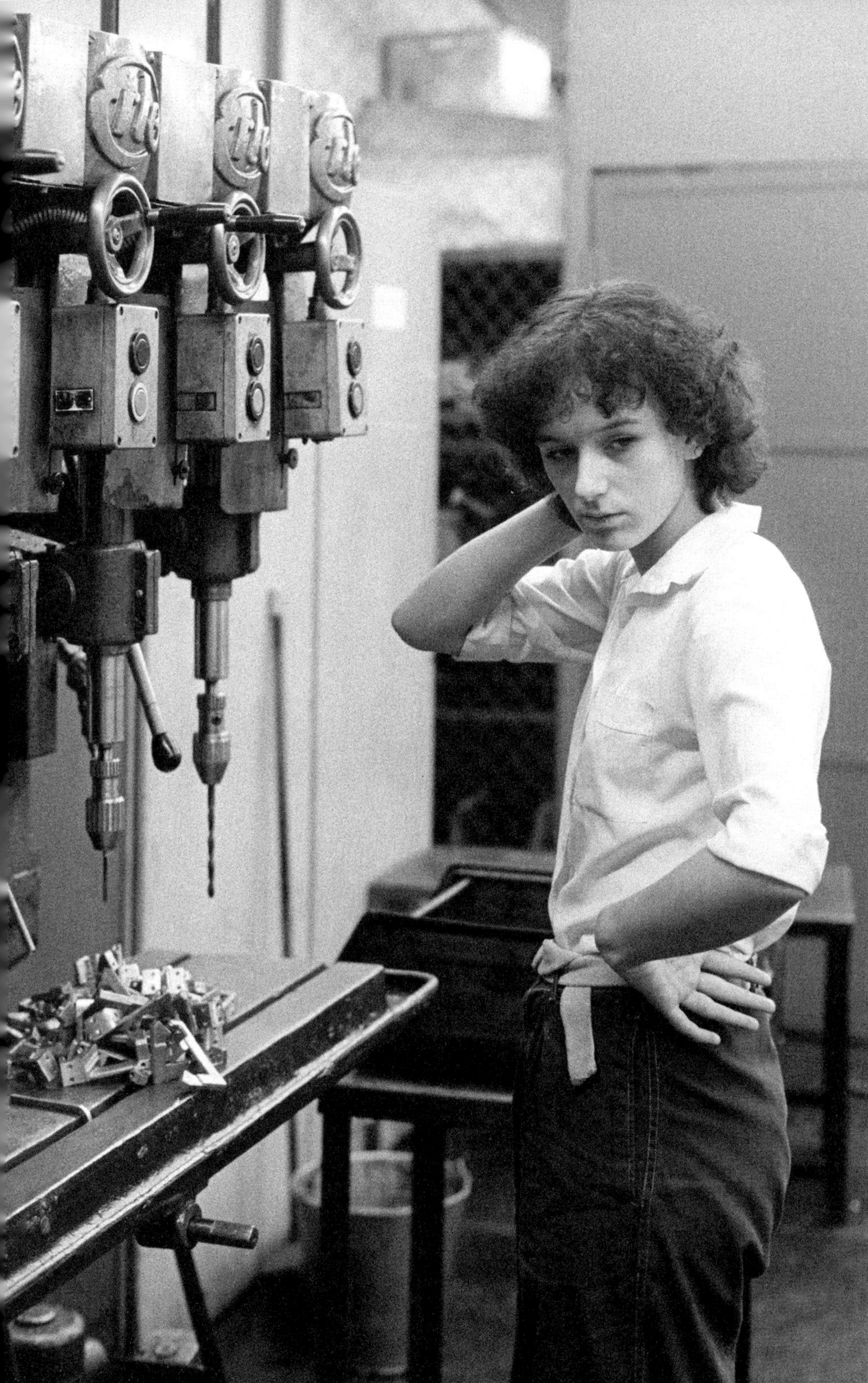

»Jaqueline Jahnke arbeitete im Jugendkollektiv ›Sojus 31‹ des EAW. Sie war eine unerwartete Erscheinung. Eine adrette junge Frau an einem Industriearbeitsplatz. Da gab es ja Späne und es war ölig. Normalerweise zieht man da altes Zeug oder einen Kittel an. Und die stand da in ihrer weißen Bluse und zurecht gemacht. Eigenartig, aber vielleicht wusste sie auch, dass die Zeitung kommt.«
VEB Elektro-Apparate-Werke »Friedrich Ebert« (EAW), Berlin-Treptow, 1983

"Jaqueline Jahnke worked in the 'Sojus 31' youth collective of the EAW. She was an unexpected presence. A neat young woman at an industrial workstation. Shavings are all around and it is oily. Usually you would put on old clothes or a smock. And she was standing there in her white blouse, all dressed up. Strange, but maybe she knew the paper was coming."
VEB Elektro-Apparate-Werke "Friedrich Ebert" (EAW), Berlin-Treptow, (electric appliances plant), 1983

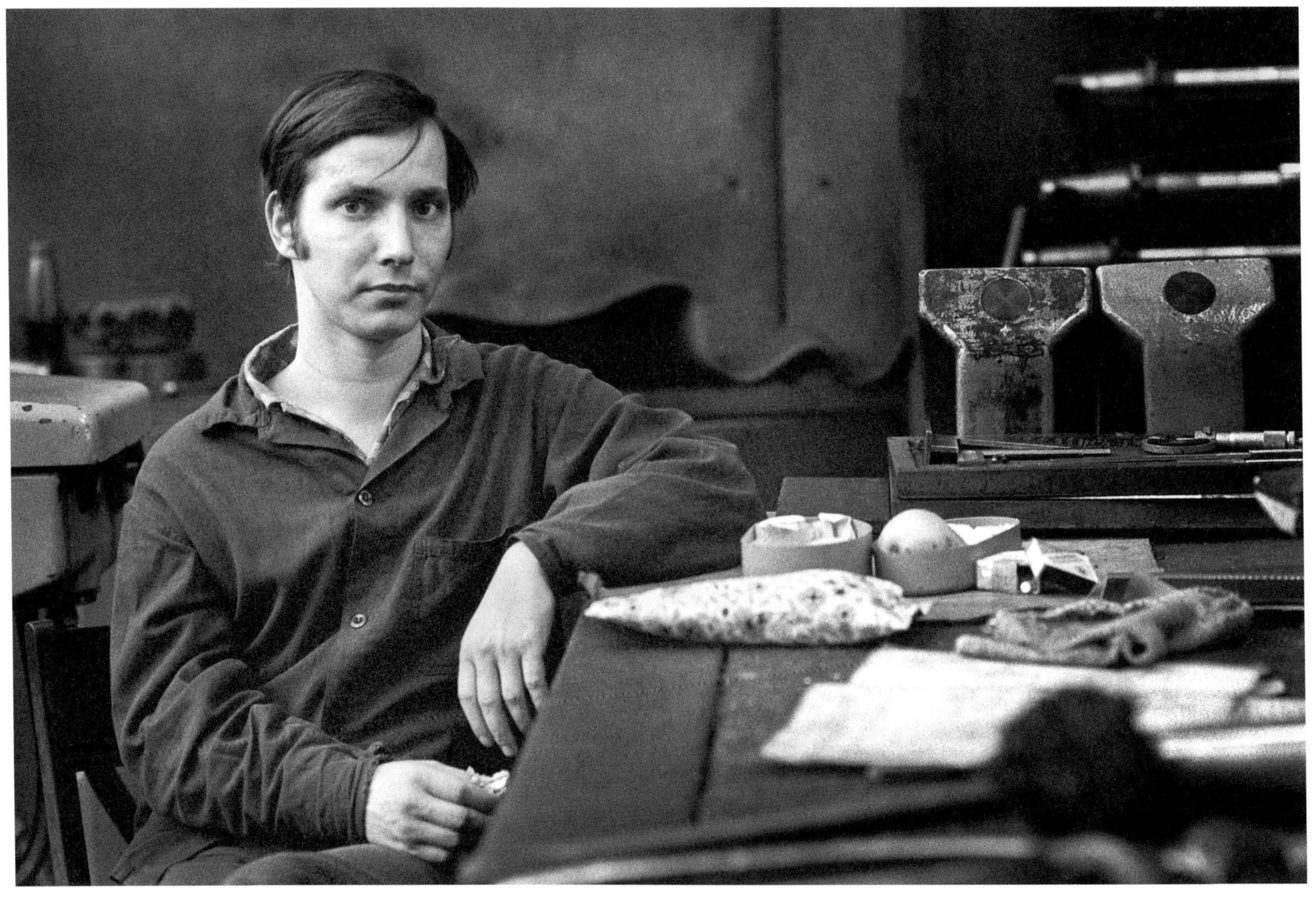

Junger Arbeiter, VEB Berliner Werkzeugmaschinenfabrik (BWMF), 1980

Young worker, VEB Berliner Werkzeugmaschinenfabrik (BWMF), (machine-tool factory), 1980

»Josef Klimanel von der Brigade ›Karl Marx‹ habe ich gebeten, sich vor die Tafel zu stellen. Ich fand das ganz witzig: er mit Bart und Mütze und der Lenin dahinter – ein Glücksfall. Er stand vor der obligatorischen Wandzeitung wie eine Säule und guckte in die Kamera, einer von den vielen, vielen fleißigen und netten Arbeitern.«
VEB Elektrokohle Lichtenberg (EKL), Berlin, 1984

"I asked Josef Klimanel of the 'Karl Marx' brigade to stand in front of the blackboard. I thought it was quite funny: him with his beard and cap and Lenin behind him – a stroke of luck. He stood like a pillar in front of the obligatory wall newspapers and looked into the camera: one of the many hard-working and likable workers."
VEB Elektrokohle Lichtenberg (EKL), Berlin, (coal and graphite company), 1984

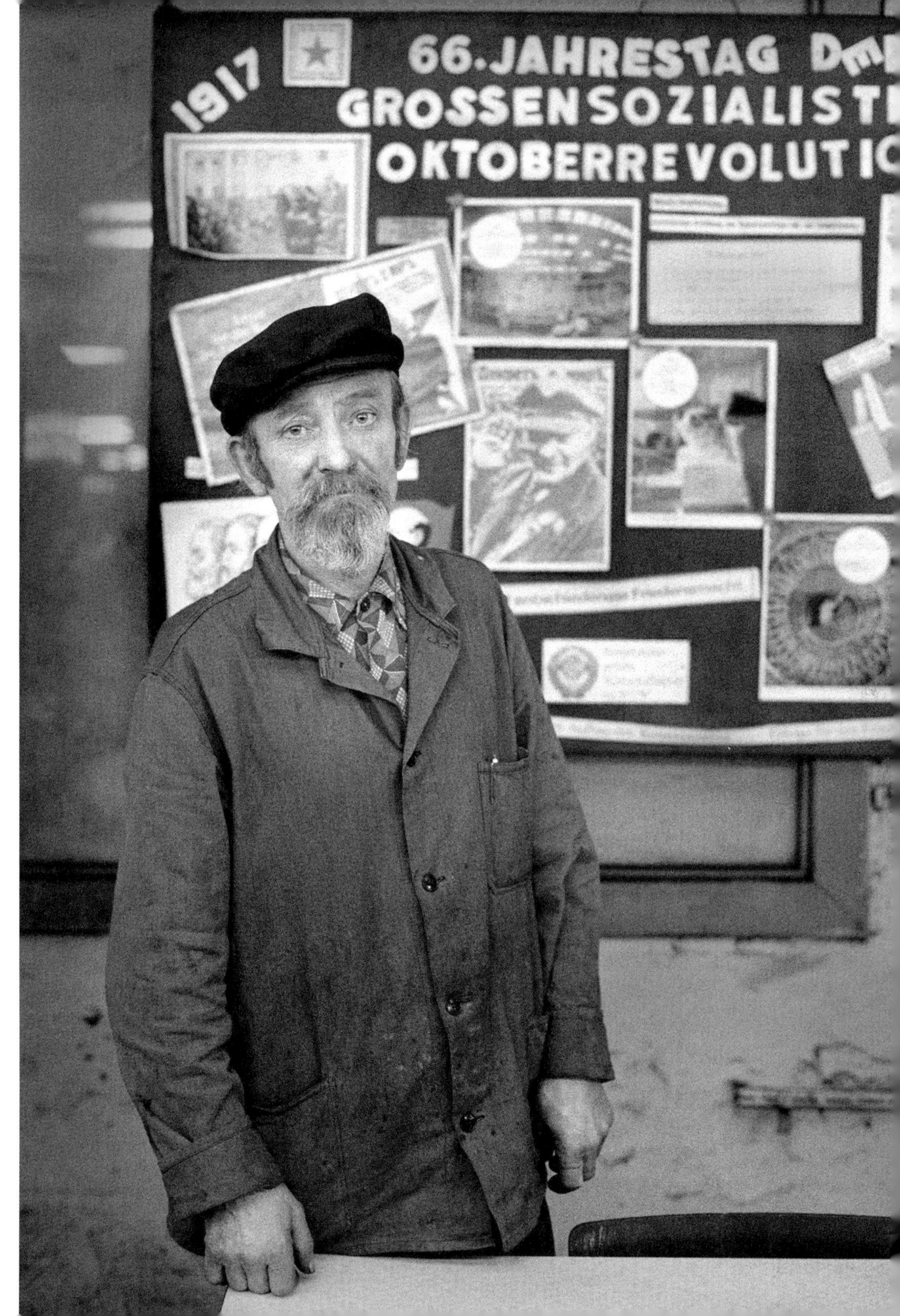

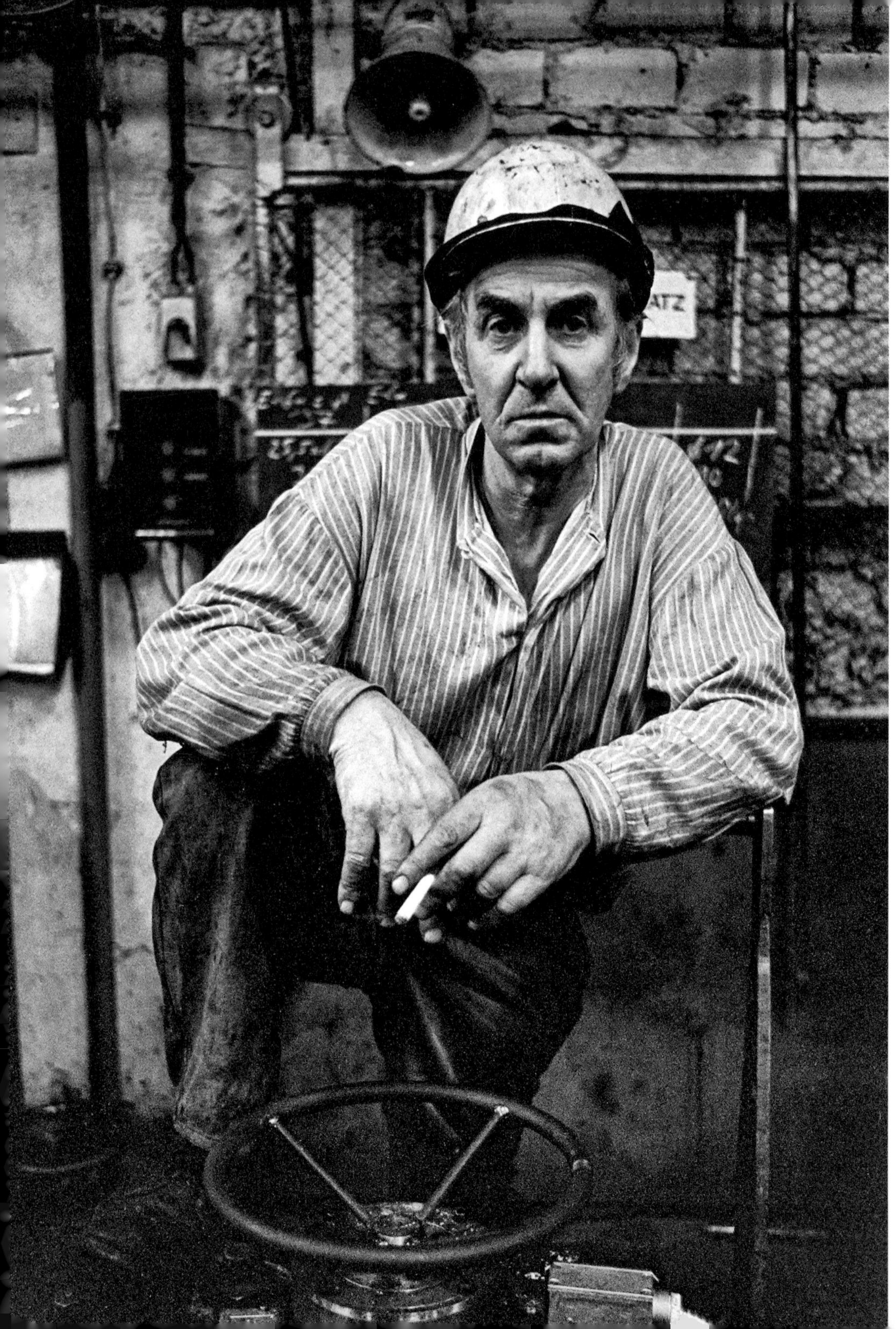

Arbeiter während einer Zigarettenpause, VEB Berliner Metallhütten- und Halbzeugwerke (BMHW), 1982

Worker on a cigarette break, VEB Berliner Metallhütten- und Halbzeugwerke (BMHW), (metal works), 1982

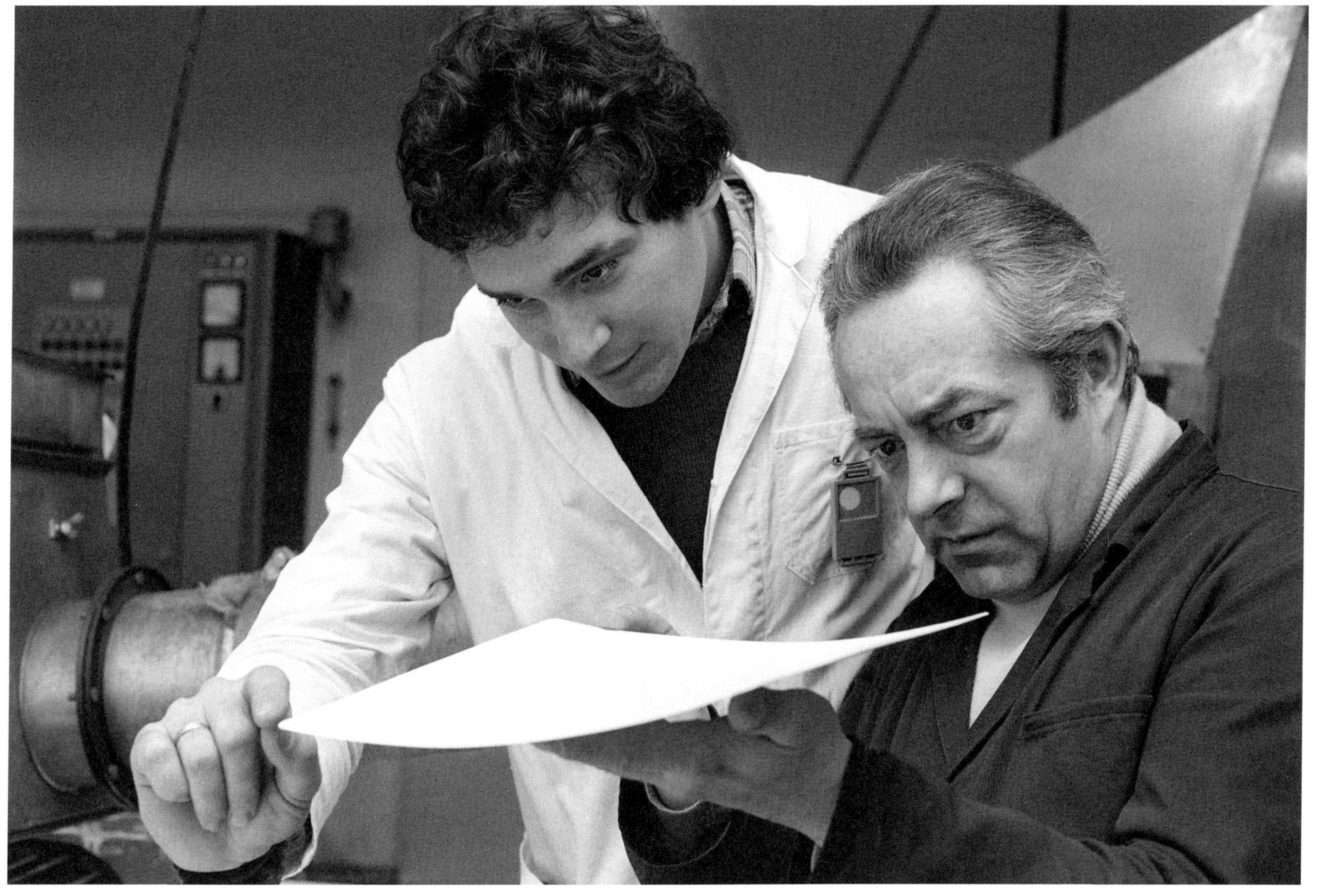

Qualitätskontrolle, VEB Kali-Chemie Berlin, 1981

Quality control, VEB Kali-Chemie Berlin, (potash chemical company), 1981

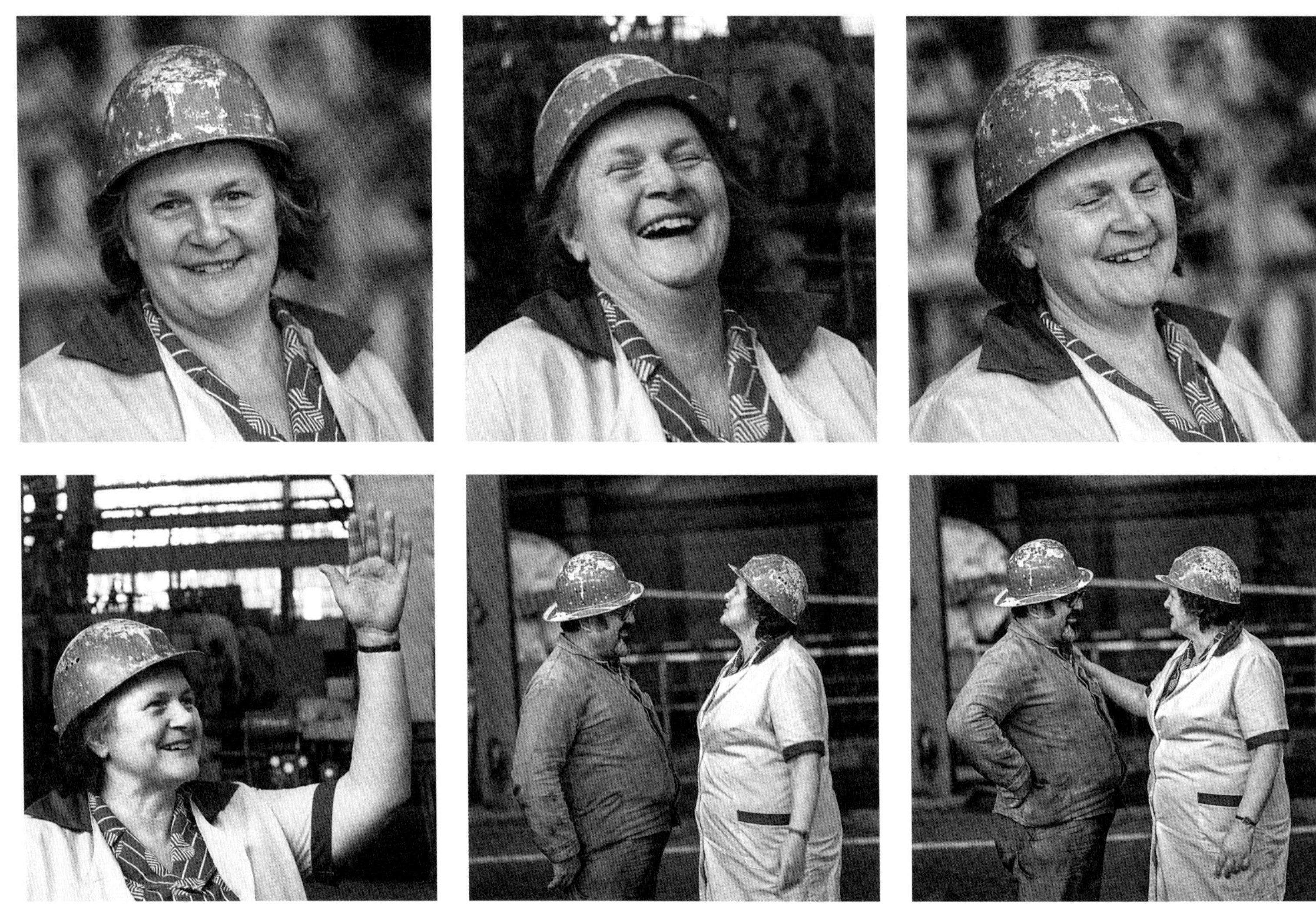

Kollegin und Kollege im Kaltwalzwerk des Eisenhüttenkombinats Ost (EKO), Eisenhüttenstadt, 1978

Colleagues in the cold rolling plant at the Eisenhüttenkombinat Ost (EKO), Eisenhüttenstadt, (iron-mill combine), 1978

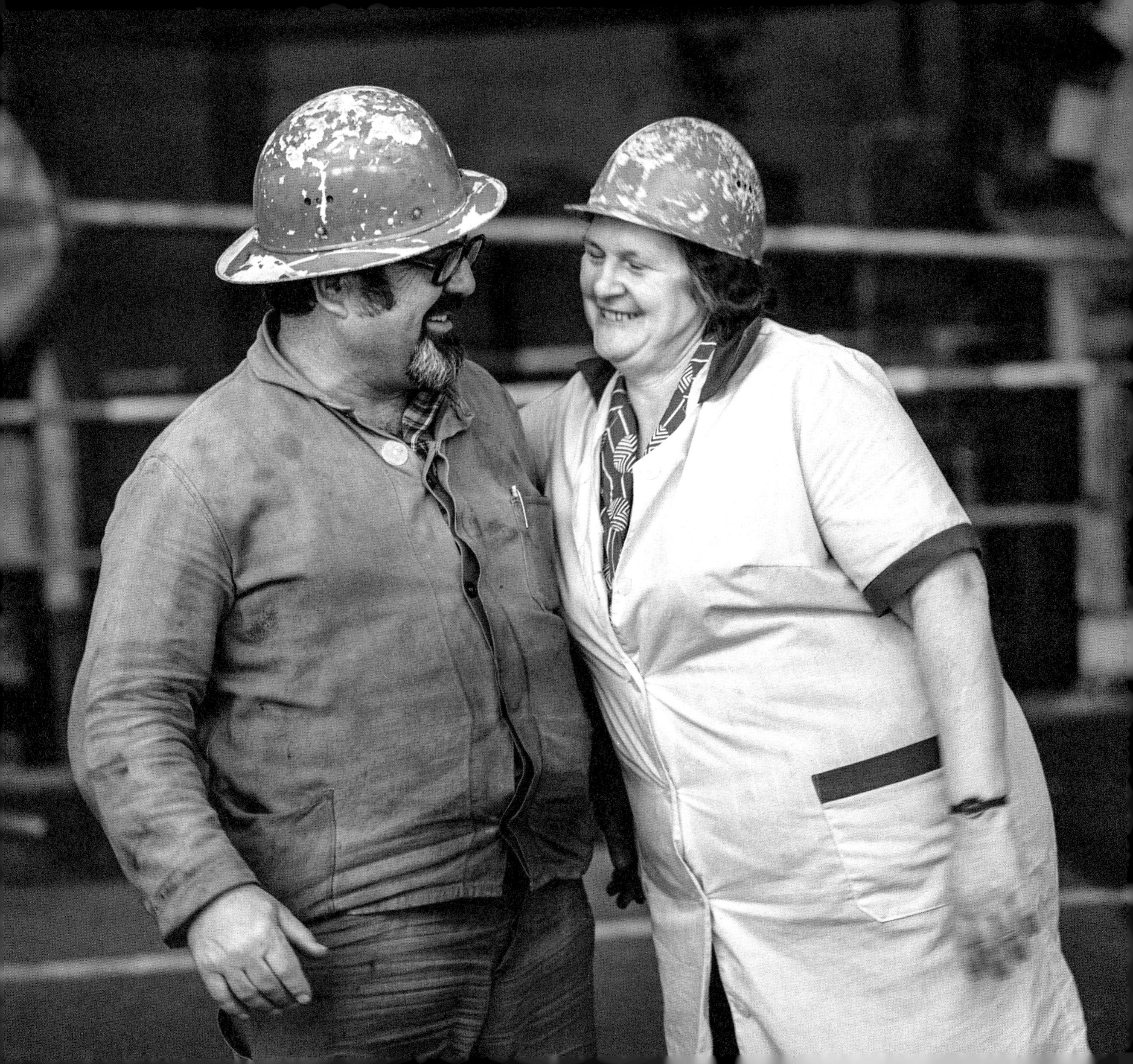

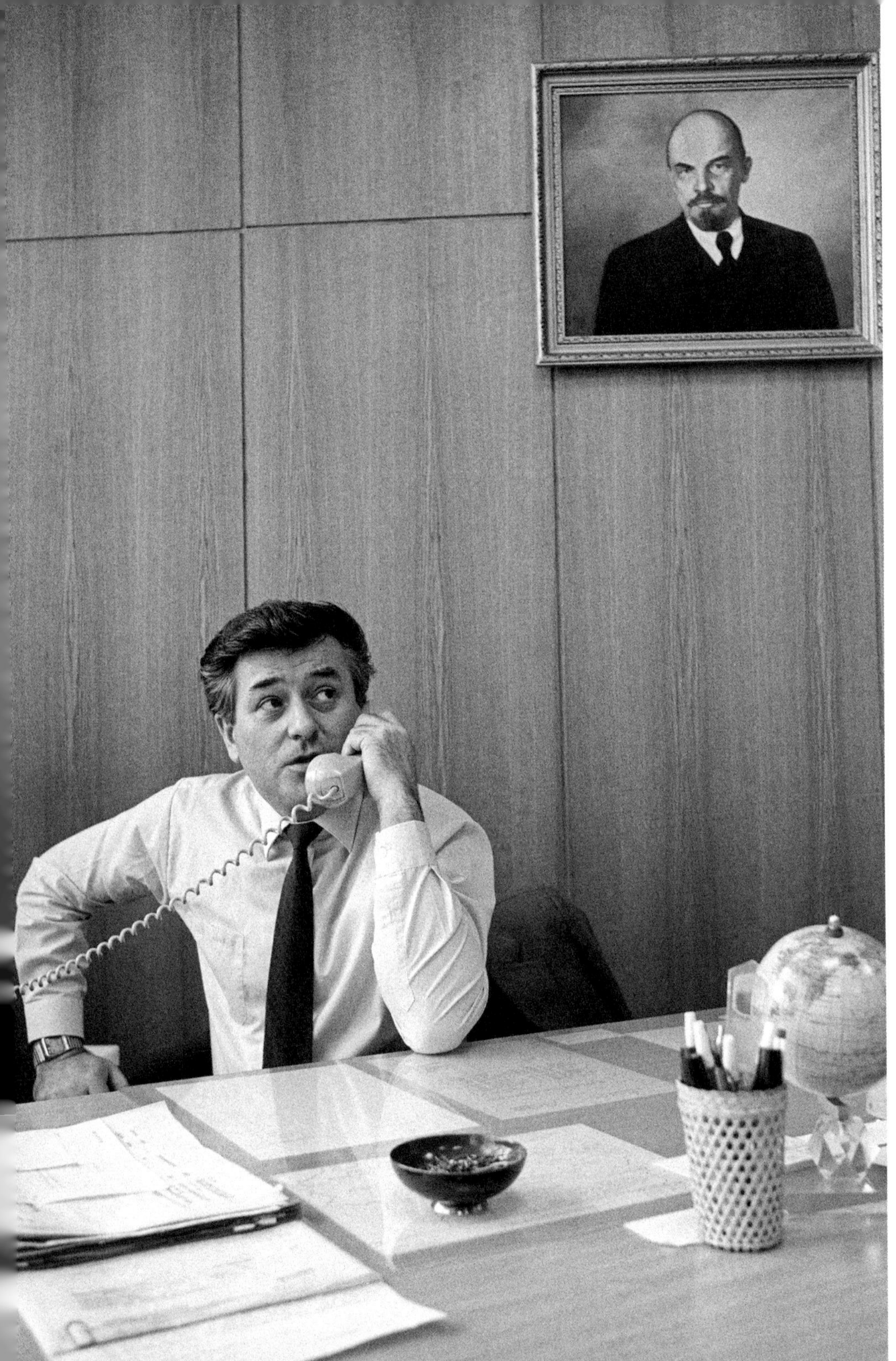

Wolfgang Jacob, Generaldirektor des VEB Elektro-Apparate-Werke »Friedrich Ebert« (EAW), Berlin-Treptow, 1986

Wolfgang Jacob, Director General of VEB Elektro-Apparate-Werke "Friedrich Ebert" (EAW), Berlin-Treptow, (electric appliances plant), 1986

»Georg Pohler (hier sitzend), der Generaldirektor des KWO war eine unglaublich starke Persönlichkeit. Der hat seinen Laden richtig geschmissen. Er thronte in der alten AEG-Villa, und wenn man irgendetwas wollte, musste man dort hin. Ich glaube, wenn man die beiden auf der linken Seite weglassen würde – den Betriebsparteisekretär und Honecker auf dem Bild –, könnte man auch sagen: Das ist ein Vorstandsvorsitzender einer Westfirma. Das hätte der locker auf die Reihe gekriegt.«
VEB Kabelwerk Oberspree (KWO), Berlin, 1977

"Georg Pohler (sitting), the Director General of KWO, was an incredibly strong personality. He really put the hammer down. He was enthroned in the old AEG villa, and if you wanted something, you had to go there. I think if you left out the two people on the left – the company secretary and Honecker in the picture – you could easily say: This is the chairman of the board of a western company. He could easily have handled that job."
VEB Kabelwerk Oberspree (KWO), Berlin, (cable works), 1977

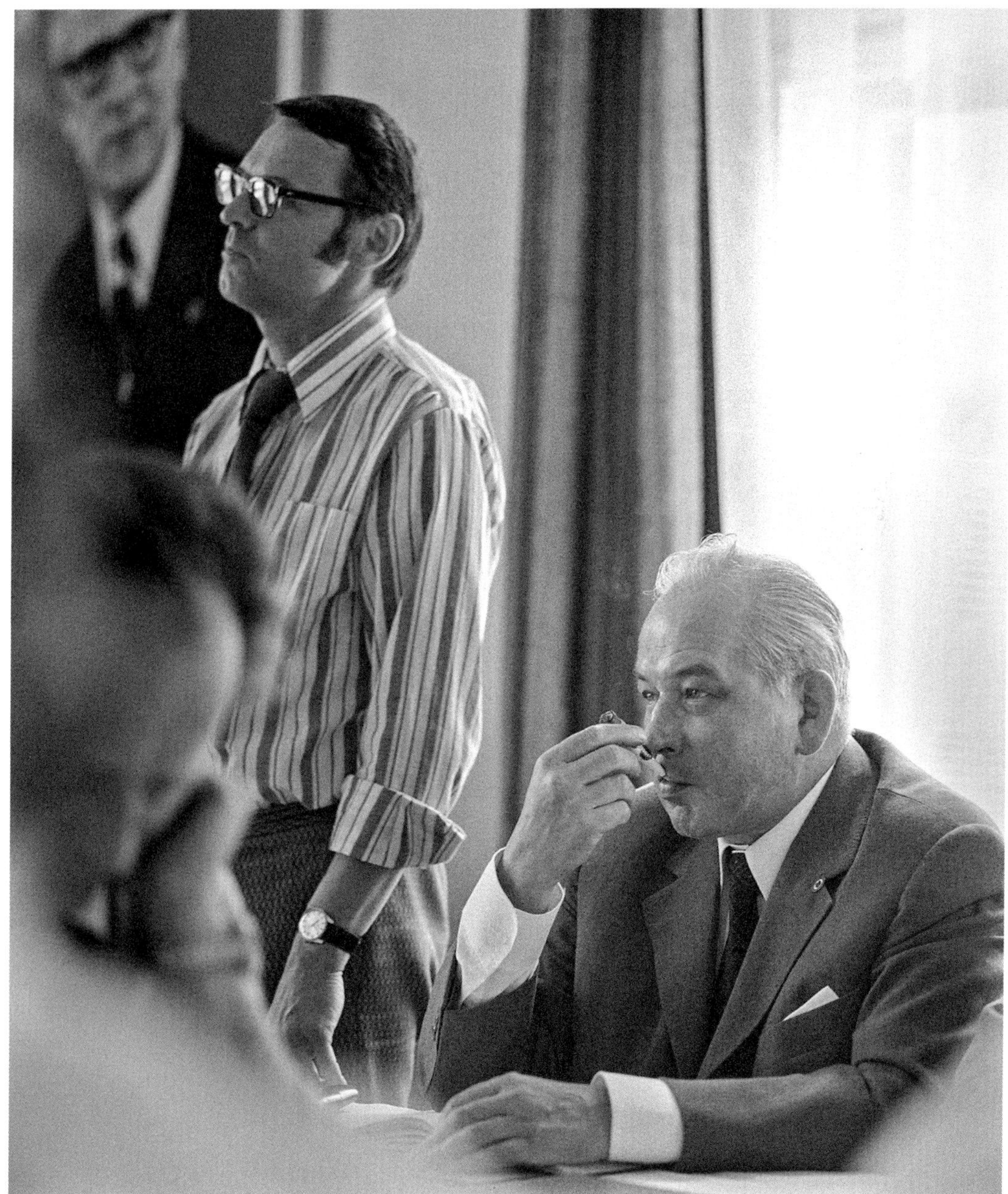

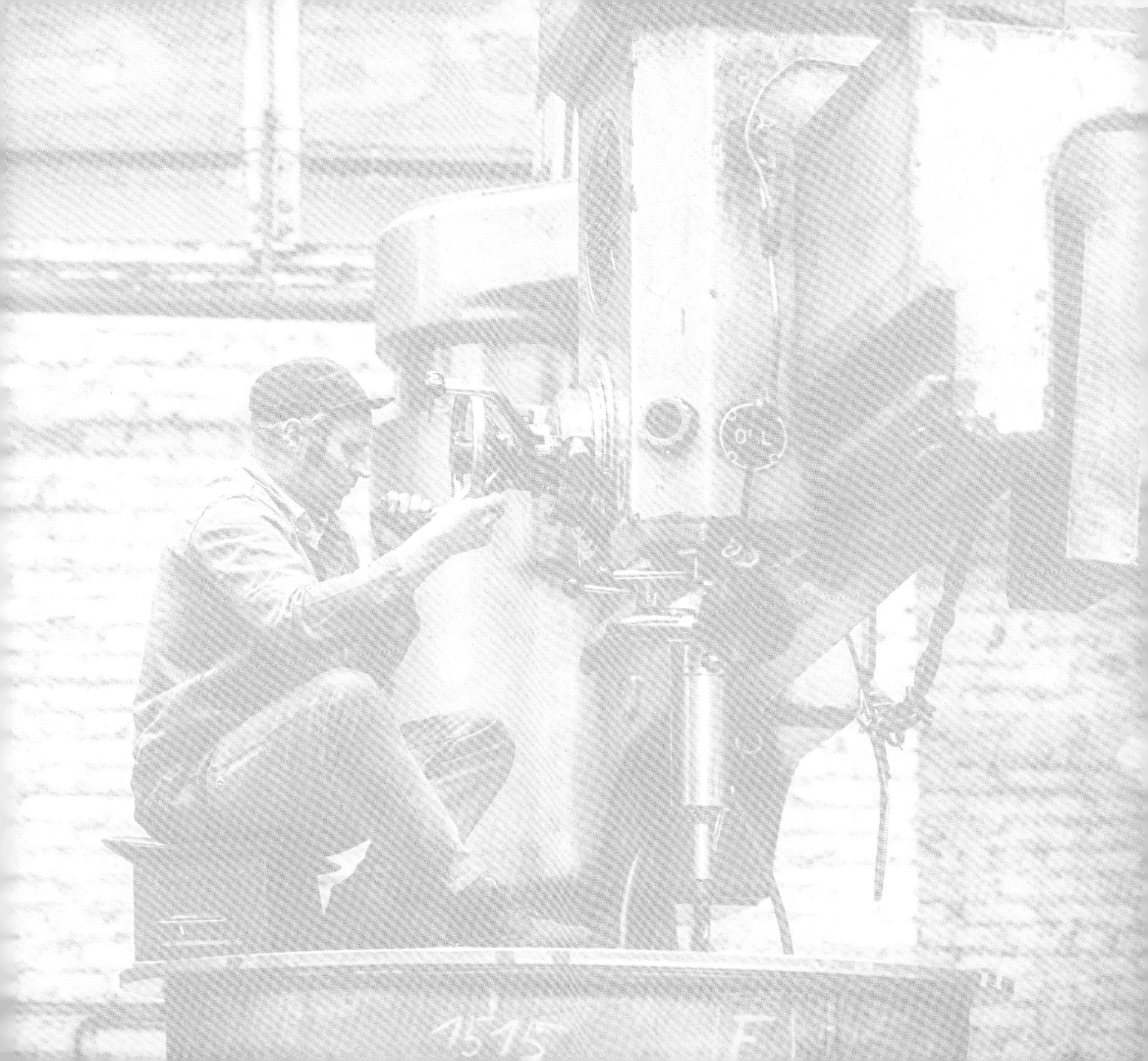
OIL
1515

PRODUKTION

MENSCHEN UND MASCHINEN

PRODUCTION

PEOPLE AND MACHINES

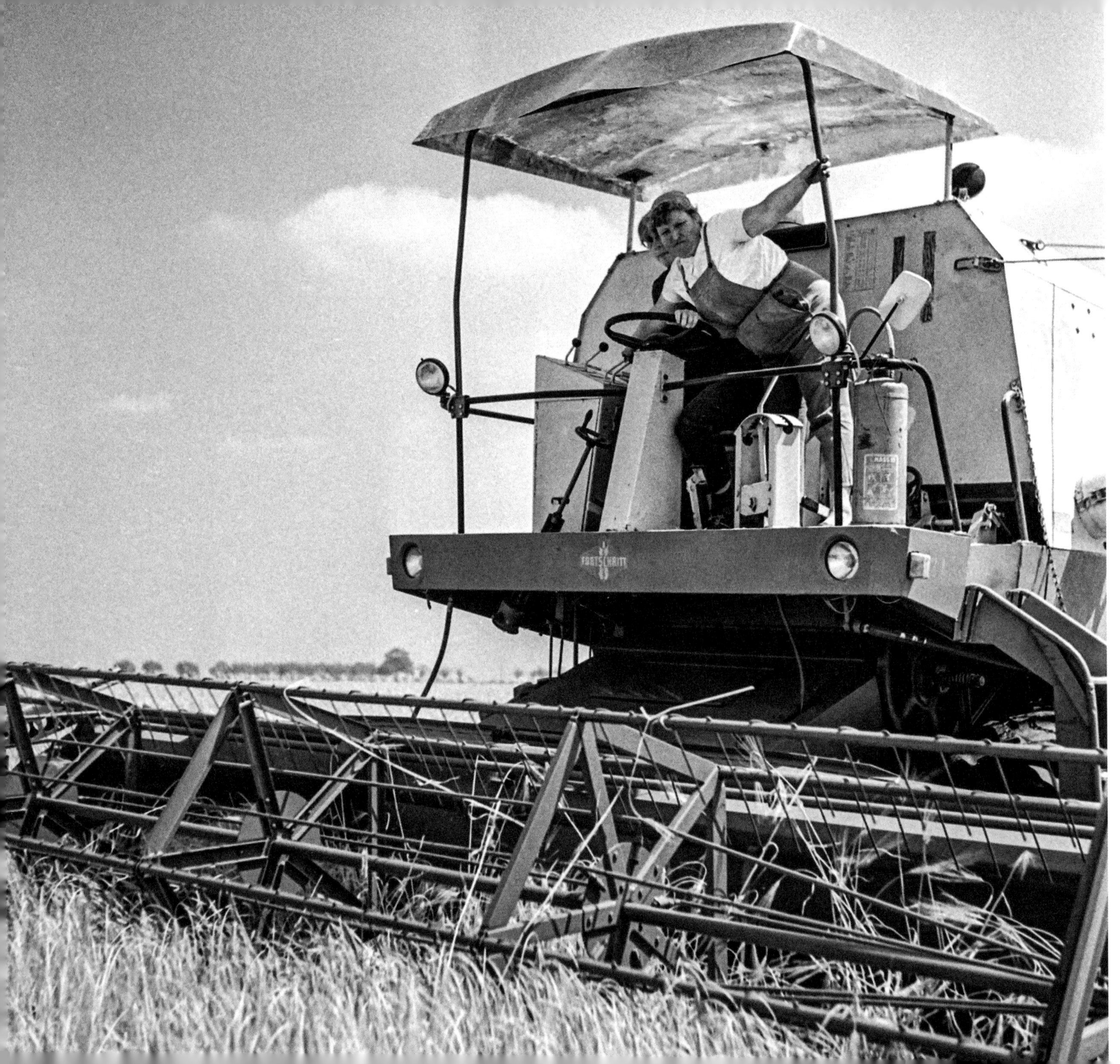
FORTSCHRITT

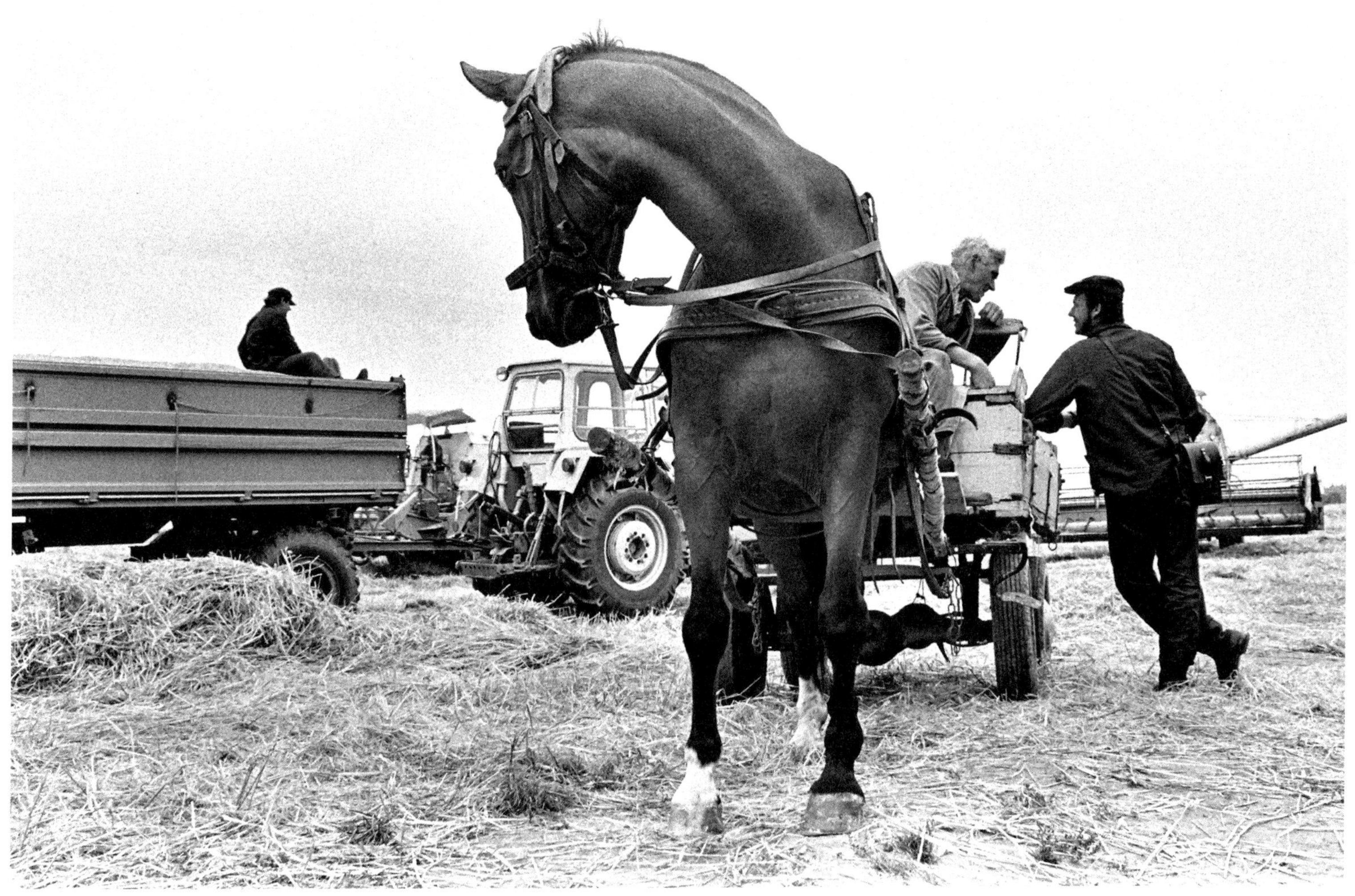

Einweisung ins Mähdrescherfahren, Kooperative Abteilung Pflanzenproduktion (KAP), Stolzenhagen, 1974

Learning to drive a combine harvester, "Kooperative Abteilungen Pflanzen-produktion (KAP), Stolzenhagen, (cooperative crop production department), 1974

Plausch während der Getreideernte der KAP Stolzenhagen, 1974

A chat during the grain harvest at KAP Stolzenhagen, (cooperative crop production department), 1974

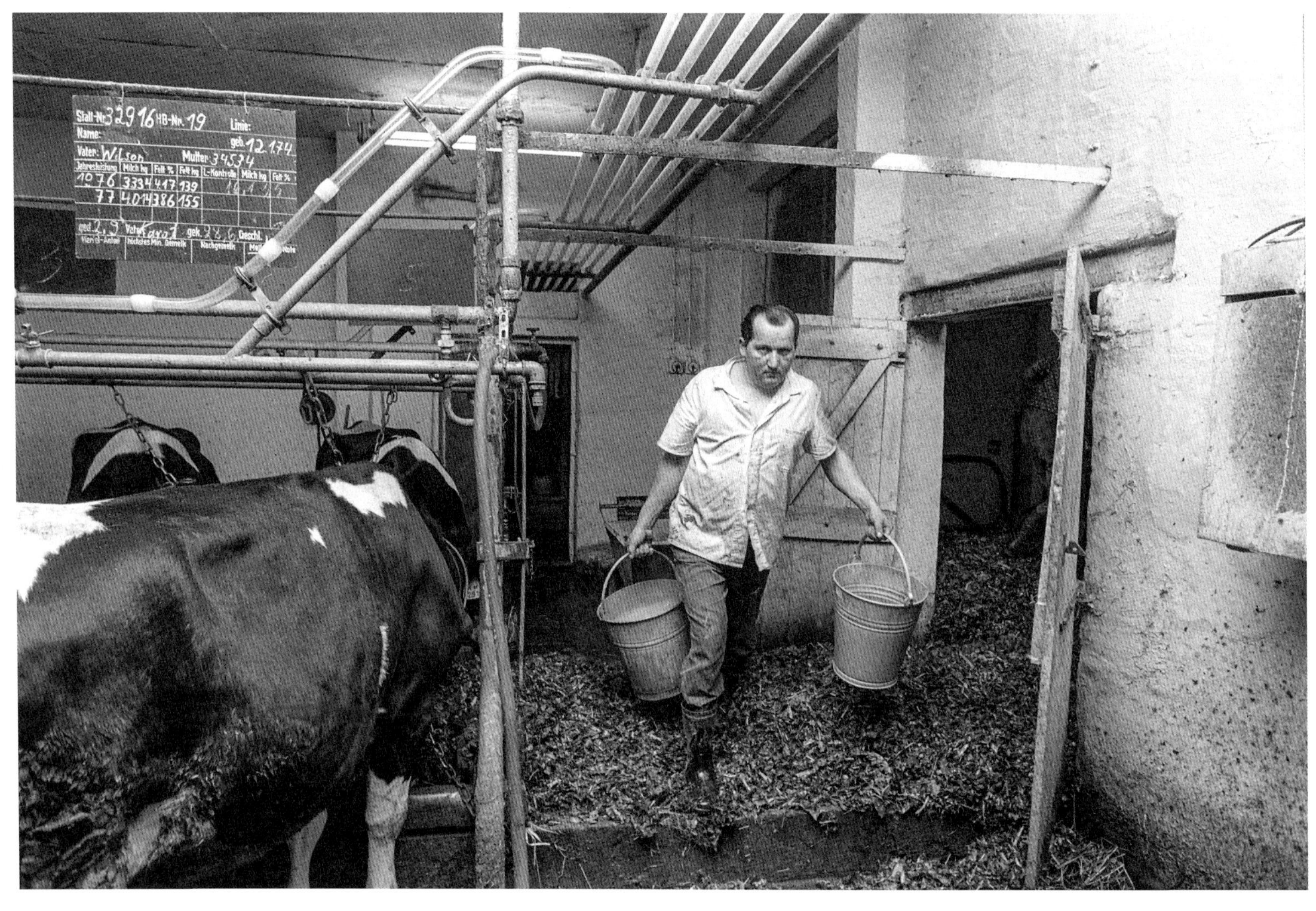

Im Viehstall der LPG Grammendorf, 1978

In the stable at LPG Grammendorf, (agricultural production cooperative), 1978

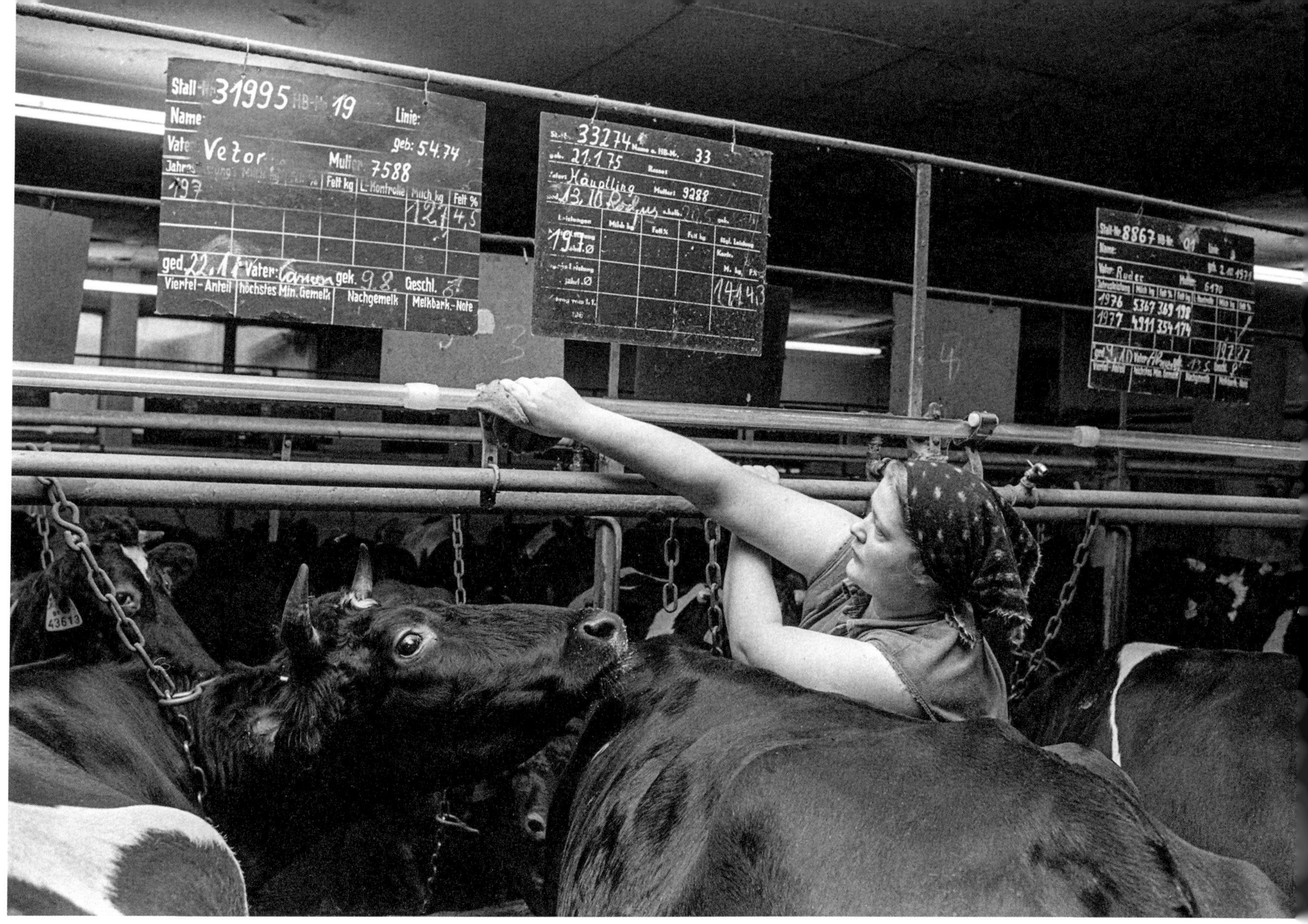

Melkerin bei Reinigungsarbeiten, LPG Grammendorf, 1978

Milkmaid doing cleanup work, LPG Grammendorf, (agricultural production cooperative), 1978

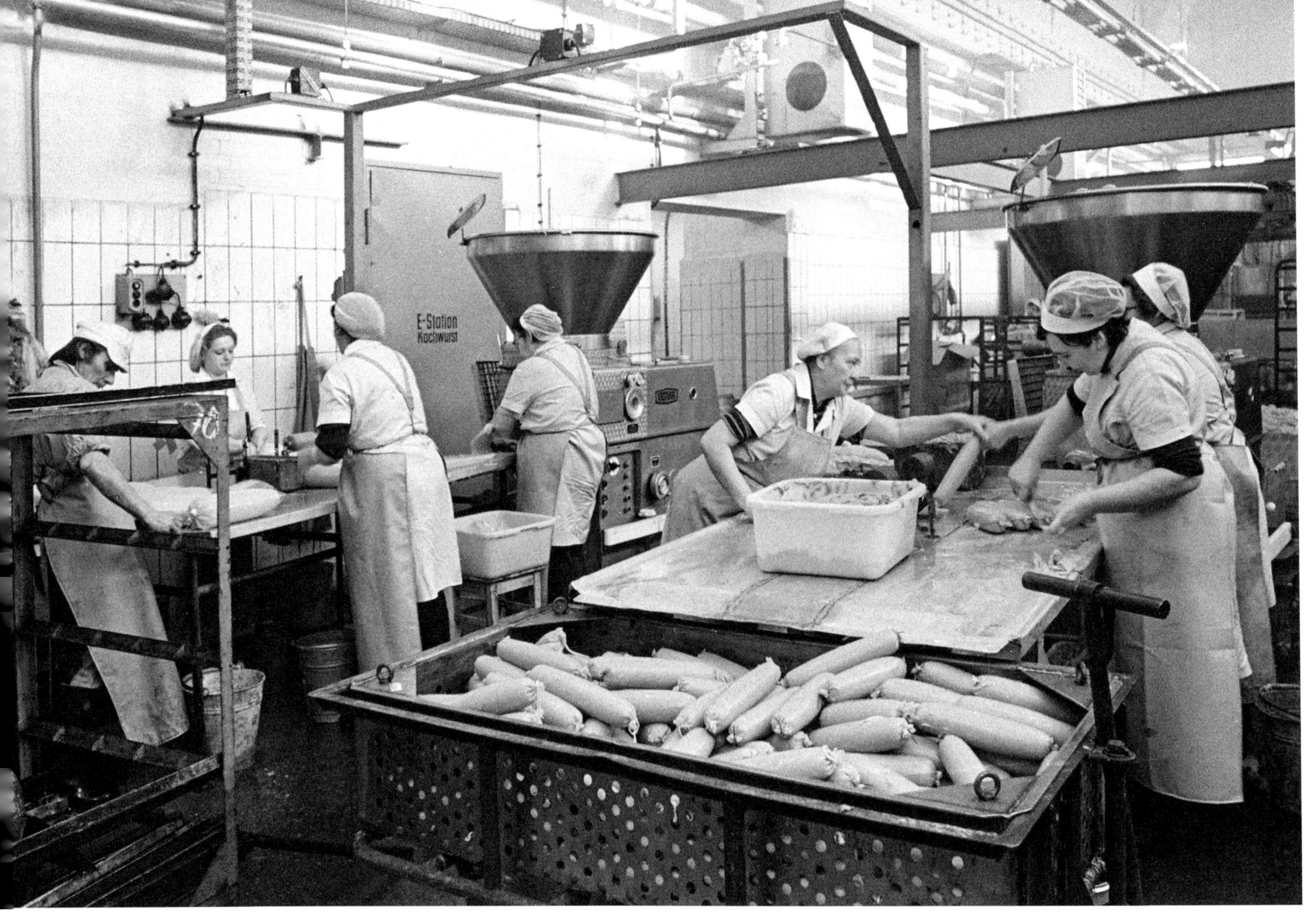

Brüh- und Kochwurstproduktion, VEB Fleischkombinat Berlin, 1977

Cooked and boiled sausage production, VEB Fleischkombinat Berlin, (slaughterhouse combine), 1977

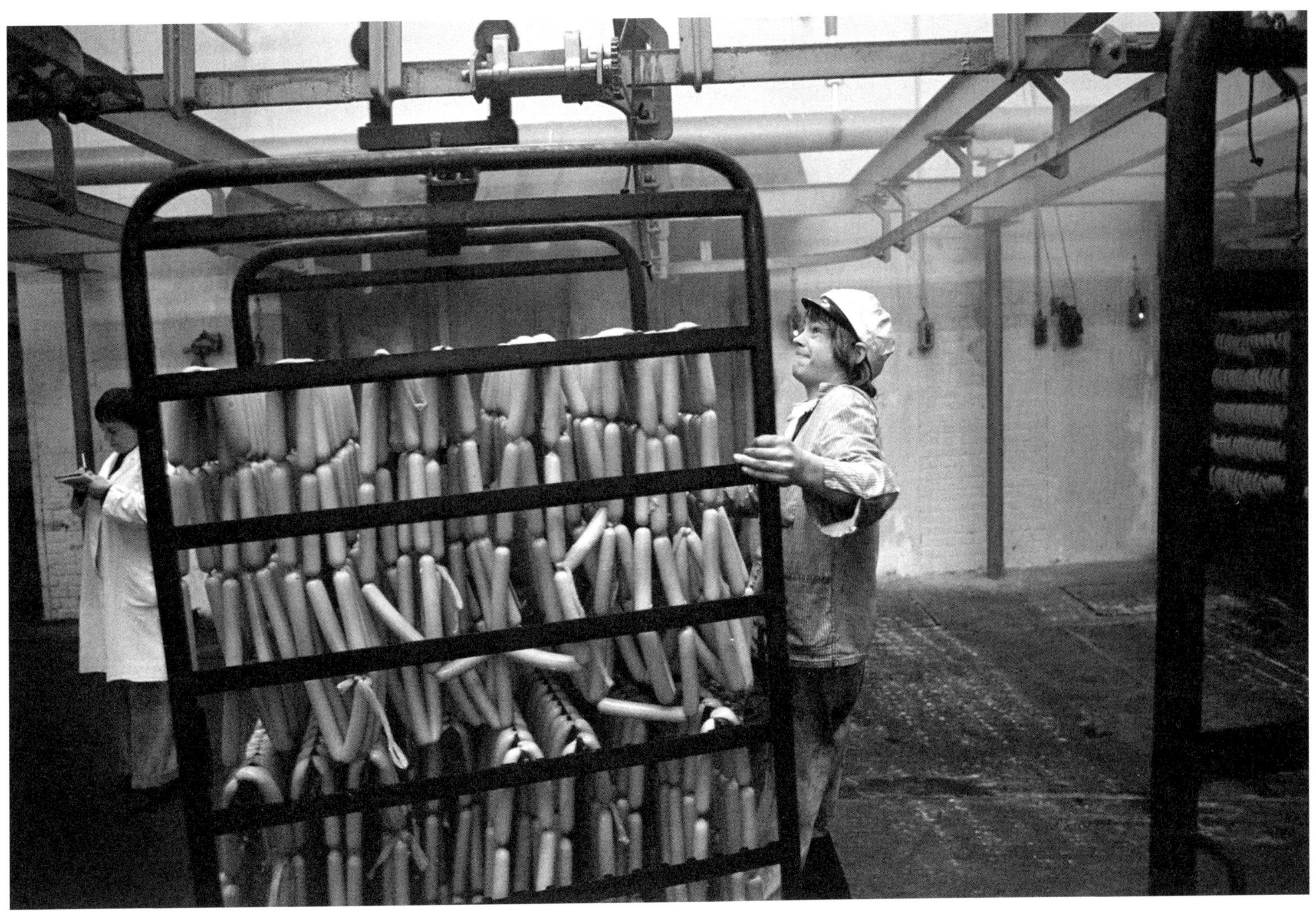

Fahrregal mit Brühwürsten, VEB Fleischkombinat Berlin, 1977

Mobile rack with cooked sausages, VEB Fleischkombinat Berlin, (slaughterhouse combine), 1977

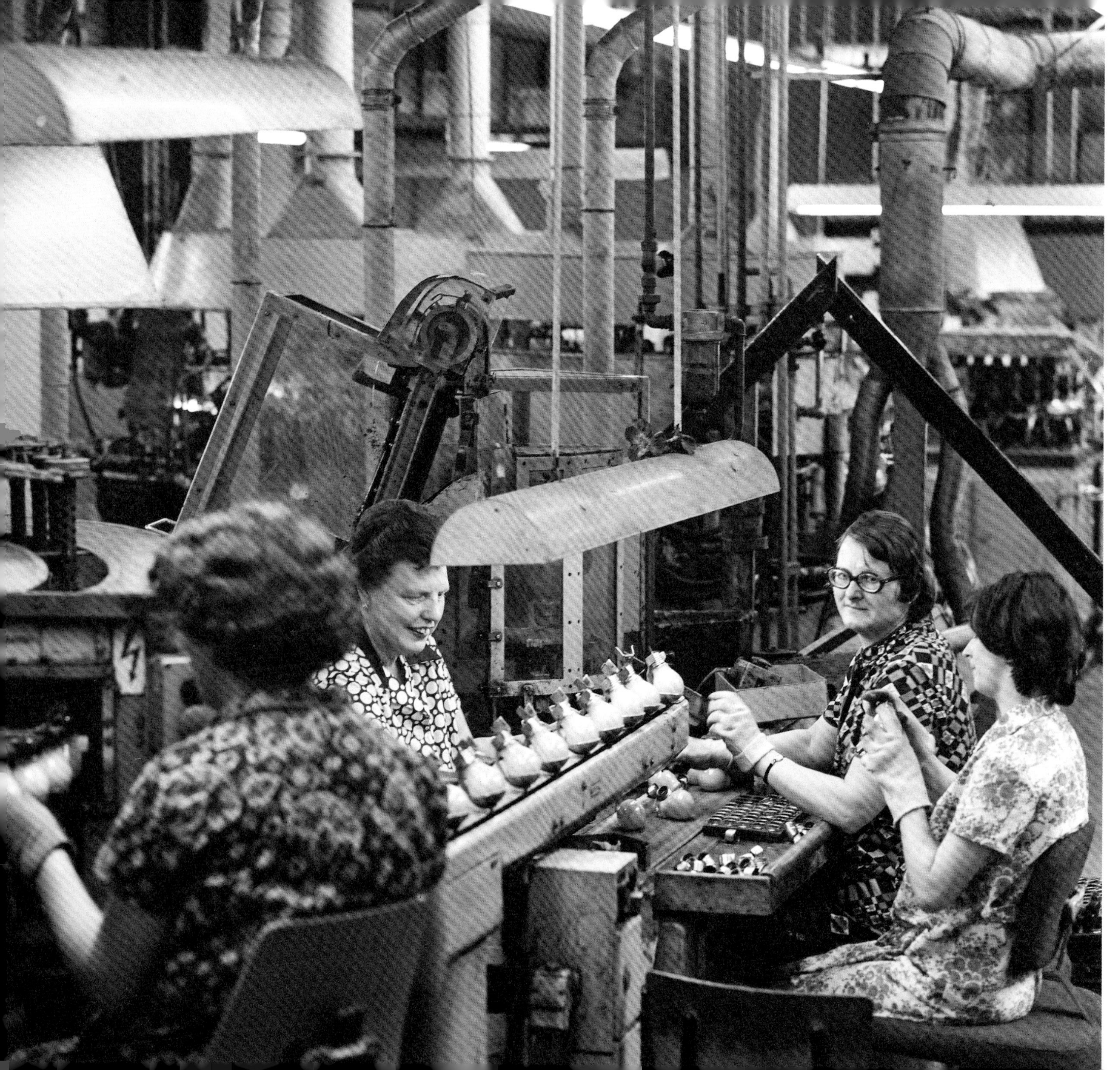

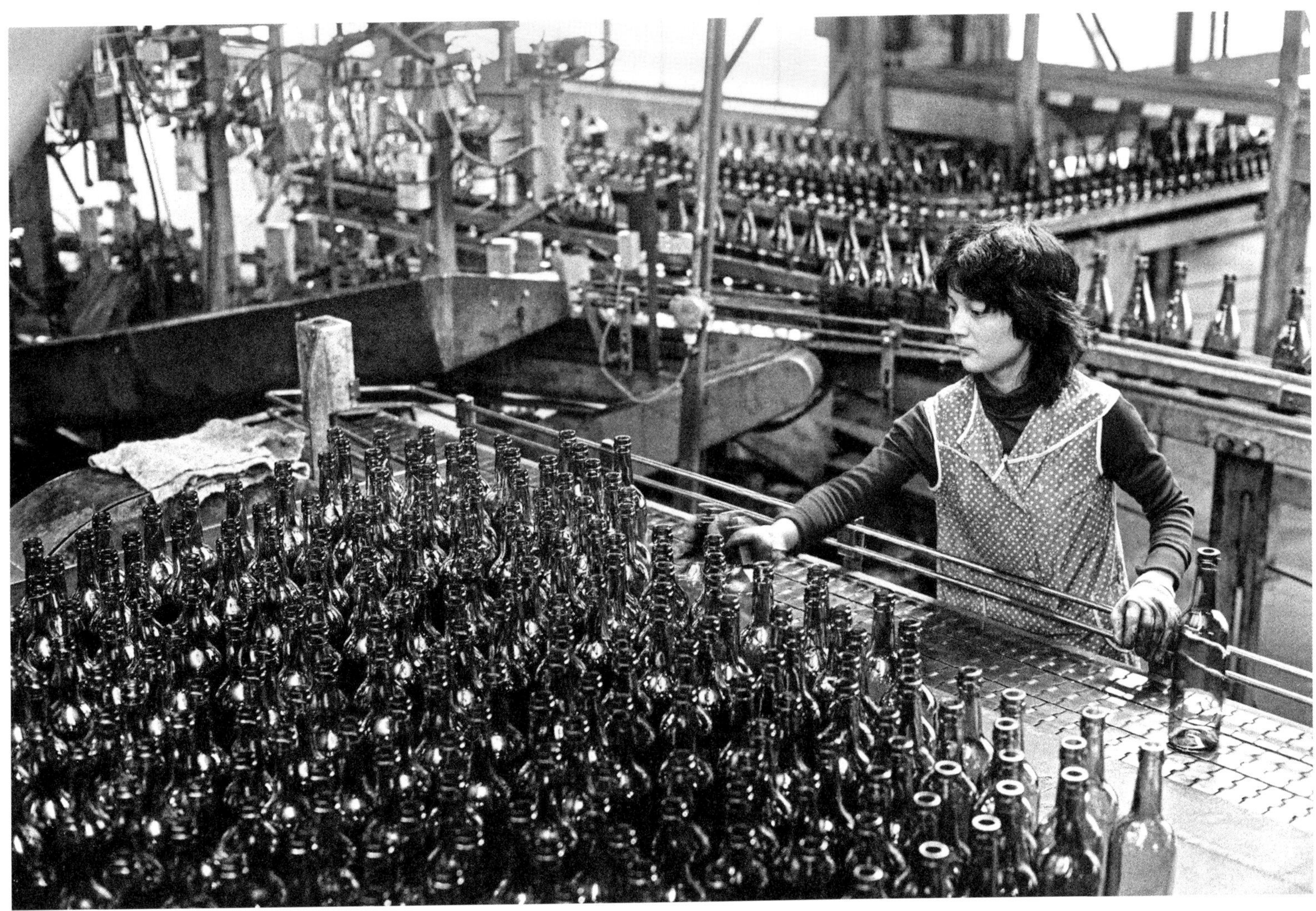

Glühlampenproduktion, VEB Narva Kombinat Berliner Glühlampenwerk, 1977

Lightbulb production, VEB Narva Kombinat Berliner Glühlampenwerk, (light bulb factory), 1977

Vietnamesische Vertragsarbeiterin bei der Flaschensortierung, VEB Glaswerk Stralau, Berlin, 1984

Vietnamese contract laborer sorting bottles, VEB Glaswerk Stralau, Berlin, (glass factory), 1984

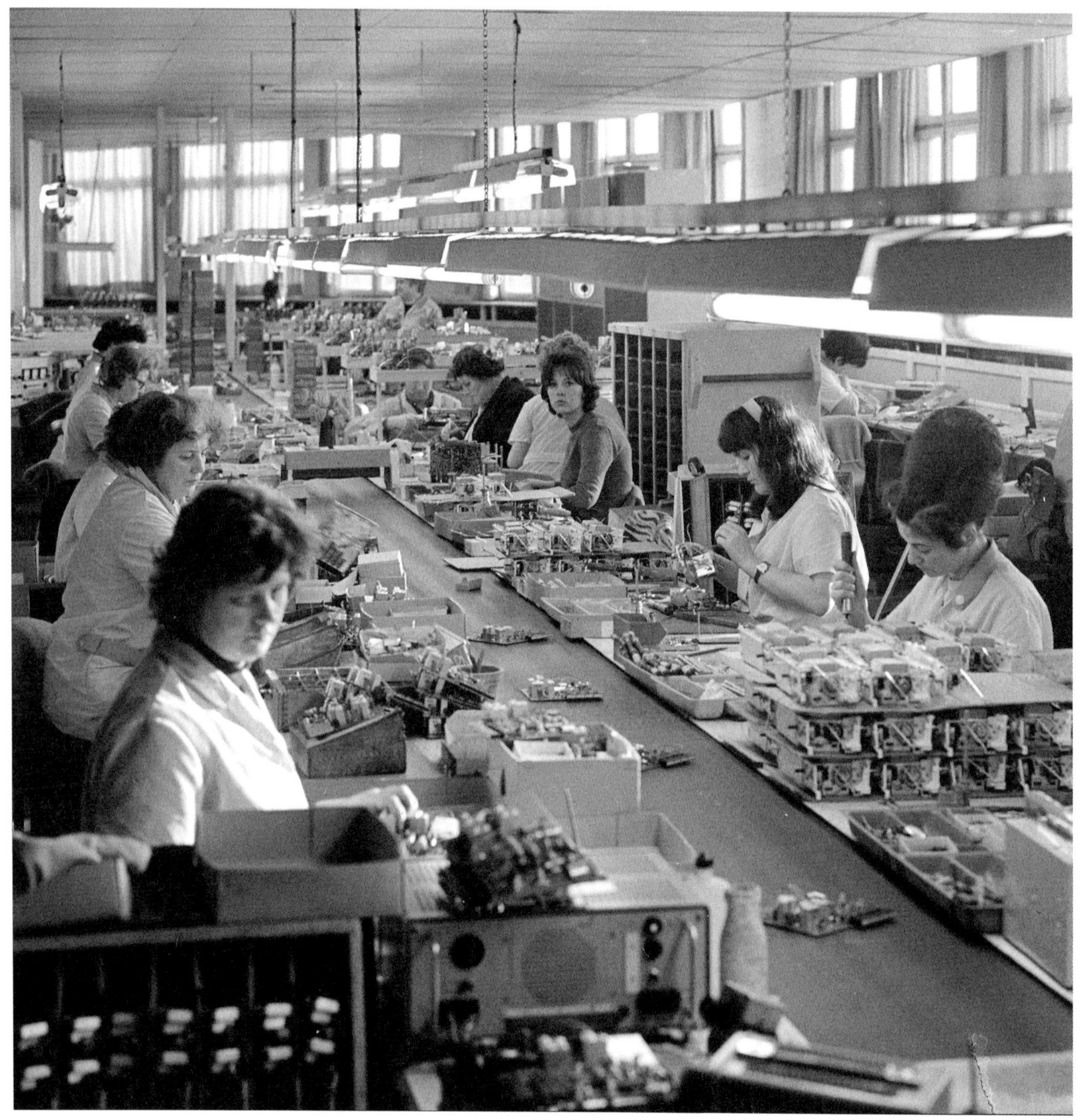

Produktion von Kofferradios, VEB Stern-Radio Berlin, 1971

Portable radio production, VEB Stern-Radio Berlin, (radio factory), 1971

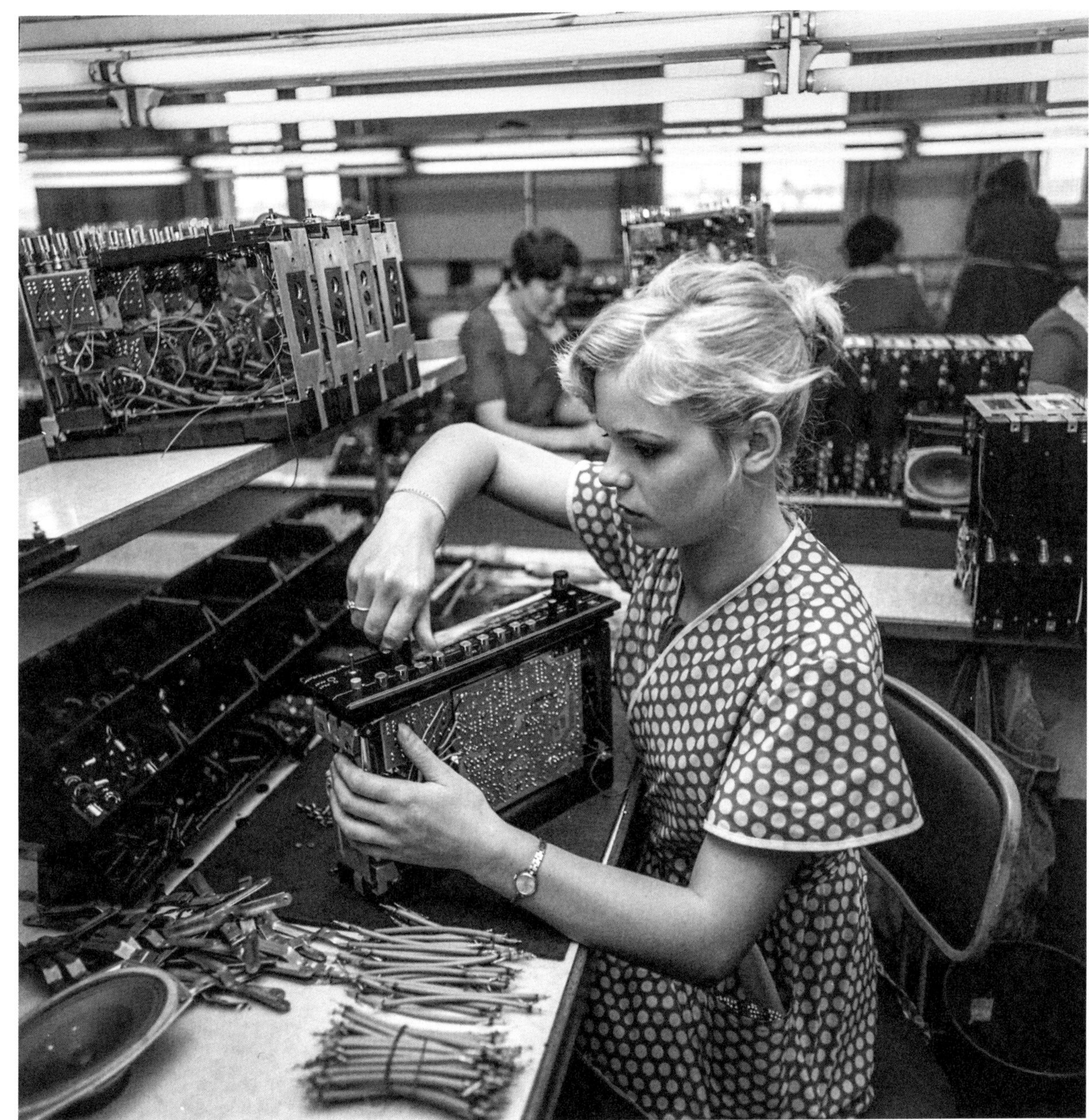

Zusammenbau des Kofferradios Stern Automatic, VEB Stern-Radio Berlin, um 1975

Assembly of Stern Automatic portable radios, VEB Stern-Radio Berlin, (radio factory), circa 1975

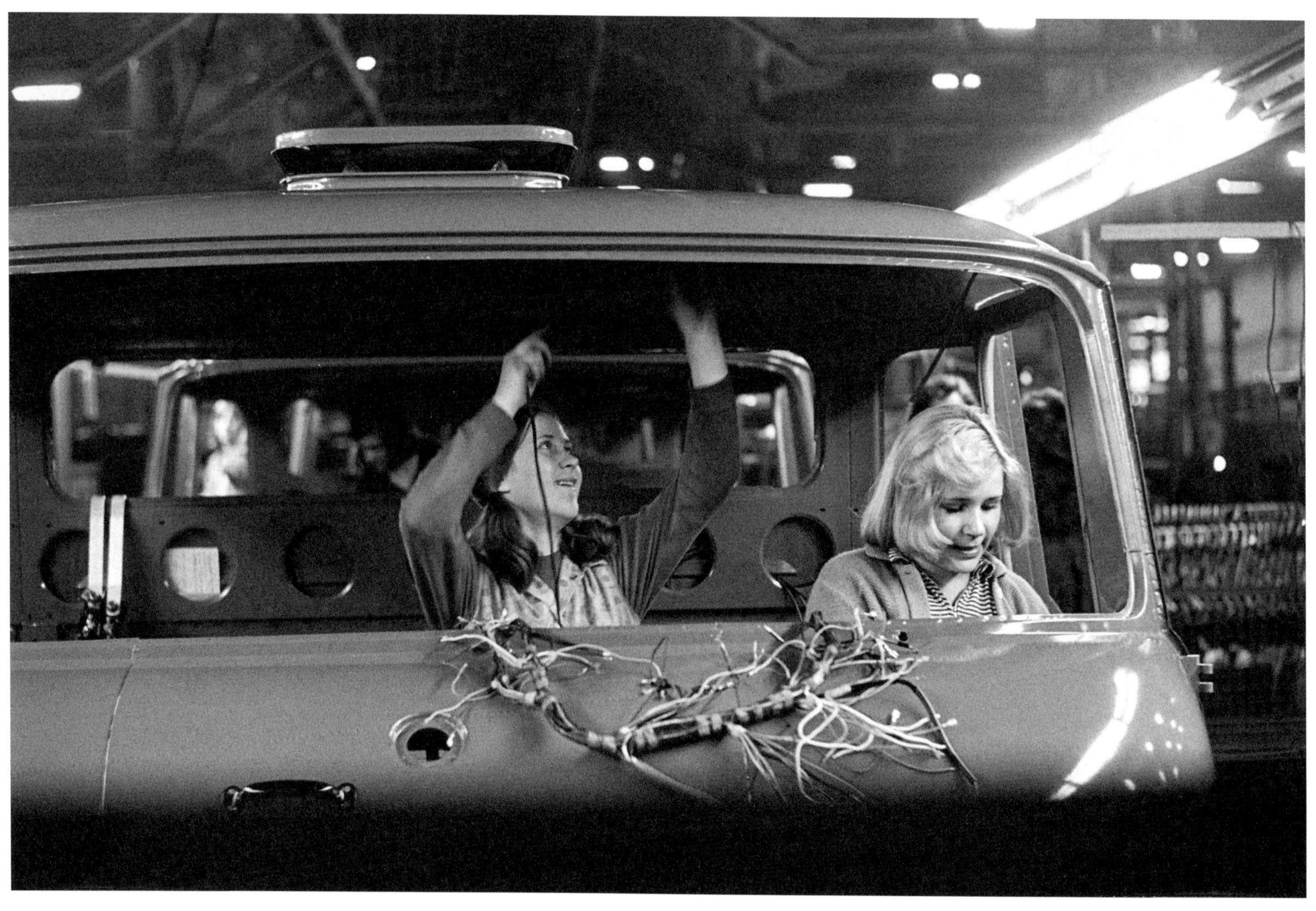

Kabelverlegung beim LKW-Modell IFA W50, VEB IFA-Automobilwerke Ludwigsfelde, 1974

Wiring harness installation in a IFA W50 truck, VEB IFA-Automobilwerke Ludwigsfelde, (automobile works), 1974

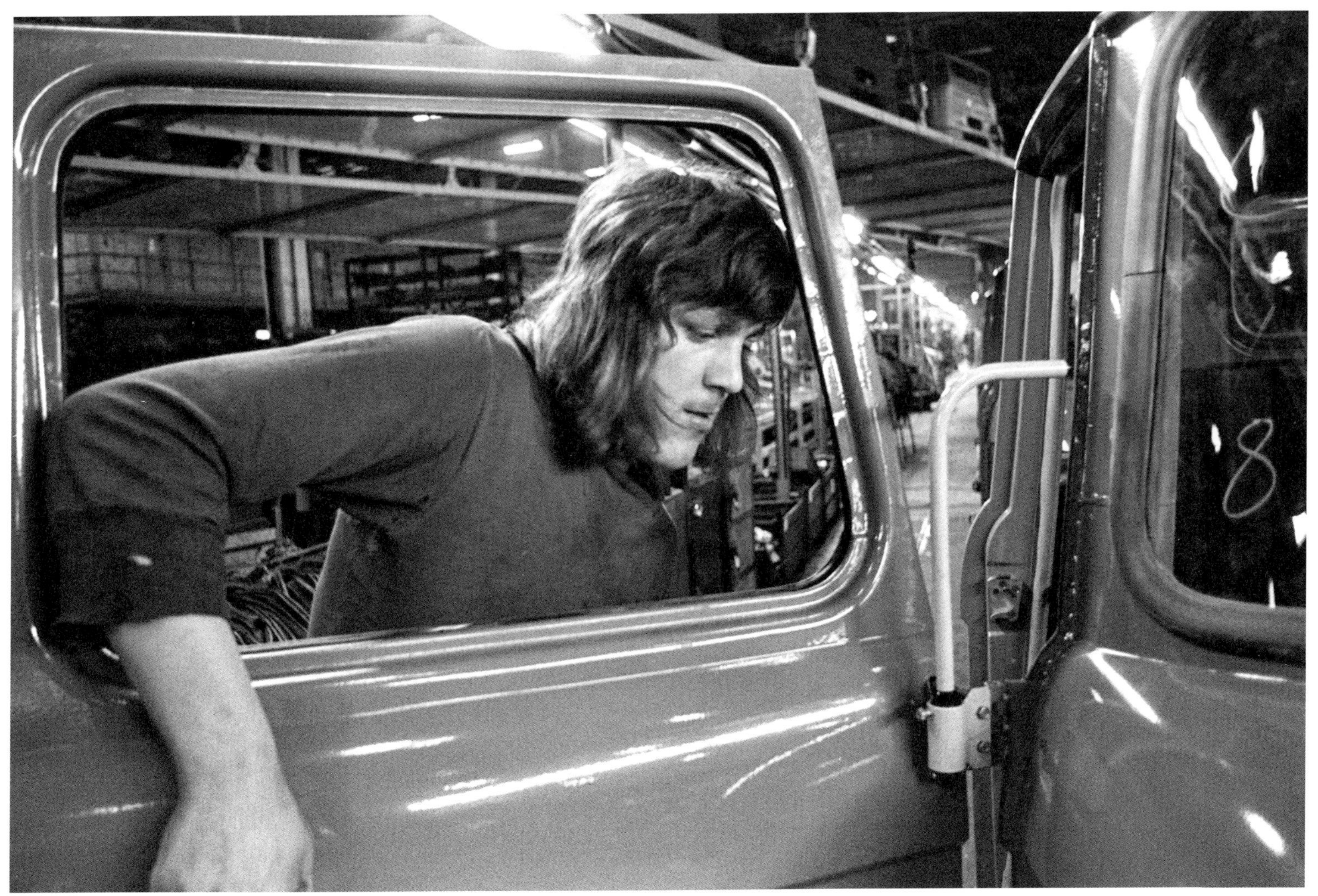

Türmontage beim LKW-Modell IFA W50, VEB IFA-Automobilwerke Ludwigsfelde, 1974

Door mounting on IFA W50 truck, VEB IFA-Automobilwerke Ludwigsfelde, (automobile works), 1974

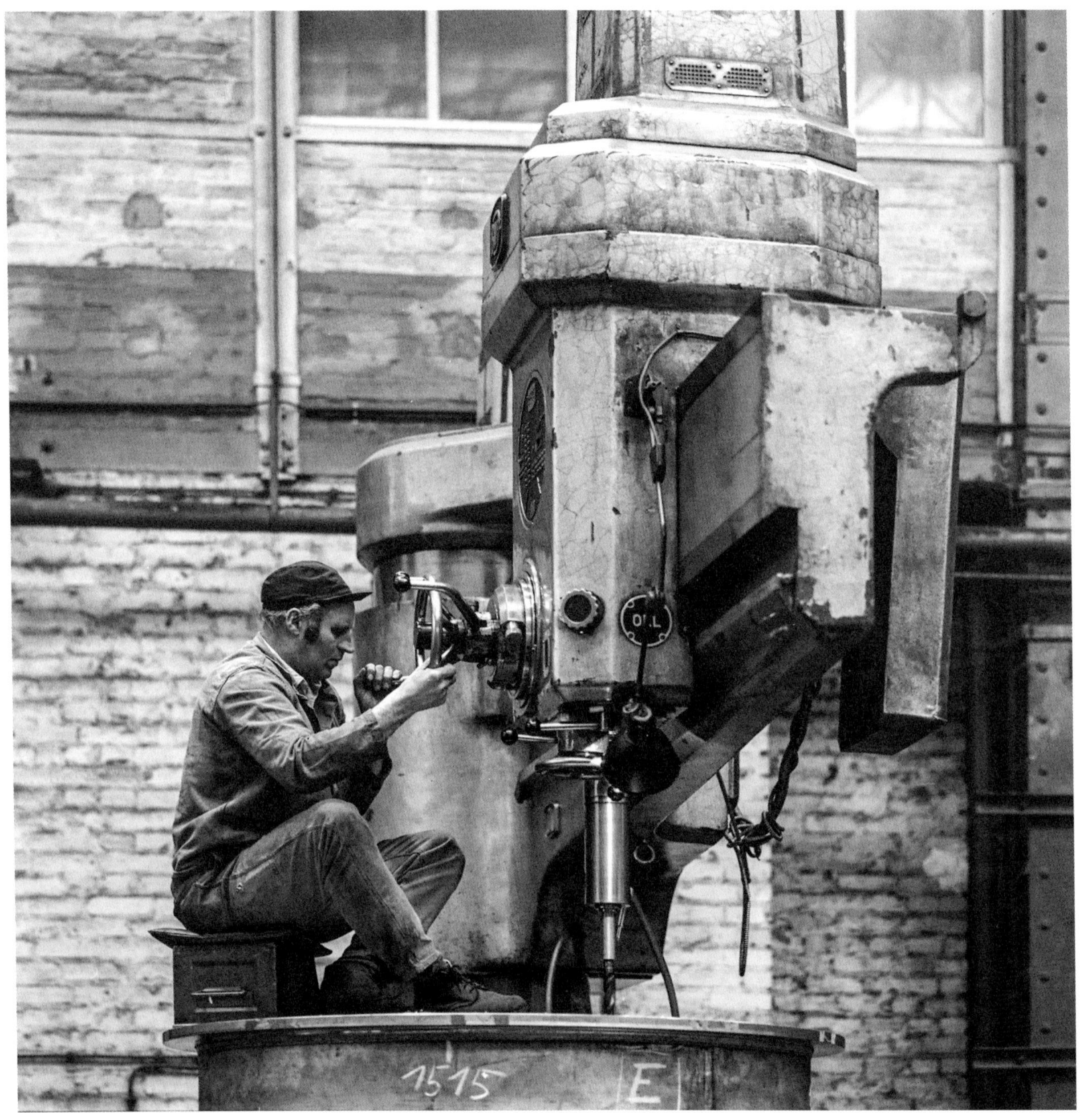

Bohrarbeiten an einem Kessel,
VEB Bergmann-Borsig (BB),
Berlin, 1977

Drilling work on a boiler,
VEB Bergmann-Borsig, Berlin,
(power plant equipment
factory), 1977

Reparaturarbeiten an
einer Drahtzugmaschine,
VEB Kabelwerk Oberspree
(KWO), Berlin, 1973

Repair work on a wire
pulling machine, VEB Kabelwerk Oberspree (KWO),
Berlin, (cable works), 1973

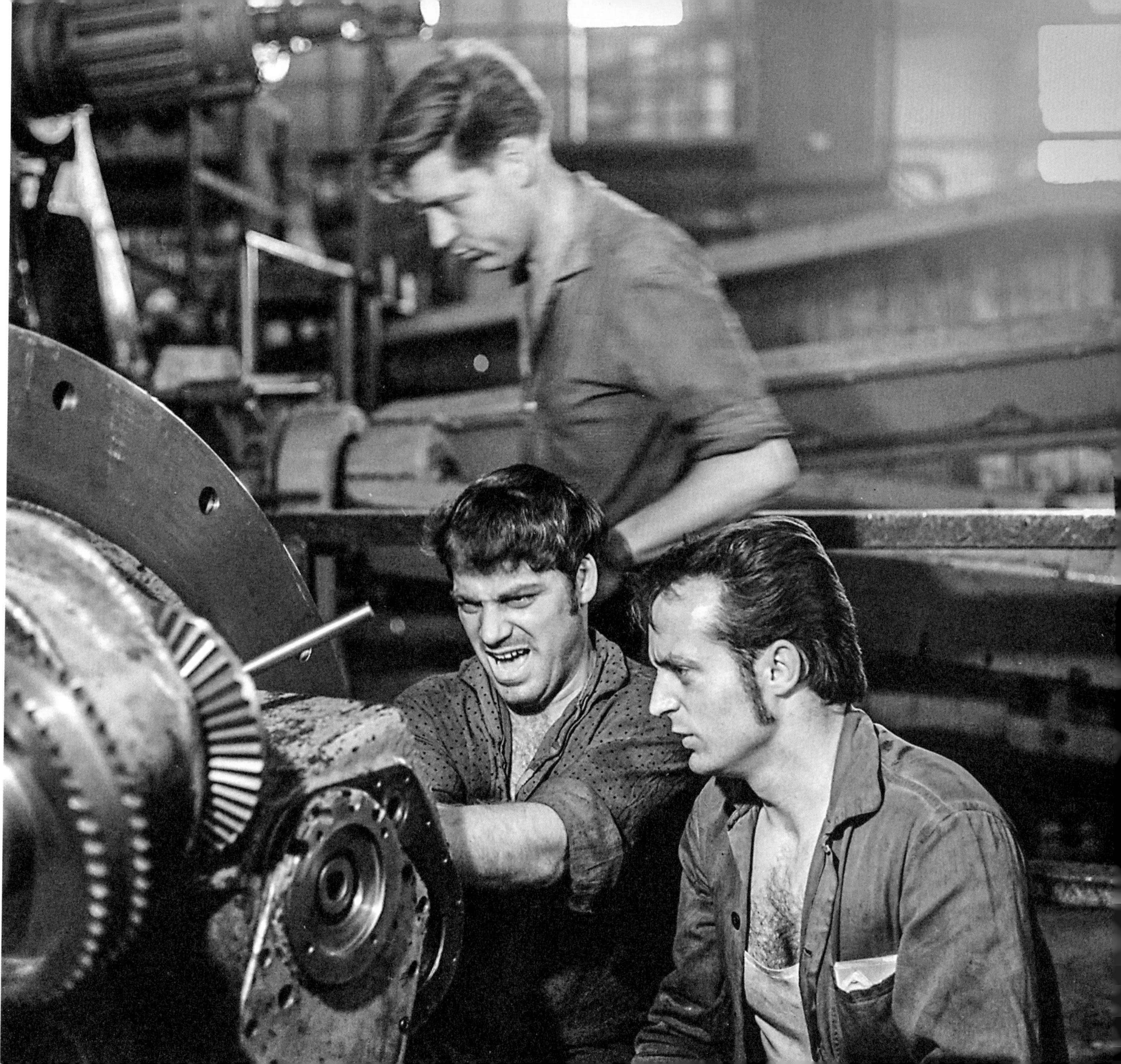

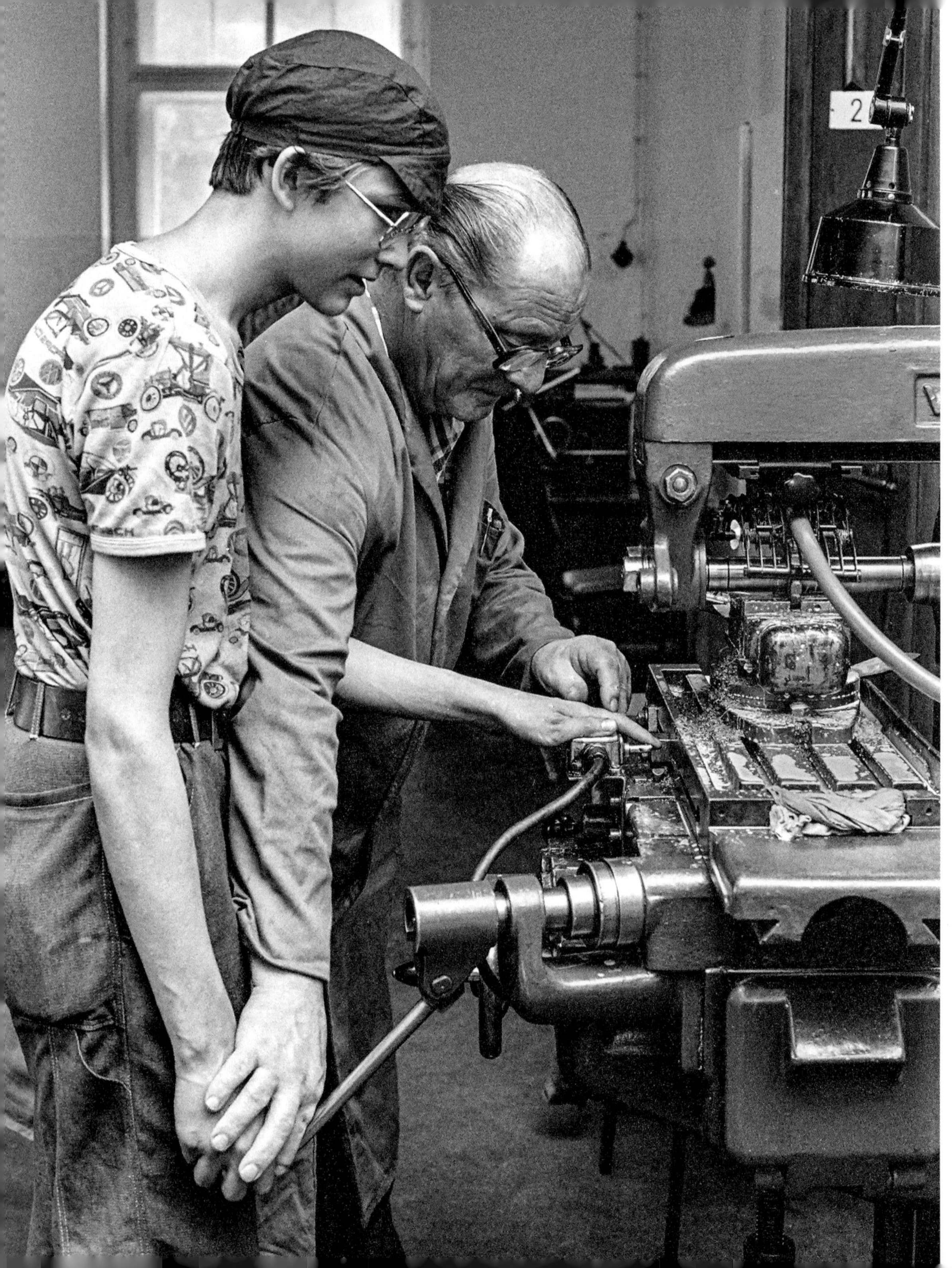

Einweisung eines sehbehinderten Jungen an einer Hobelmaschine, Rehazentrum für Blinde Karl-Marx-Stadt (Chemnitz), 1981

Instruction of a visually impaired boy at a metal planer, Rehabilitation Centre for the Blind, Karl-Marx Stadt (Chemnitz), 1981

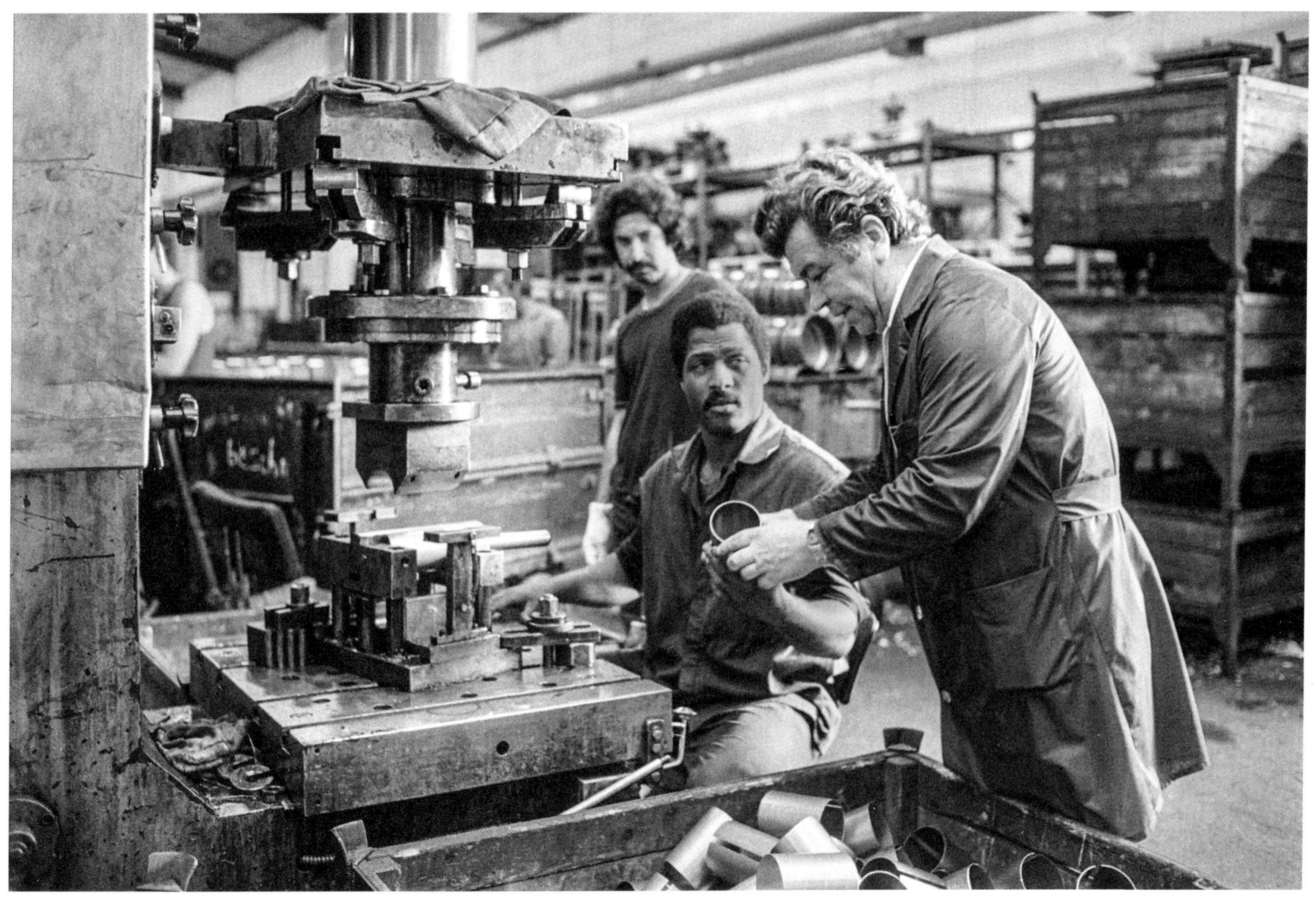

Anlernen ausländischer Facharbeiter, VEB Berliner Vergaser- und Filterwerke, 1982

Training of foreign skilled workers, VEB Berliner Vergaser- und Filterwerke, (carburetor and filter factory), 1982

»Das ist eine von den Stellen, wo es besonders hart zur Sache ging. Es wurde Metall gebogen, gepresst, gewalzt und gezogen. Man sieht die Schwere der Arbeit und wie sie da wirklich knechten mussten. Der Mann ist total erschöpft. Wenn ich aus so einem Werk nach Hause kam, war ich immer geläutert.«
Arbeiter an einer Metallpresse, VEB Berliner Metallhütten- und Halbzeugwerke (BMHW), 1983

"This is one of those places where the going really gets tough. Metal had to be bent, pressed, rolled and drawn. You can see how hard the work is, how they really had to slave away. That man is totally exhausted. When I came home from such work, I was completely drained of energy."
Worker at metal press, VEB Berliner Metallhütten- und Halbzeugwerke (BMHW), (metal works), 1983

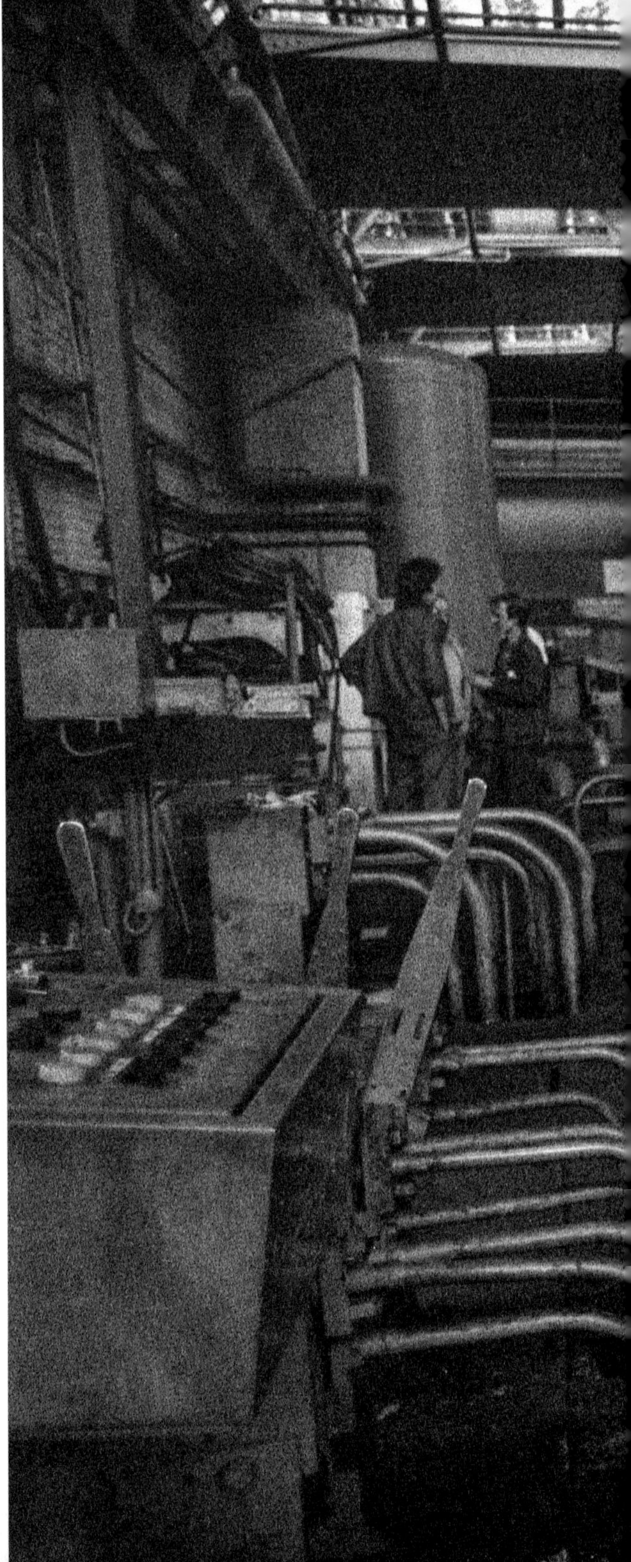

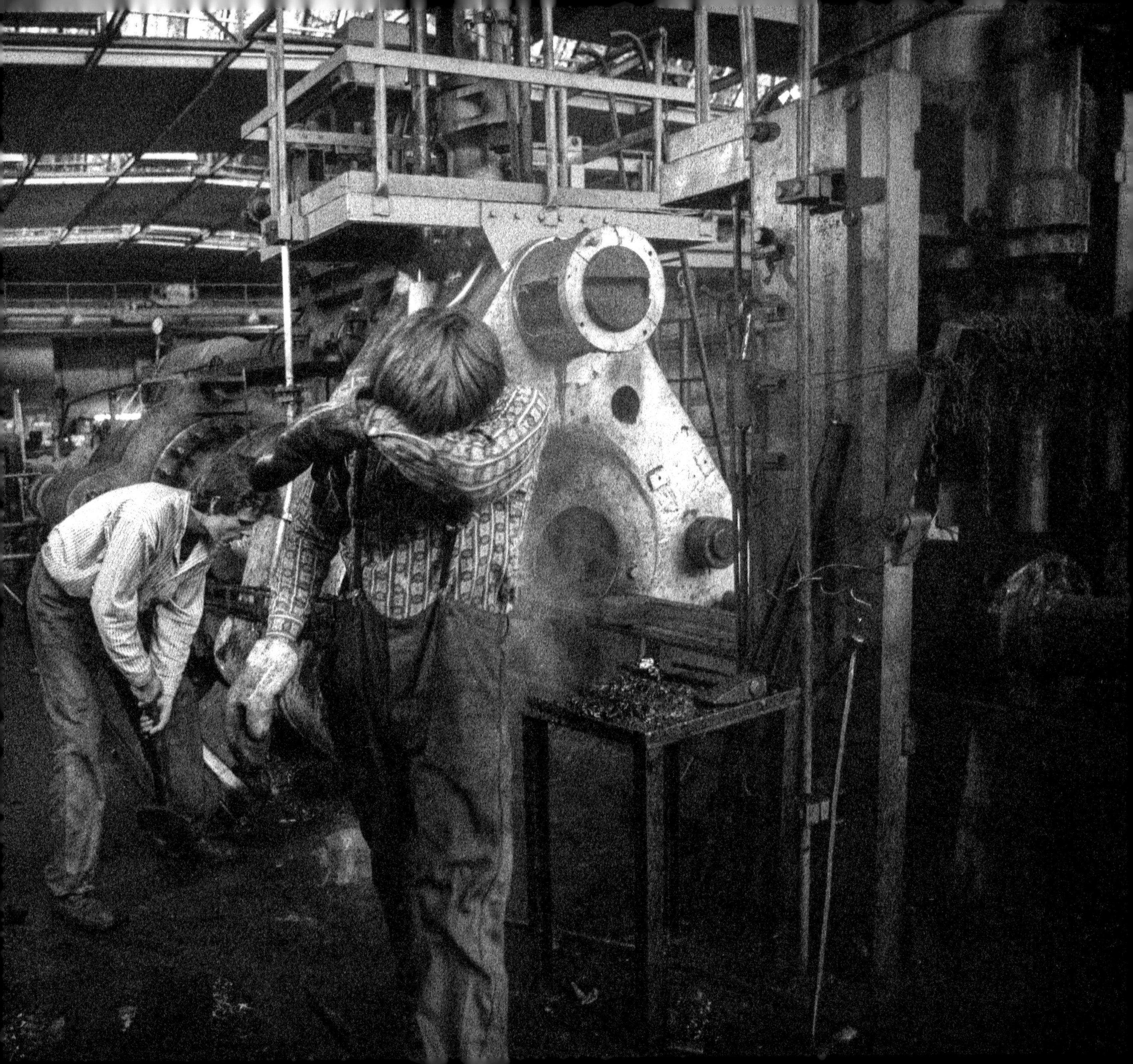

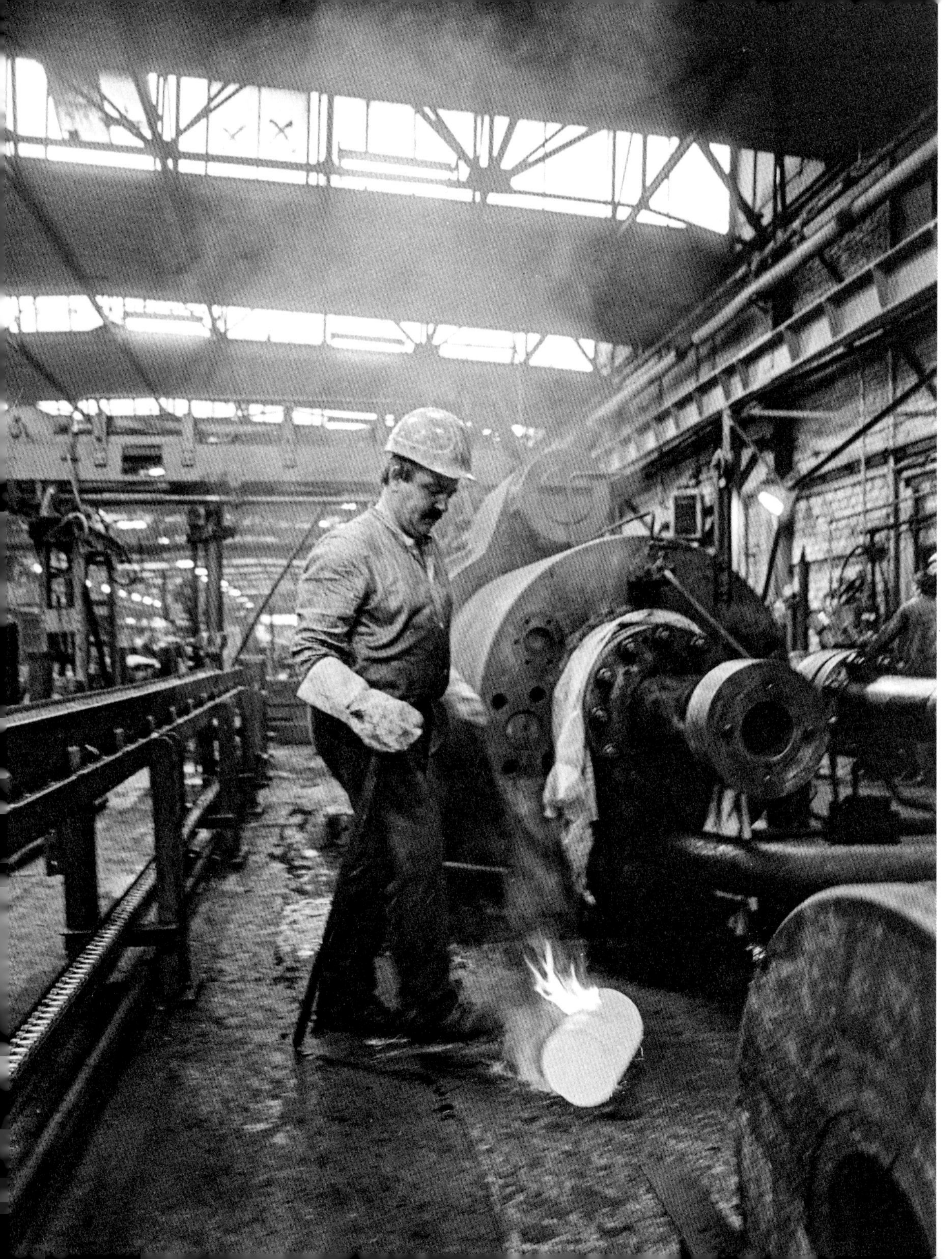

Arbeiter bewegt einen glühenden Metallblock mit seinem Fuß, VEB Berliner Metallhütten- und Halbzeugwerke (BMHW), 1986

Worker moves a glowing-hot metal block with his foot, VEB Berliner Metallhütten- und Halbzeugwerke (BMHW), (metal works), 1986

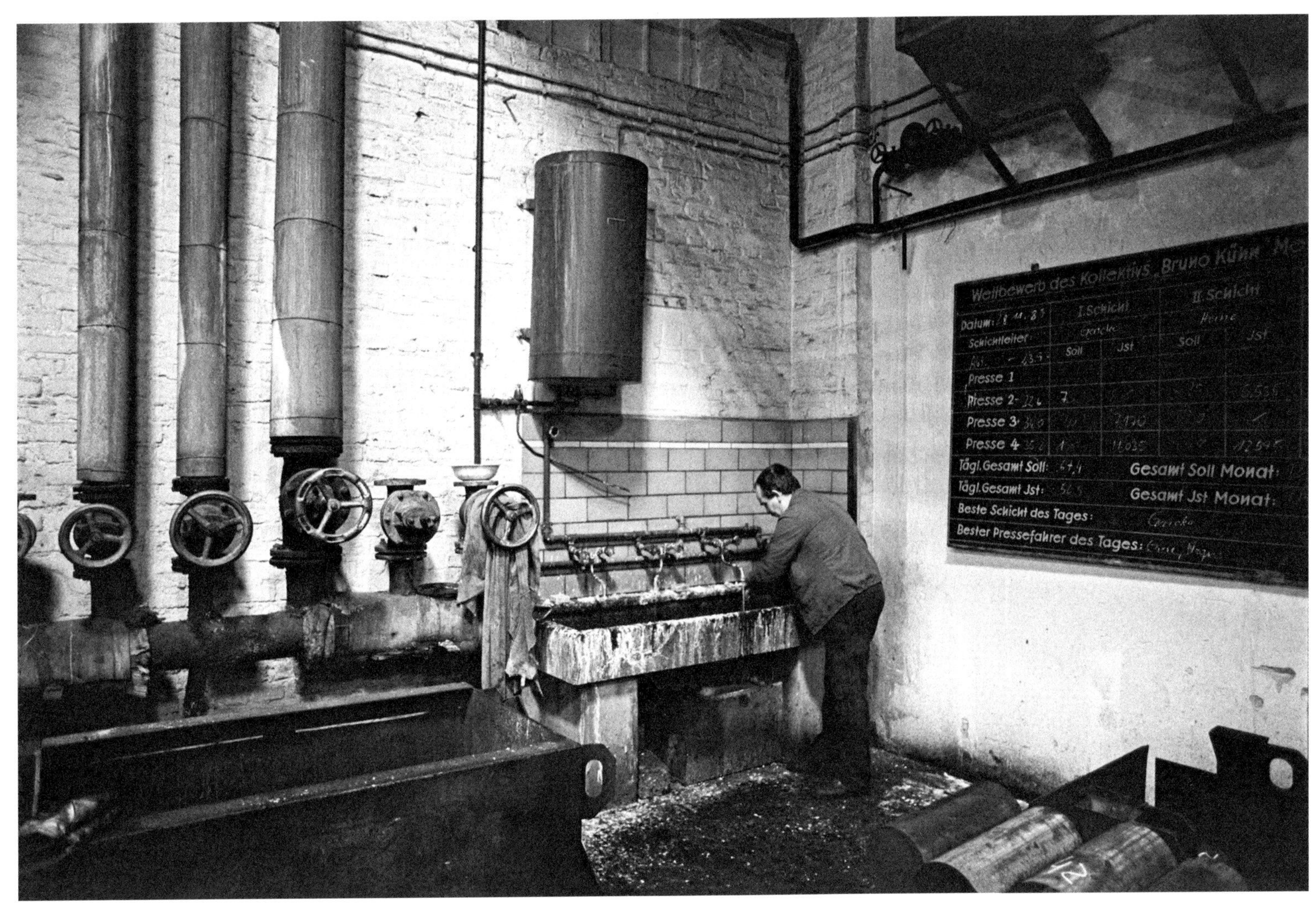

Waschplatz, VEB Berliner Metallhütten- und Halbzeugwerke (BMHW), 1986

Washing room, VEB Berliner Metallhütten- und Halbzeugwerke (BMHW), (metal works), 1986

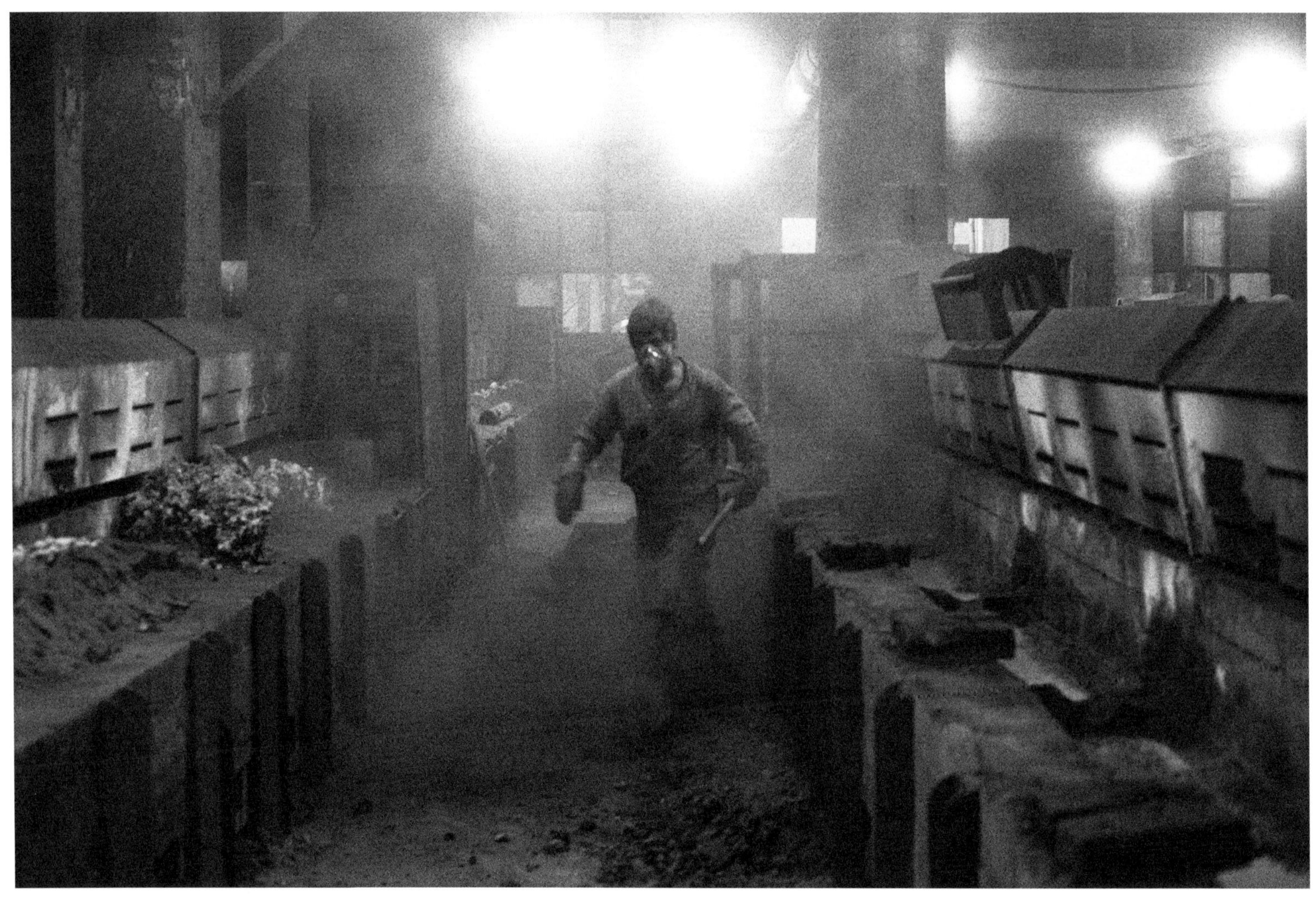

»Elektrokohle war extrem. Es gab Bereiche, in denen man gar nicht hätte arbeiten dürfen. Das Bild zeigt, wie staubintensiv die Arbeit in der sogenannten ›Katakombe‹ war. Wenn ich da fotografieren sollte, habe ich meine ältesten Sachen angezogen und eine ausgesonderte Kamera benutzt. Es war so dreckig, dass ich noch tagelang den Kohlendreck aus der Nase geschnieft habe.«
VEB Elektrokohle Lichtenberg (EKL), Berlin, 1983

"Elektrokohle was intense. There were areas where nobody should have been working. The picture shows how dust-intensive the work in the so-called 'catacombs' was. When I was supposed to take pictures there, I put on my oldest clothes and used a camera that was already out of service. It was so dirty, that I was blowing the coal dirt out of my nose for days."
VEB Elektrokohle Lichtenberg (EKL), Berlin, (coal and graphite company), 1983

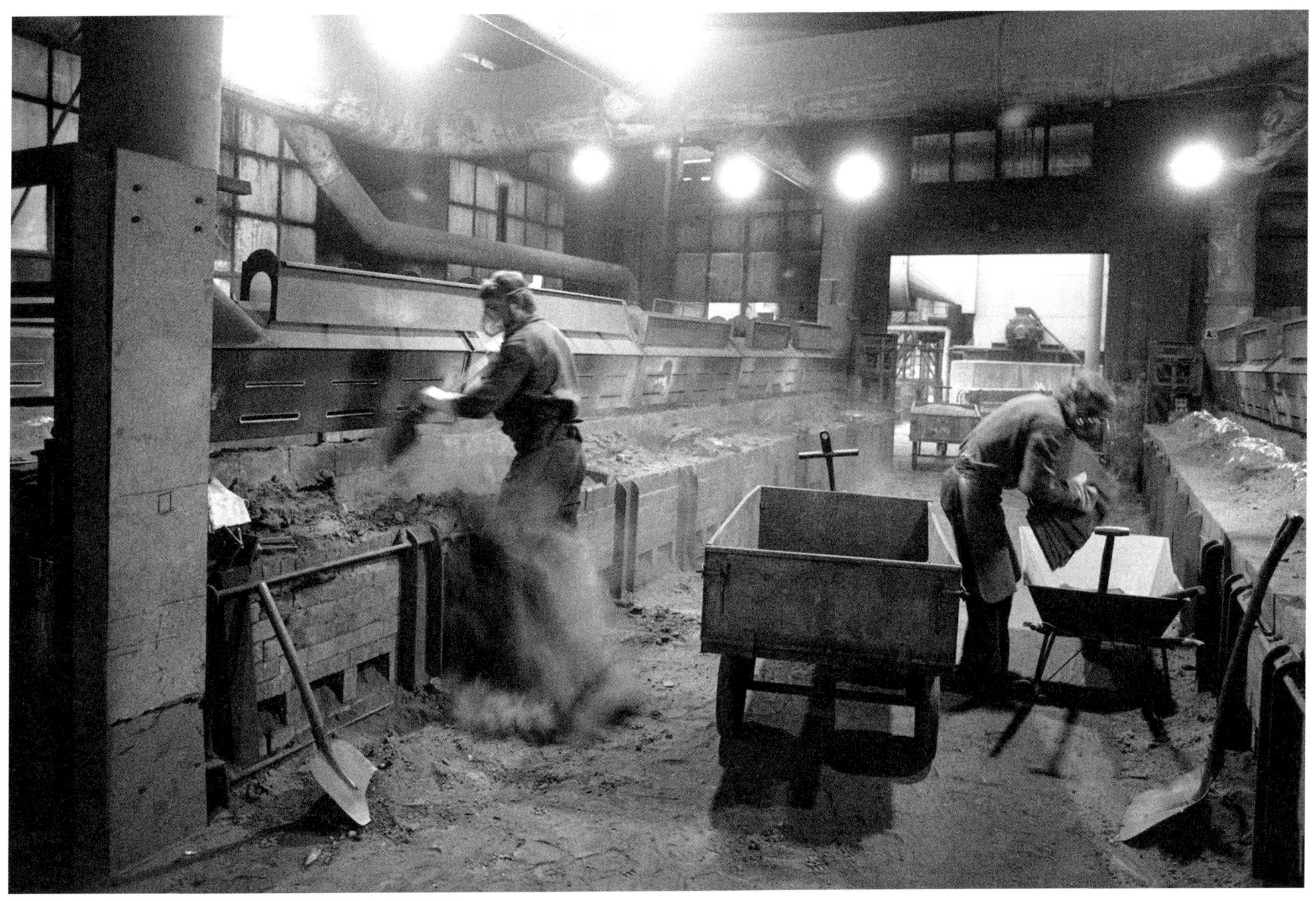

Siliziumkarbit-Halbleiterproduktion in der sogenannten »Katakombe«, VEB Elektrokohle Lichtenberg (EKL), Berlin, 1983

Silicon carbide semiconducter production in the so-called "catacombs", VEB Elektrokohle Lichtenberg (EKL), Berlin, (coal and graphite company), 1983

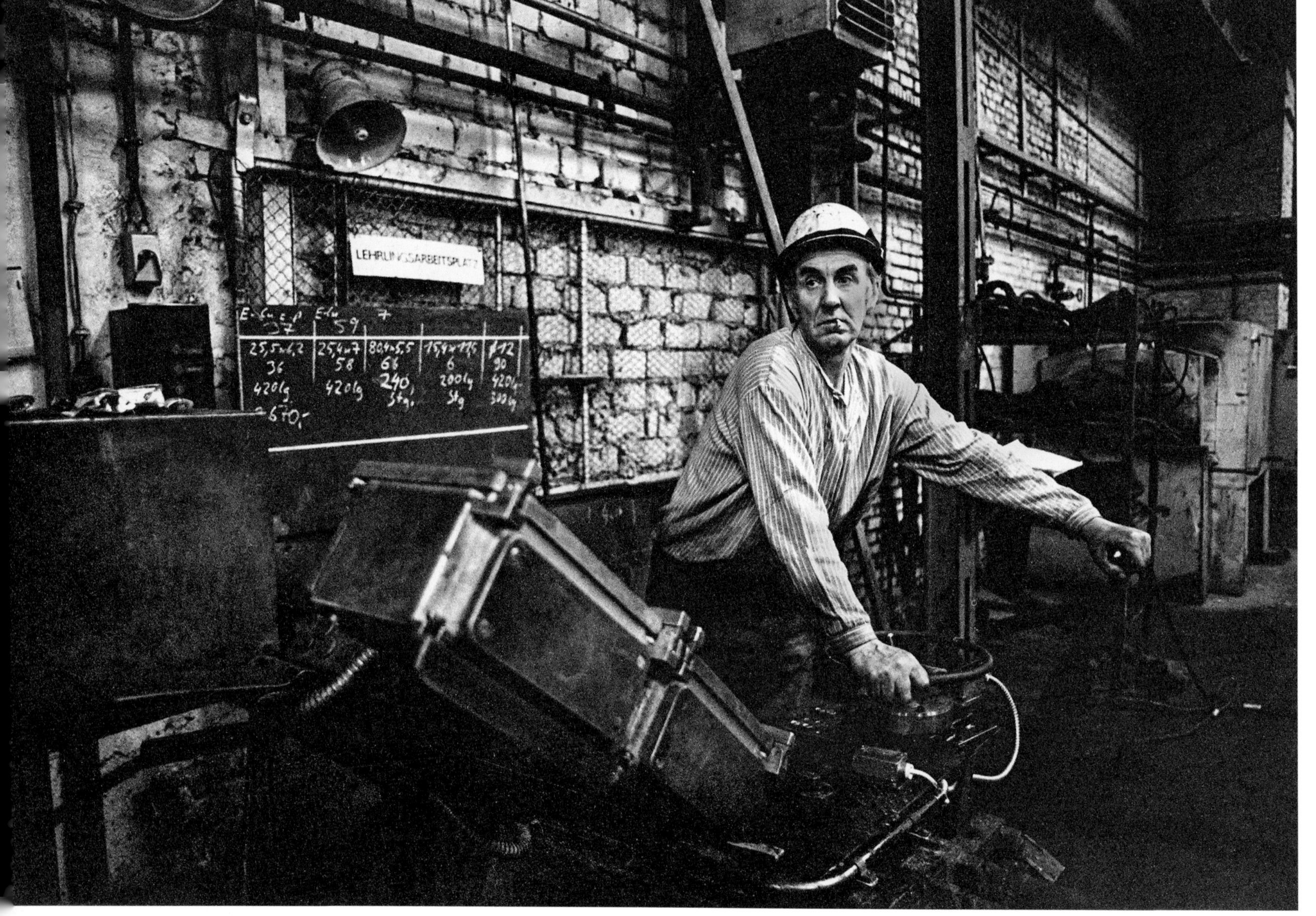

Drahtgießwalzanlage, VEB Berliner Metallhütten- und Halbzeugwerke (BMHW), 1982

Wire casting-rolling machine, VEB Berliner Metallhütten- und Halbzeugwerke (BMHW), (metal works), 1982

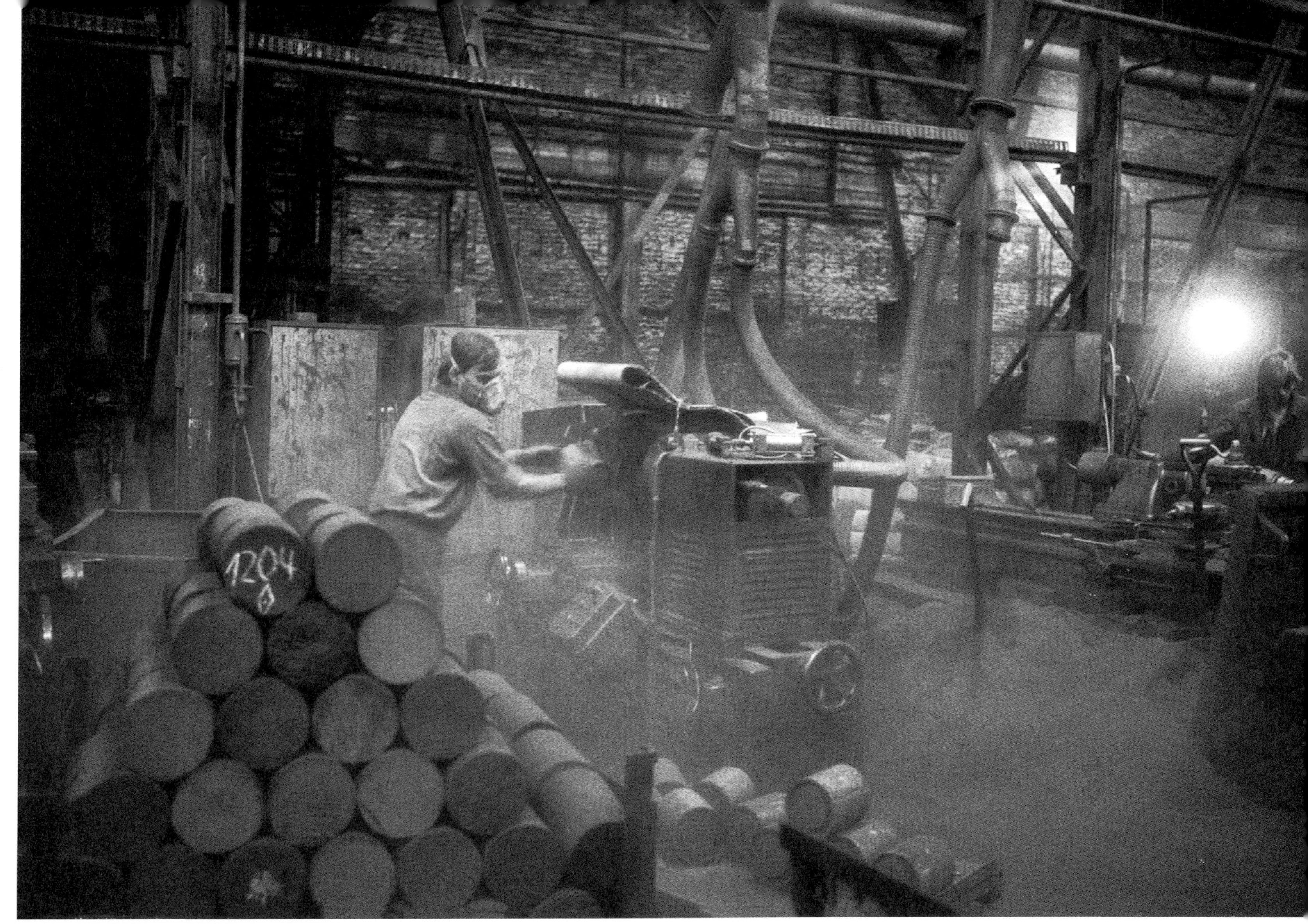

Herstellung von Elektroden aus Grafit, VEB Elektrokohle Lichtenberg (EKL), Berlin, 1986

Production of graphite electrodes, VEB Elektrokohle Lichtenberg (EKL), Berlin, (coal and graphite company), 1986

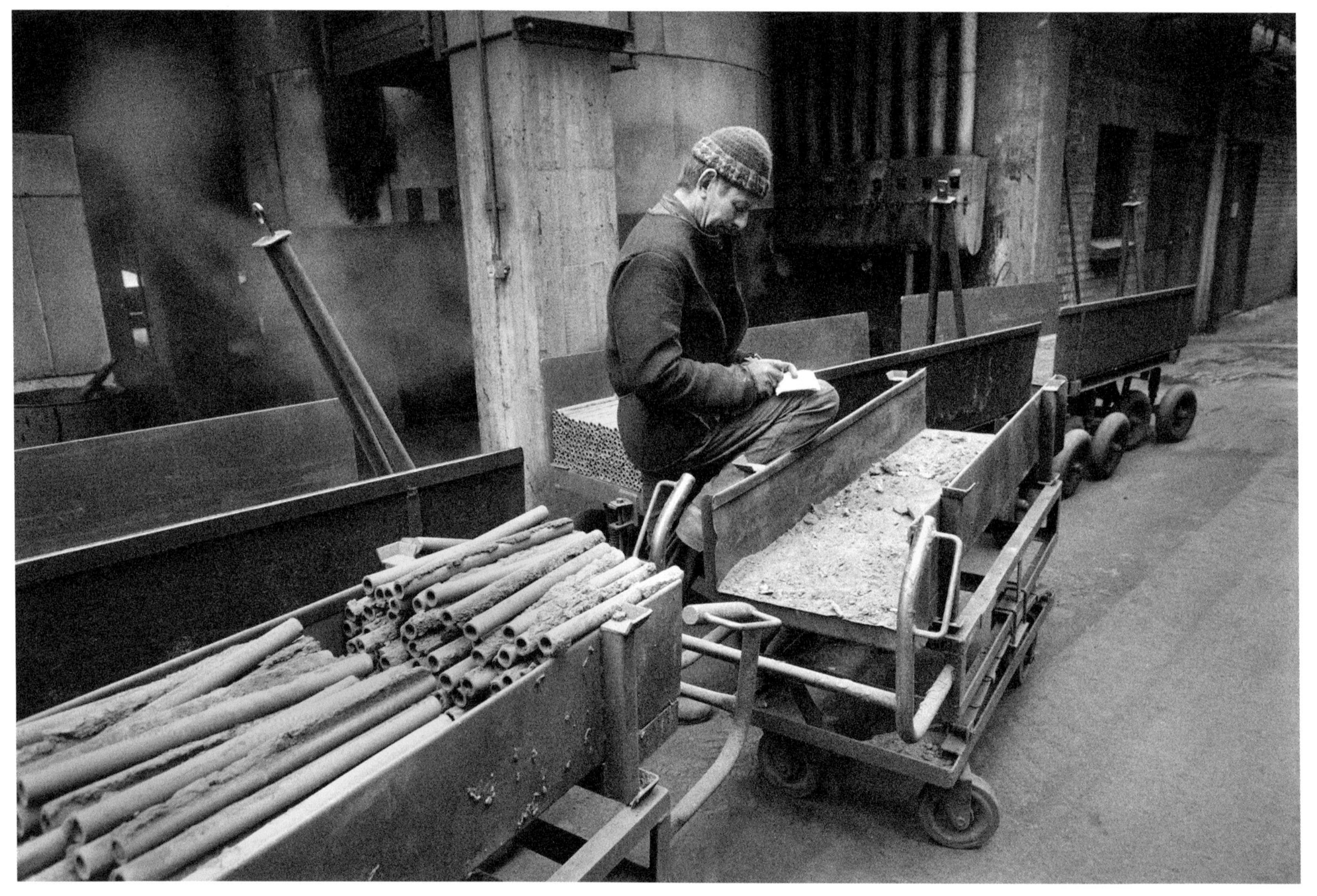

Sortierung von Werkstücken, VEB Elektrokohle Lichtenberg (EKL), Berlin, 1983

Sorting of workpieces, VEB Elektrokohle Lichtenberg (EKL), Berlin, (coal and graphite company), 1983

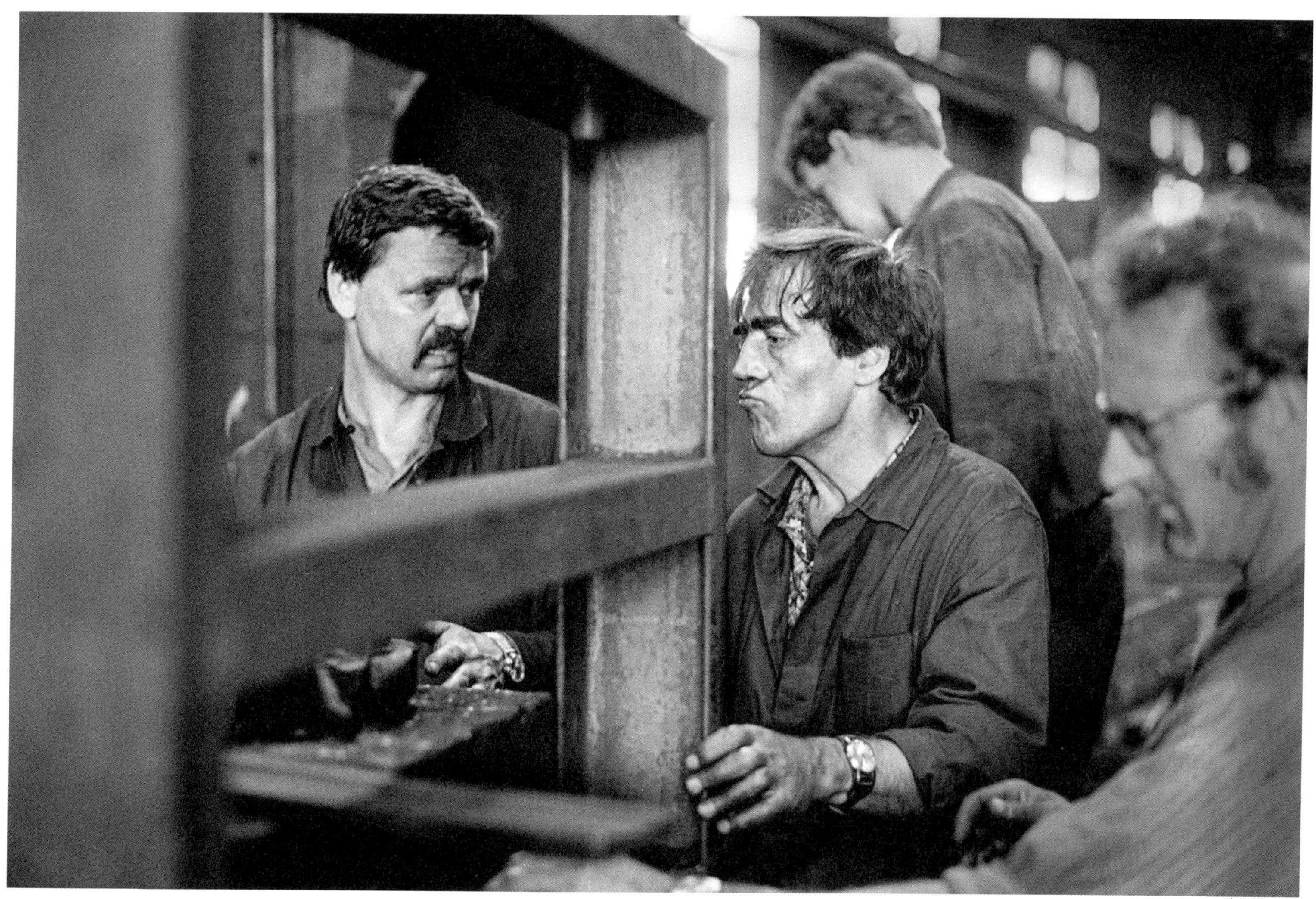

»An der Werkzeugausgabe der EKL-Großkohle ging es oft hoch her. Die war gut abgeschottet. Hier gab es immer Auseinandersetzungen, wenn nicht genug oder nicht das richtige Werkzeug da war. Das war ja nötig, dass die Leute ihre Arbeit und damit den Plan erfüllen konnten.«
VEB Elektrokohle Lichtenberg (EKL), Berlin, 1985

"It was often super busy at EKL-Großkohle's tool room. It was well segregated. There were always confrontations when there were not enough tools or the right tool was missing. The people could not do their jobs and fill their designated quotas without them."
VEB Elektrokohle Lichtenberg (EKL), Berlin, (coal and graphite company) 1985

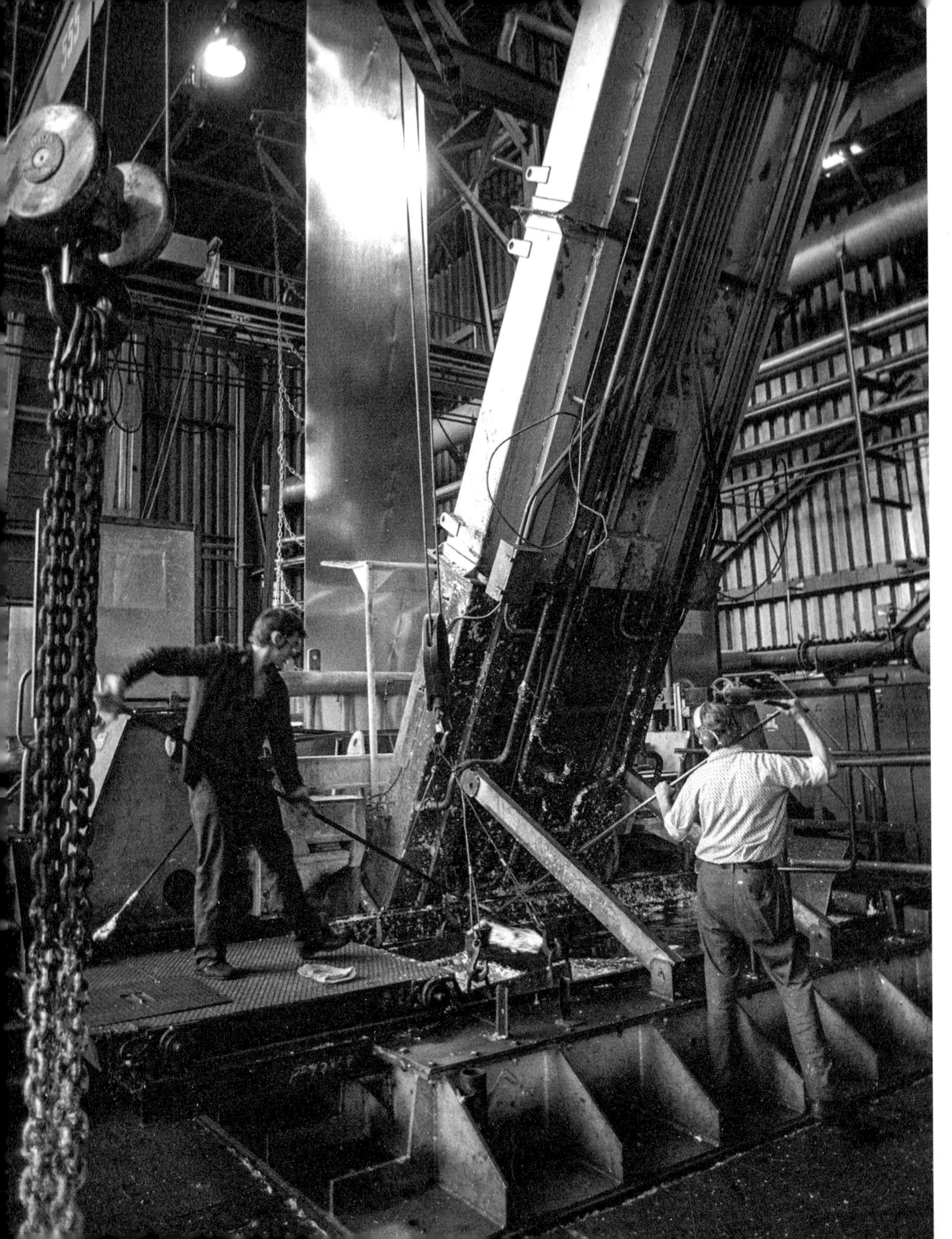

Reparaturarbeiten an einer Walzanlage,
VEB Eisenhüttenkombinat Ost (EKO),
Eisenhüttenstadt, 1978

Repair work on a rolling machine,
VEB Eisenhüttenkombinat Ost (EKO),
Eisenhüttenstadt, (iron-mill combine), 1978

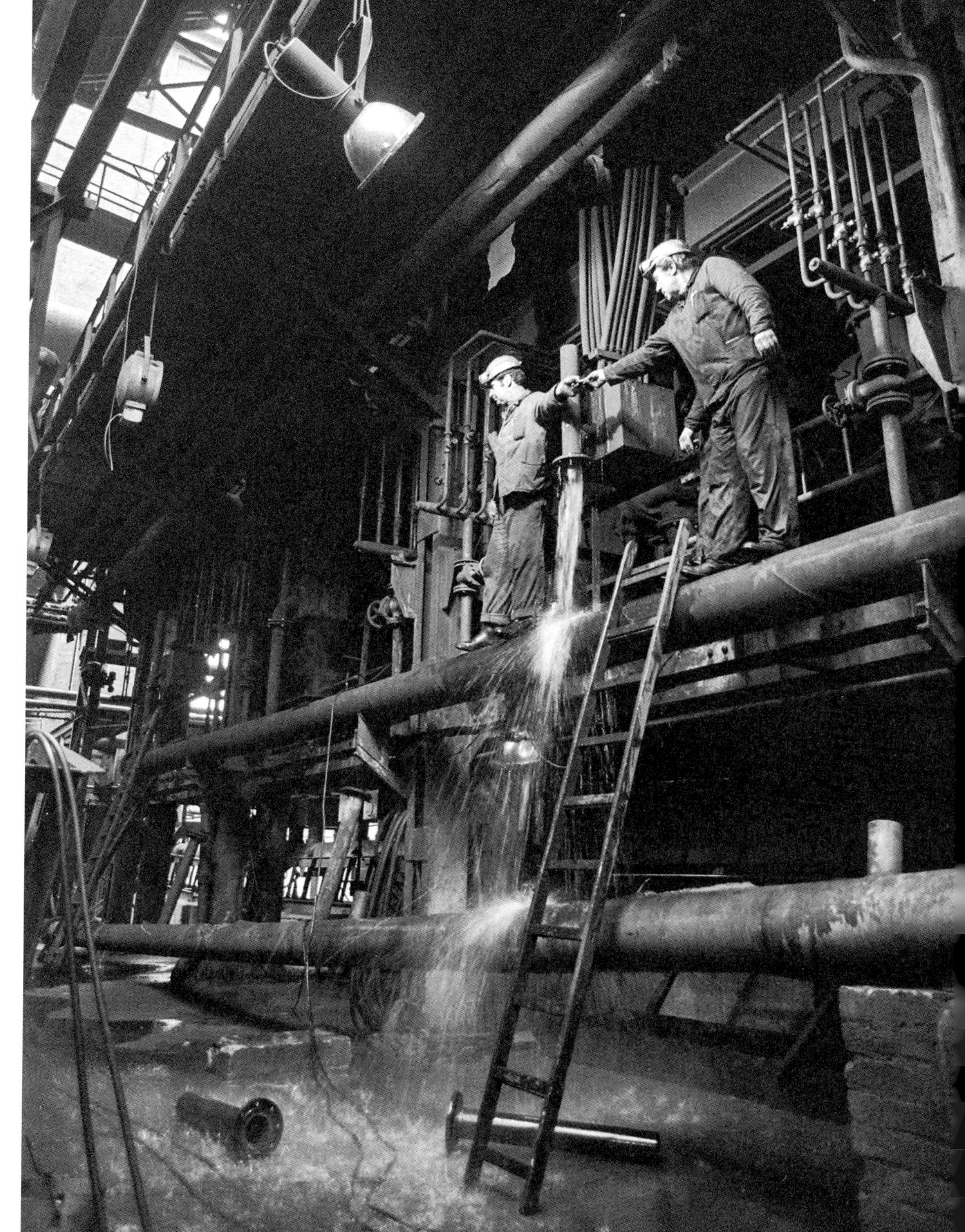

Reparaturarbeiten an der Ofenanlage des VEB Elektrokohle Lichtenberg (EKL), Berlin, 1980

Repair work on the furnace at VEB Elektrokohle Lichtenberg (EKL), Berlin, (coal and graphite company), 1980

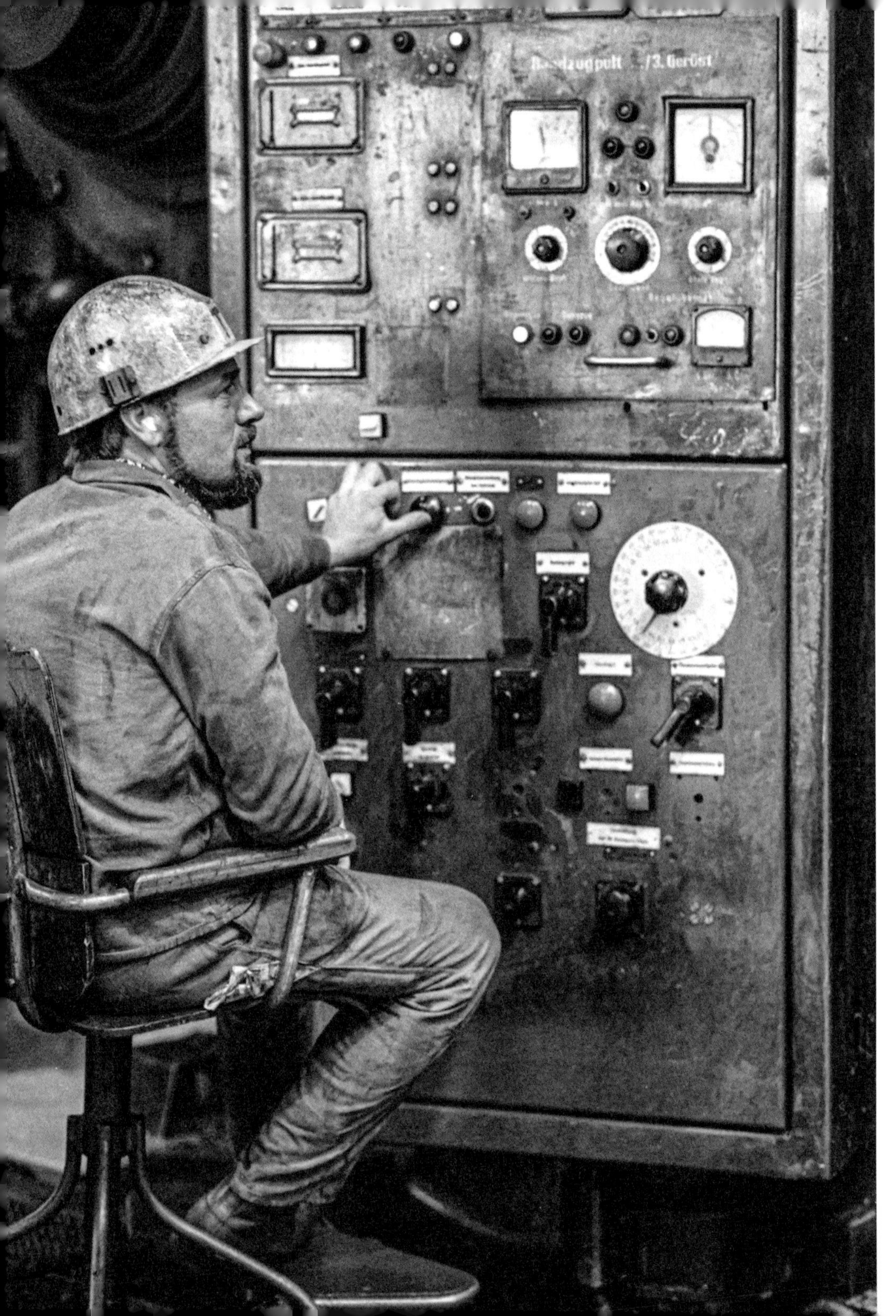

Arbeiter am Steuerpult einer Metallpresse,
VEB Eisenhüttenkombinat Ost (EKO), Eisenhüttenstadt, 1978

Worker at the control console of a metal press,
VEB Eisenhüttenkombinat Ost (EKO), Eisenhüttenstadt,
(iron-mill combine), 1978

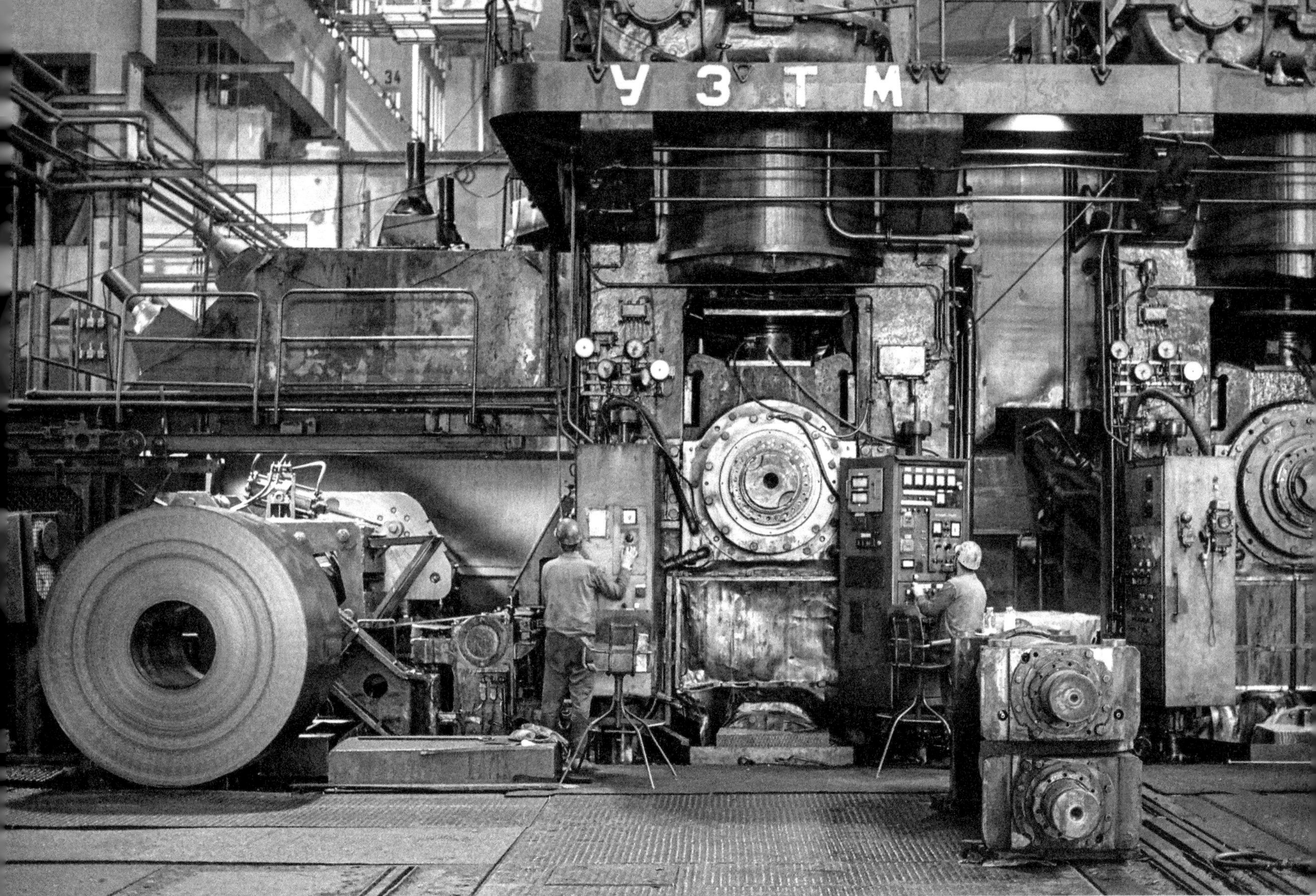

Metallpresse, VEB Eisenhüttenkombinat Ost (EKO), Eisenhüttenstadt, 1978

Metal press, VEB Eisenhüttenkombinat Ost (EKO), Eisenhüttenstadt, (iron-mill combine), 1978

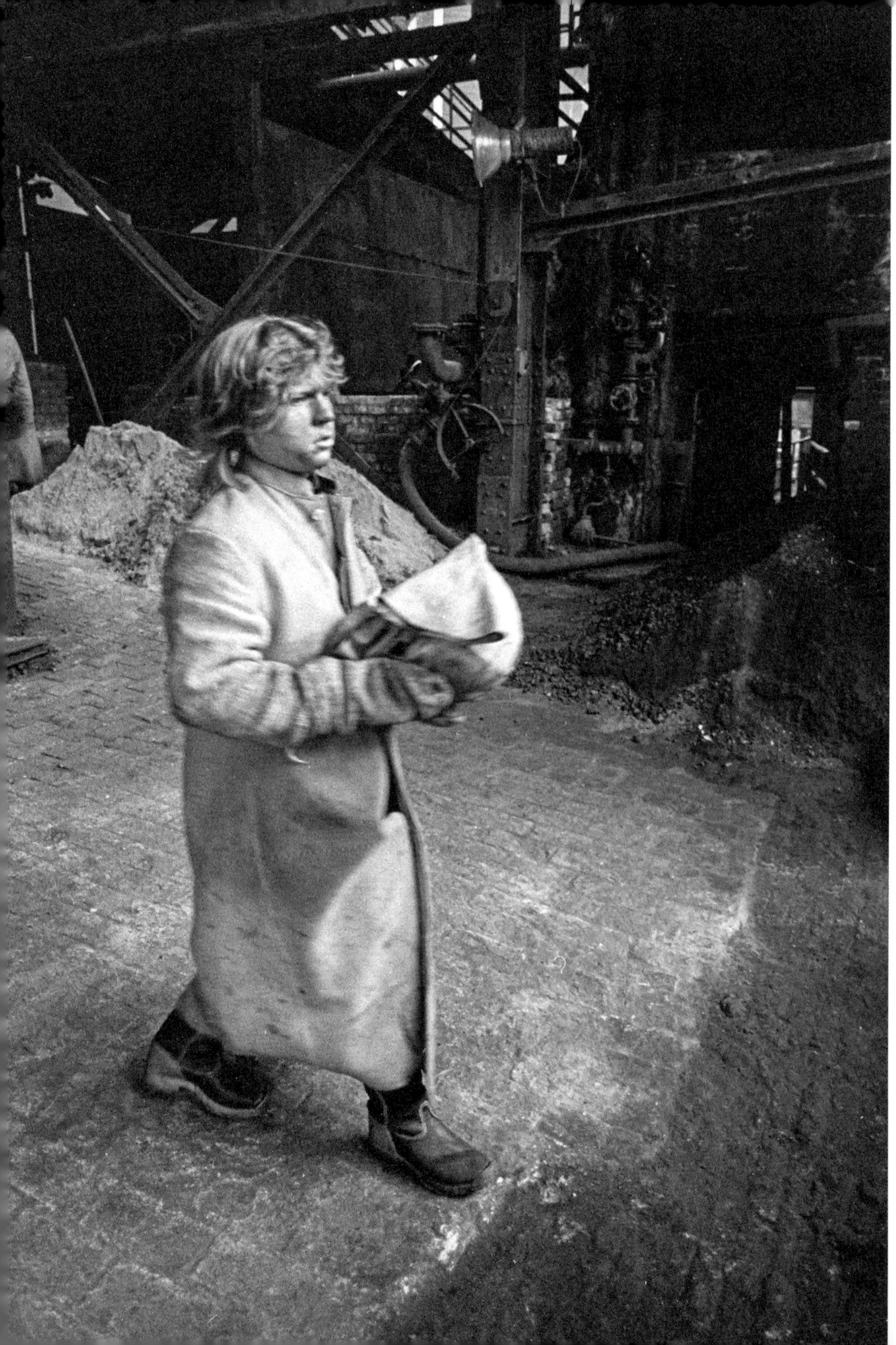

Stahlwerker, VEB Eisenhüttenkombinat Ost (EKO), Eisenhüttenstadt, 1978

Steel worker, VEB Eisenhüttenkombinat Ost (EKO), Eisenhüttenstadt, (iron-mill combine), 1978

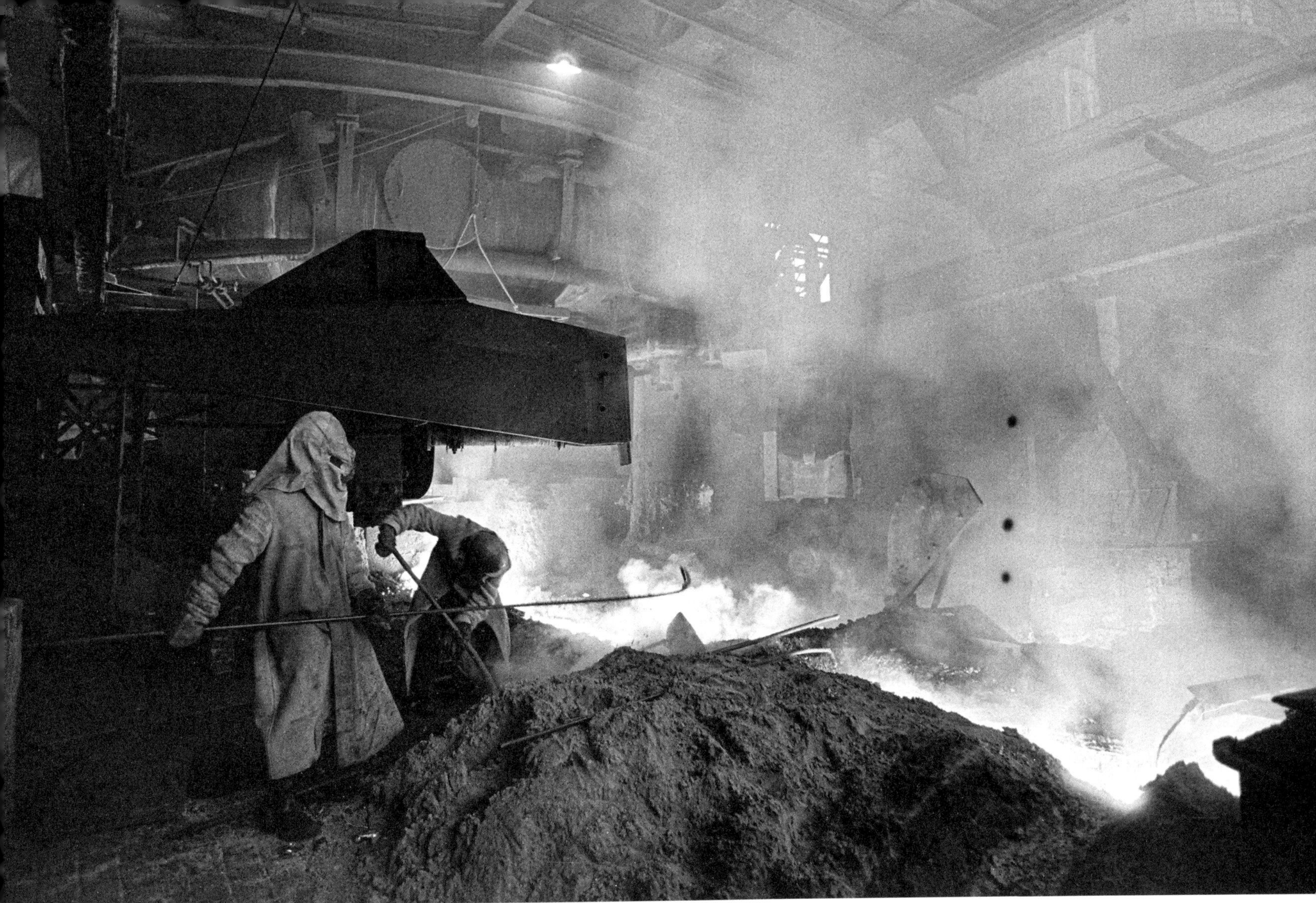

Hochofenanstich, VEB Eisenhüttenkombinat Ost (EKO), Eisenhüttenstadt, 1978

Smelting furnace being tapped, VEB Eisenhüttenkombinat Ost (EKO), Eisenhüttenstadt, (iron-mill combine), 1978

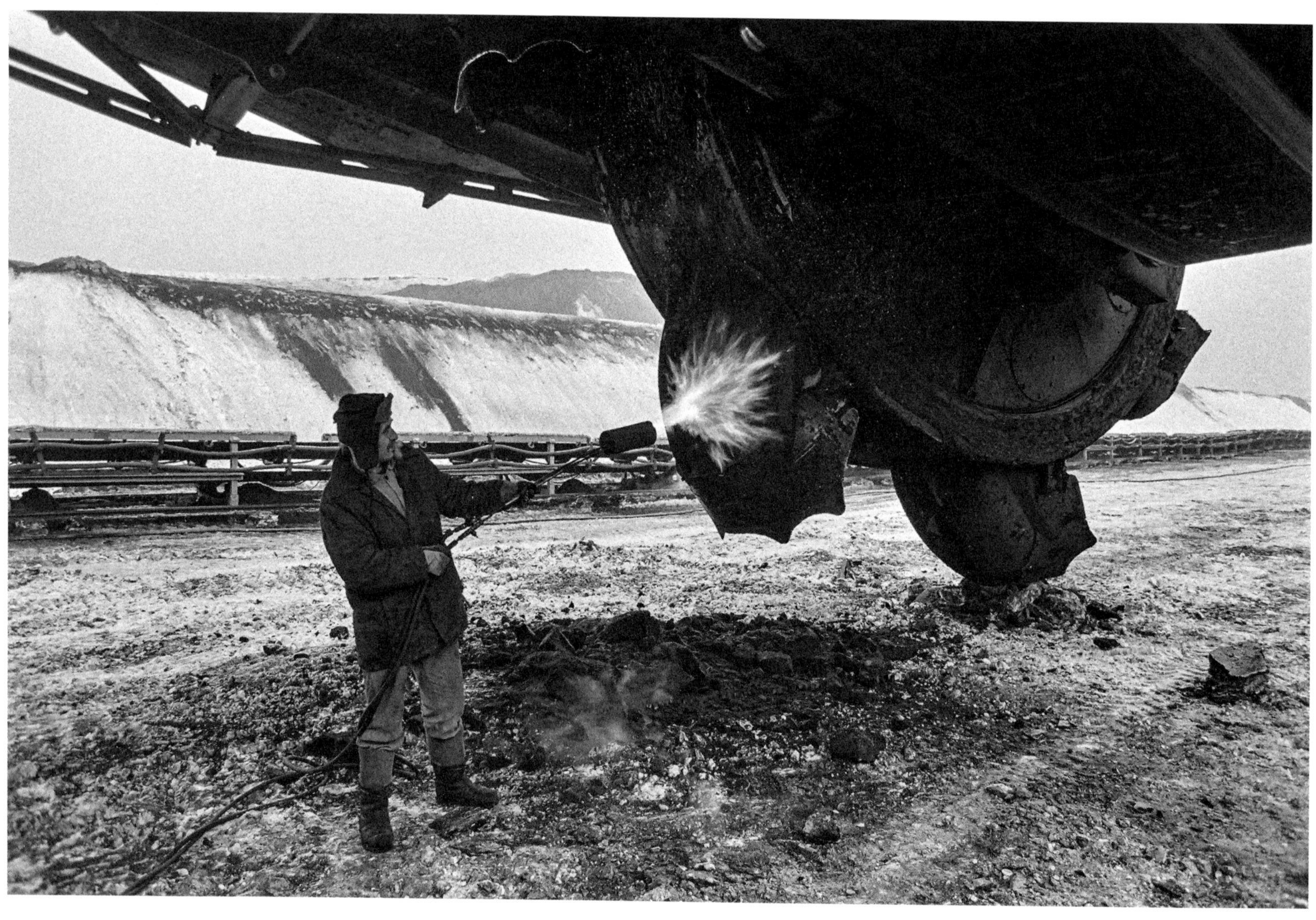

Enteisung eines Schaufelradbaggers während eines harten Wintereinbruchs im Januar, Tagebau Meuro, Senftenberger Revier, 1987

De-icing of a bucket excavator during a hard winter in January, Meuro surface mine, Senftenberg district, 1987

Führerkanzel eines Schaufelradbaggers im Tagebau Grube Scado, Senftenberger Revier, 1971

Operator cockpit of a bucket excavator at the Grube Scado surface mine, Senftenberg district, 1971

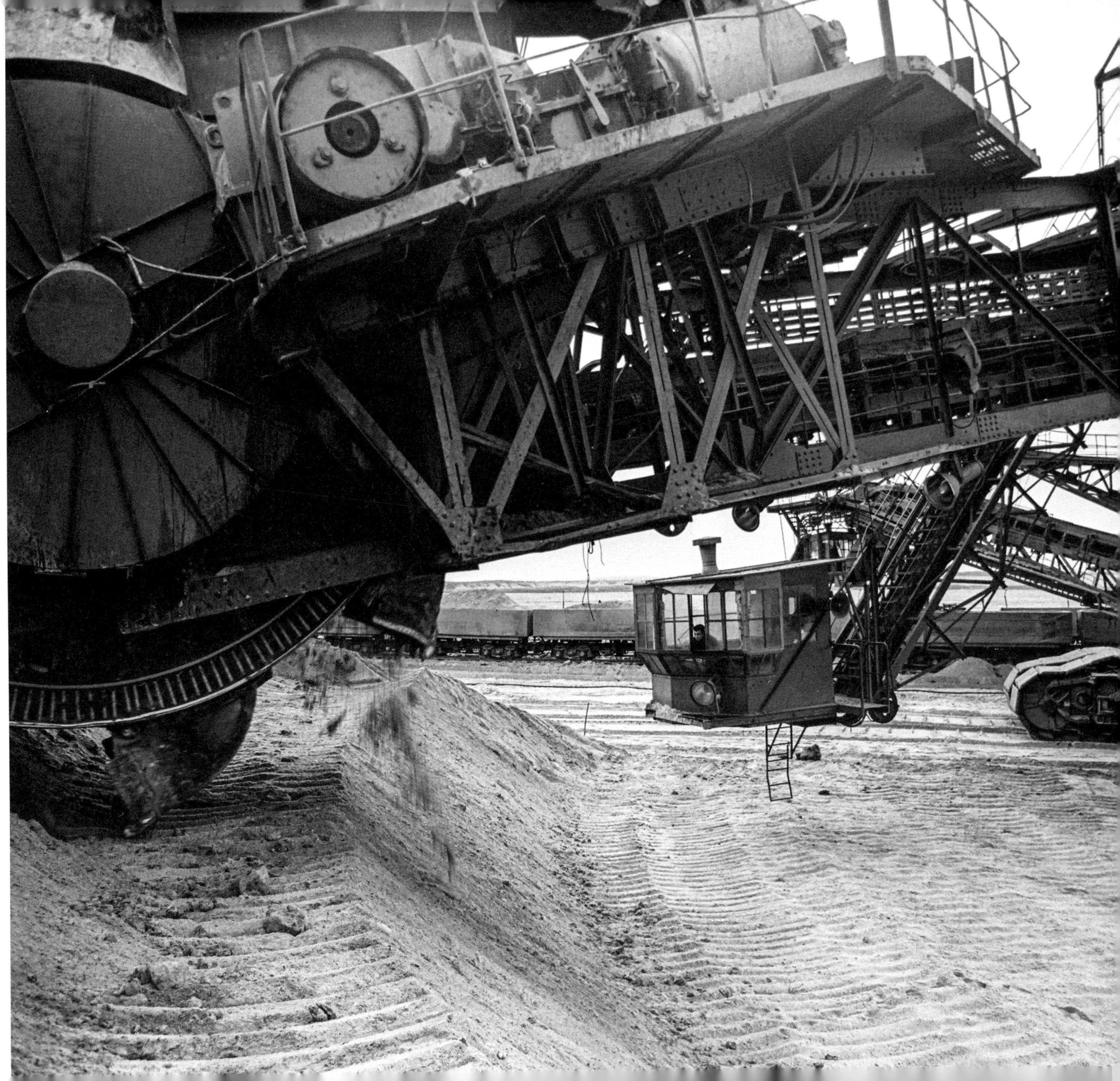

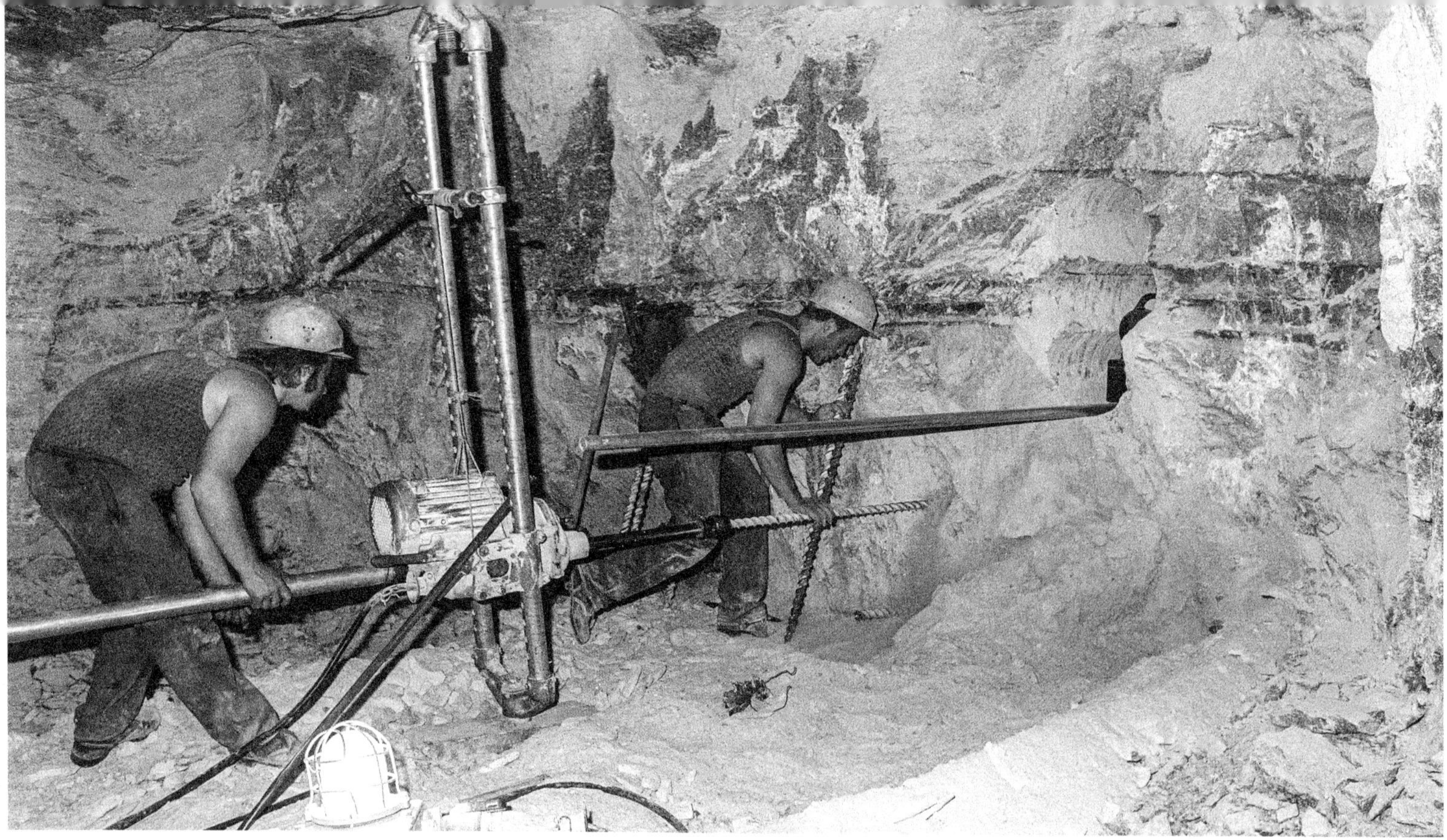

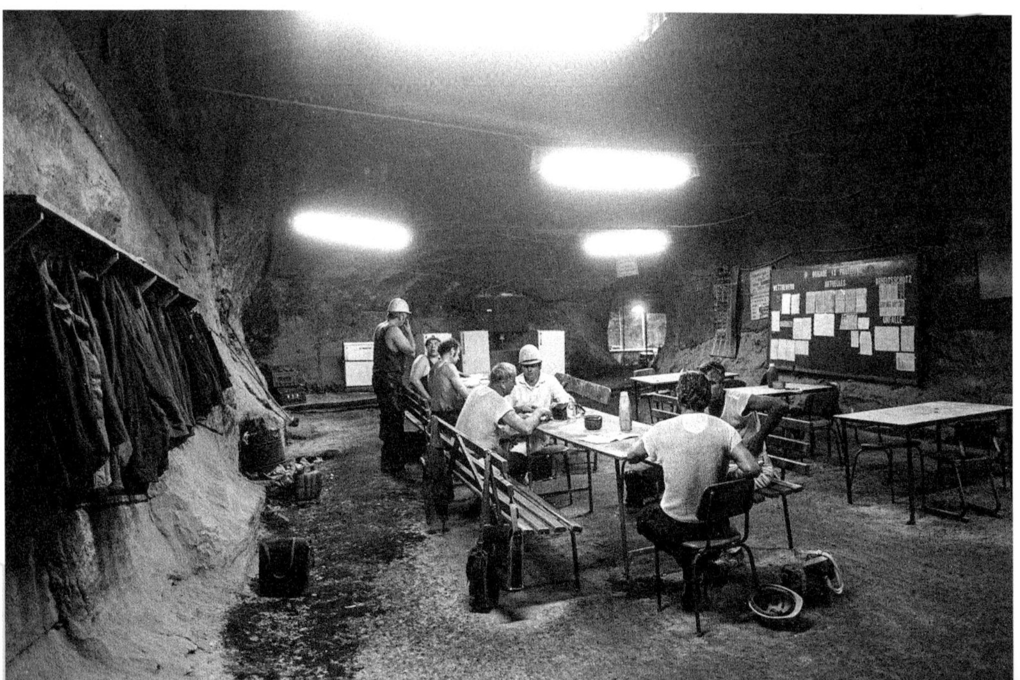

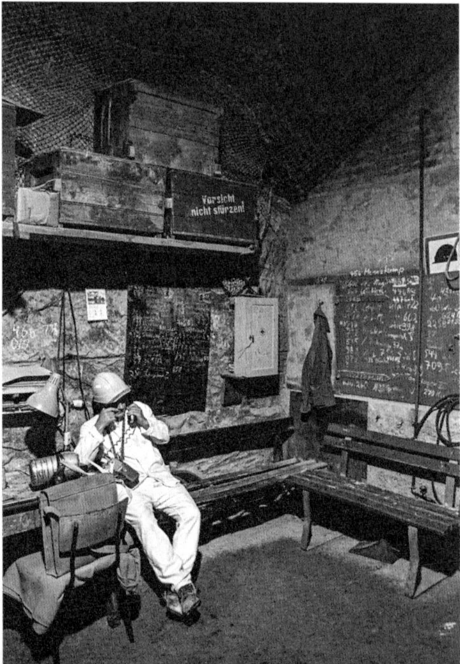
Vorsicht
nicht stürzen!

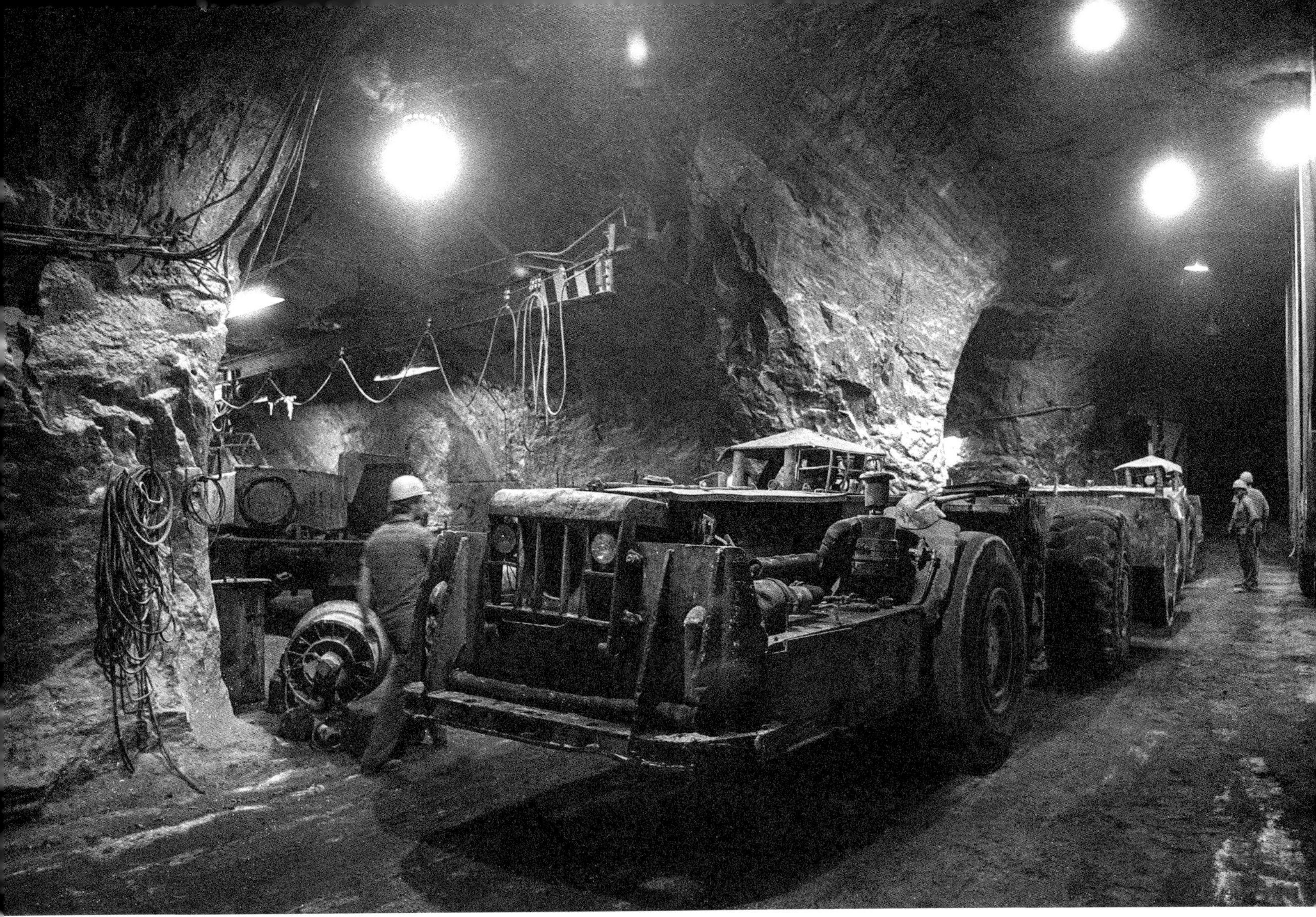

Arbeitsalltag unter Tage, Kaligrube »Glückauf«, VEB Kalibetrieb Südharz, Sondershausen, 1982

Everyday working life underground, "Glückauf" potash mine, VEB Kalibetrieb Südharz, Sondershausen, (potash plant), 1982

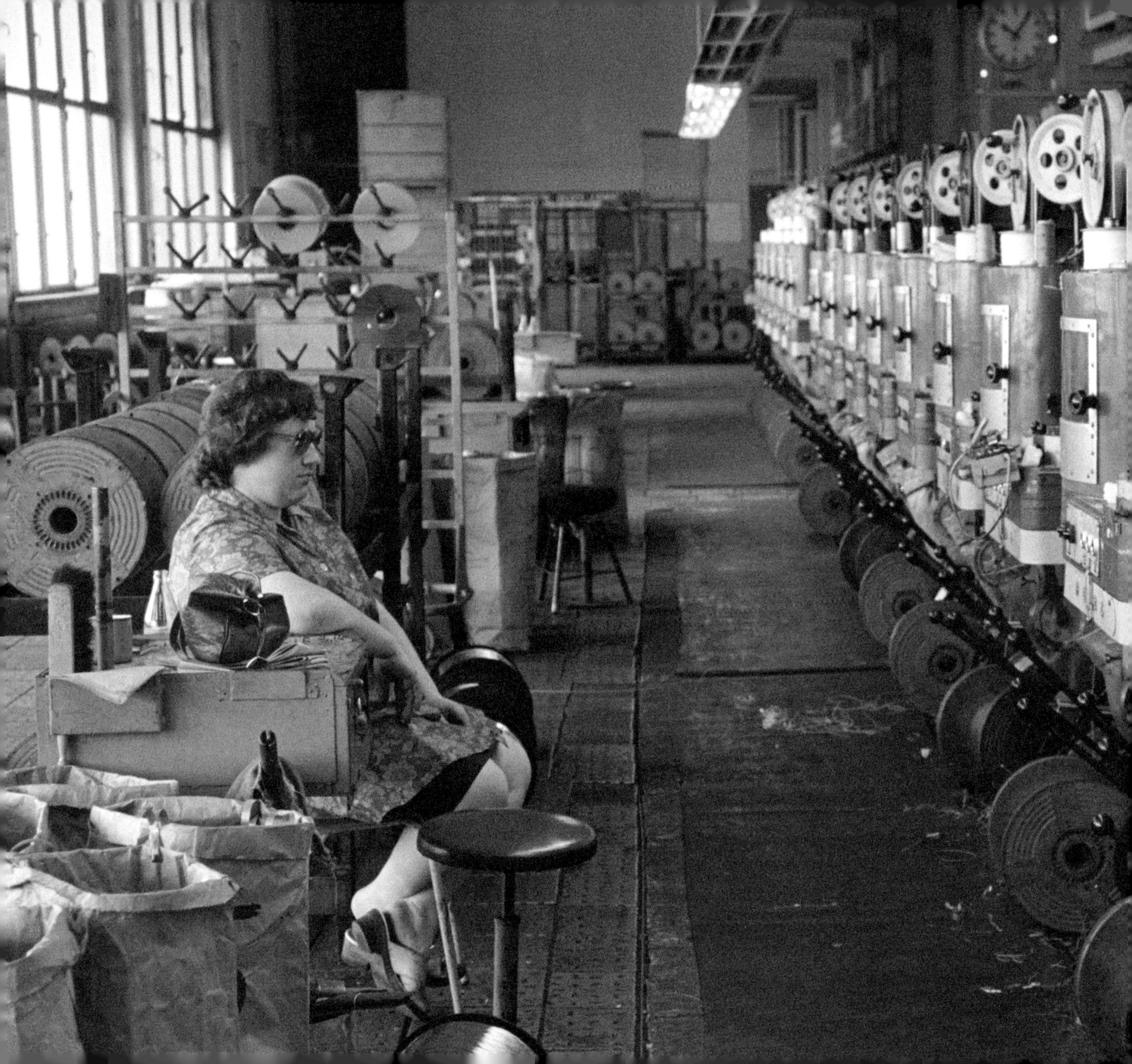

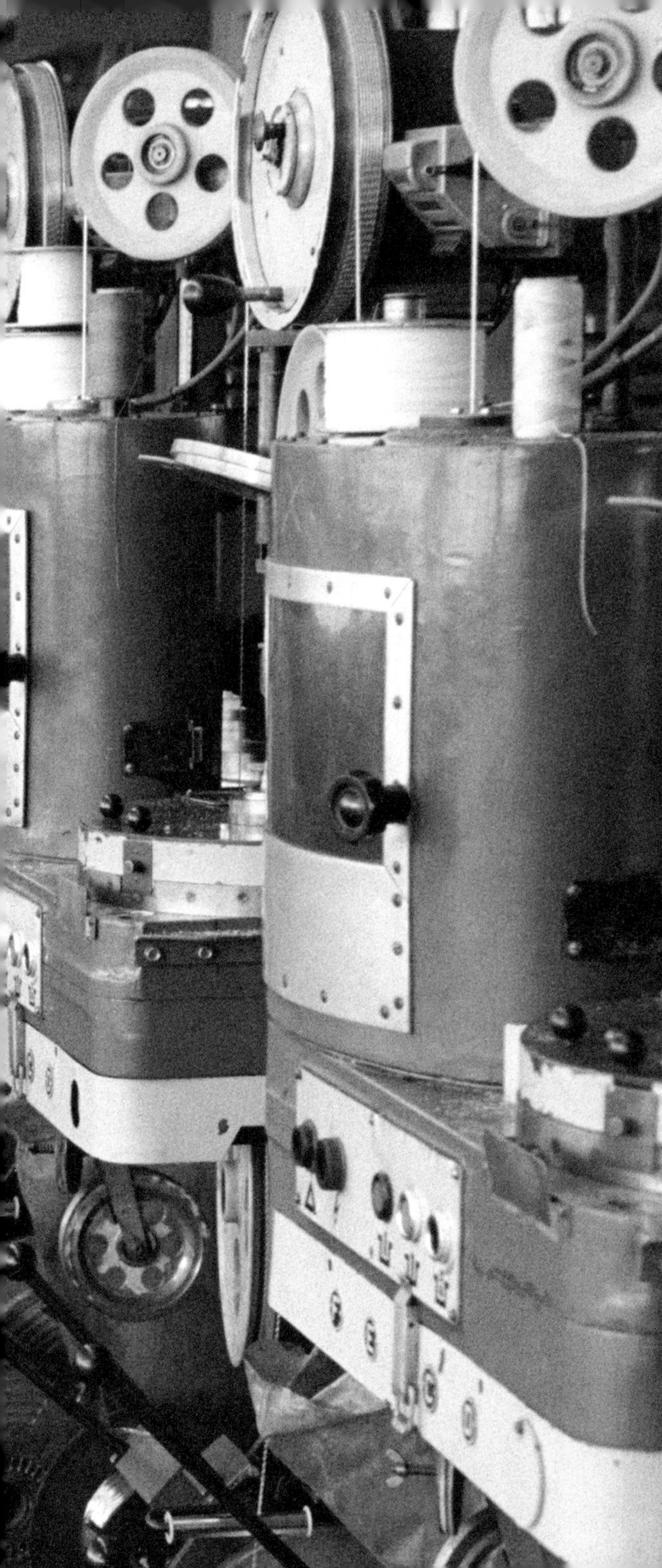

»Es gab immer Anlässe, in den Betrieben zu fotografieren, zum Beispiel wurden im Vorfeld von Parteitagen sogenannte ›Stimmen‹ eingesammelt. Man ging also hin und bekam jemanden benannt. In der Zeitung stand das Porträt entweder ziemlich klein oder irgendwo eingebunden. Oft sollte auch das Arbeitsumfeld gezeigt werden. Klassisch waren hier Bilder vom Typ ›Mensch und Maschine im Gespräch‹ wie hier bei der Arbeiterin, die Isoliermaschinen für Kabel überwacht.«
VEB Kabelwerk Oberspree (KWO), Berlin, 1981

"There were always occasions to take photographs in the factories. For example, so-called 'votes' were collected in the run-up to party conferences. So you went there and were given the name of someone. In the newspaper the portrait was either quite small or integrated somewhere in the story. Often the working environment had also to be shown. Traditionally there were pictures of the type 'man and machine in dialogue' like here with the worker who supervises cable insulation machines."
VEB Kabelwerk Oberspree (KWO), Berlin, (cable works), 1981

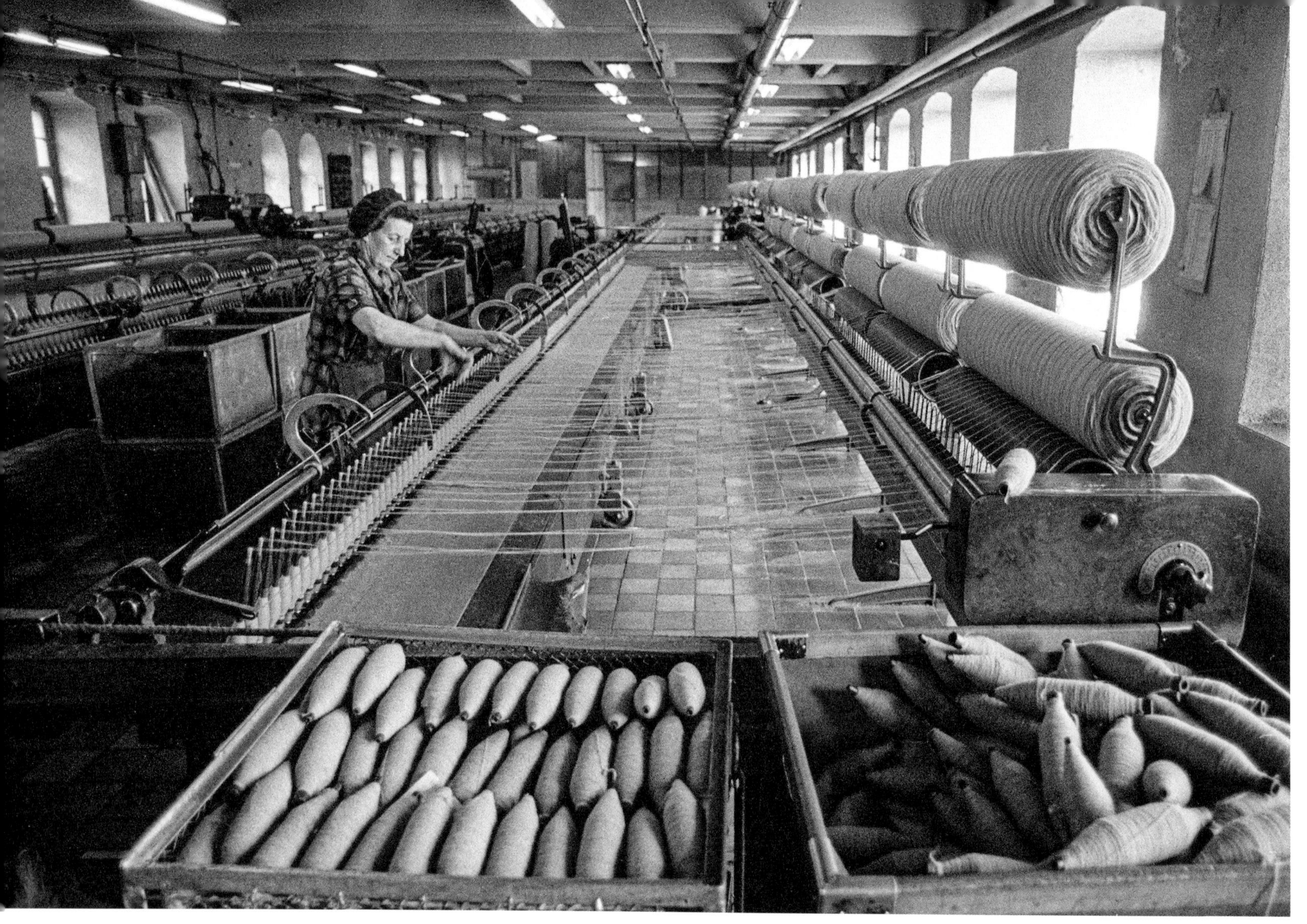

Textilarbeiterin an einer Spinnmaschine, VEB Gubener Wolle, o. J.

Textile workers on a spinning machine, VEB Gubener Wolle (wool factory), no date

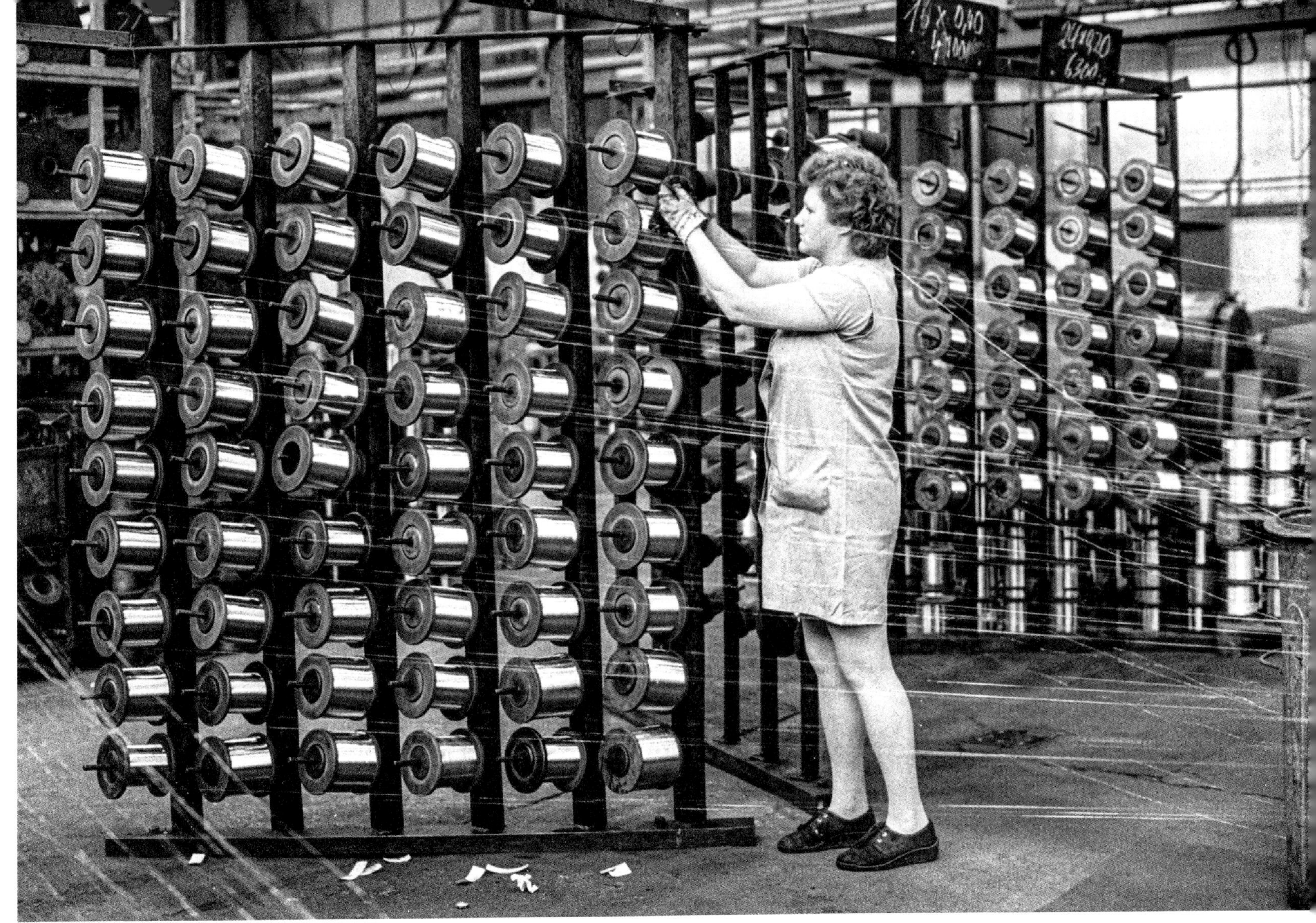

Anlage zur Verseilung von Kabeldrähten, VEB Kabelwerk Köpenick (KWO), Berlin, o. J.

Equipment for stranding cable wires, VEB Kabelwerk Köpenick (KWO), Berlin, (cable works), no date

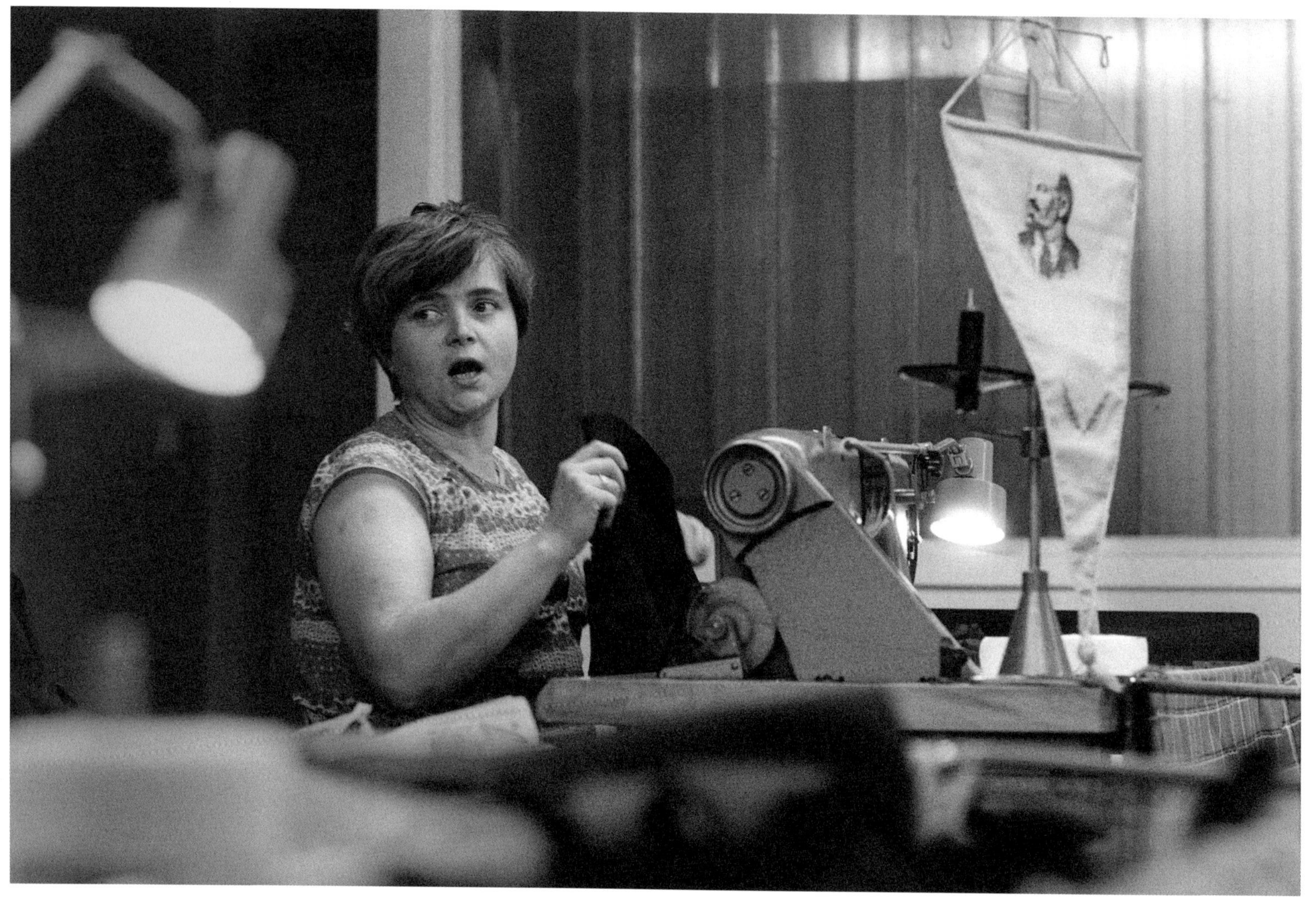

Näherin, VEB Treffmodelle Berlin, 1984

Seamstress, VEB Treffmodelle Berlin, (clothing factory), 1984

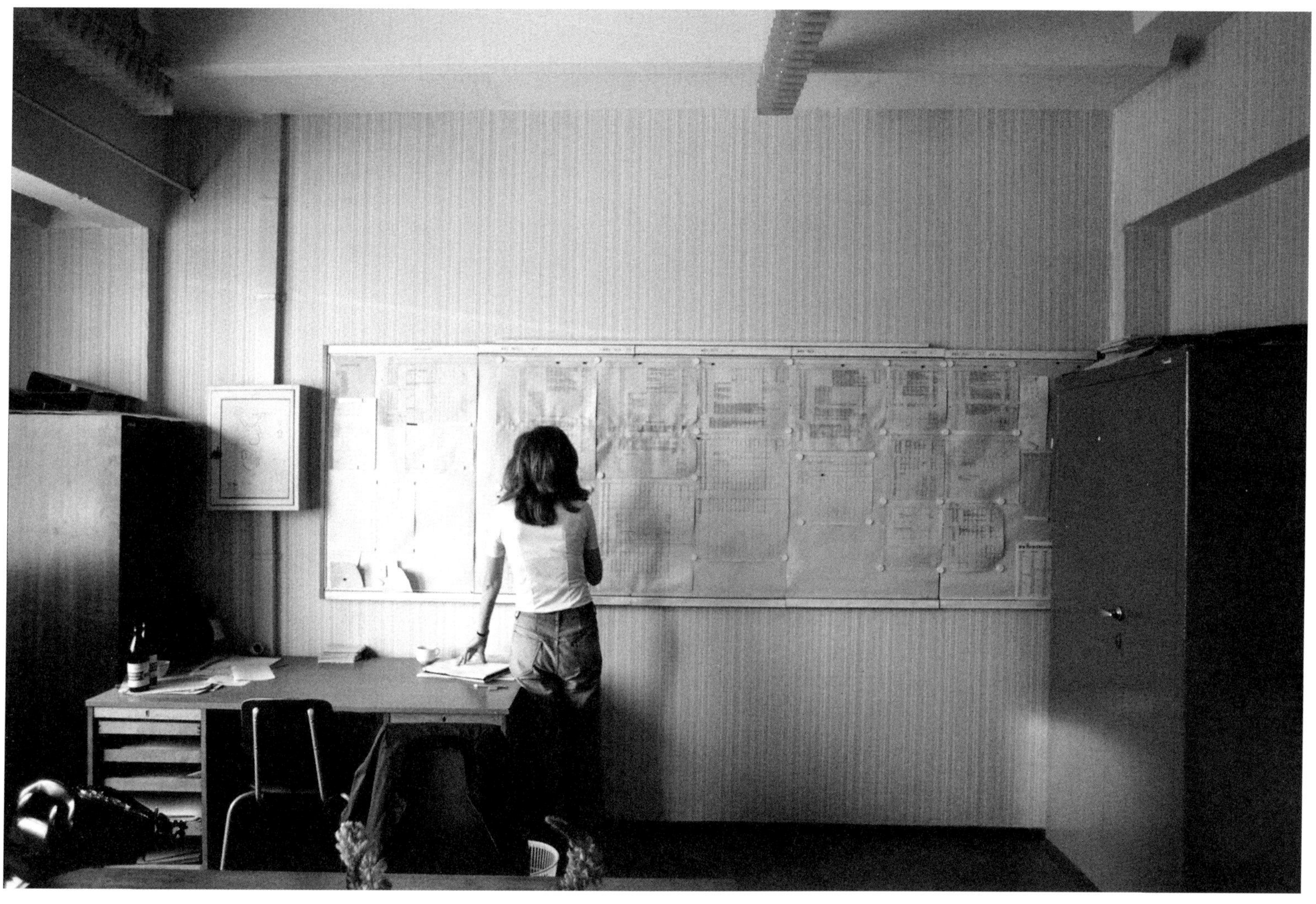

Bauplanung, Betonwerk Grünau, Berlin, 1985

Project planning, Betonwerk Grünau, Berlin, (cement works), 1985

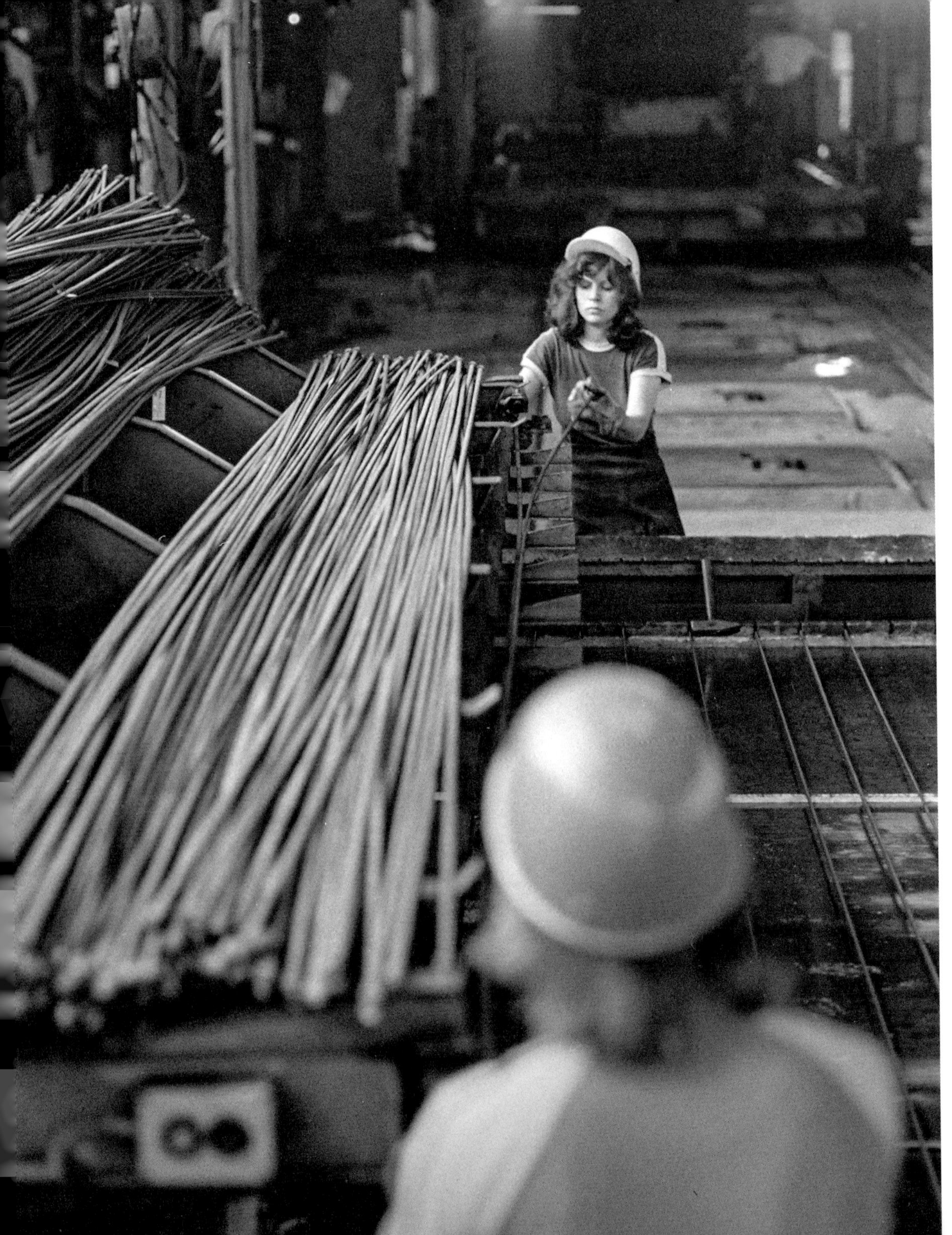

Einziehen von Spannstahl bei der Betonplattenherstellung, Betonwerk Grünau, Berlin, 1978

Drawing of prestressing steel in the production of concrete slabs, Betonwerk Grünau, Berlin, (cement works), 1978

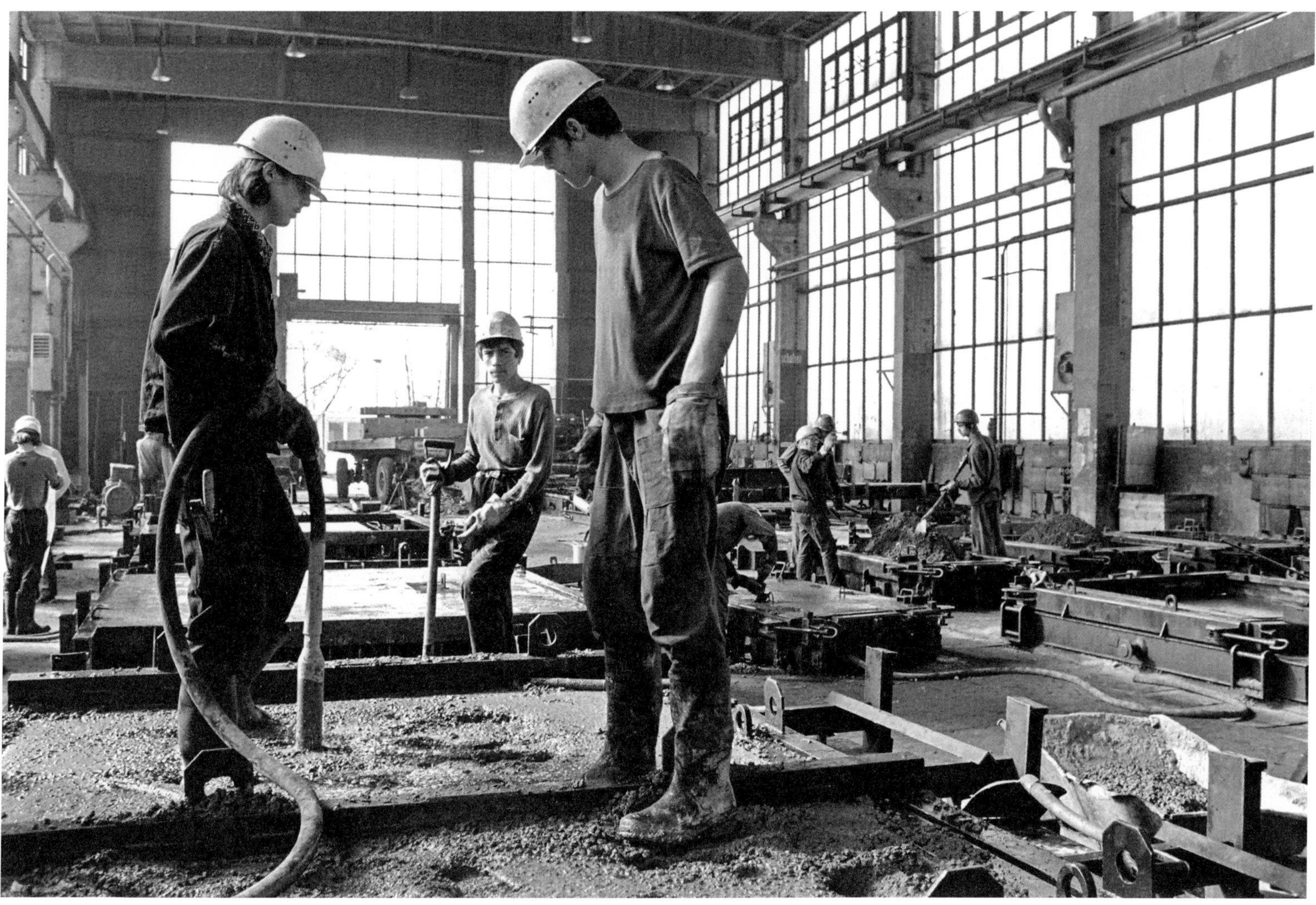

Lehrlinge beim Gießen von Betonplatten, Betonwerk Grünau, Berlin, 1978

Trainees during the pouring of a concrete slab, Betonwerk Grünau, Berlin, (cement works), 1978

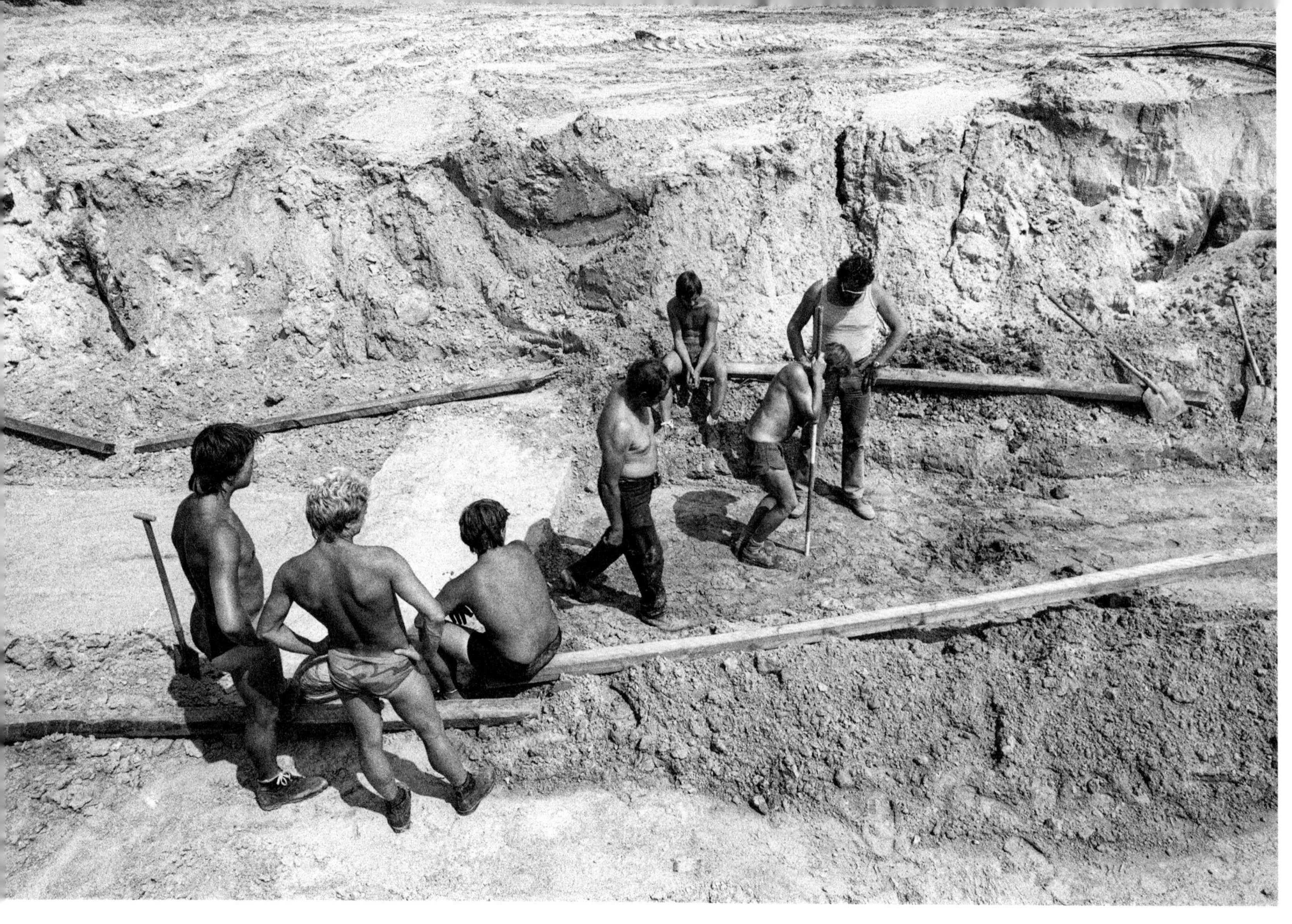

Tiefbauarbeiten der Jungendbrigade »Hans Kiefert«, VEB Tiefbau Berlin-Marzahn, 1982

Civil engineering work by the "Hans Kiefert" youth brigade, VEB Tiefbau Berlin-Marzahn, (civil engineering company), 1982

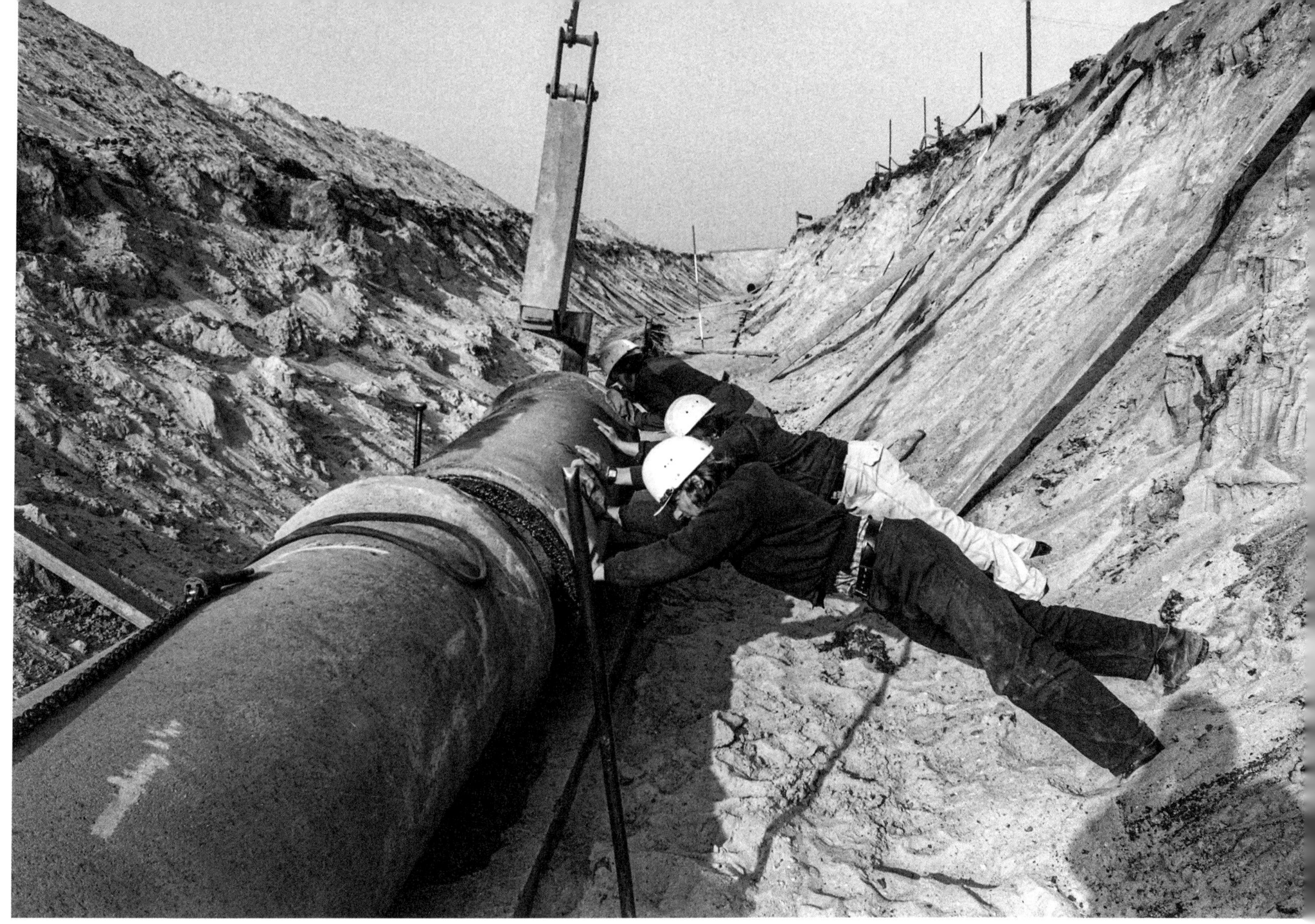

Baubrigade beim Verlegen von Abwasserrohren, VEB Tiefbau Berlin-Marzahn, 1982

Construction brigade during the laying of sewage pipes, VEB Tiefbau Berlin-Marzahn, (civil engineering company), 1982

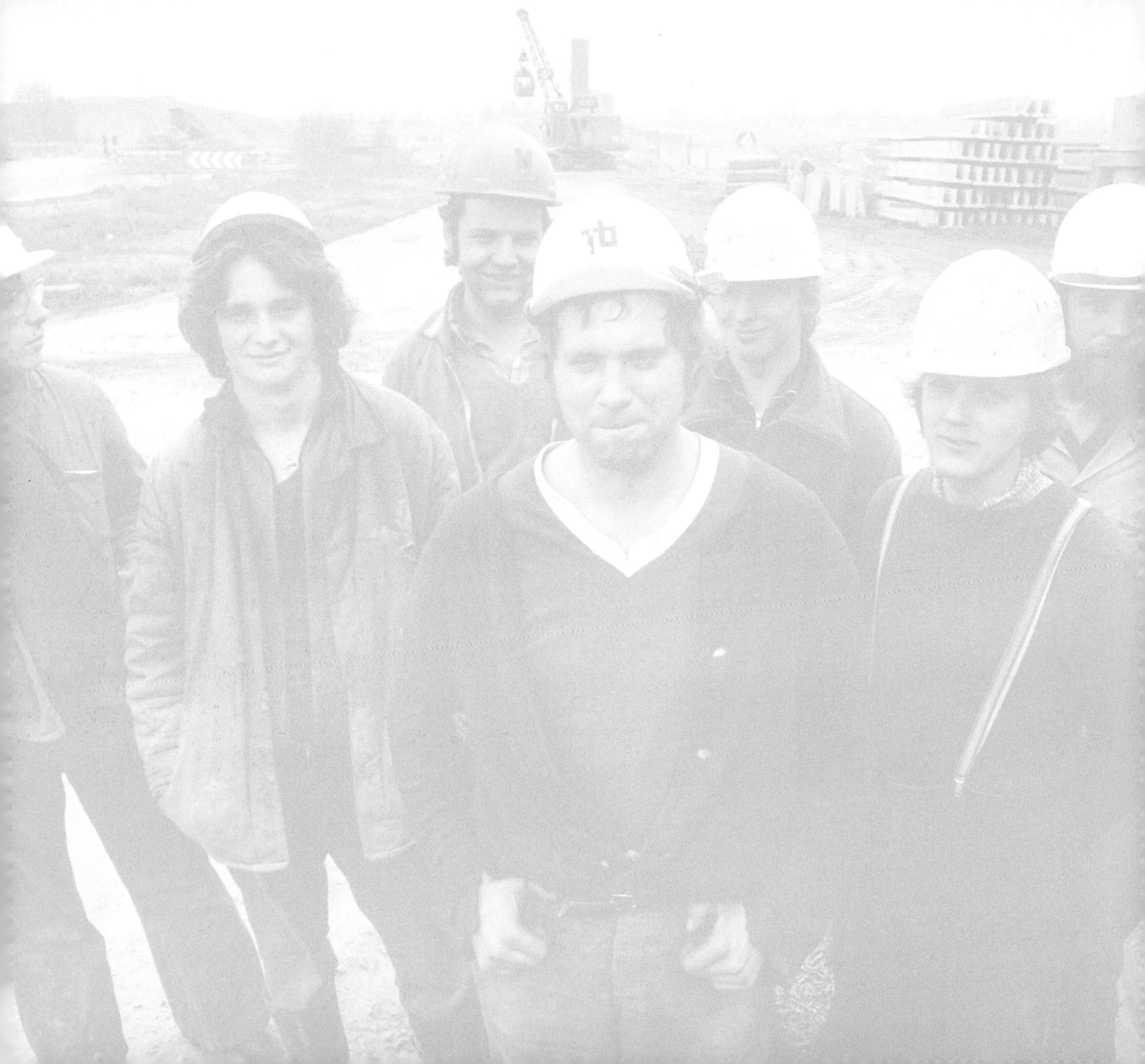

BRIGADE

GEMEINSINN UND LEISTUNG

BRIGADES

COMMUNITY SPIRIT AND PERFORMANCE

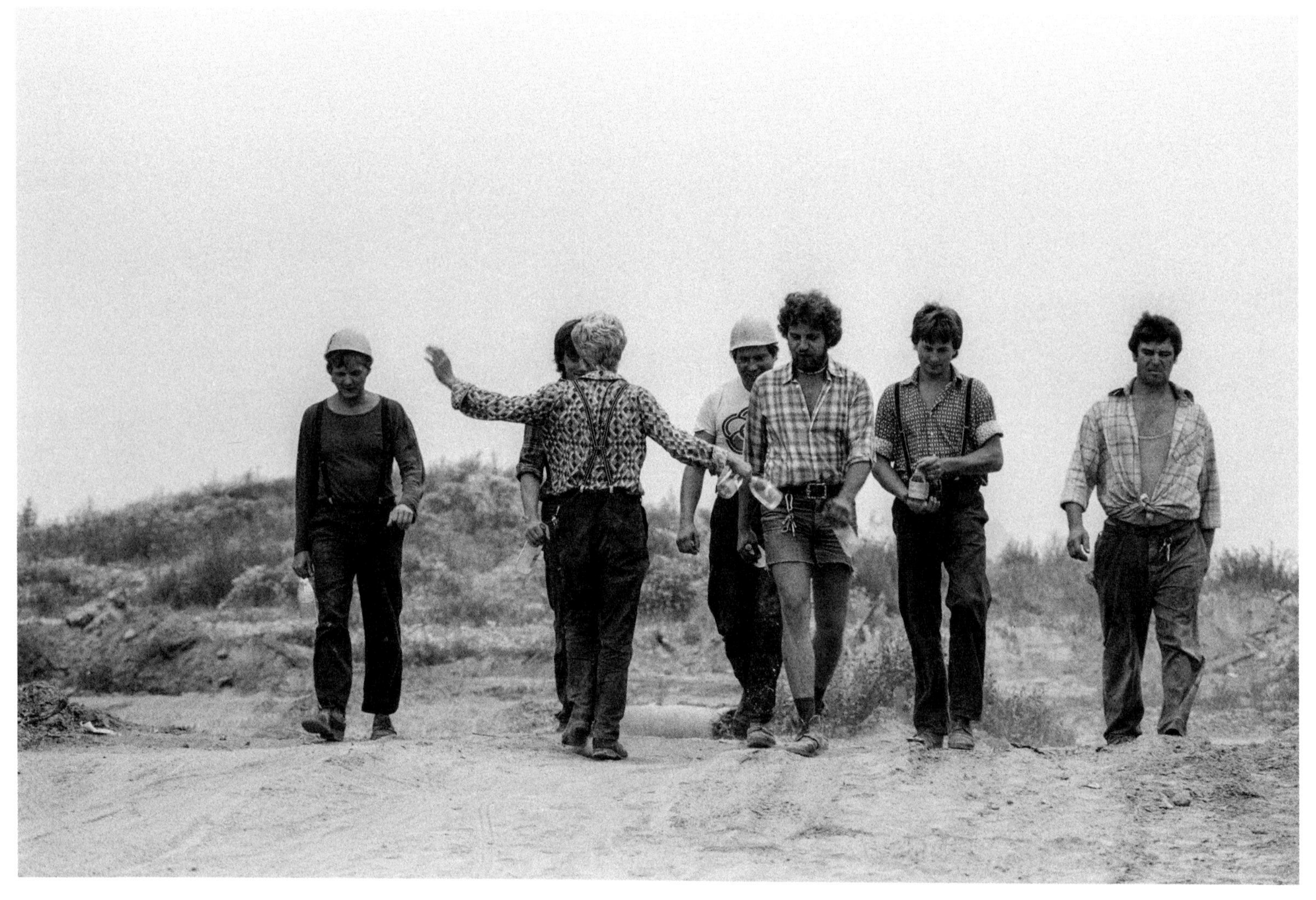

Jungendbrigade »Hans Kiefert«, VEB Kombinat Tiefbau Berlin-Marzahn, 1979

"Hans Kiefert" youth brigade, VEB Kombinat Tiefbau Berlin-Marzahn, (civil engineering combine), 1979

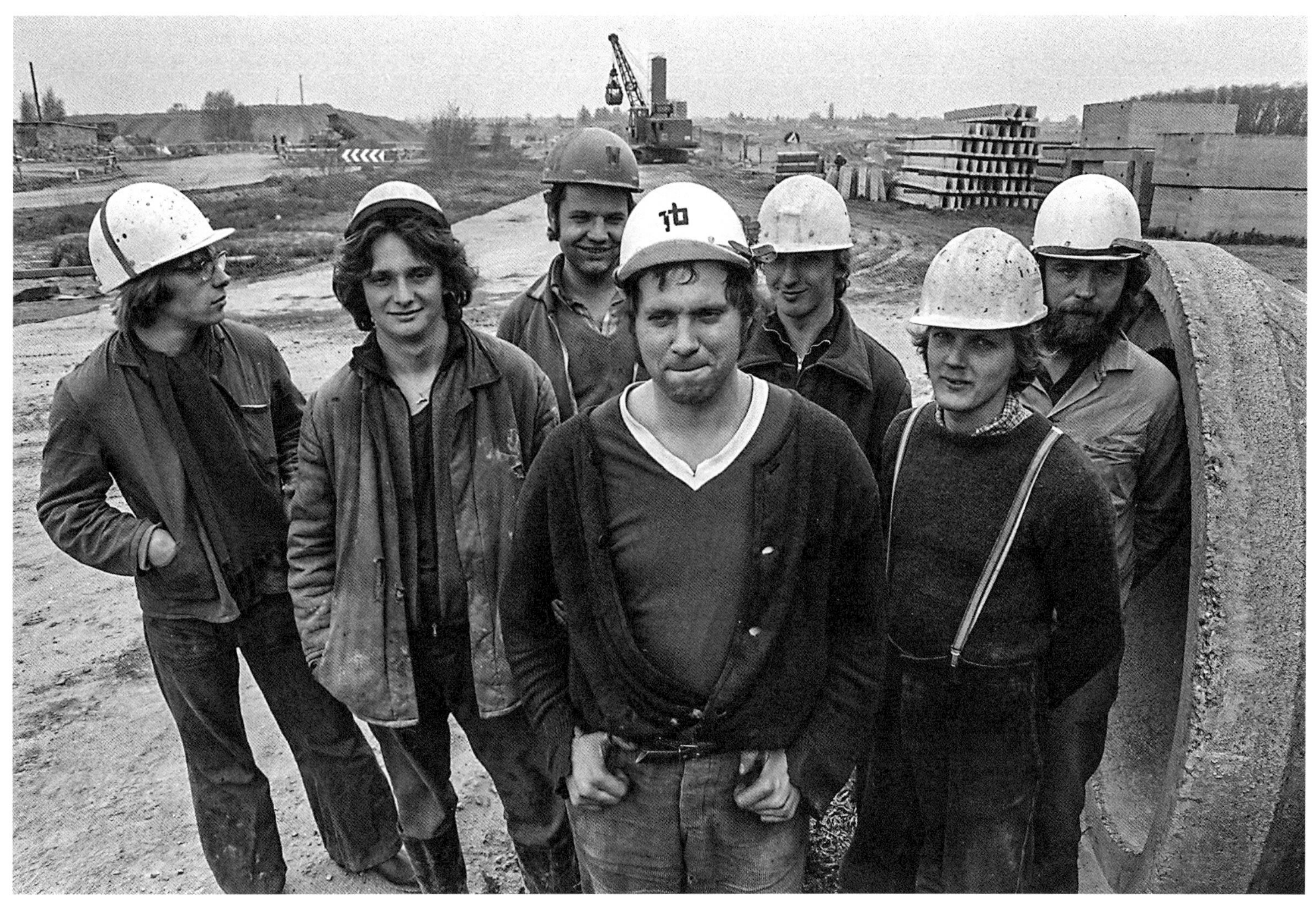

»Brigadiere wie Peter Kaiser (Bildmitte) mussten die Arbeit organisieren können und selbst vorbildliche Arbeiter sein – immer pünklich, immer anpacken können. Und natürlich war persönliches Engagement für Staat und System wichtig. Dabei spielte das Parteibuch nicht unbedingt eine Rolle. Allerdings hatte die Werksparteileitung einen erheblichen Einfluß auf die Berufung der Brigadeleitungen.«
Jungendbrigade »Hans Kiefert«, VEB Kombinat Tiefbau Berlin-Marzahn, 1979

"Brigadiers like Peter Kaiser (center) had to be able to organise the work and be exemplary workers themselves – always on time, always able to get down to work. And of course personal commitment to the state and the system was important. The party membership book did not necessarily play a role in this. However, the factory party leadership had a considerable influence on the appointment of the brigade leaders."
"Hans Kiefer" youth brigade, VEB Kombinat Tiefbau Berlin-Marzahn, (civil engineering combine), 1979

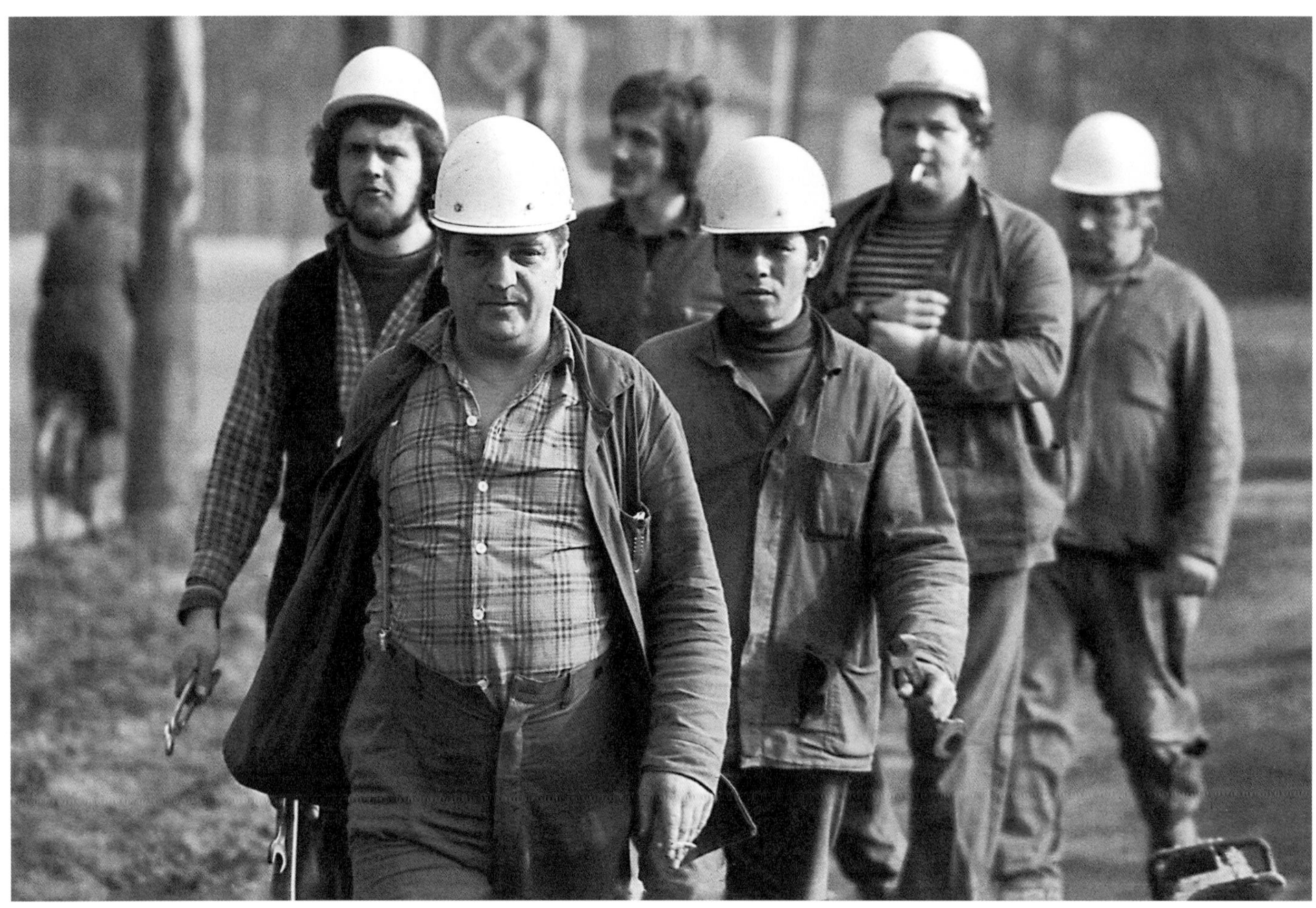

Baubrigade von Herbert Kohlmann, »Held der Arbeit«, VE Wohnungsbau-Kombinat Berlin (WBK), um 1979

"Hero of Labor" Herbert Kohlmann's construction brigade, VE Wohnungsbau-Kombinat Berlin (WBK), (housing construction combine), ca. 1979

»Wenn Leute in Bewegung sind, sind sie einfach sie selbst – ohne dass man sie aufbauen muss. Aufgebaute Bilder sind furchtbar. In der Zeitung wollte man auch nicht immer die gleichen langweiligen Gruppenbilder sehen. Ich hatte für so ein Bild einen Schuß. Hab mich hingestellt und gewartet. Man sucht sich einen Schärfepunkt und macht Klick. Es muss mit einem Mal alles stimmen.«
Bahnbrigade am Reichsbahn-Betriebsbahnhof Berlin-Rummelsburg, 1970

"When people are on the move, they are simply themselves – they don't need to be arranged. Arranged pictures are terrible. And nobody wants to see the same boring group pictures in the newspaper all the time. I had an idea for such a movement shot. I stood there and waited. You simply find a focus point and click. Everything must come together in one fell swoop."
Rail brigade at the Reichsbahn servicing depot Berlin-Rummelsburg, 1970

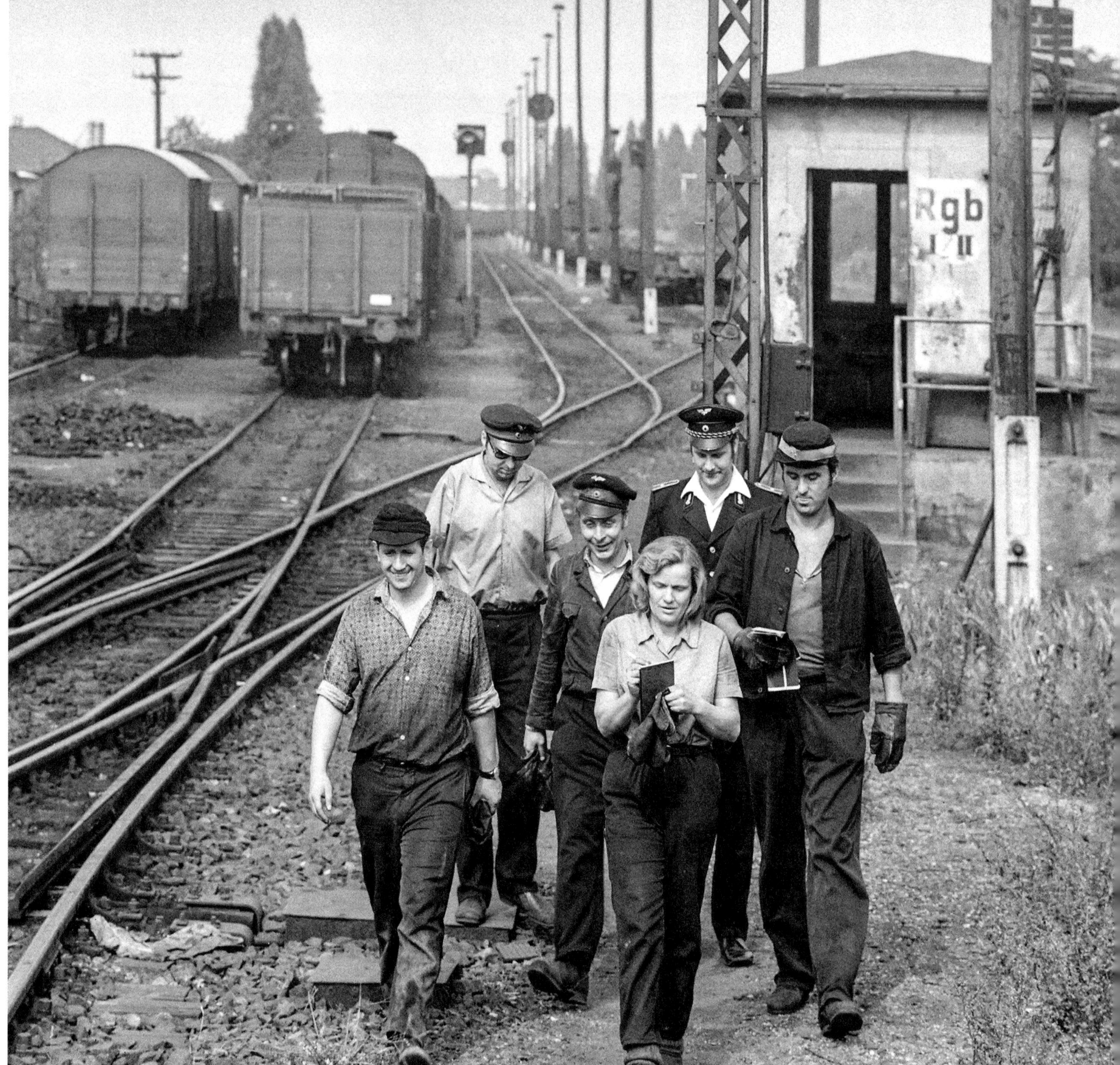
Rgb

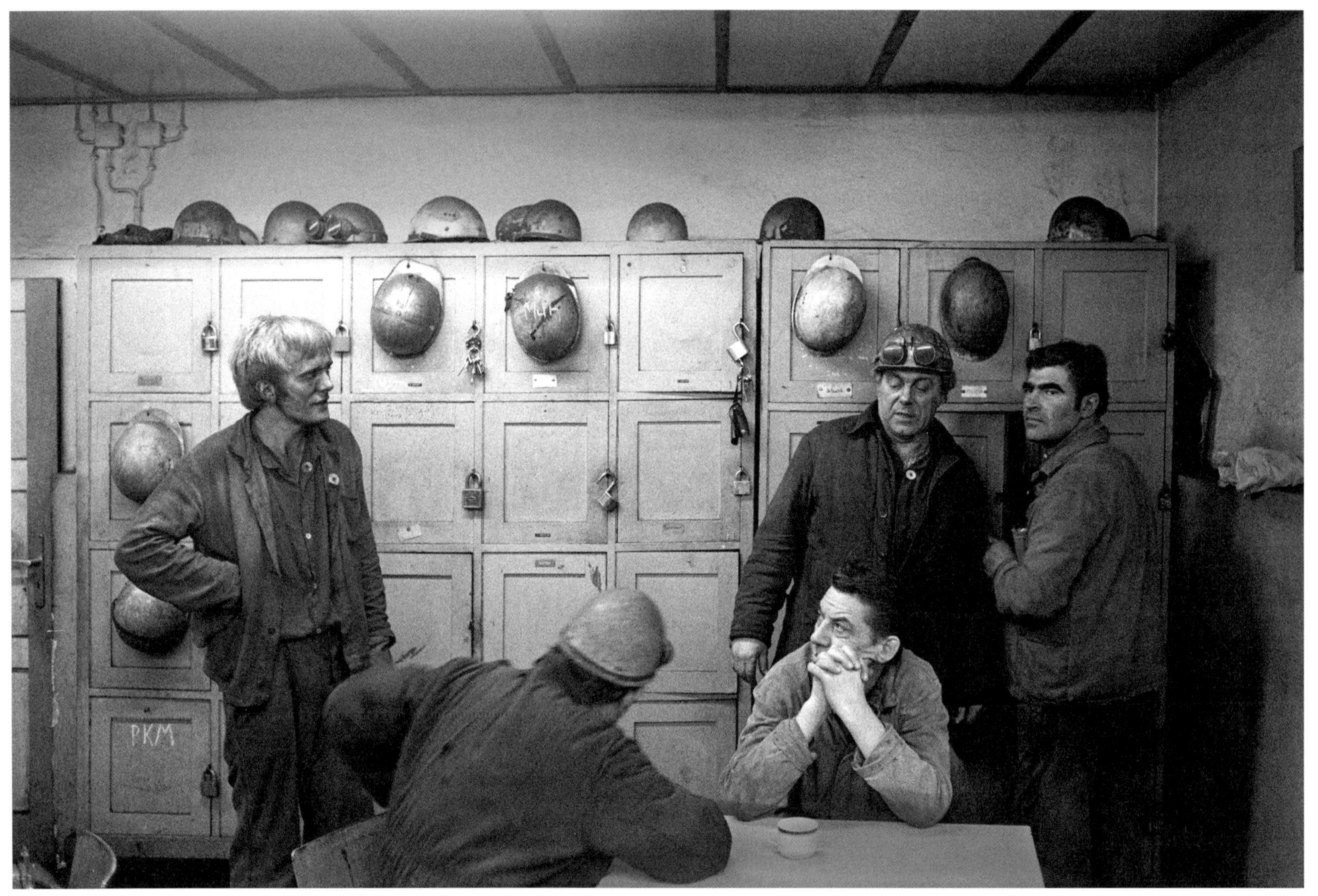

Disput während der Pause der Brigade von Gerhard Voß, VEB Elektrokohle Lichtenberg (EKL), Berlin, 1980

Dispute during a work break by Gerhard Voß's brigade, VEB Elektrokohle Lichtenberg (EKL), Berlin, (coal and graphite company), 1980

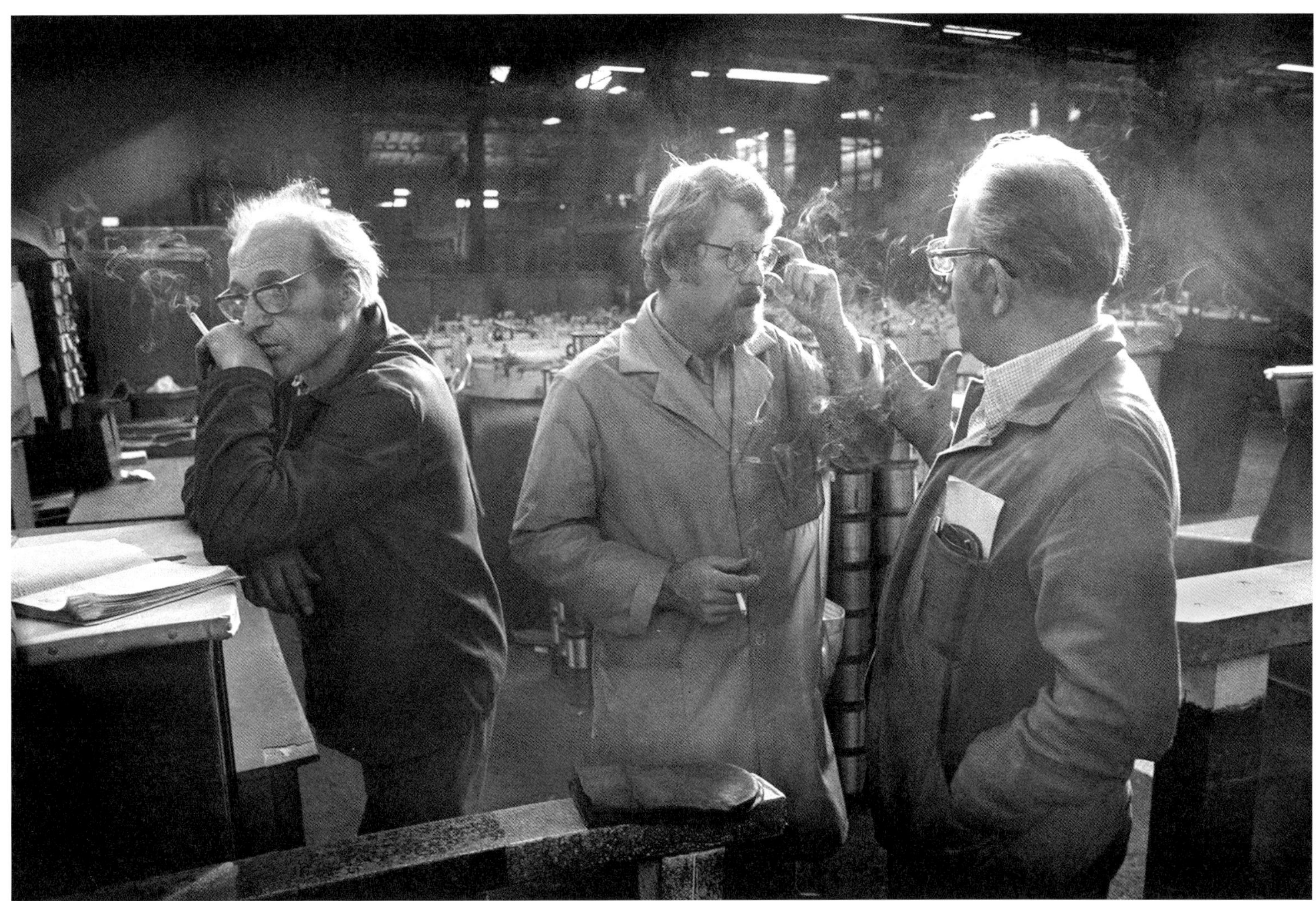

»Ich habe zu dem Meister Schuster gesagt, den ich für die Zeitung porträtieren sollte: ›Mach deine Arbeit, ich bin einfach nur dabei.‹ Und tatsächlich hat er sich von mir nicht stören lassen. Auf dem Bild haben wir eine klare Hierarchie: Arbeiter, Meister und Hallenleiter. Es gab Zoff … und da habe ich draufgedrückt.«
Kupferdrahtproduktion, VEB Kabelwerk Oberspree (KWO), Berlin, 1980

"I had to do a portrait of foreman Schuster (center) for the newspaper. I told him: 'Do your work, don't mind me.' And indeed, he didn't let me bother him. In the picture we have a clear hierarchy: worker, foreman and hall manager. There was a dispute … and I pressed the shutter button."
Copper wire production, VEB Kabelwerk Oberspree (KWO), Berlin, (cable works), 1980

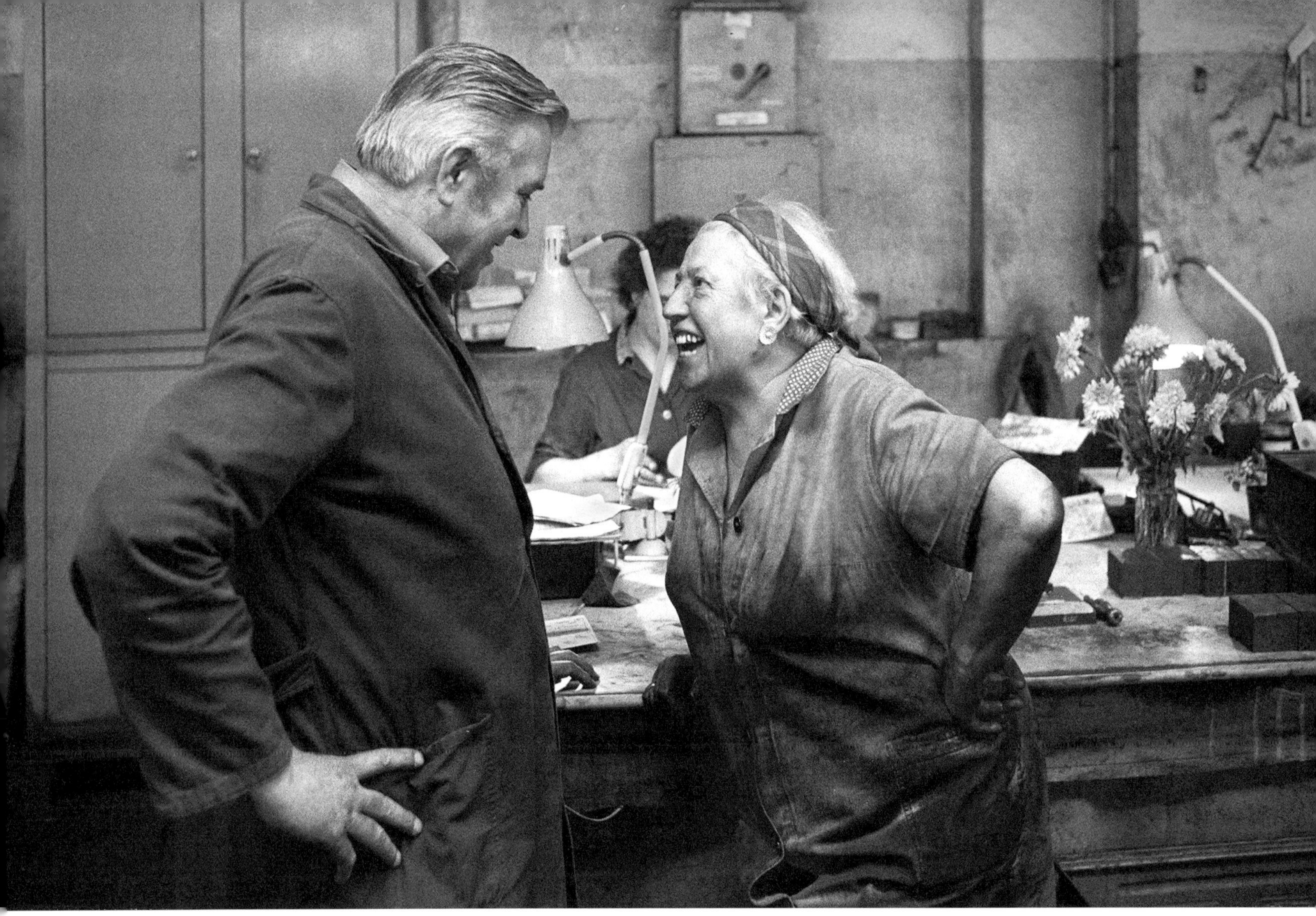

Lenchen Möller im Gespräch mit ihrem Meister Paul Richter, Presserei des VEB Elektrokohle Lichtenberg (EKL), Berlin, 1979

Lenchen Möller in conversation with her foreman Paul Richter, pressing plant at VEB Elektrokohle Lichtenberg (EKL), Berlin, (coal and graphite company), 1979

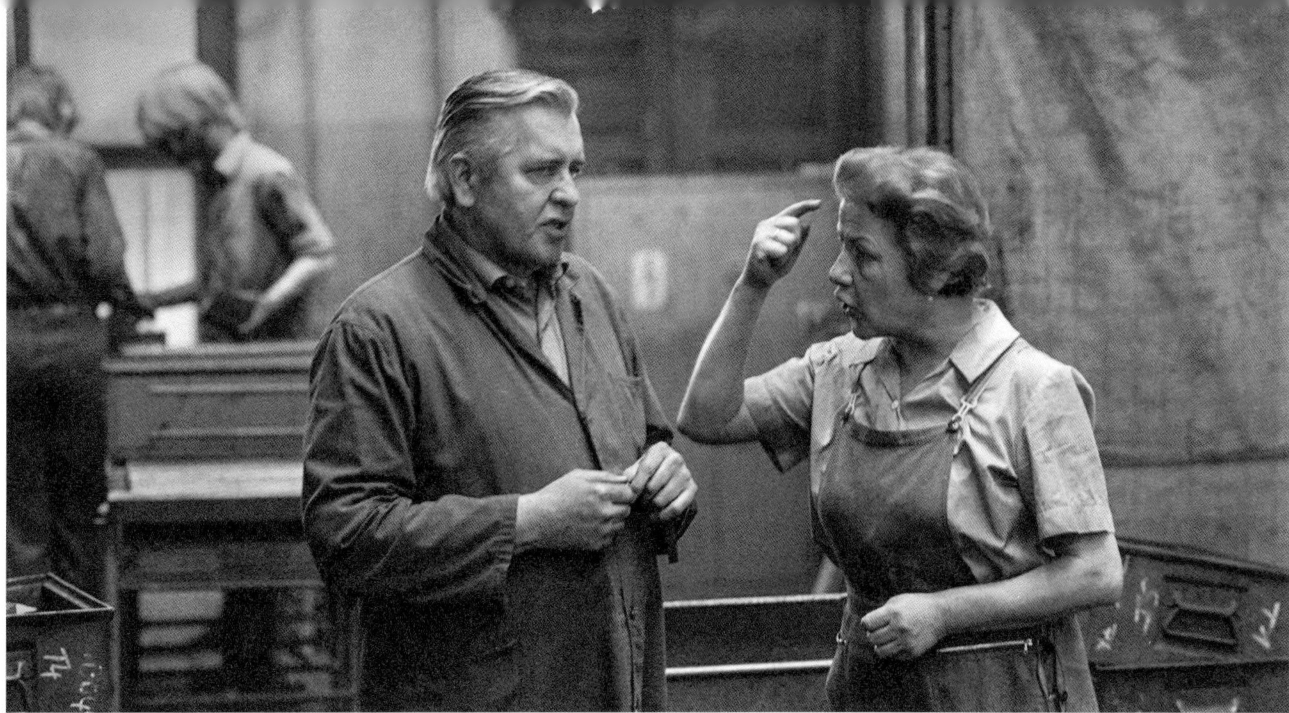

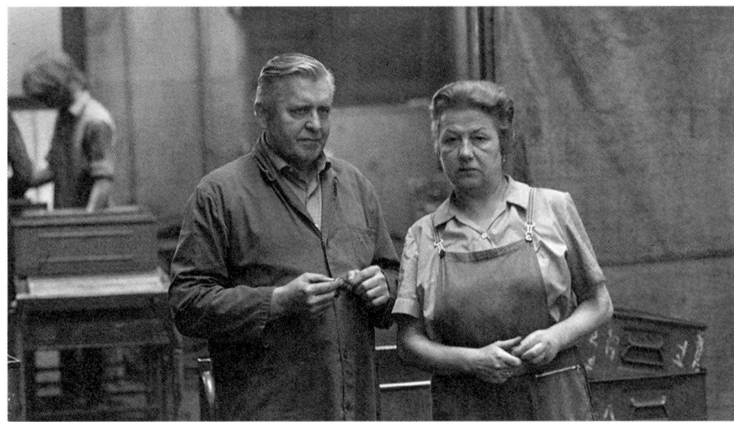

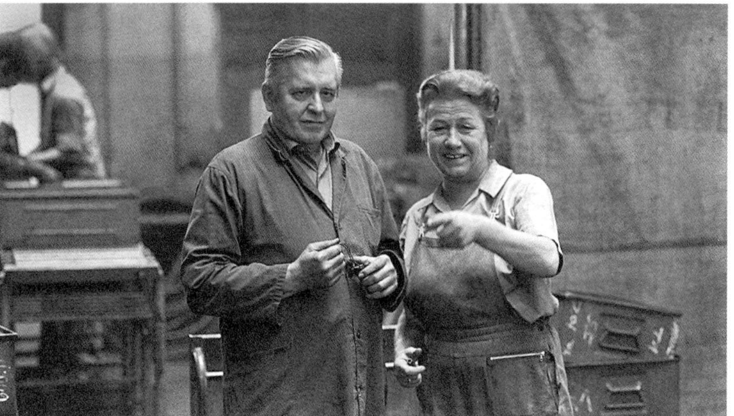

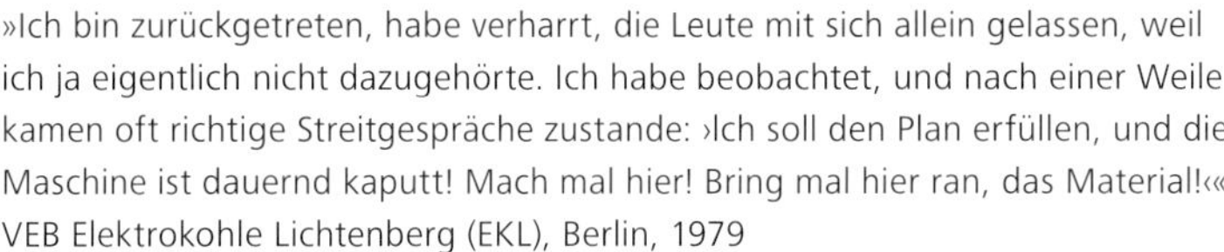

»Ich bin zurückgetreten, habe verharrt, die Leute mit sich allein gelassen, weil ich ja eigentlich nicht dazugehörte. Ich habe beobachtet, und nach einer Weile kamen oft richtige Streitgespräche zustande: ›Ich soll den Plan erfüllen, und die Maschine ist dauernd kaputt! Mach mal hier! Bring mal hier ran, das Material!‹«
VEB Elektrokohle Lichtenberg (EKL), Berlin, 1979

"I withdrew but stayed put while leaving the people alone among themselves because I didn't really belong. I observed, and after a while real arguments often started up: 'I am supposed to follow the plan and the machine is always broken! Do it here! Bring the material over here!', and the like."
VEB Elektrokohle Lichtenberg (EKL), Berlin, (coal and graphite company), 1979

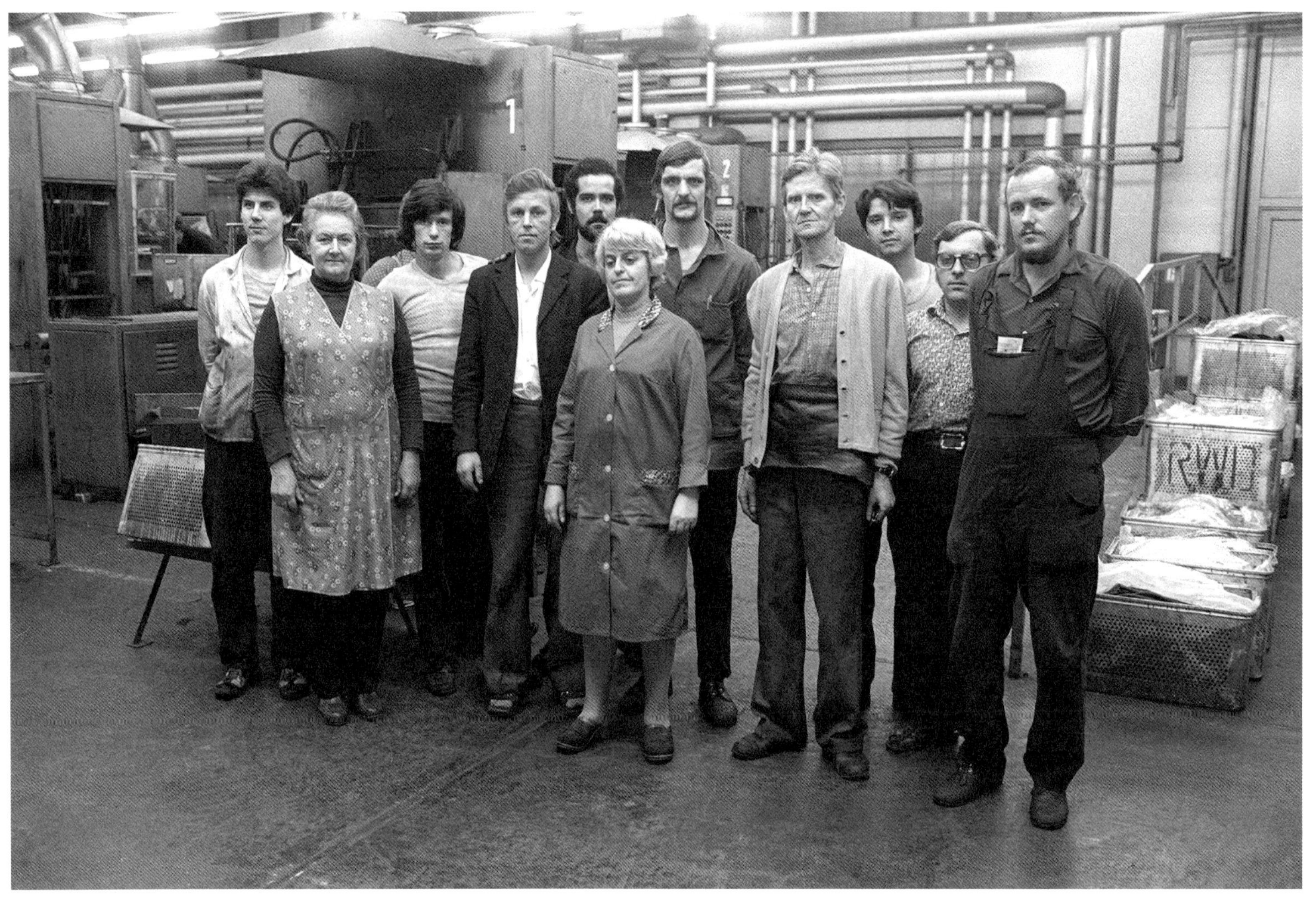

Brigadebild, VEB Gummiwerke Berlin, 1981

Brigade photo, VEB Gummiwerke Berlin (rubber company), 1981

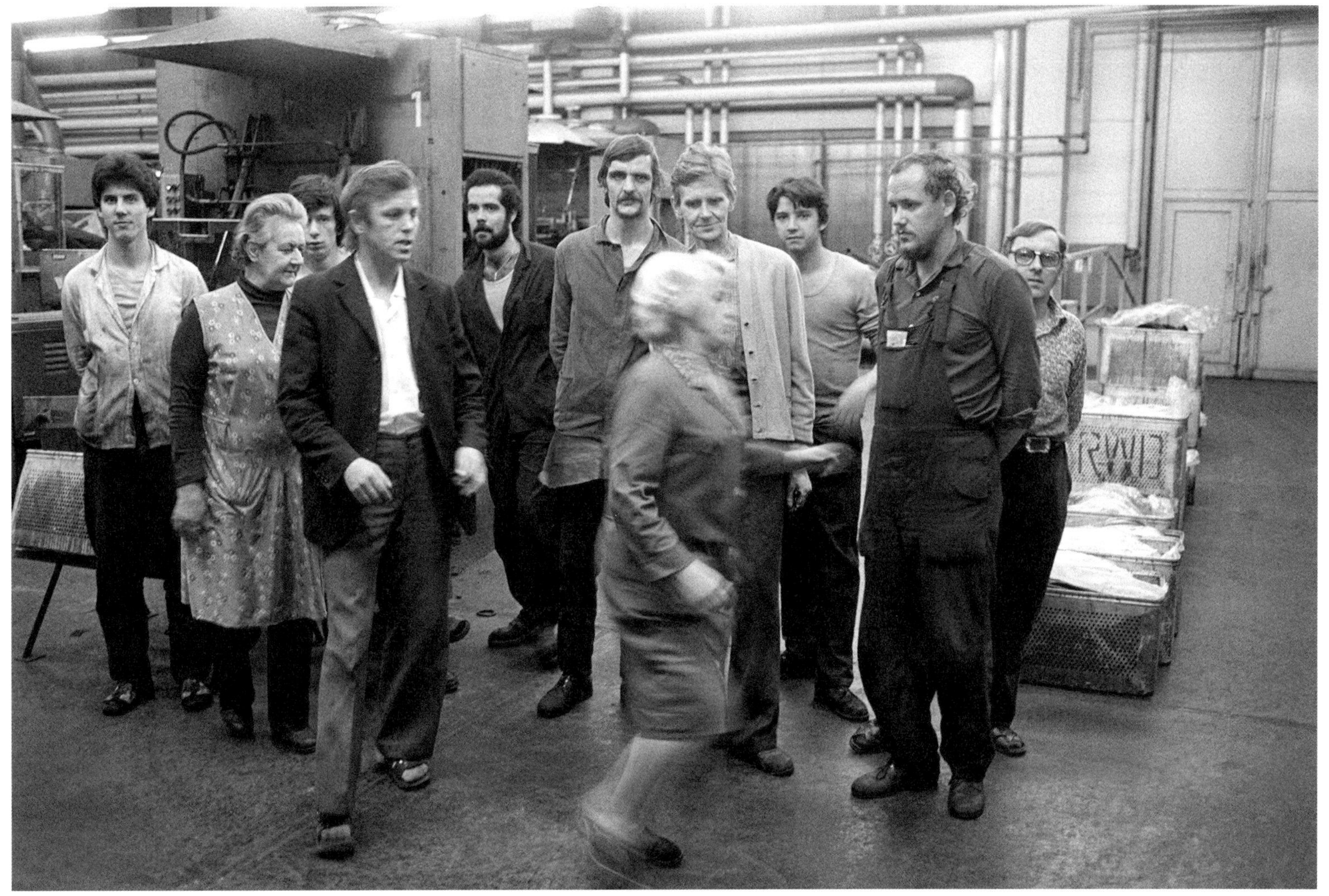

Nach dem Brigadebild, VEB Gummiwerke Berlin, 1981

After the brigade photo, VEB Gummiwerke Berlin (rubber company), 1981

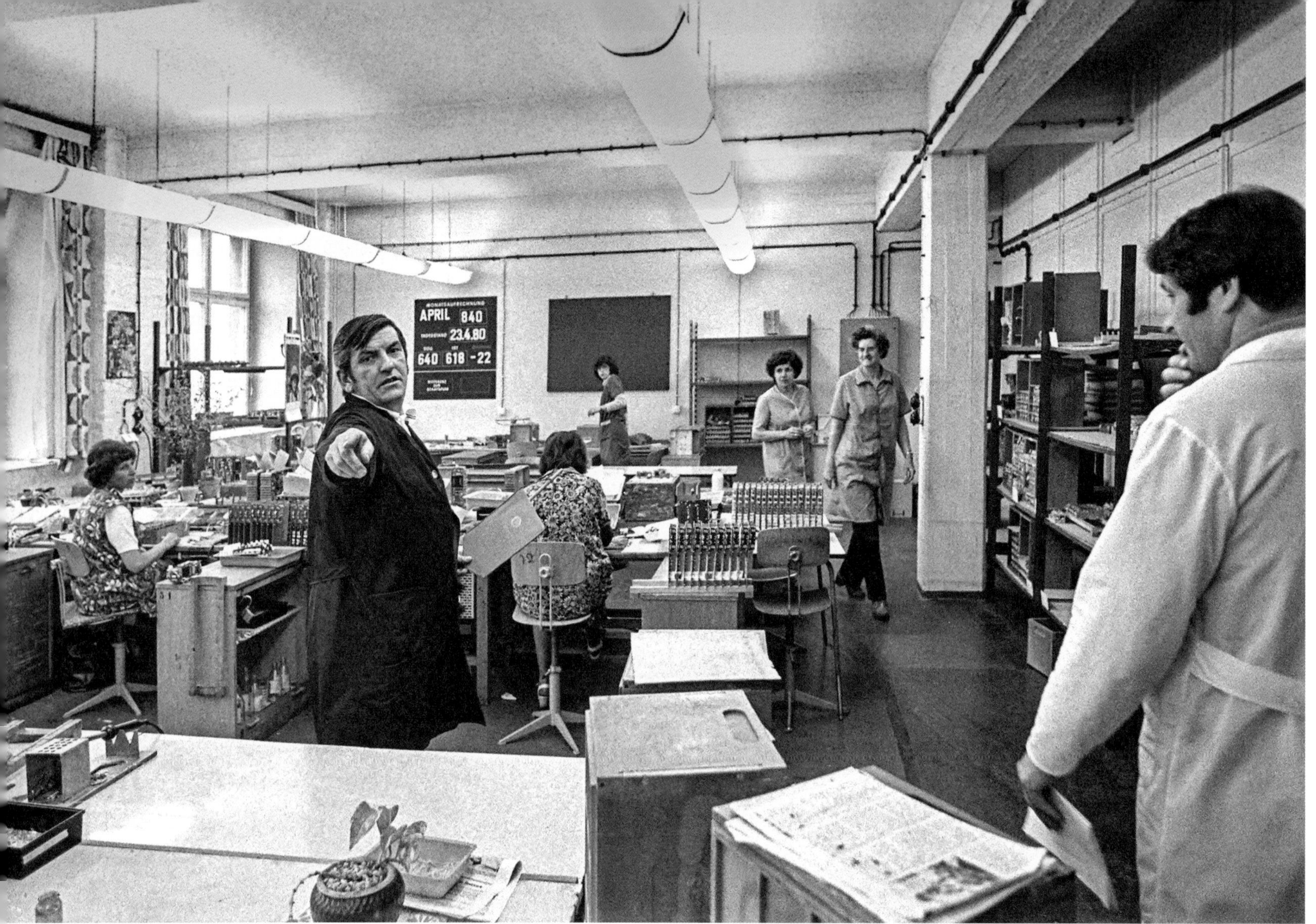

Meister gibt Anweisungen bei der Herstellung von UKW-Funkgeräten, VEB Funkwerk Köpenick, Berlin, 1980

Foreman gives instructions for producing VHF radios, VEB Funkwerk Köpenick, Berlin, (communication company), 1980

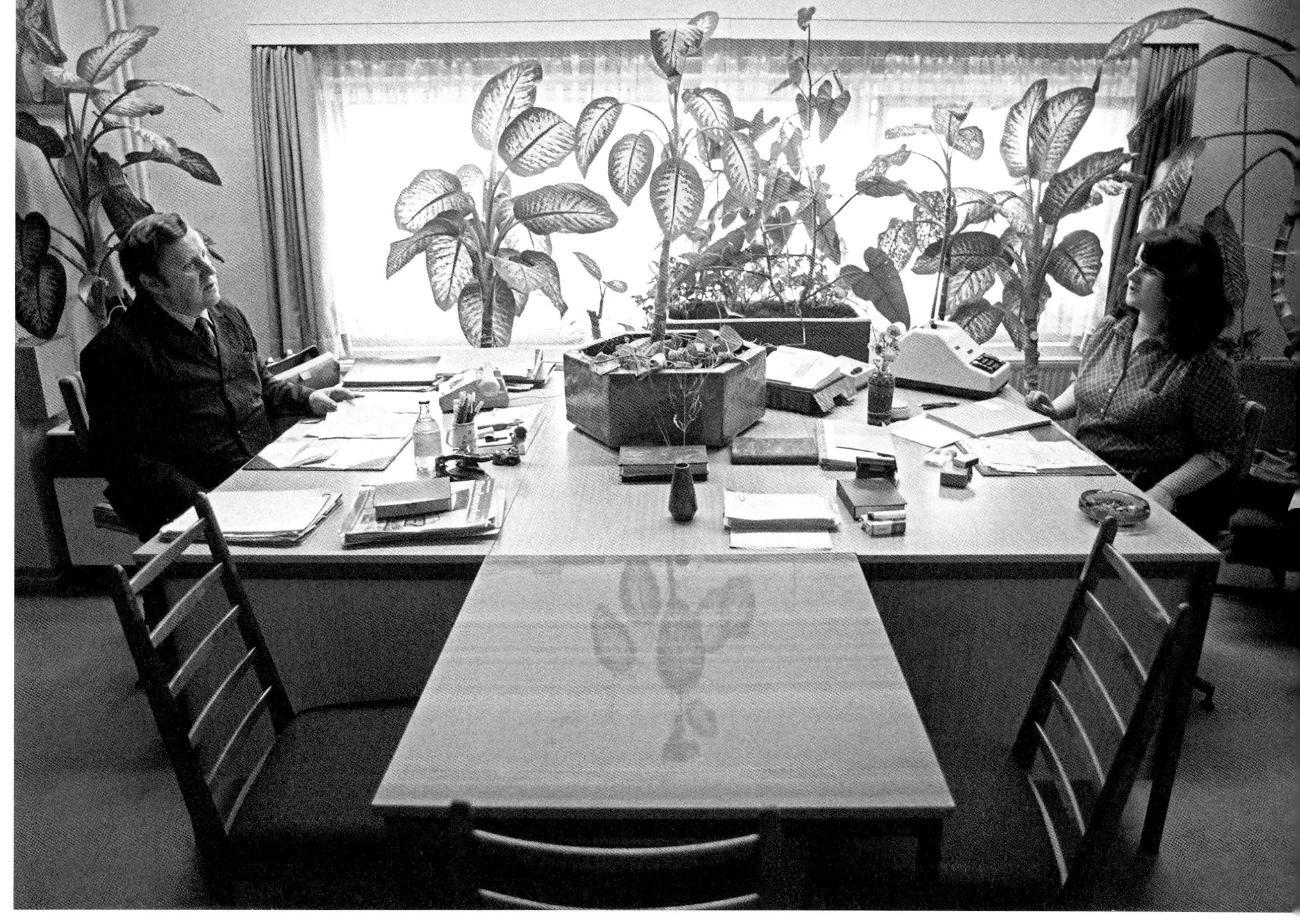

Büro der Bereichsleitung Oberflächen, VEB Elektroprojekt und Anlagenbau Berlin (EAB), 1981

Office of the head of the surfaces division, VEB Elektroprojekt und Anlagenbau Berlin (EAB), (electric projects and plant engineering company), 1981

Vor einer Produktionsberatung der Brigade »Karl Marx«, VEB Elektrokohle Lichtenberg (EKL), Berlin, 1983

Before a production meeting of the "Karl Marx" brigade, VEB Elektrokohle Lichtenberg (EKL), Berlin, (coal and graphite company), 1983

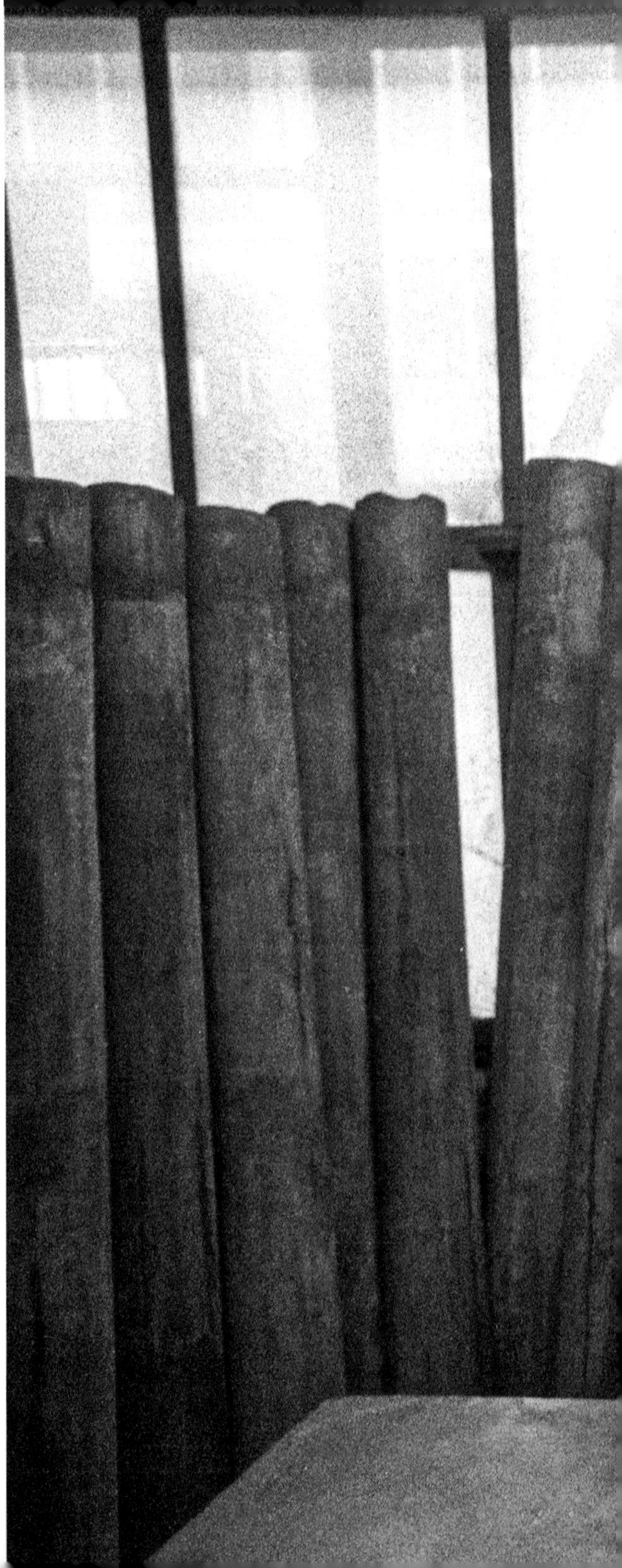

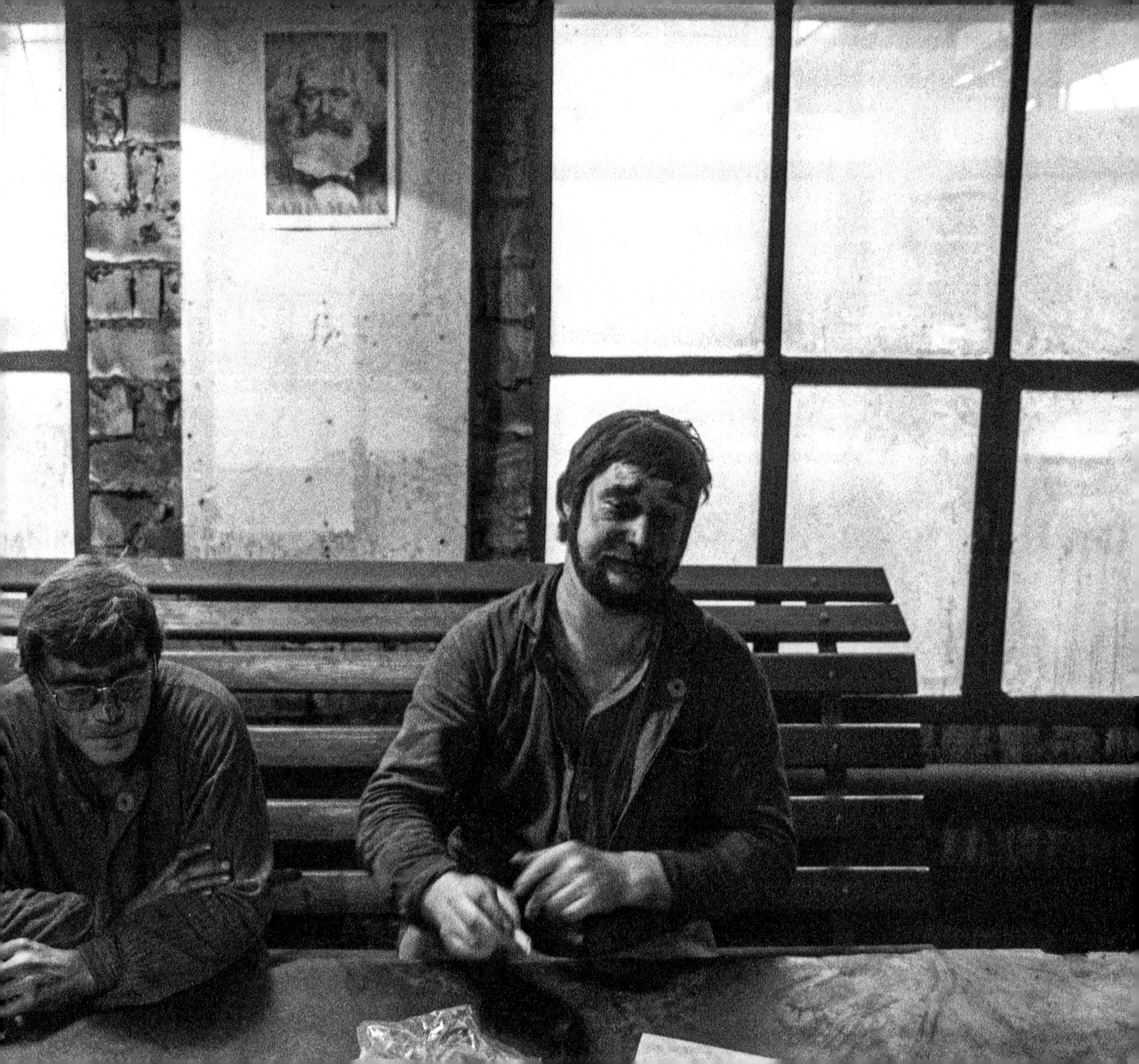

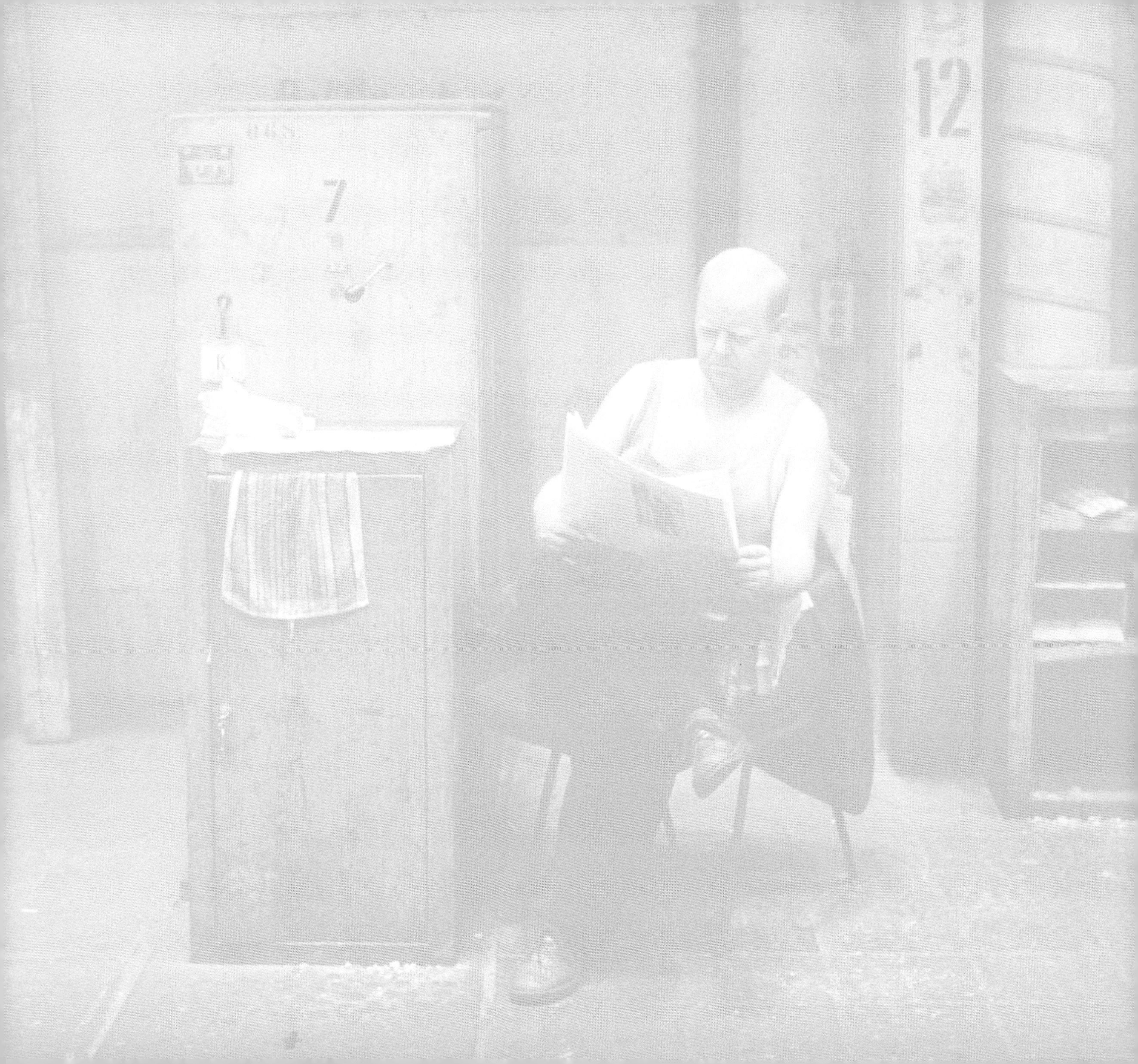
7
12

ZWISCHENZEITEN

PAUSE UND ERHOLUNG

INTERIM TIMES

BREAKS AND RECREATION

»Die Kantinen in den großen Betrieben waren oft sehr weit weg von den Arbeitsplätzen. Deswegen gab es in den Arbeitsbereichen Pausenecken – oft nur provisorisch eingerichtet. Dort wurde das Pausenbrot gegessen, geraucht, Kaffee getrunken, Zeitung gelesen – oder wie auf diesem Foto: Skat gespielt. Skat wurde eigentlich immer und überall gespielt, von Männern und Frauen.«
VEB Transformatorenwerk »Karl Liebknecht« Oberschöneweide (TRO), Berlin, 1979

"The canteens in the large companies were often very far away from the workplaces. That's why there were break nooks in the work areas – often set up temporarily. There they ate, smoked, drank coffee, read the newspaper – or as in this photo, played scat. Scat was actually played everywhere, by men and women."
VEB Transformatorenwerk "Karl Liebknecht" Oberschöneweide (TRO), (transformer plant), 1979

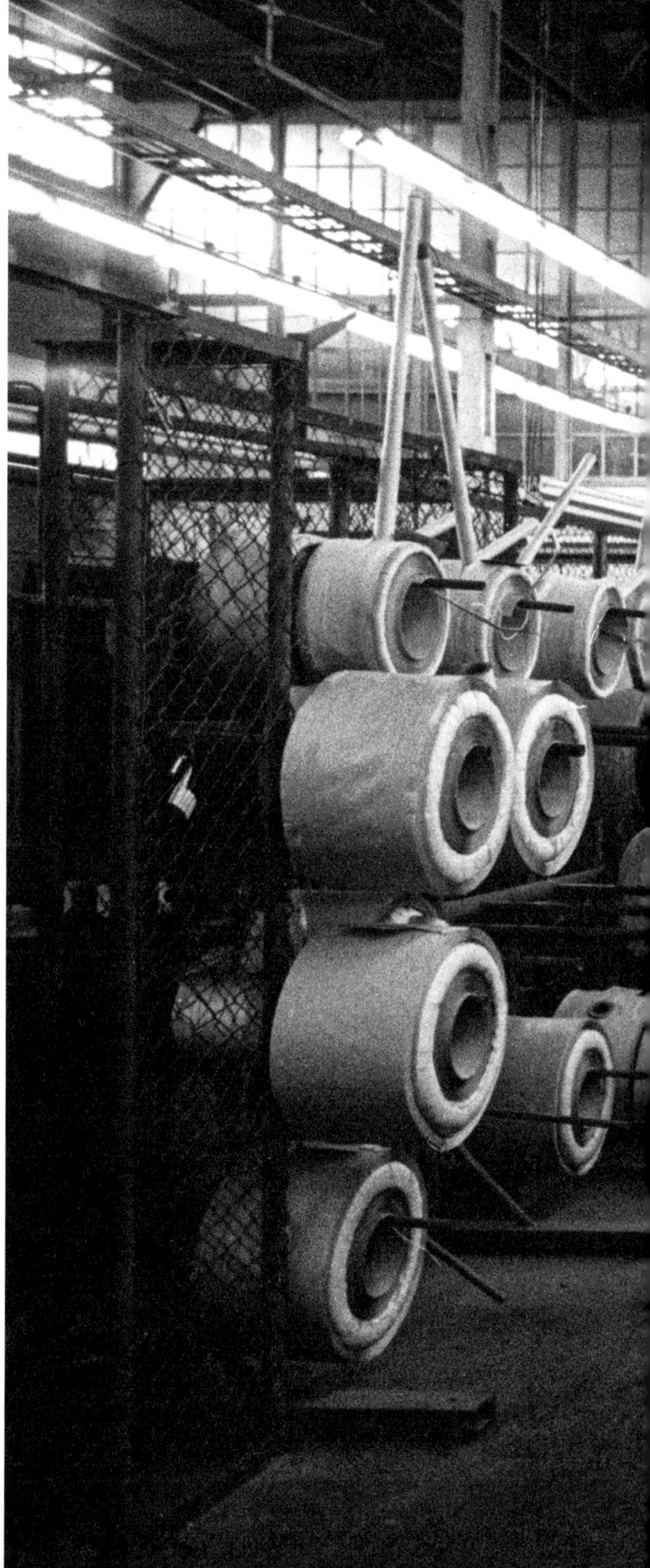

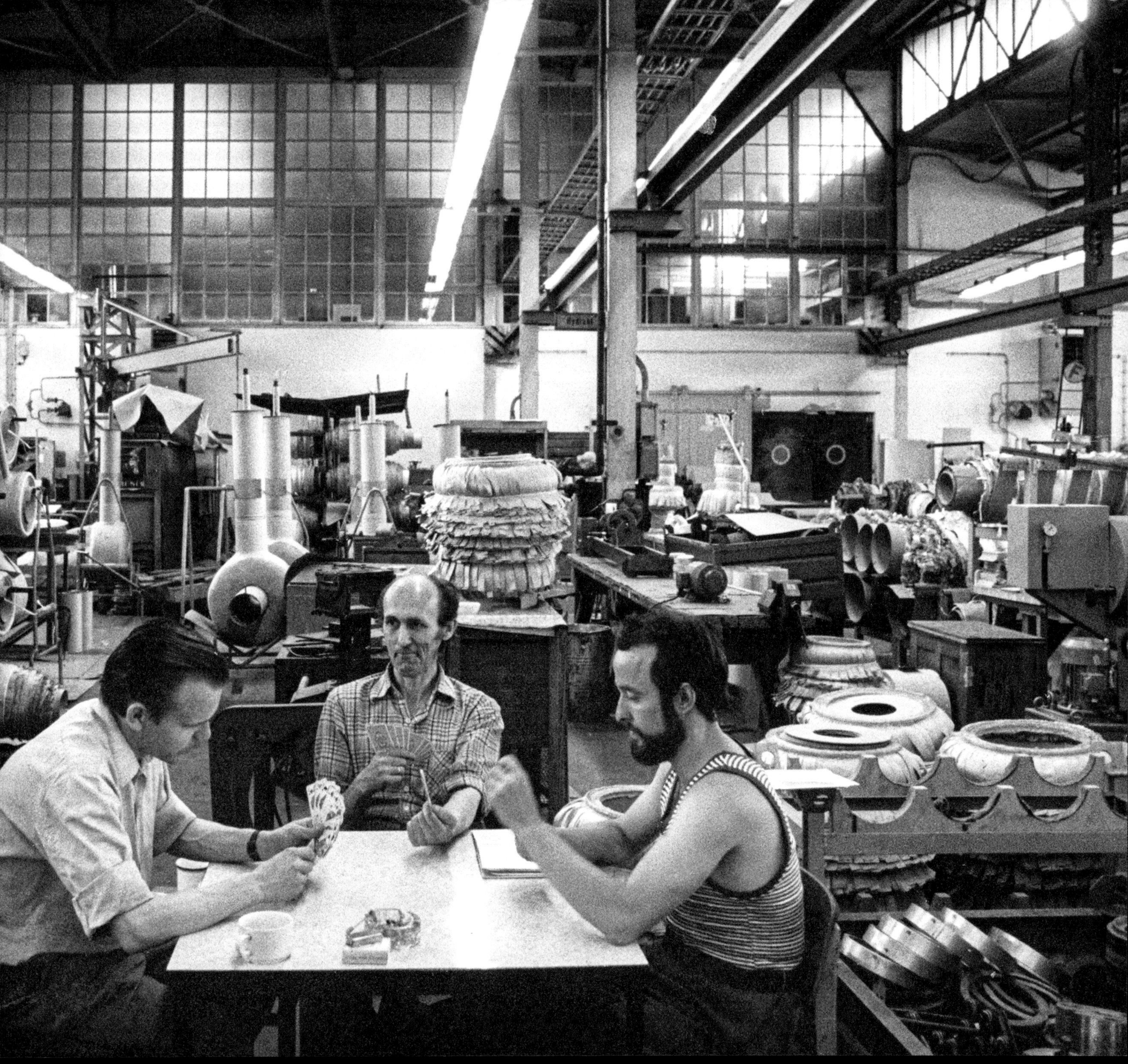

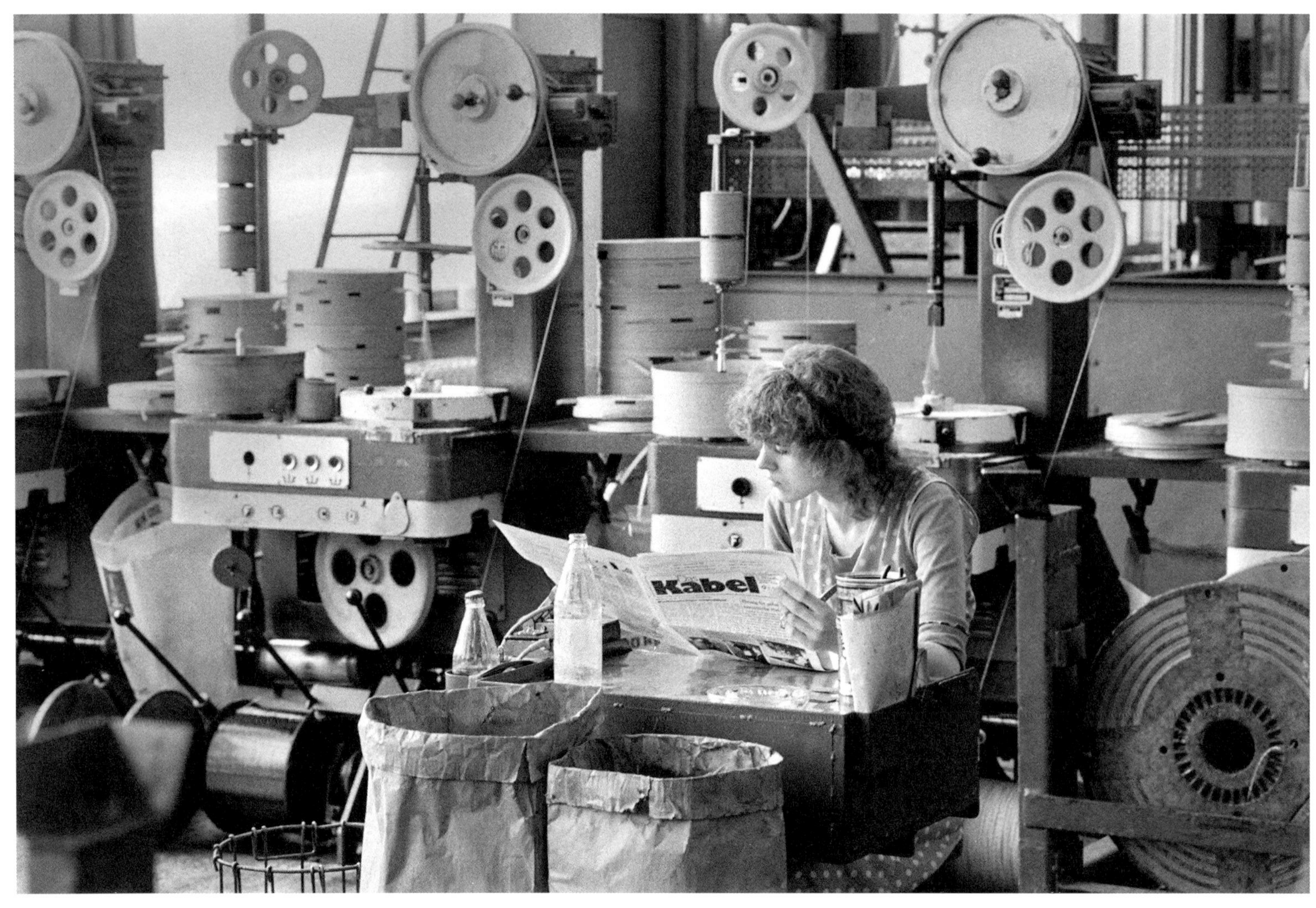

Zeitungslektüre während einer Pause, VEB Kabelwerk Oberspree (KWO), Berlin, 1981

Reading the newspaper during a break, VEB Kabelwerk Oberspree (KWO), Berlin, (cable works), 1981

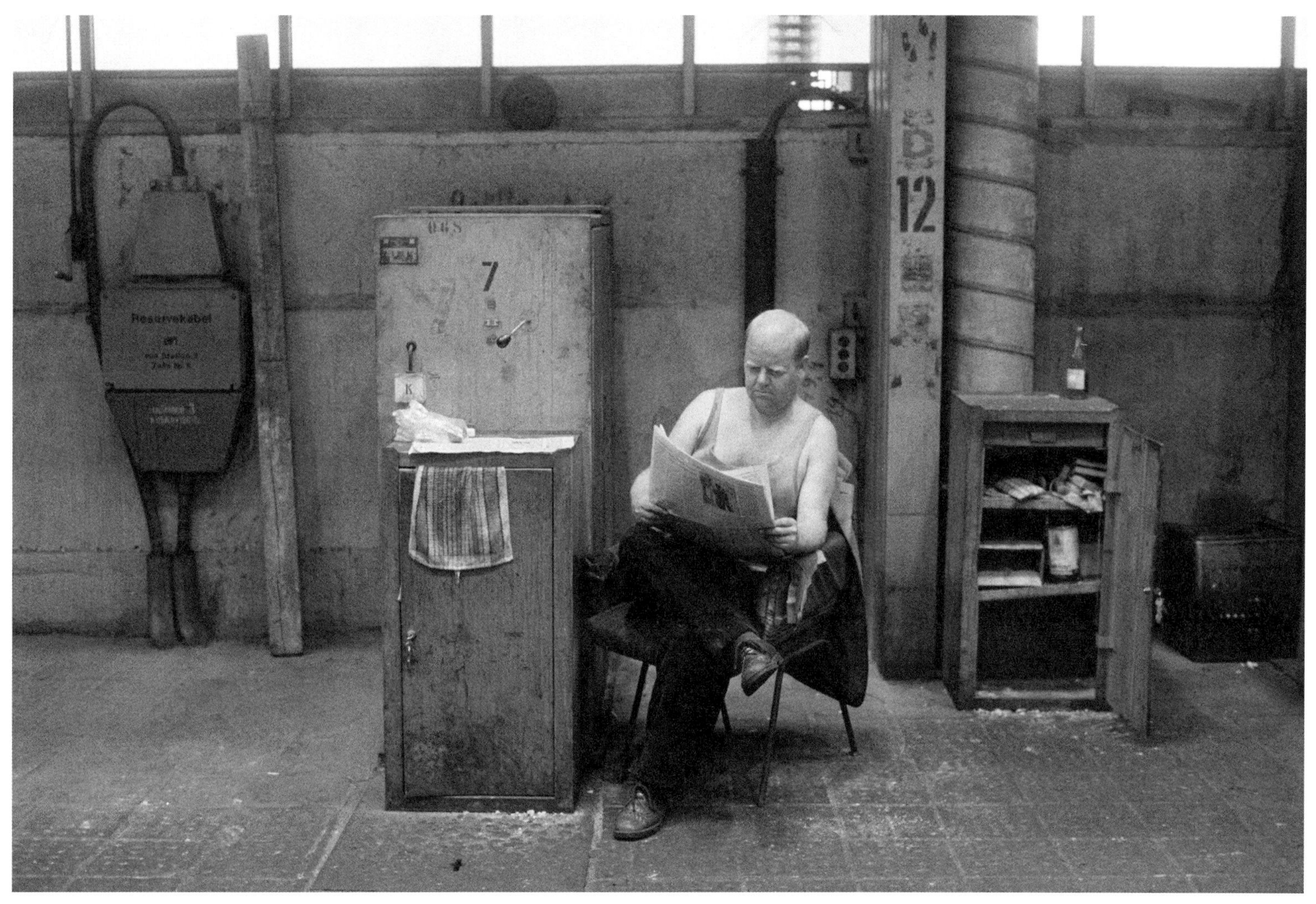

Zeitungsleser, VEB Kabelwerk Köpenick (KWK), Berlin, 1986

Newspaper reader, VEB Kabelwerk Köpenick (KWK), Berlin, (cable works), 1986

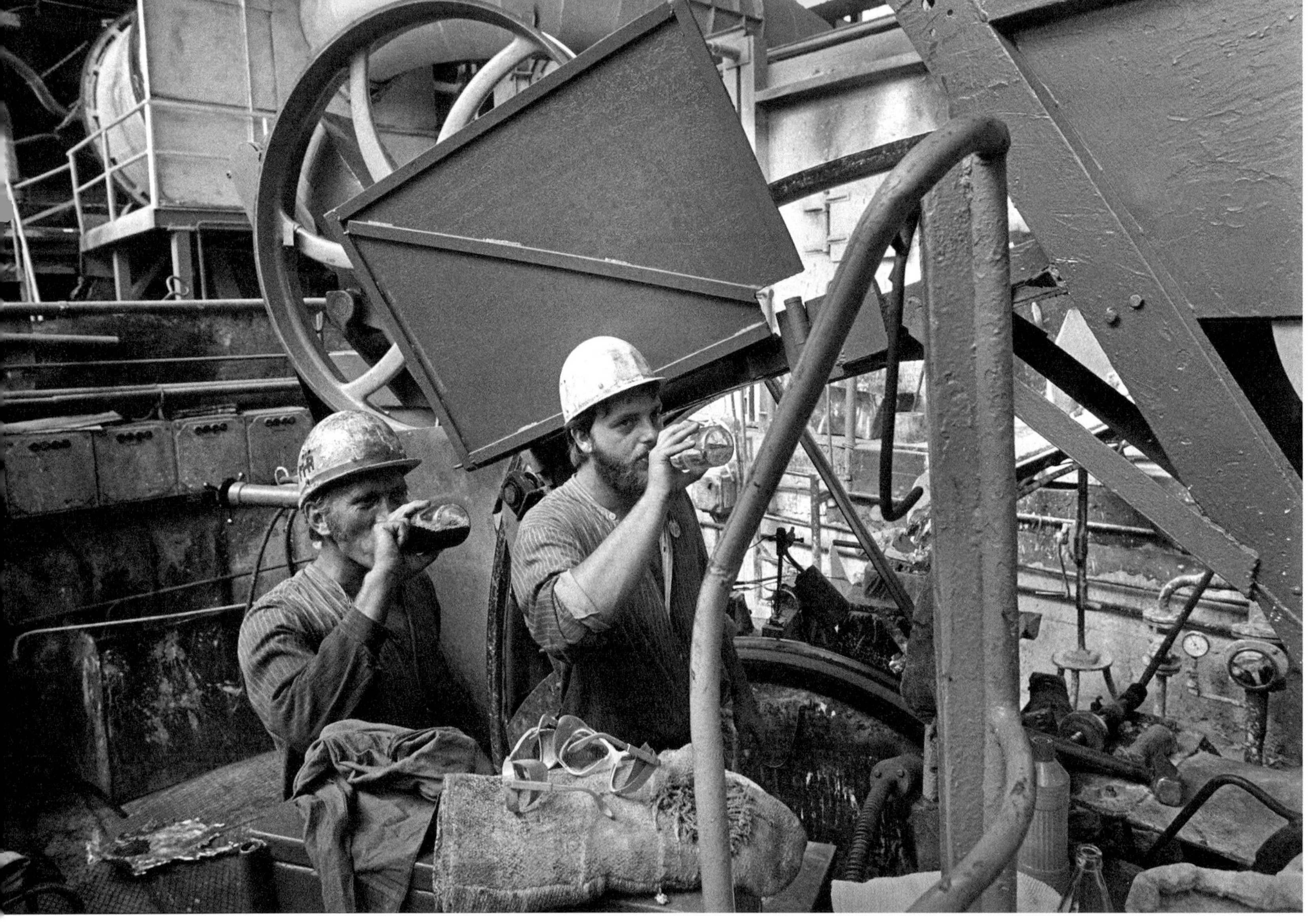

Trinkpause, VEB Berliner Metallhütten- und Halbzeugwerke (BMHW), 1983

Drink break, VEB Berliner Metallhütten- und Halbzeugwerke (BMHW), (metal works), 1983

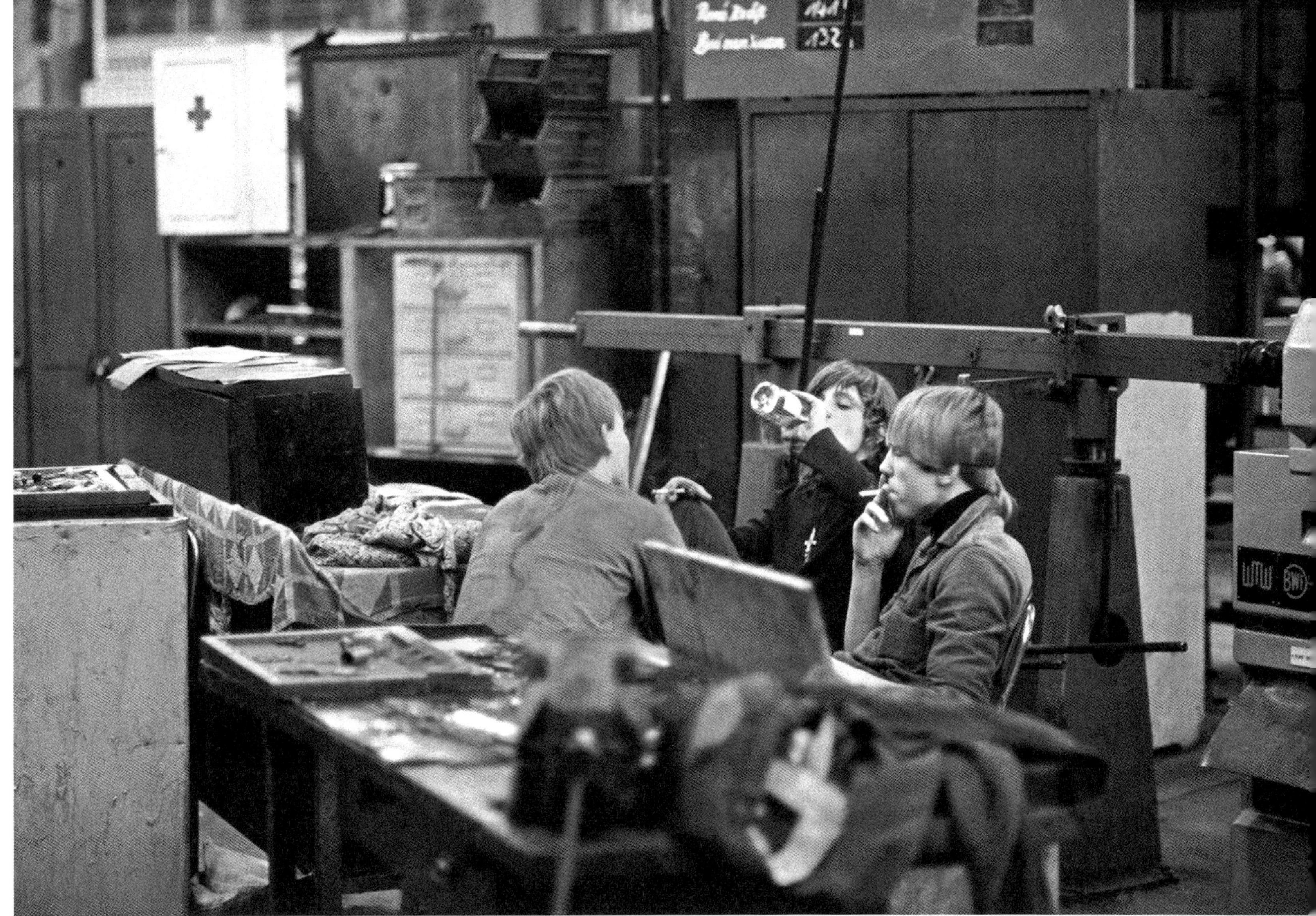

Pausenplausch am Arbeitsplatz, VEB Berliner Werkzeugmaschinenfabrik (BWF), 1984

Chatting during a break at the work station, VEB Berliner Werkzeugmaschinenfabrik (BWF), (machine tool works), 1984

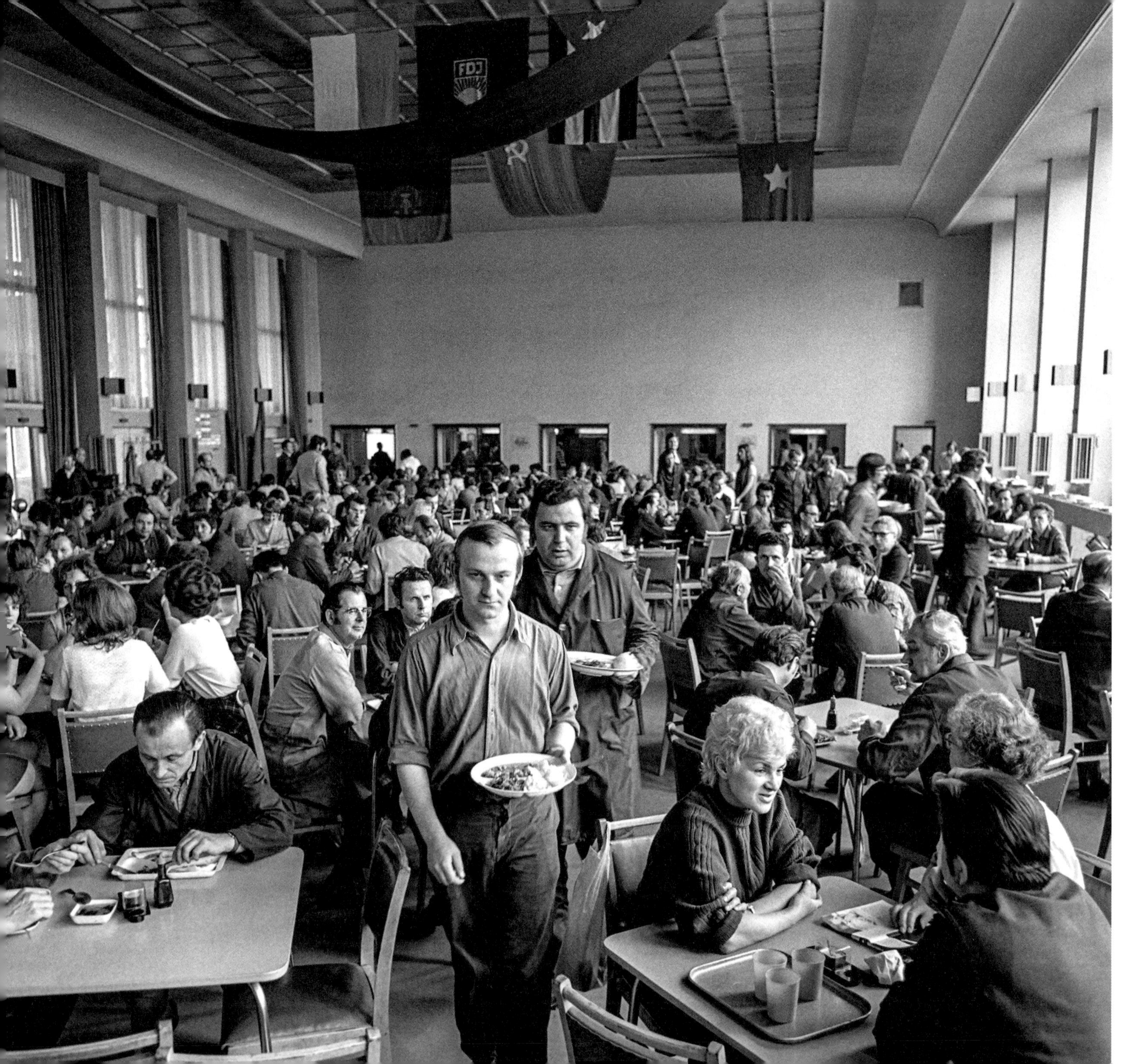
FDJ

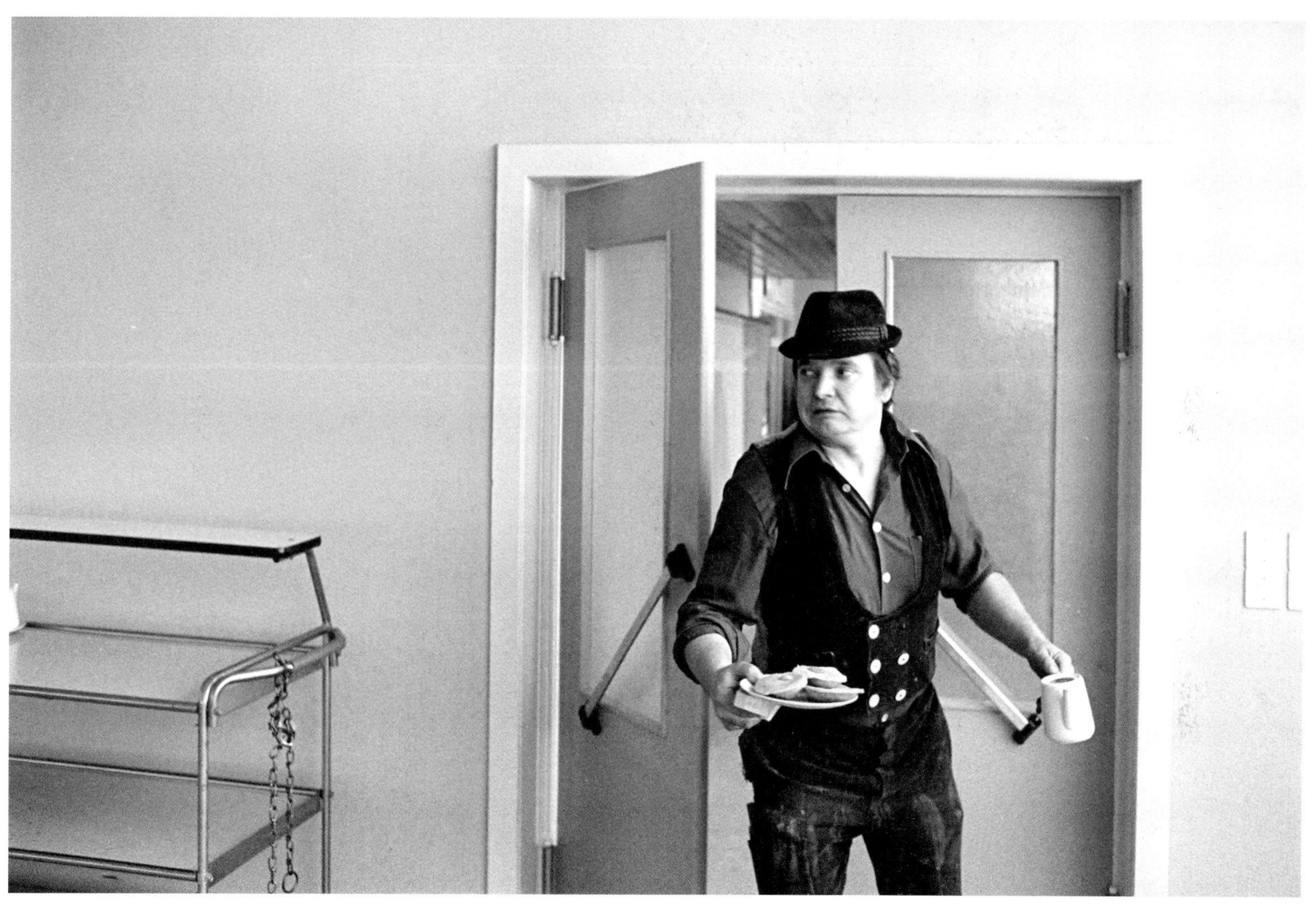

Kantine einer unbekannten Fabrik, 1973

Canteen at an unknown factory, 1973

Bauhandwerker in der Cafeteria der Bauarbeiterversorgung, VEB Baureparaturen Mitte, Berlin, 1978

Construction workman in the cafeteria at the building workers' servicing facility, VEB Baureparaturen Mitte, (building repair company), 1978

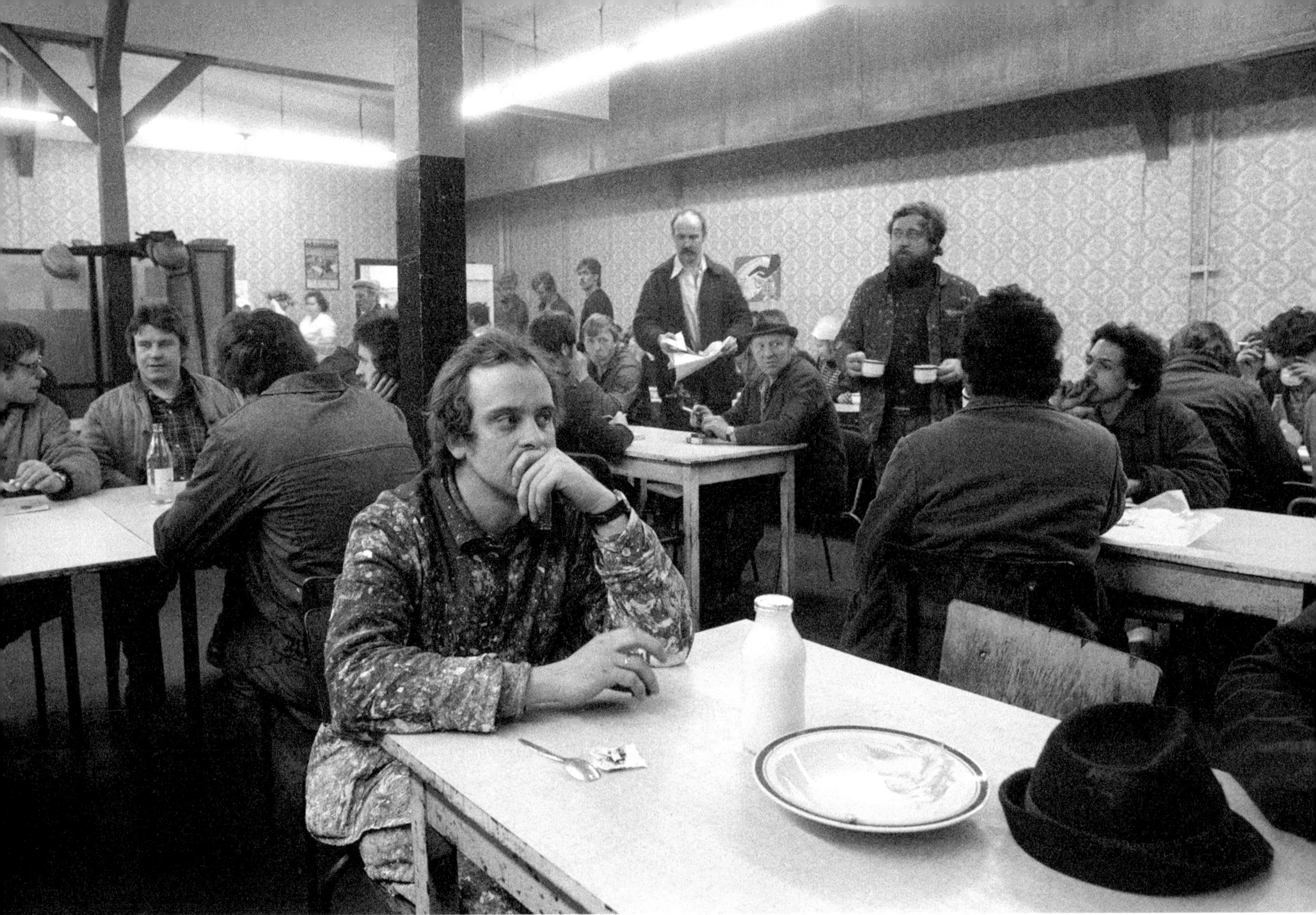

»Es hat keinen interessiert, wenn ich in der Kantine fotografiert habe. So verklemmt wie heute war das nicht. Das war wohl ein Maler, der auf seinen Kollegen mit dem Kaffee wartet. Der langweilt sich und hat gar nicht gemerkt, dass ich ihn fotografiert habe. Ich wollte auch was essen. Hatte die Kamera sowieso dabei … und hab fotografiert.«
Kantine des VEB Elektrokohle Lichtenberg (EKL), Berlin, 1986

"Nobody cared if I was taking pictures in the canteen. It wasn't as uptight as it is today. This was probably a painter waiting for his colleague with the coffee. He's bored and hasn't even noticed that I've photographed him. I wanted something to eat. I had the camera with me anyway ... and I took pictures."
Canteen of VEB Elektrokohle Lichtenberg (EKL), Berlin, (coal and graphite company), 1986

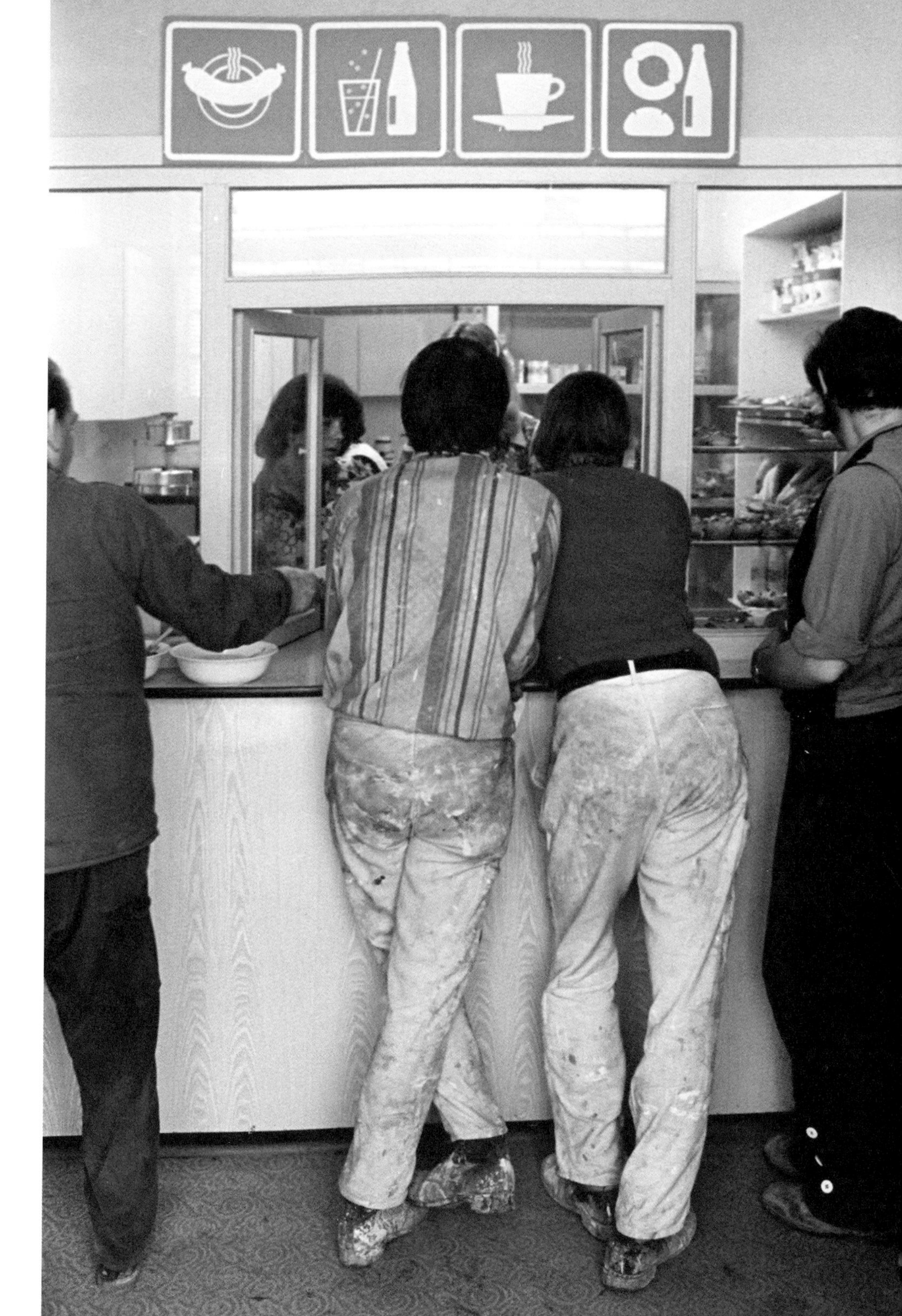

Cafeteria der Bauarbeiterversorgung, VEB Baureparaturen, Berlin, 1978

Cafeteria at the building workers' servicing facility, VEB Baureparaturen Mitte (building repair company), 1978

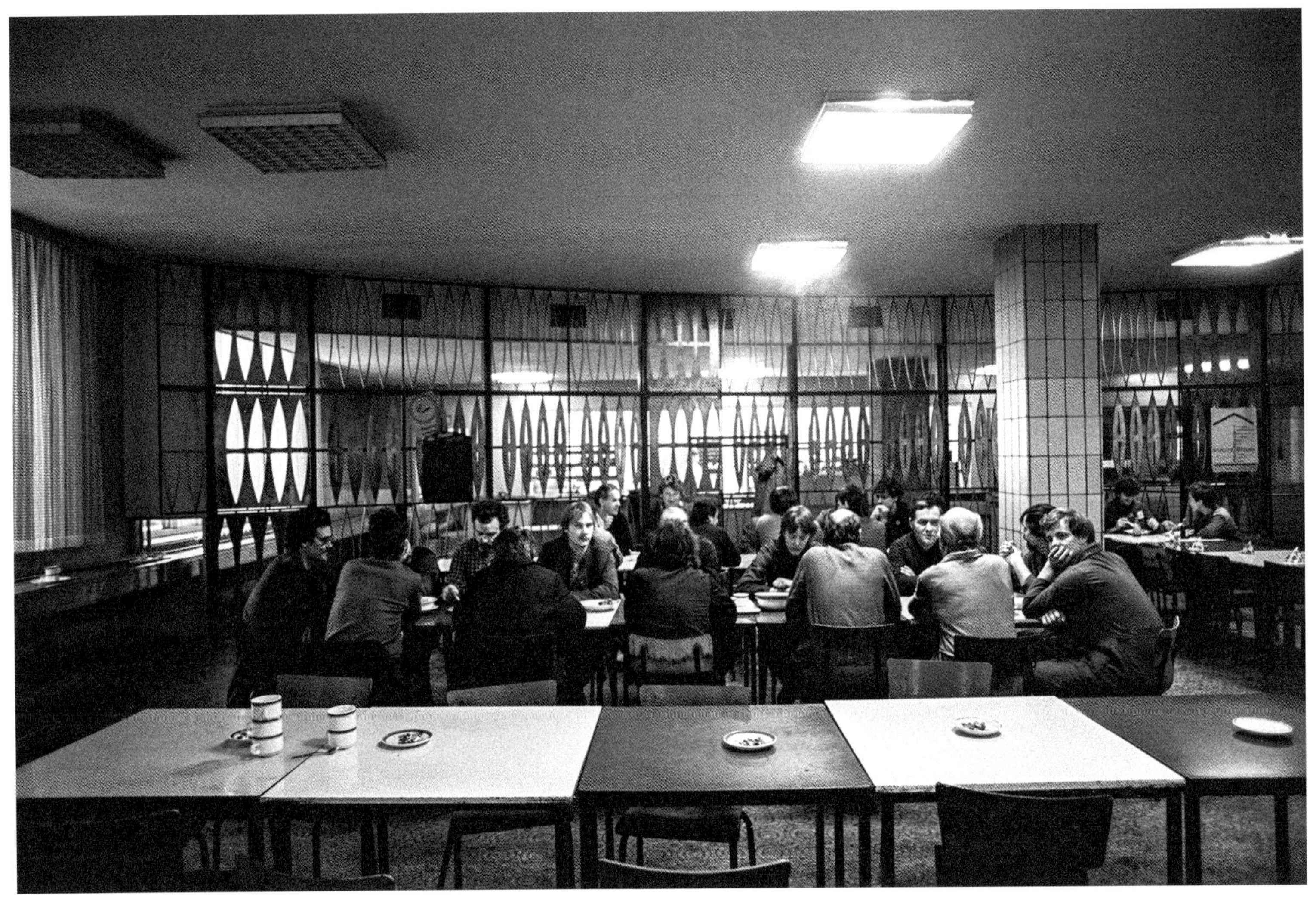

Kantine, VEB Berliner Metallhütten- und Halbzeugwerke (BMHW), 1986

Canteen, VEB Berliner Metallhütten- und Halbzeugwerke (BMHW), (metal works), 1986

Milchbar, VEB Funkwerk Köpenick, Berlin, 1971

Milk bar, VEB Funkwerk Köpenick, Berlin (communications company), 1971

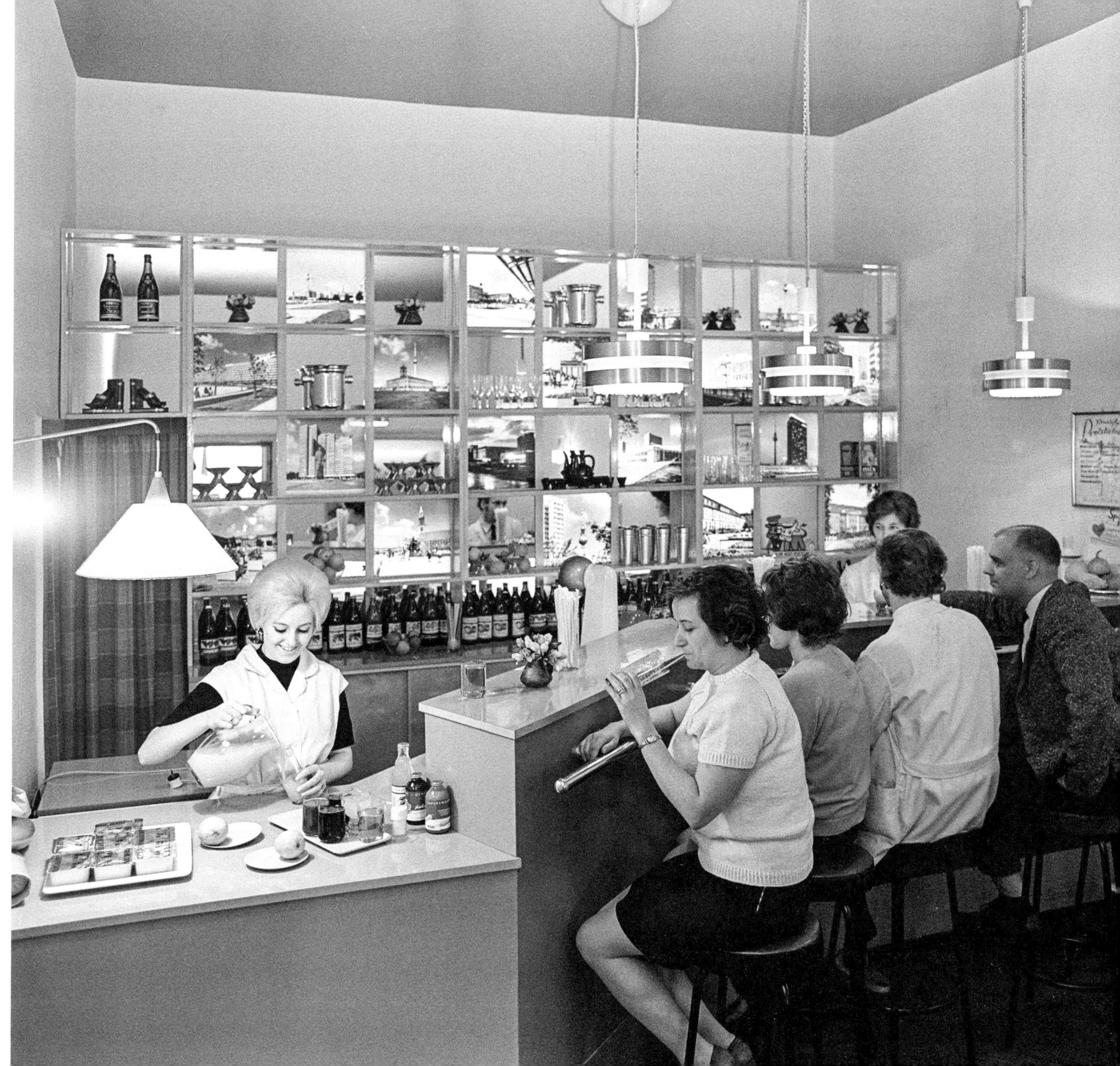

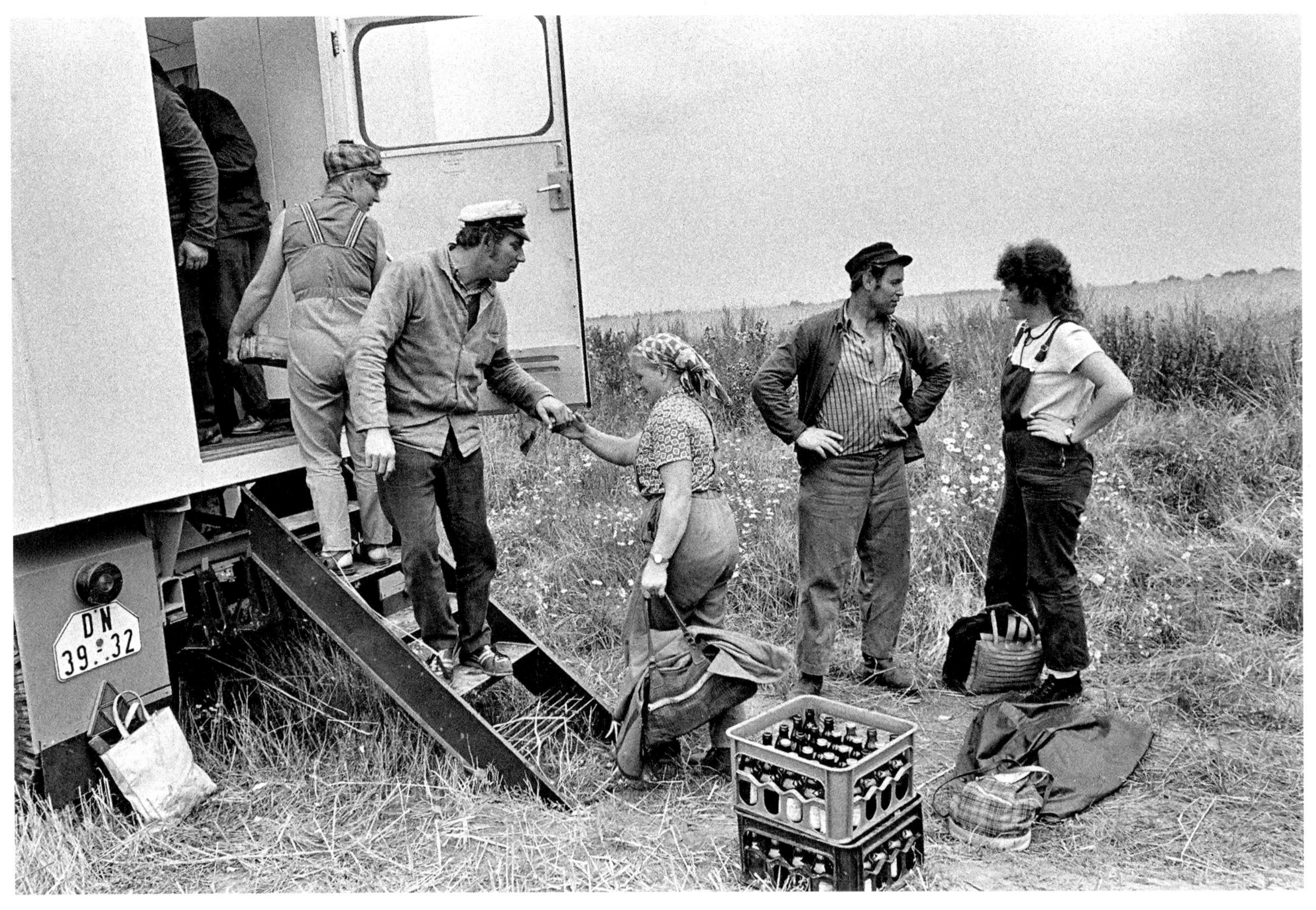

Schichtwechsel bei der Getreideernte, KAP Stolzenhagen, 1974

Shift change at the grain harvest, KAP Stolzenhagen, (cooperative crop production department), 1974

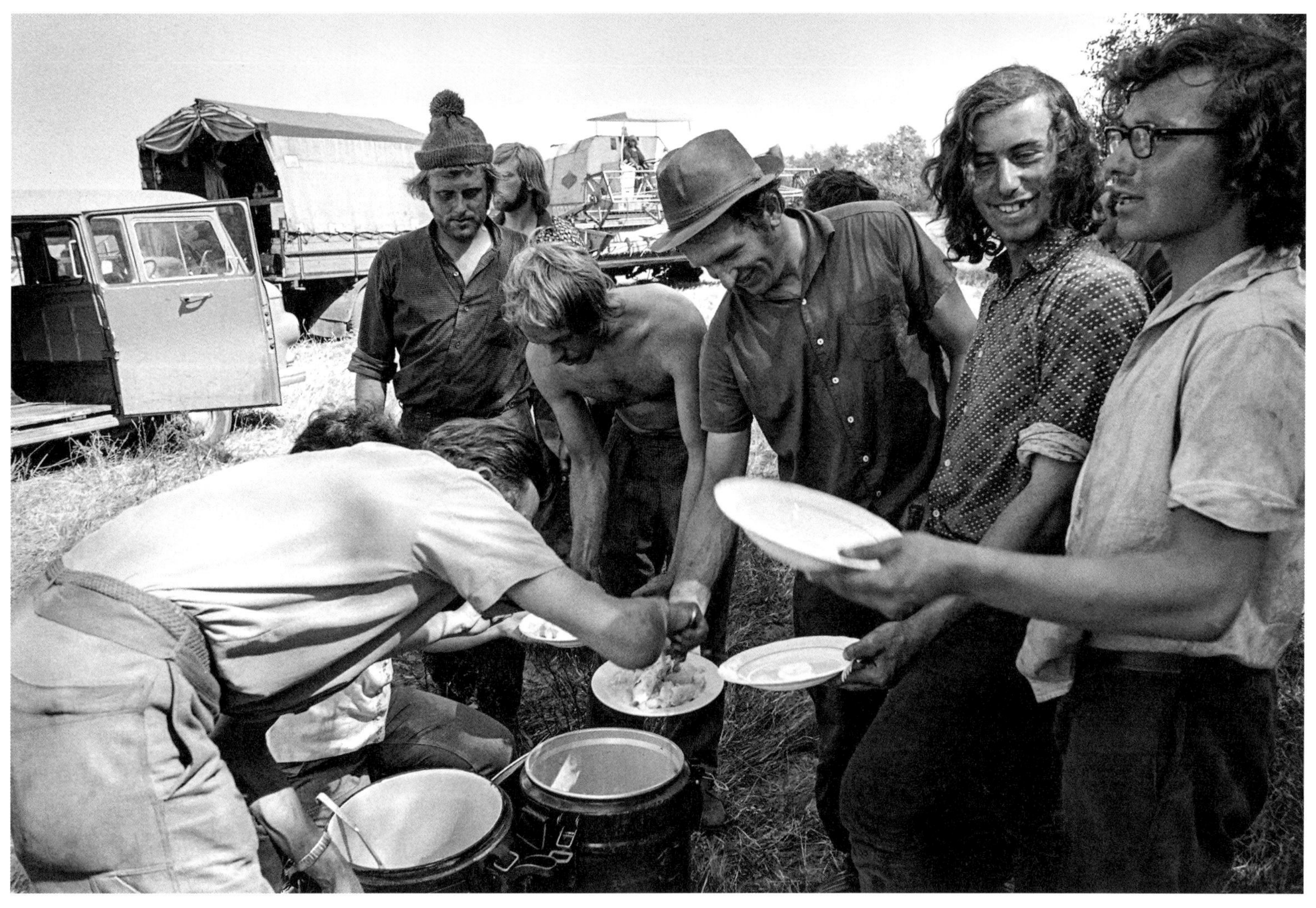

Essenausgabe bei der Getreideernte, KAP Stolzenhagen, 1974

Meal distribution at the grain harvest, KAP Stolzenhagen, (cooperative crop production department), 1974

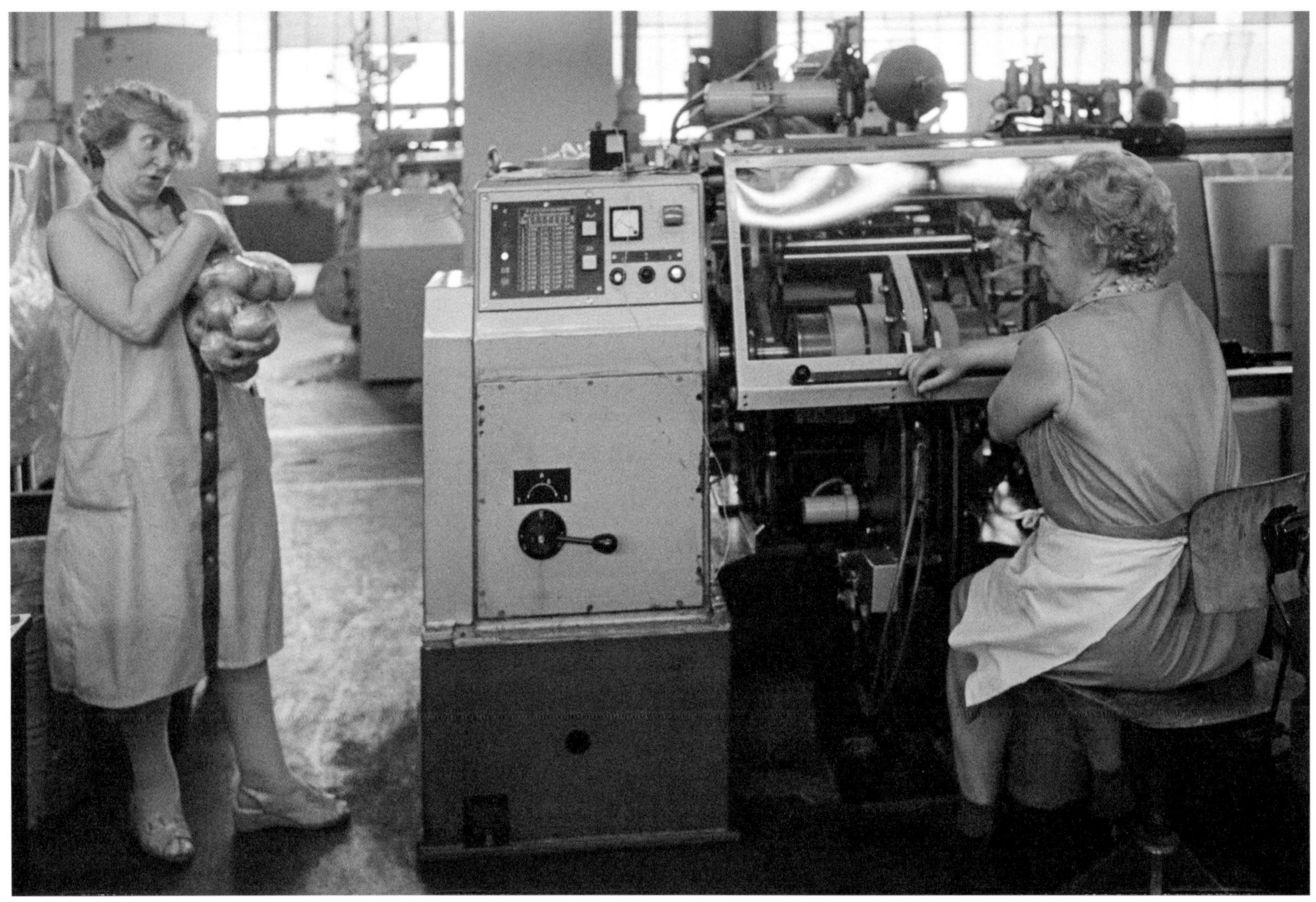

»Die Arbeiterin links im Bild hat während ihrer Pause Apfelsinen im Betriebskonsum erstanden. Südfrüchte waren in der DDR ja immer rar. Sie zeigt die Beute stolz ihrer Kollegin. In den großen VEB gab es Lebenmittelläden für die Beschäftigten. Die wurden oft bevorzugt beliefert. Die Leute konnten dann auch in ihren Pausen dort einkaufen.«
VEB Transformatorenwerk »Karl Liebknecht« Berlin-Oberschöneweide (TRO), 1979

"The worker on the left in the picture has bought some oranges during her break. In the GDR, tropical fruits were always rare. She proudly shows the loot to her colleague. In the large businesses there were grocery stores for the workers. They were often supplied preferentially. The people could then also shop there during their breaks."
VEB Transformatorenwerk "Karl Liebknecht" Berlin-Oberschöneweide (TRO), (transformer plant), 1979

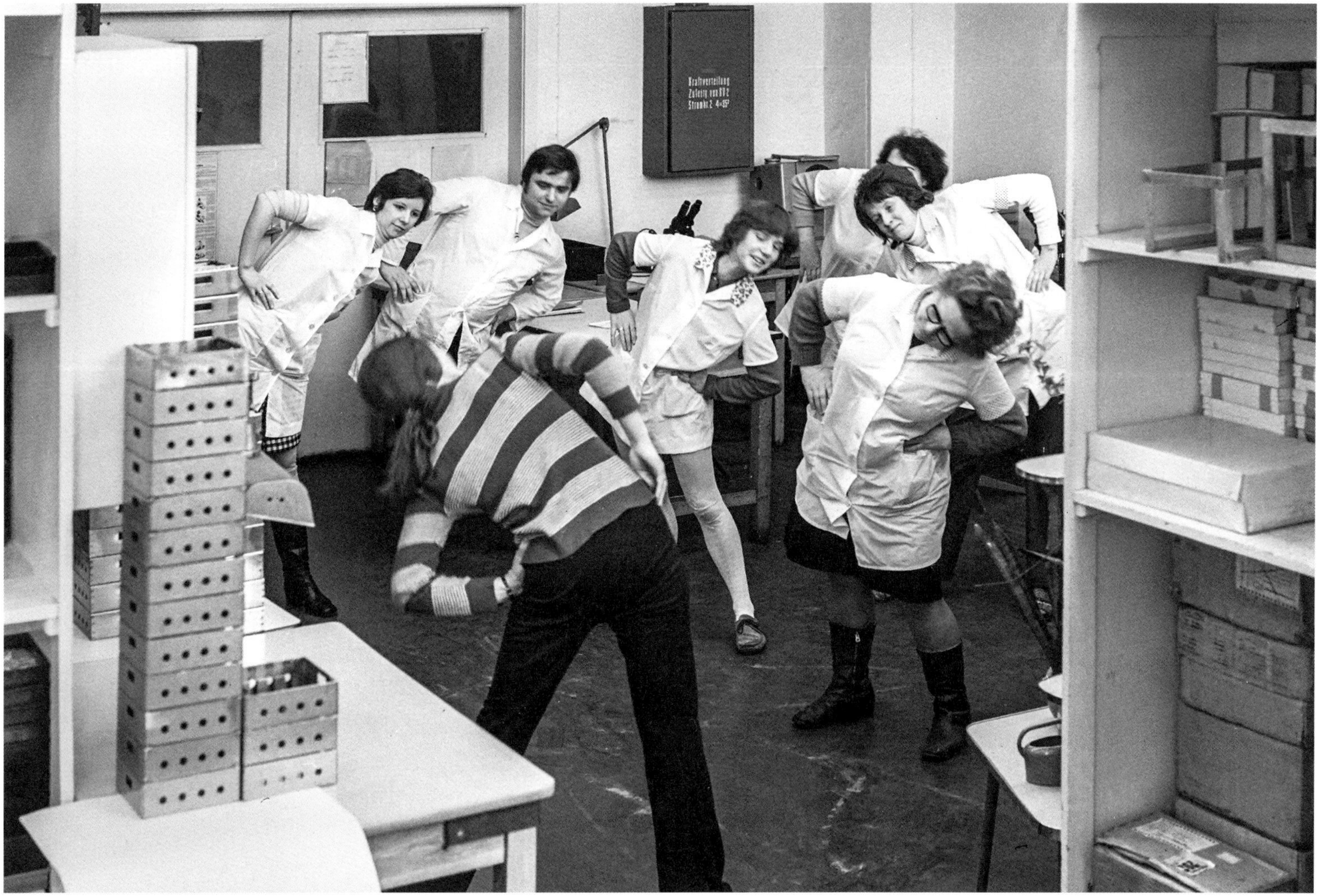

Pausengymnastik im Bereich Diode, VEB Werk für Fernsehelektronik (WF), Berlin, 1972

Gymnastics during a break in the diode section, VEB Werk für Fernsehelektronik (WF), Berlin, (television electronics factory), 1972

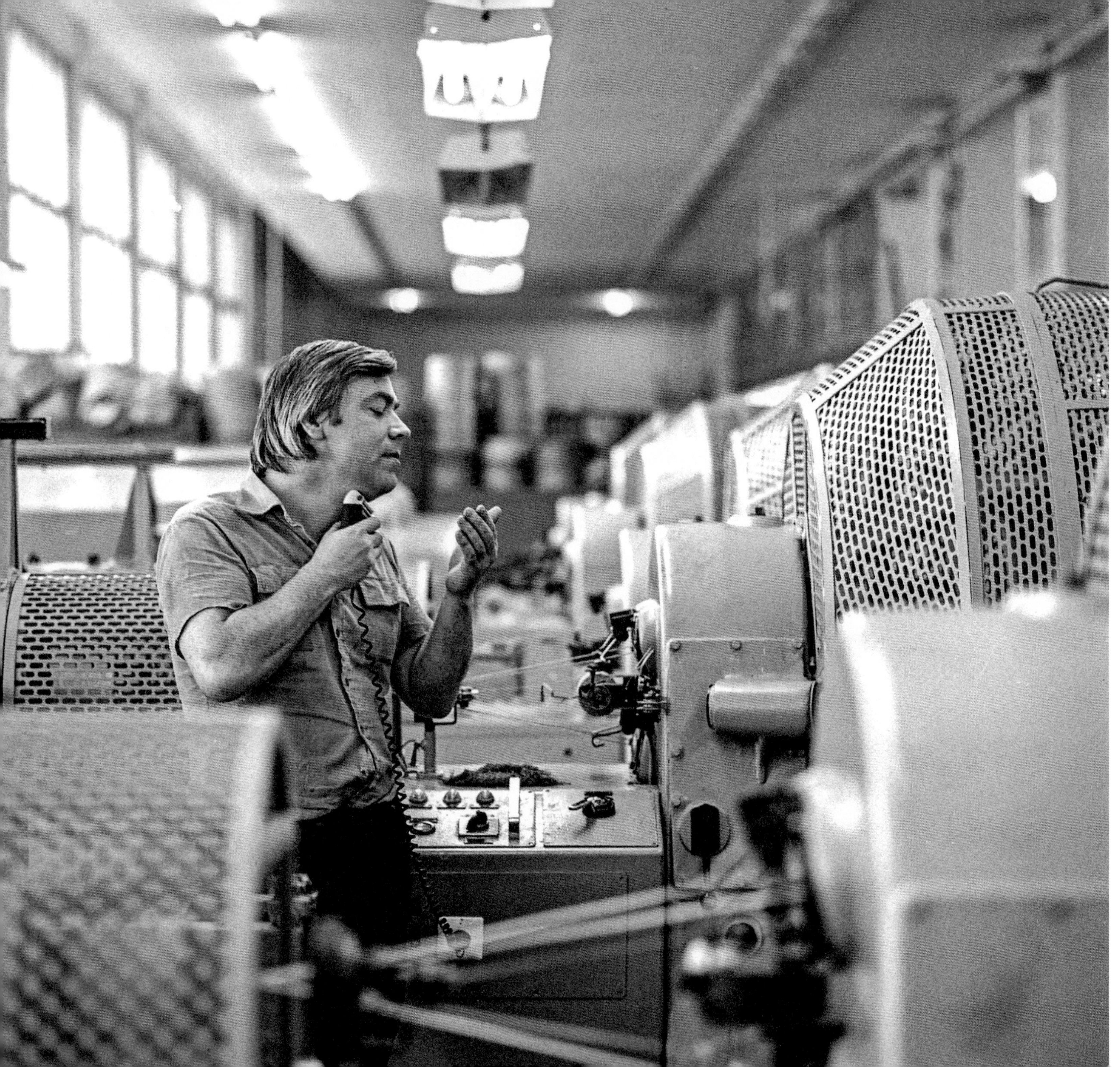

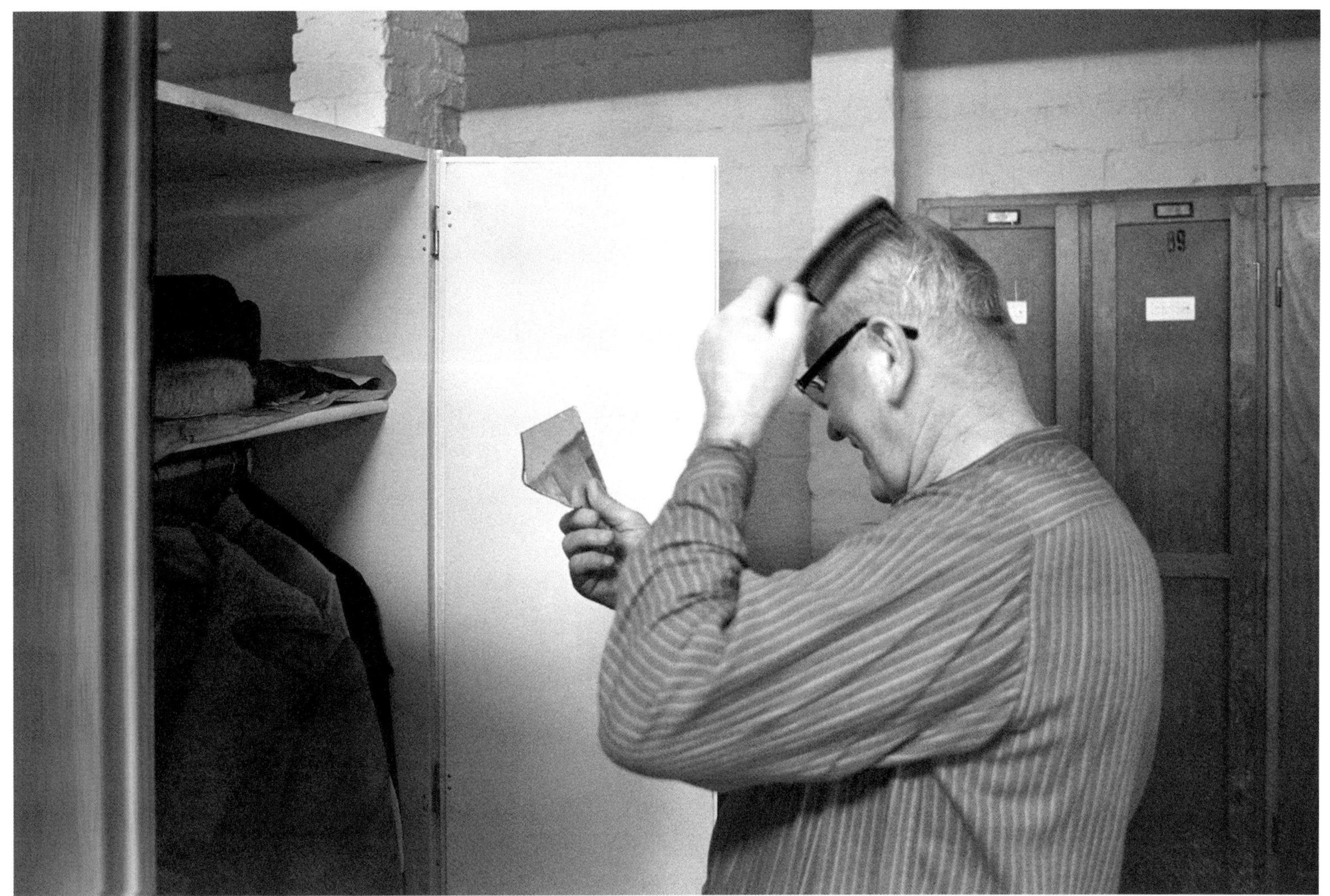

Rasur, VEB Kabelwerk Oberspree (KWO), Berlin, 1979

Shaving at VEB Kabelwerk Oberspree (KWO), Berlin, (cable works), 1979

Frisieren vor der Schicht, VEB Bergman-Borsig (BB), Berlin, 1974

Combing the hair before work, VEB Bergman Borsig, Berlin, (power plant equipment company), 1974

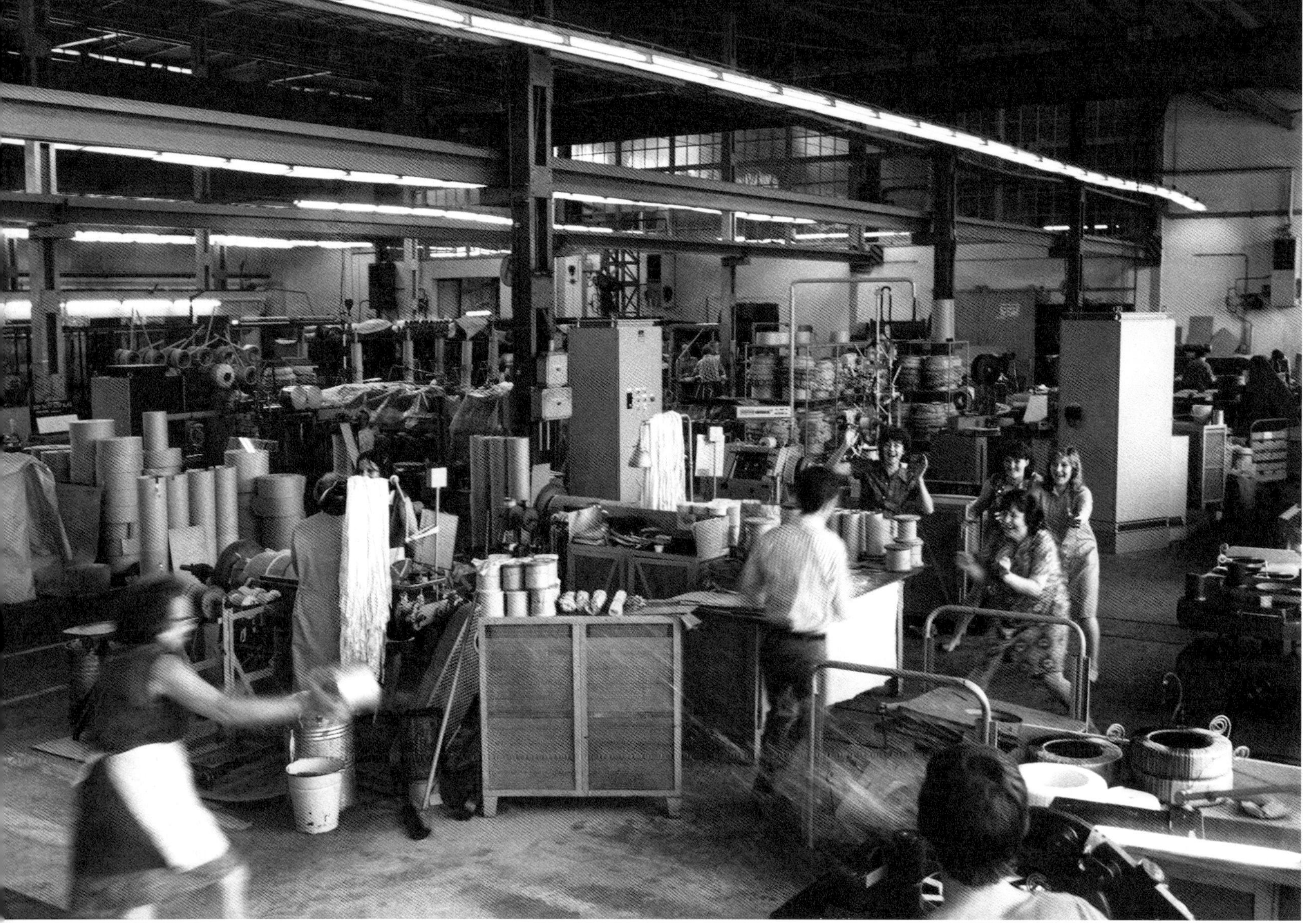

Wasserschlacht, VEB Transformatorenwerk »Karl Liebknecht« Berlin-Oberschöneweide (TRO), um 1979

Water fight, VEB Transformatorenwerk "Karl Liebknecht" Berlin-Oberschöneweide (TRO), (transformer factory), 1979

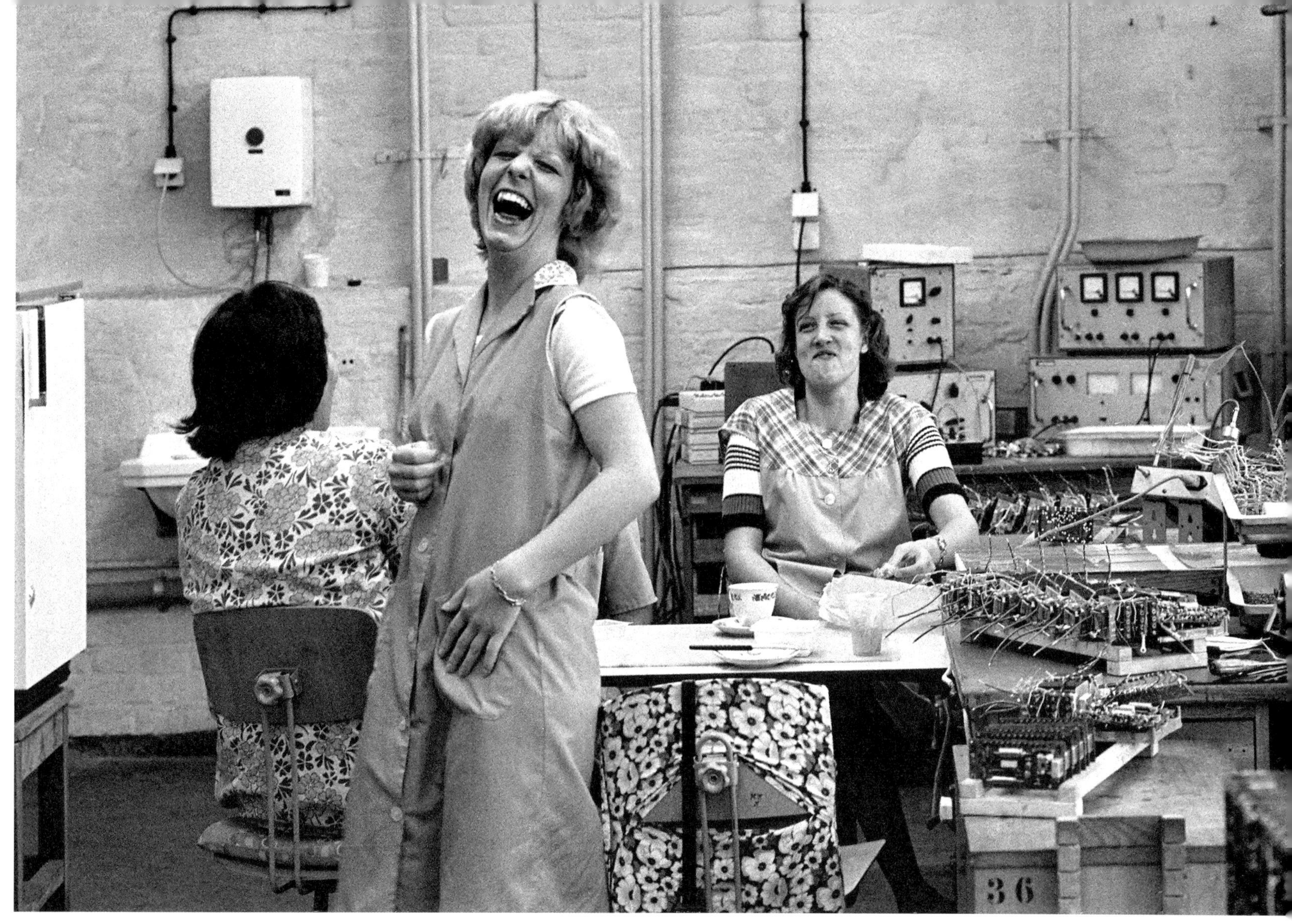

Spaß in Kittelschürzen, VEB Funkwerk Köpenick, Berlin, 1980

Fun in smock aprons, VEB Funkwerk Köpenick, Berlin, (communications company), 1980

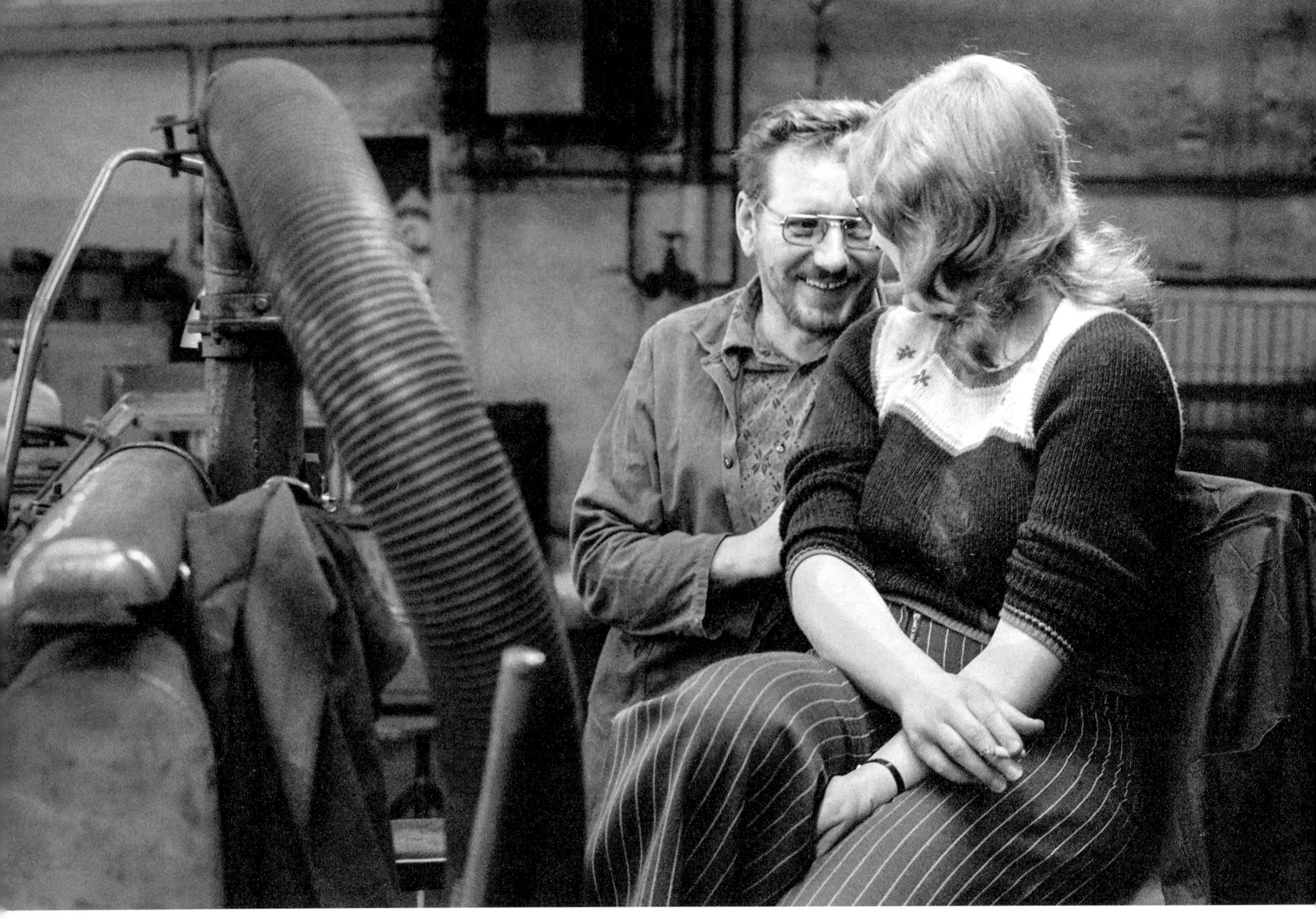

Zarte Anbandlungsversuche, VEB Elektrokohle Lichtenberg (EKL), Berlin, 1986

Gentle flirting, VEB Elektrokohle Lichtenberg (EKL), Berlin, (coal and graphite company), 1986

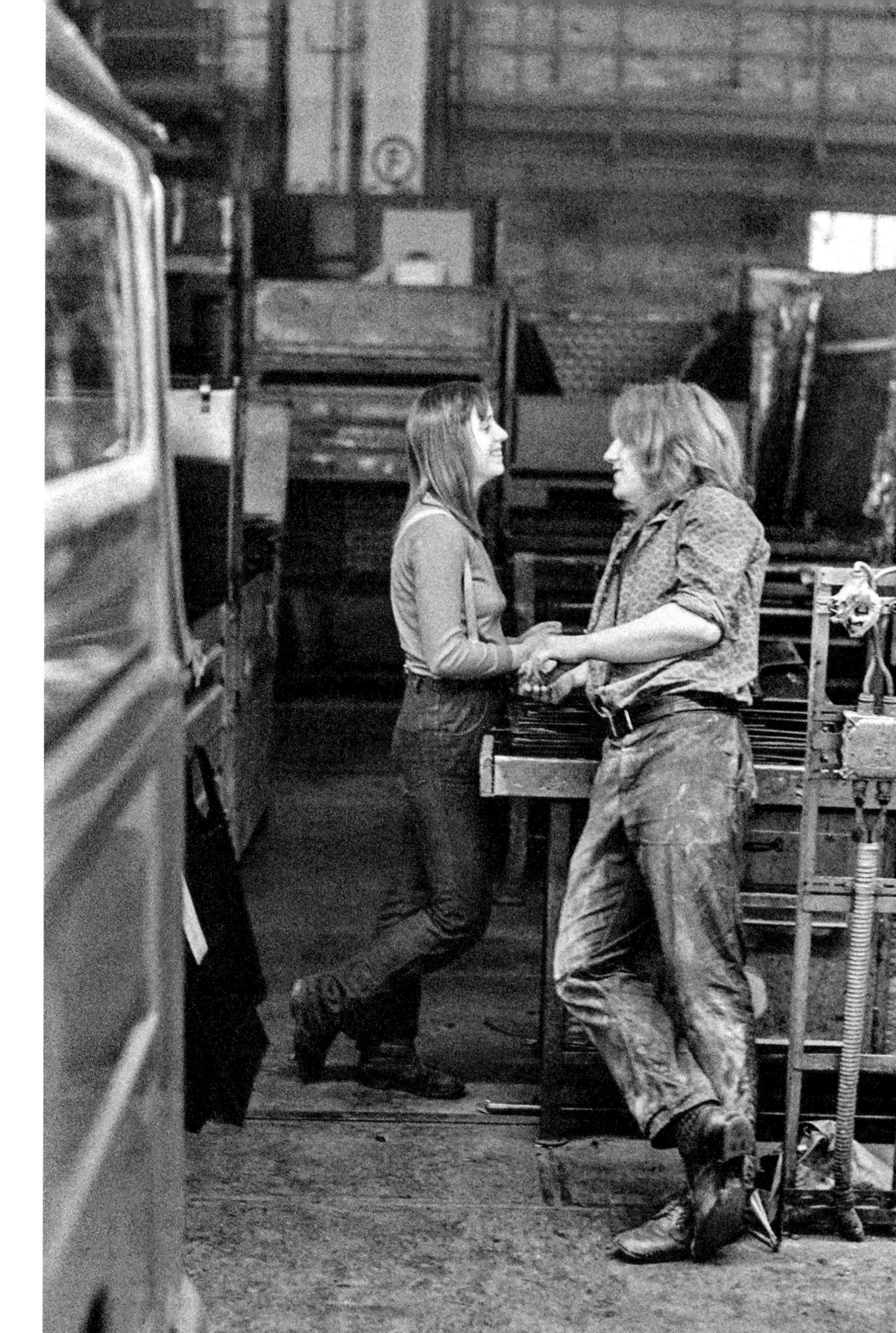

Flirt im VEB IFA-Automobilwerke Ludwigsfelde, 1974

Flirting at the VEB IFA-Automobilwerke Ludwigsfelde, (automobile works), 1974

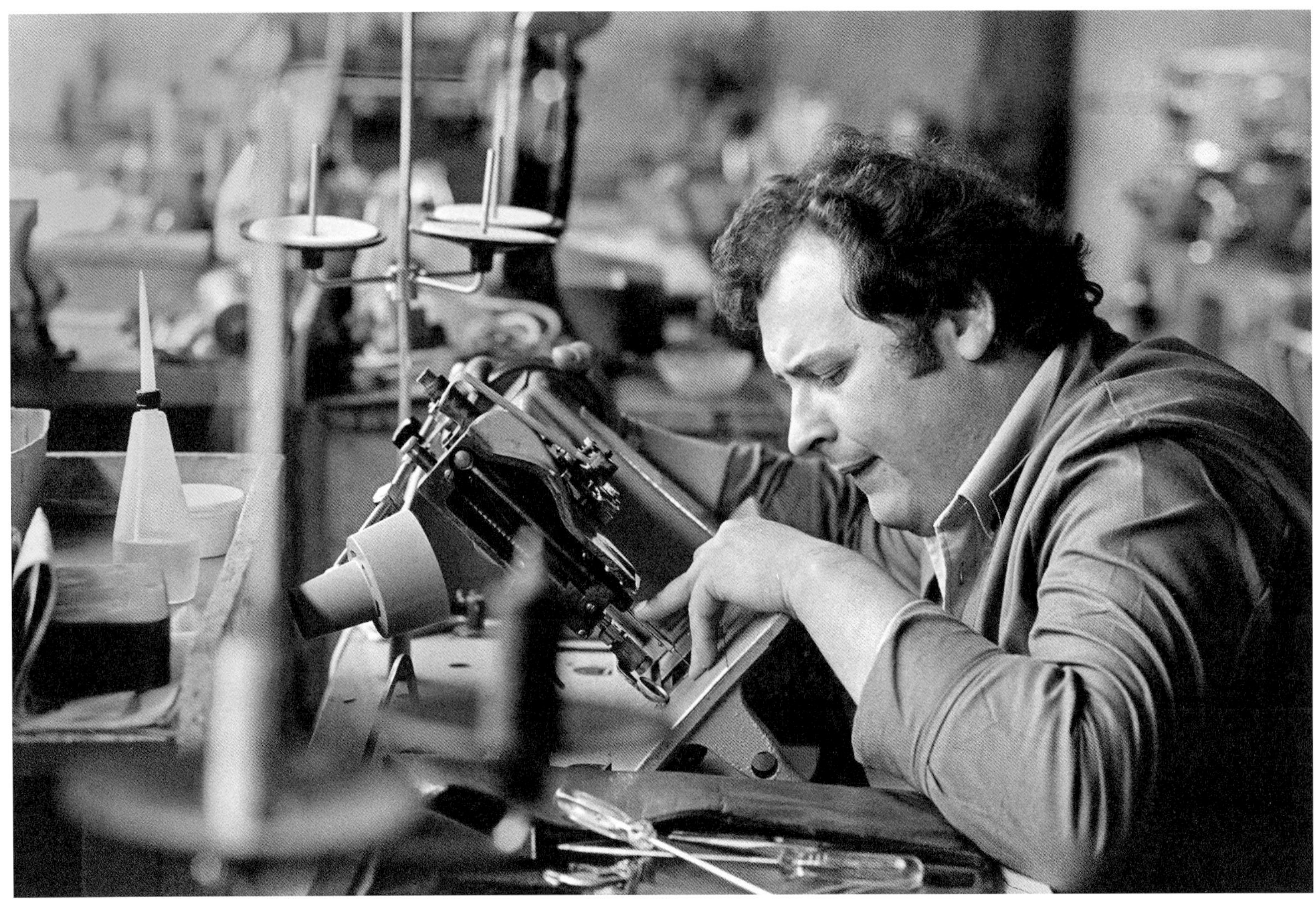

»Der Internationale Frauentag wurde in den meisten Betrieben gefeiert. Üblicherweise bekamen die Frauen rote Nelken geschenkt. Hier eine kleine Episode, die sich wohl am Frauentag zugetragen hat. Nach dem beherzten Eingreifen an einer defekten Nähmaschine, belohnen die Arbeiterinnen den herbeigeeilten Mechaniker mit ihren Frauentagsblumen.«
VEB Schuhfabrik Goldpunkt Berlin, 1980

"The International Women's Day was celebrated in most companies. Usually the women were given red carnations as a gift. Here is a small episode that probably took place on Women's Day. After a decisive offensive against a defective sewing machine, the workers reward the mechanic who has rushed to the workplace by giving him their Women's Day flowers."
VEB Schuhfabrik Goldpunkt Berlin, (shoe factory), 1980

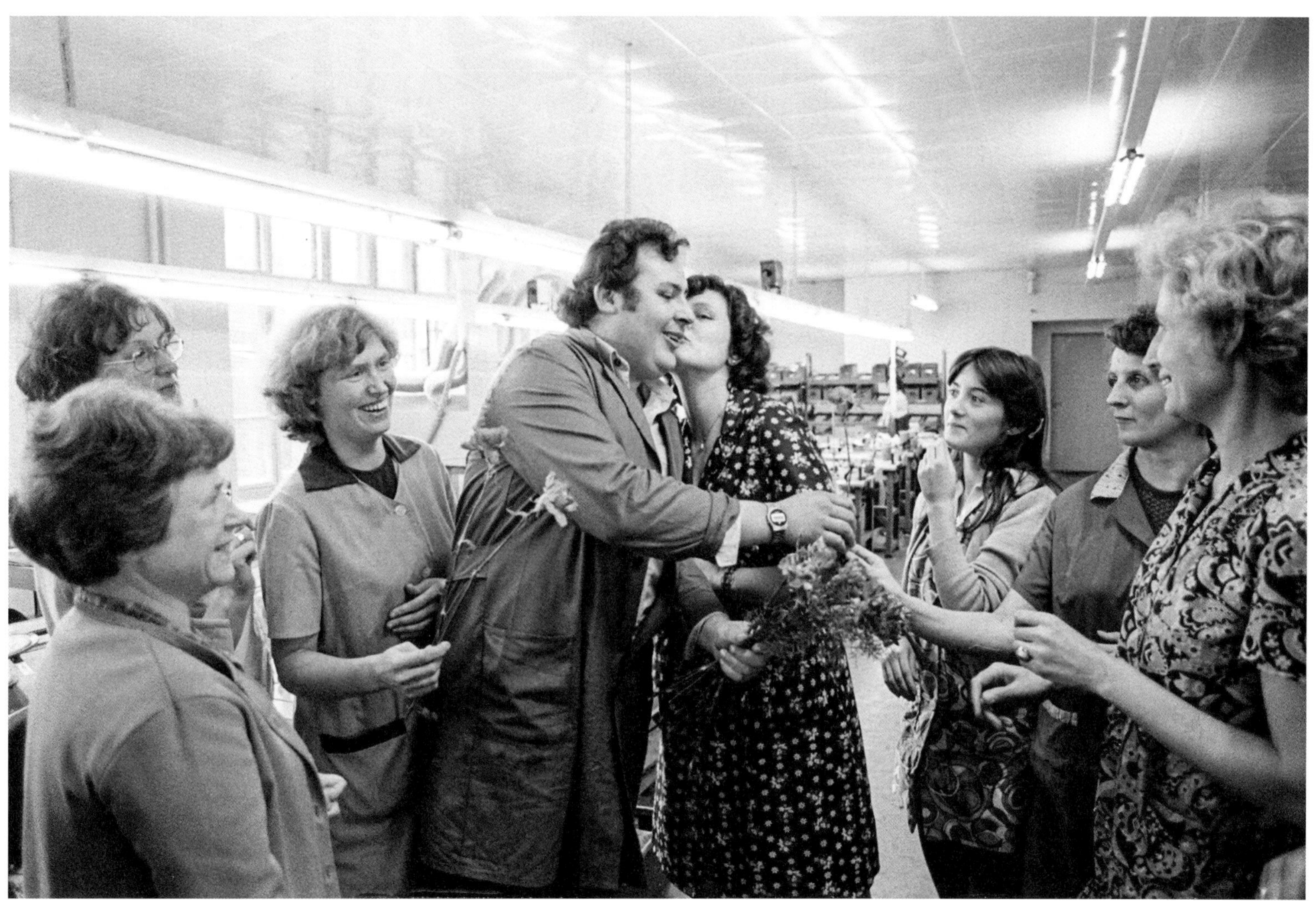

Internationaler Frauentag, VEB Schuhfabrik Goldpunkt Berlin, 1980

International Women's Day, VEB Schuhfabrik Goldpunkt Berlin, (shoe factory), 1980

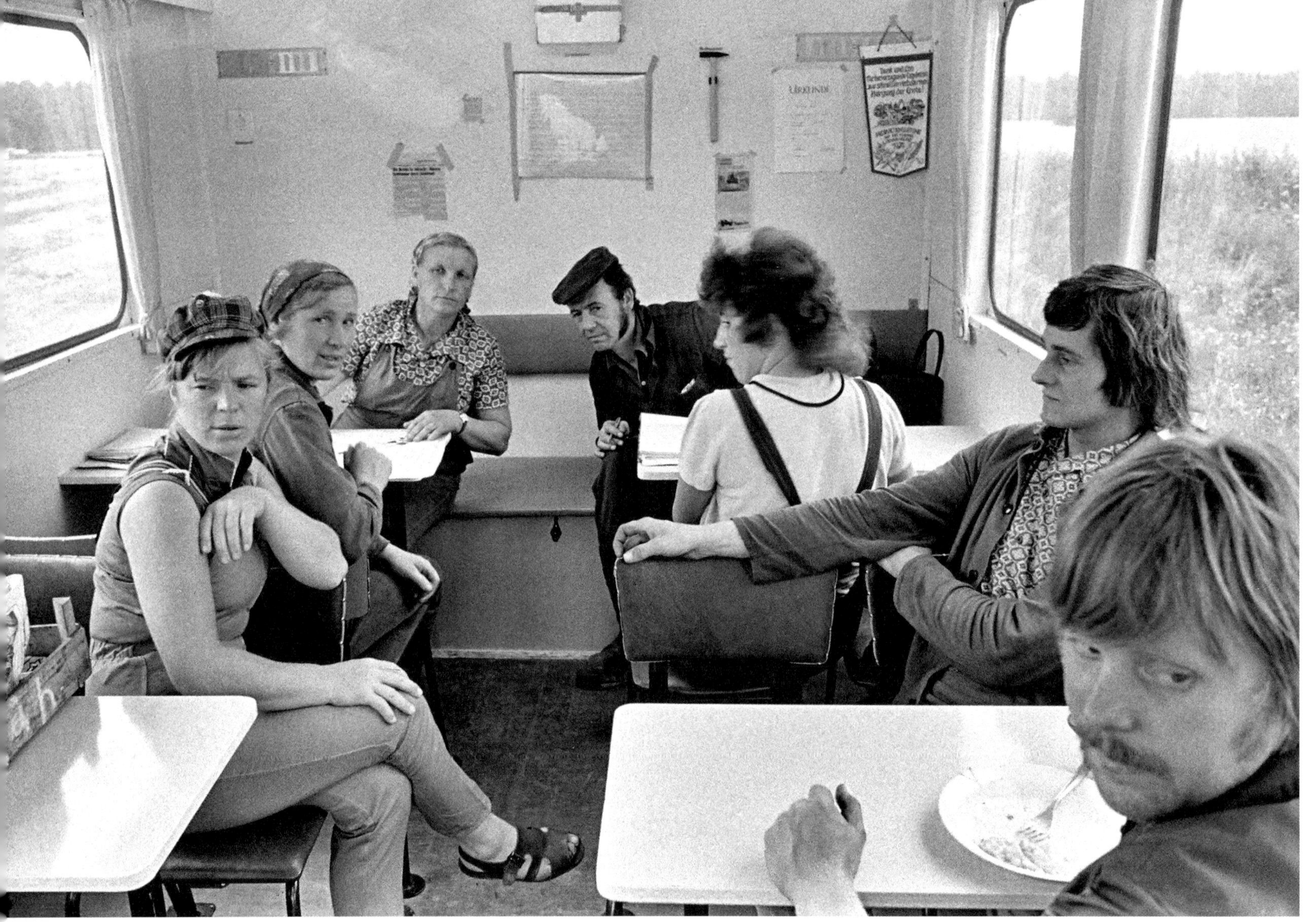

Erntepause im Bauwagen, KAP Stolzenhagen, 1974

A break from harvesting taken in a site trailer, KAP Stolzenhagen, (cooperative crop production department), 1974

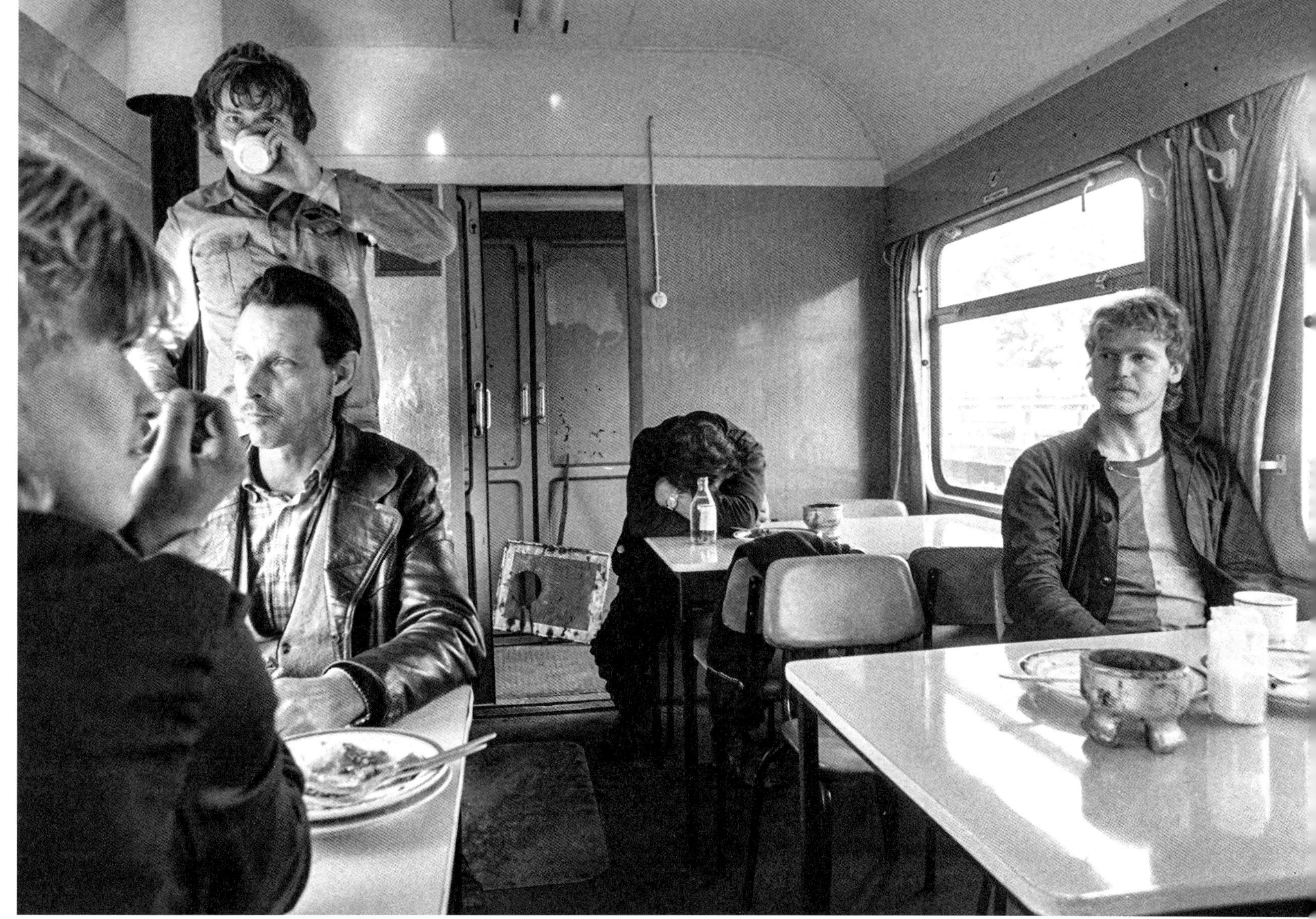

Kantinenwagen einer Bahnbaustelle bei Berlin, 1984

A canteen car at a railway construction site near Berlin, 1984

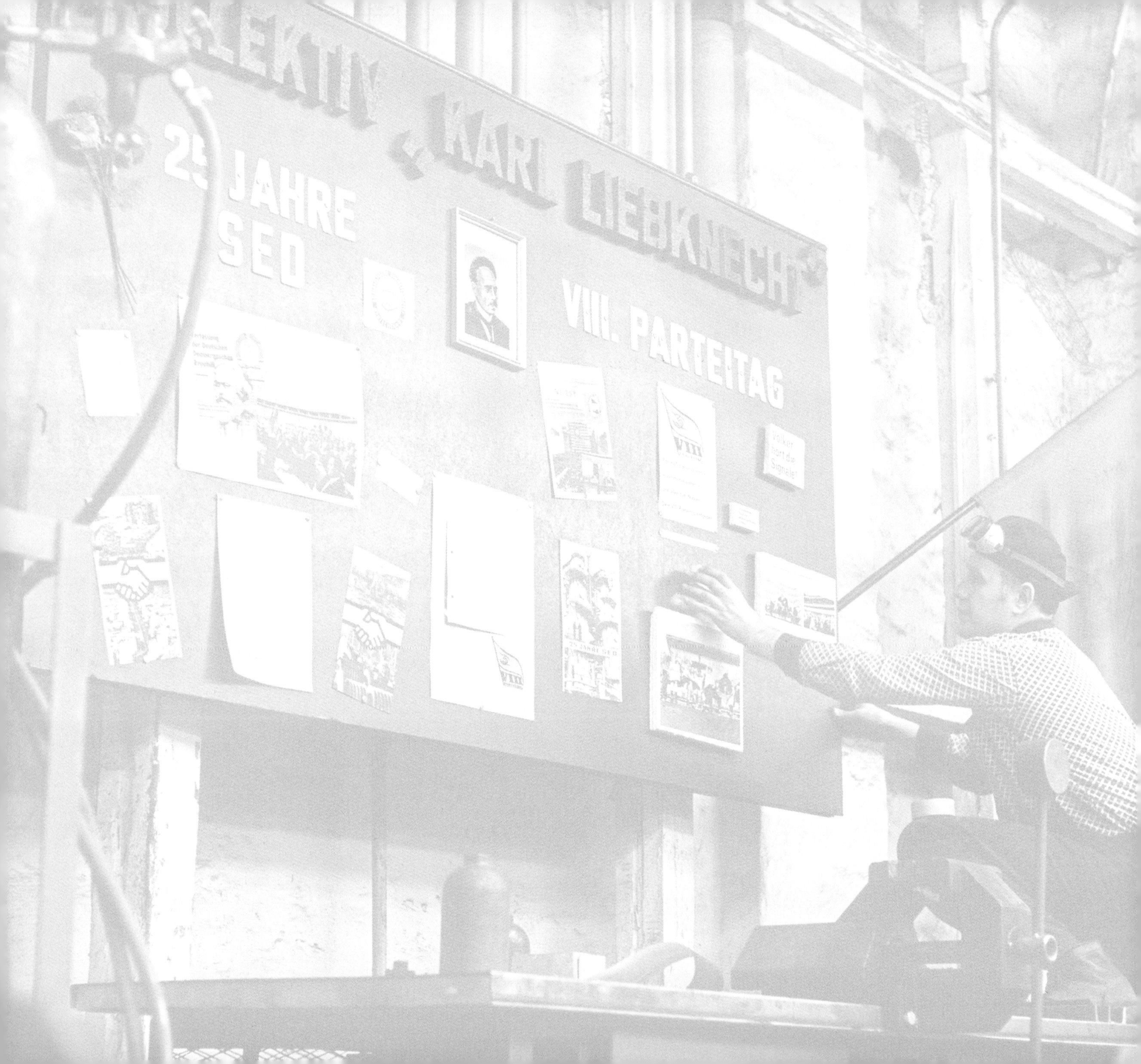

LIEBKNECHT
25 JAHRE
SED
VIII. PARTEITAG

REALER SOZIALISMUS

ORDEN UND AGITATION

REAL SOCIALISM

COMMENDATIONS AND AGITATION

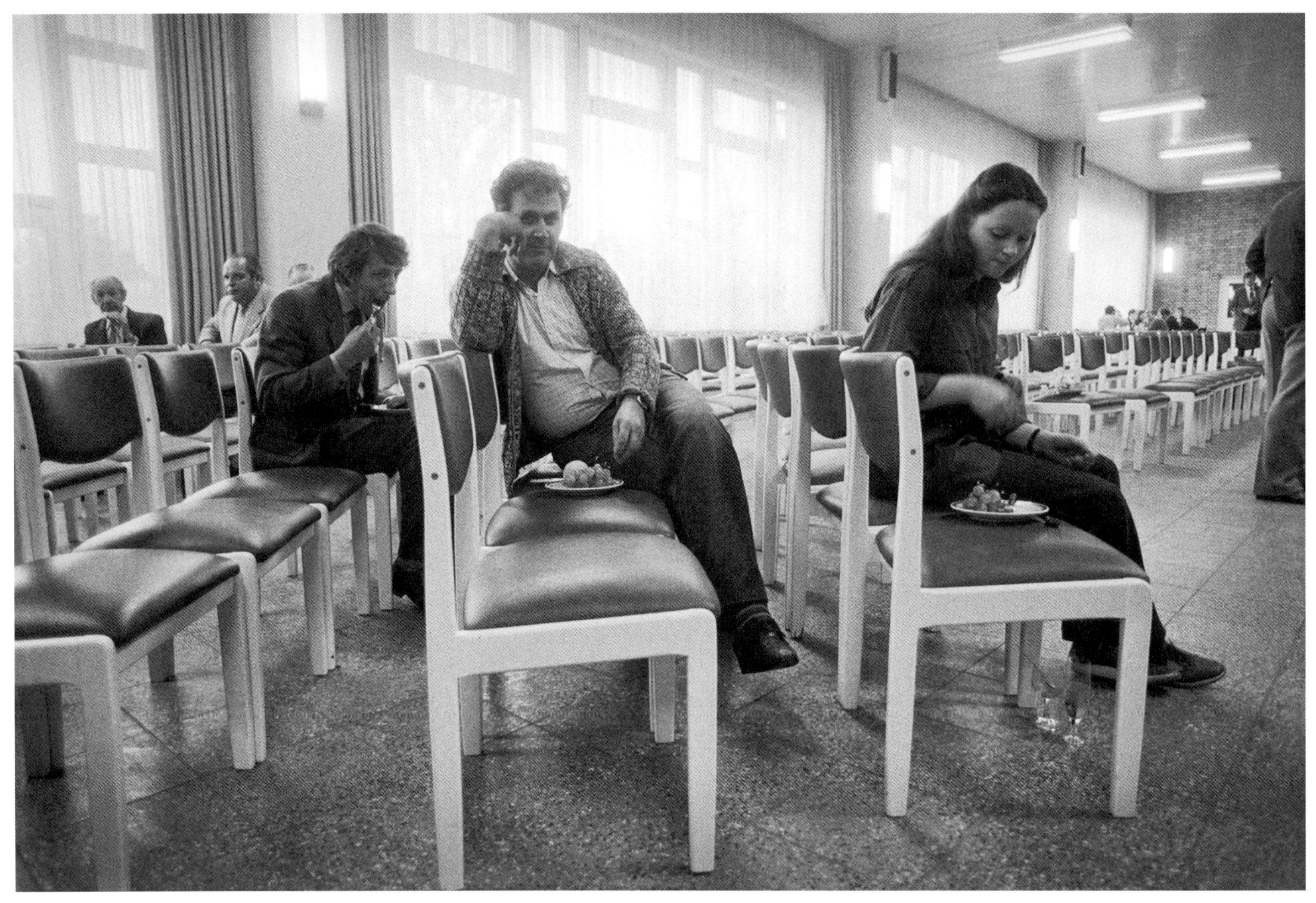

Nach der Verleihung des Karl-Marx-Ordens, VEB Tiefbaukombinat Berlin, 1984

After the presentation of The Order of Karl Marx, VEB Tiefbaukombinat Berlin (civil engineering combine), 1984

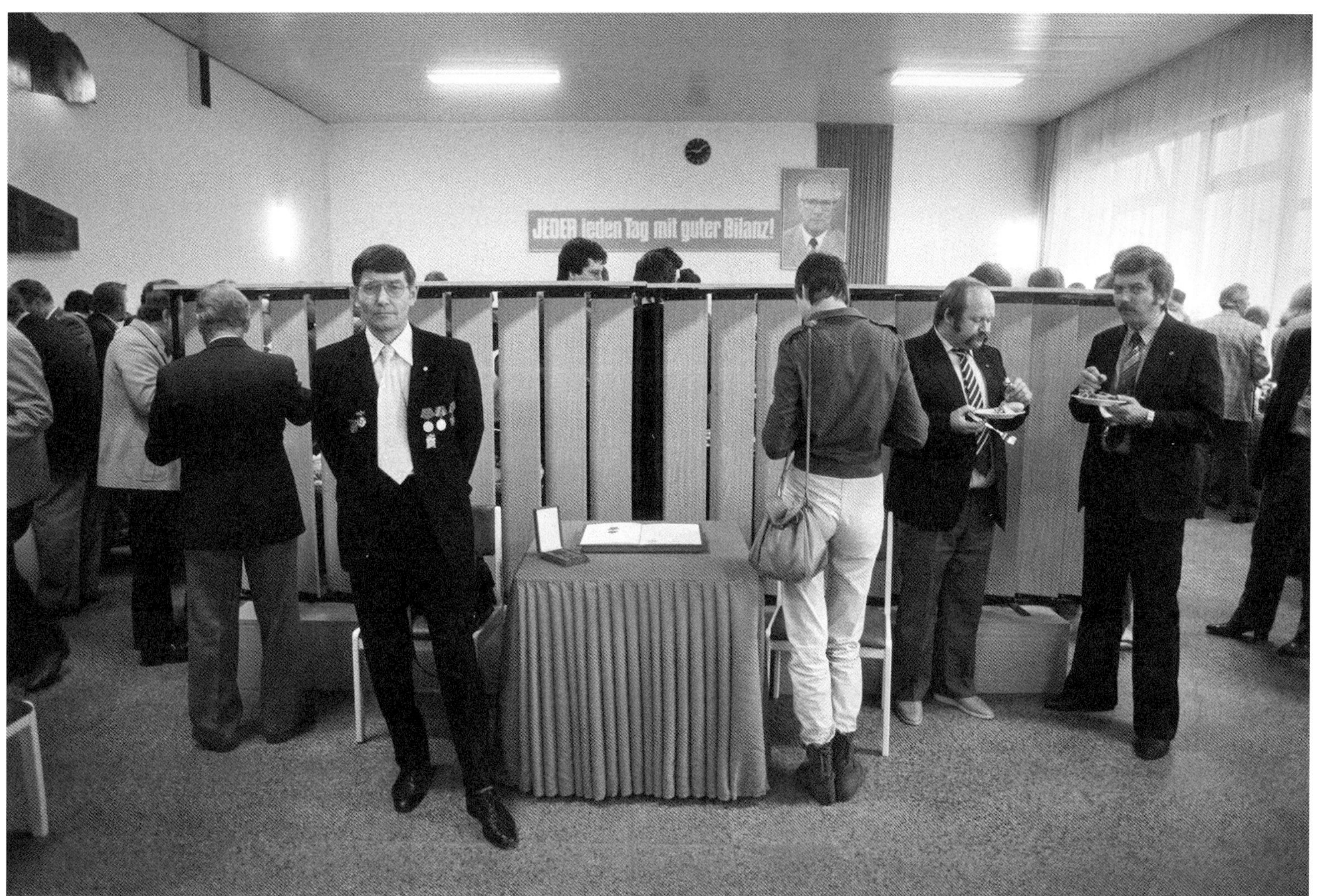

»Anlässlich der Auszeichnung mit dem Karl-Marx-Orden kam der erste Sekretär der SED-Bezirksleitung, Konrad Naumann, ins Werk: großer Bahnhof, großes Büffet. Es gab die üblichen Shakehands – das waren die Bilder, die ich machen sollte und die gingen in die Zeitung. Dieses Bild ist nebenbei entstanden: Da liegt nun der Karl-Marx-Orden, und einer muss darauf aufpassen.«
VEB Tiefbaukombinat Berlin, 1984

"The first secretary of the SED district leadership, Konrad Naumann, came into the factory on the occasion of the awarding of the Order of Karl Marx: major league red carpet treatment. There were the usual handshakes – these were the pictures I was supposed to take and they went into the newspaper. This picture was taken on the side: The Order of Karl Marx is lying there and somebody's got to look after it."
Tiefbaukombinat Berlin (civil engineering combine), 1984

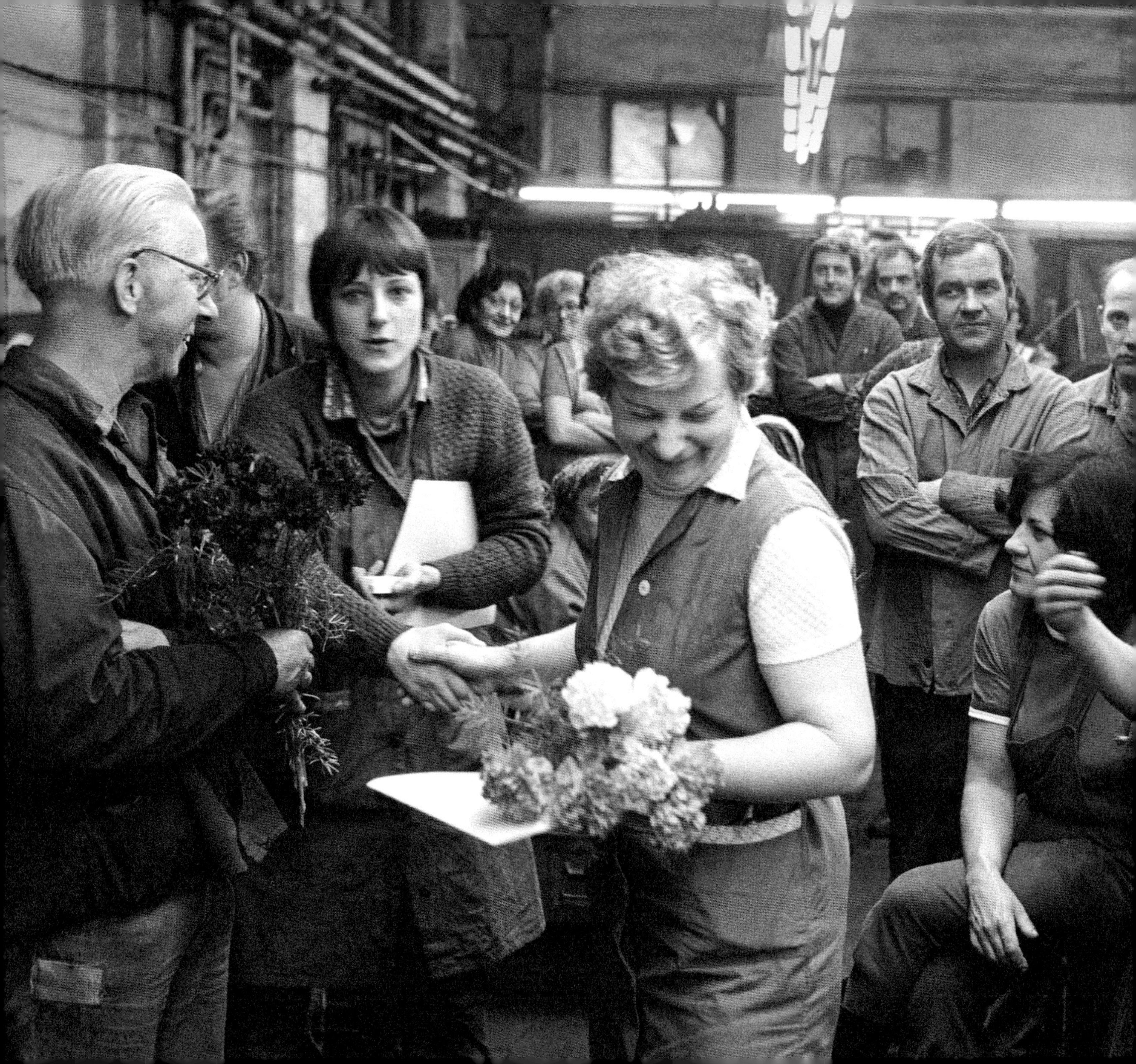

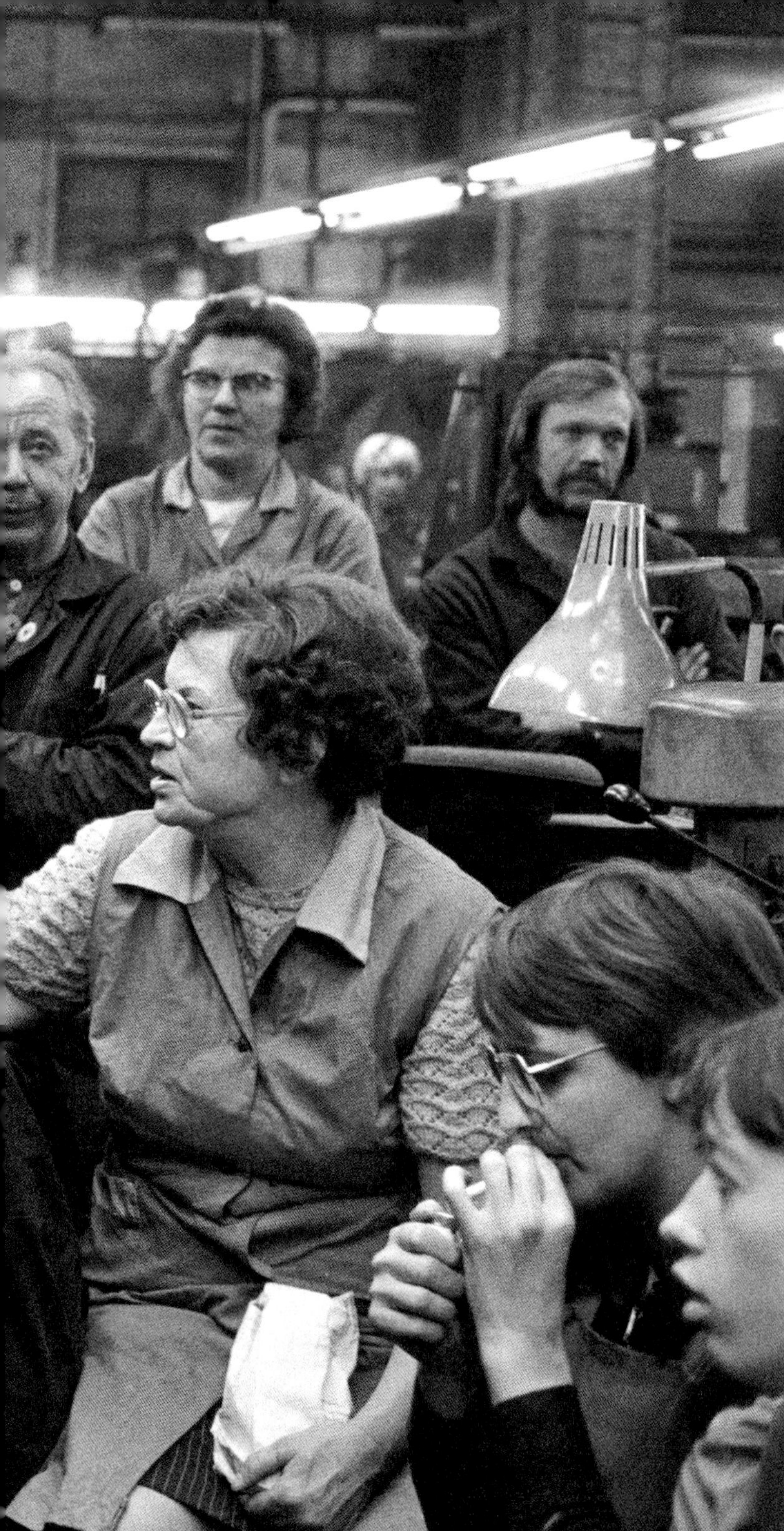

»Ich habe während der Übergabe der Auszeichnungen viel fotografiert. Dabei dauerte die ganze Veranstaltung nicht mal eine Stunde. Danach gingen die Leute wieder an ihren Arbeitsplatz. Wenn man gut gearbeitet hat, bekam man auch eine Auszeichnung. Der Orden war schön – die eigentliche Motivation war aber der damit verbundene Geldbetrag – beim ›Banner der Arbeit‹ waren das immerhin 1.000 Mark!«
Brigade »Bolesław Bierut«, VEB Elektrokohle Lichtenberg (EKL), Berlin, 1979

"I photographed a lot during the presentation of the awards. The whole event didn't even last an hour. Afterwards, people went back to their workplaces. If you worked well, you also got an award. The medal was nice – but the real motivation was the amount of money involved – in the case of the 'Banner of Labor' it was 1000 GDR marks!"
Bolesław Bierut brigade, VEB Elektrokohle Lichtenberg (EKL), Berlin, (coal and graphite company), 1979

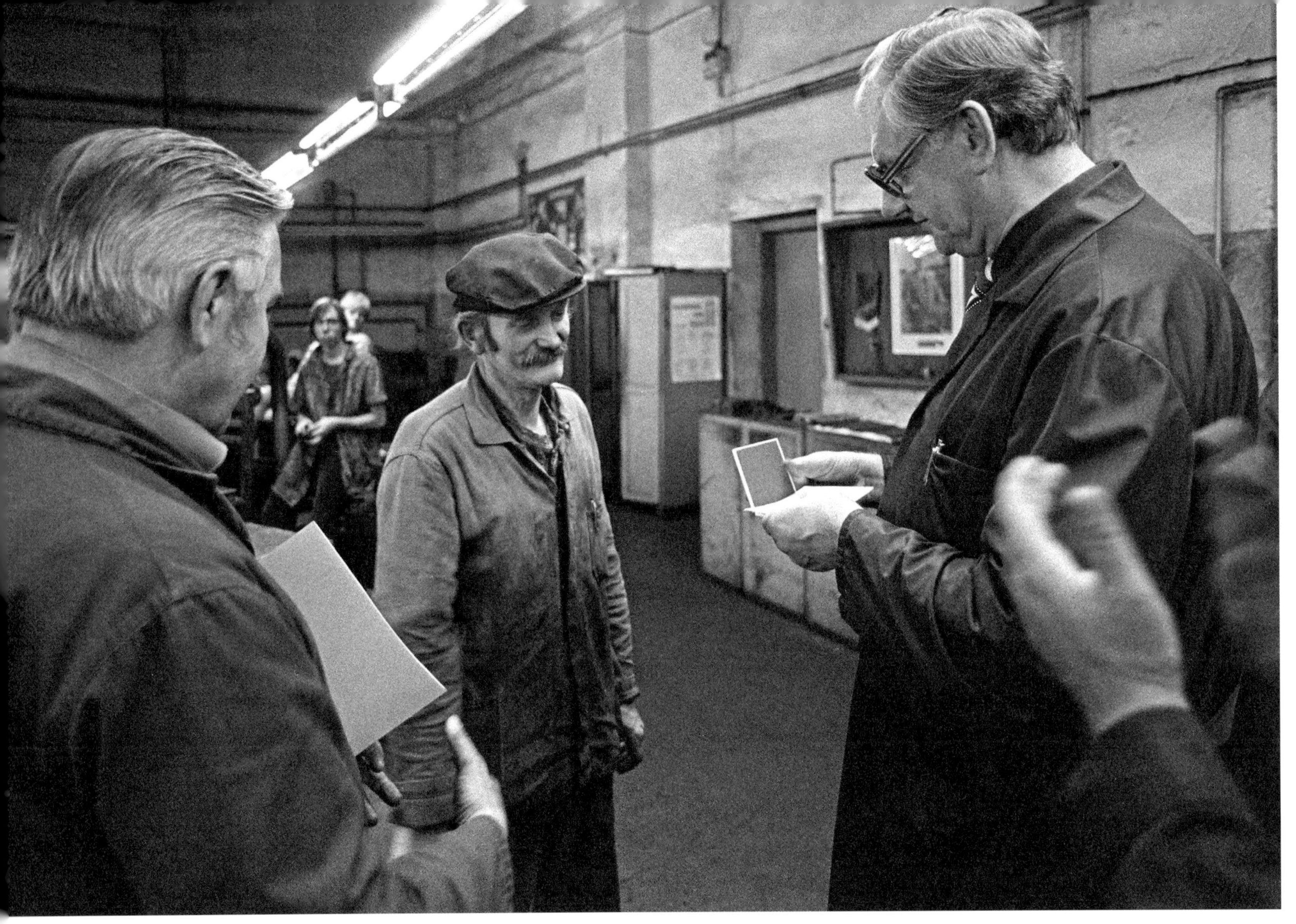

Ein Arbeiter der Presserei erhält eine Auszeichnung, VEB Elektrokohle Lichtenberg (EKL), Berlin, 1979

Worker at the pressing plant receives an award, VEB Elektrokohle Lichtenberg (EKL), Berlin, (coal and graphite company), 1979

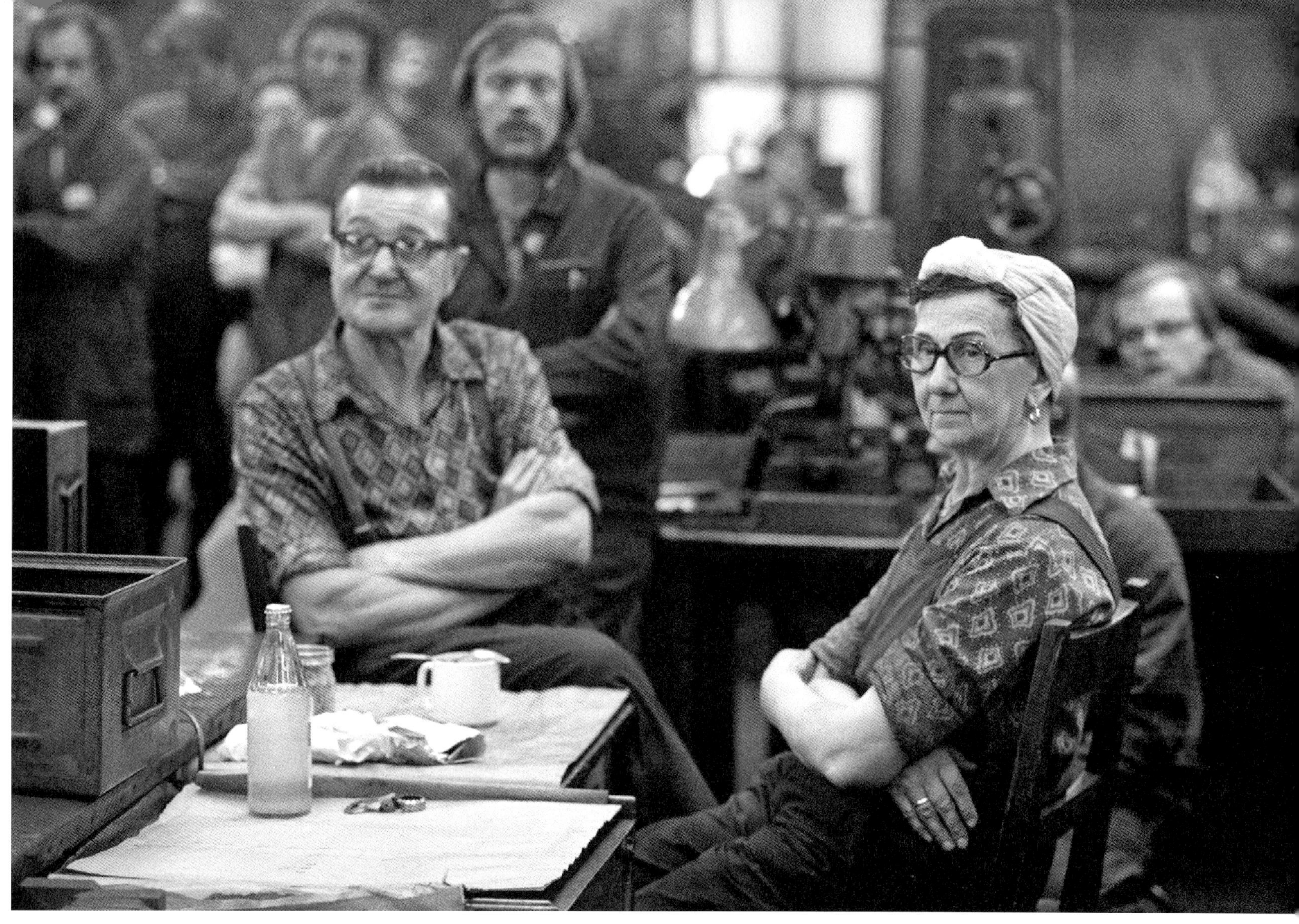

Während der Auszeichnungen von Mitgliedern der Brigade »Bolesław Bierut«, VEB Elektrokohle Lichtenberg (EKL), Berlin, 1979

During the award ceremony for the members of the "Bolesław Bierut" brigade, VEB Elektrokohle Lichtenberg (EKL), Berlin, (coal and graphite company), 1979

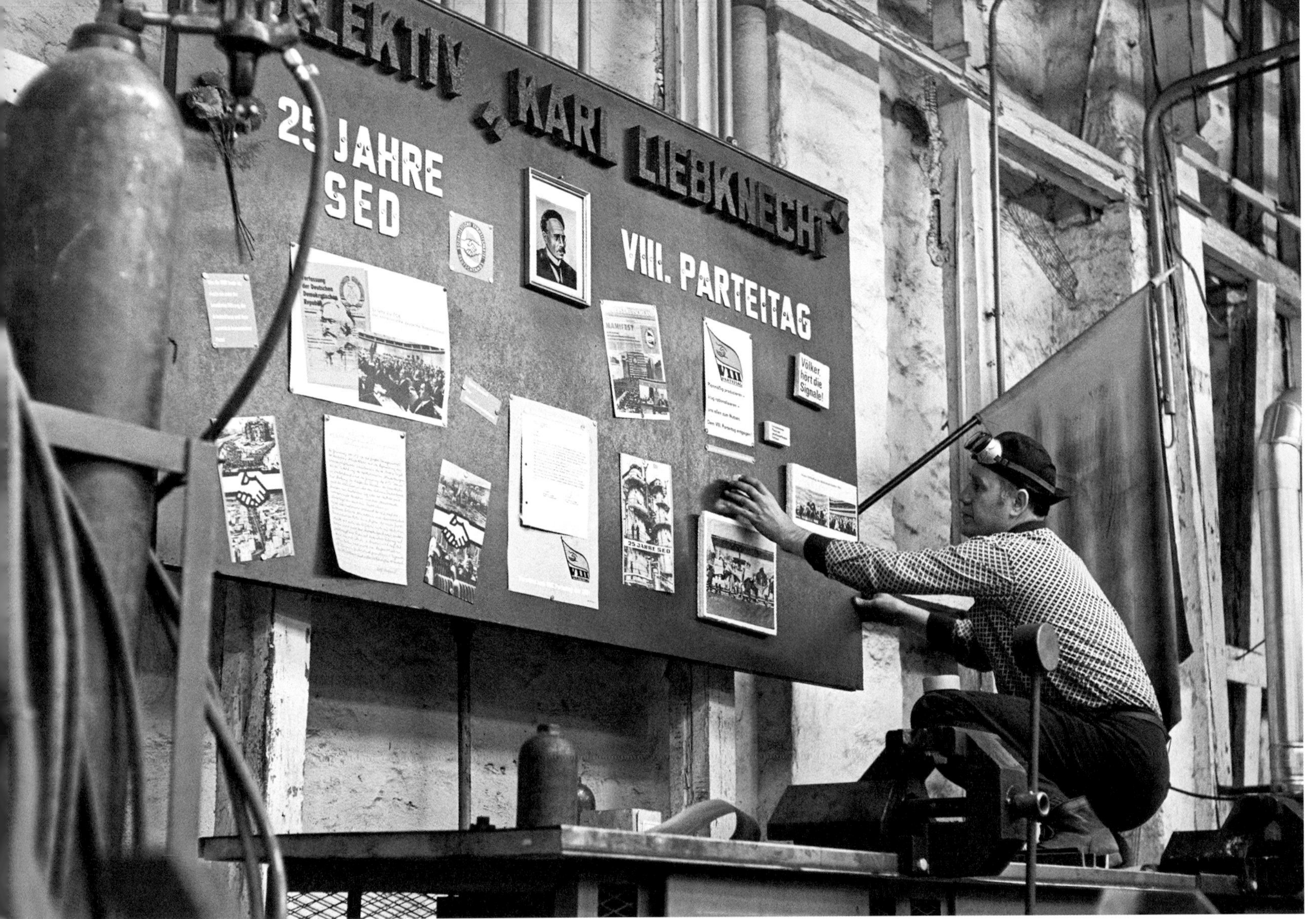

»Wandzeitungen wie hier zum VIII. Parteitag der SED waren Pflicht. Egal wo und wie. Die wurden dann auch immer wieder fotografiert. Es gab anlassbezogene Elemente, etwa Losungen und Aufrufe zu Parteitagen oder Jubiläen. Daneben befanden sich auf den Wandzeitungen die Verpflichtungen des Kollektivs, Produktionsziele etc.«
VEB Kühlautomat Berlin, 1971

“Wall newspapers like this one for the VIII Party Congress of the SED were obligatory. No matter where or how. They were then also photographed again and again. Event-related elements, such as slogans and calls for party congresses or jubilees were included. In addition, the wall newspapers contained the collective’s obligations, production goals, etc.”
VEB Kühlautomat Berlin, (refrigerator company), 1971

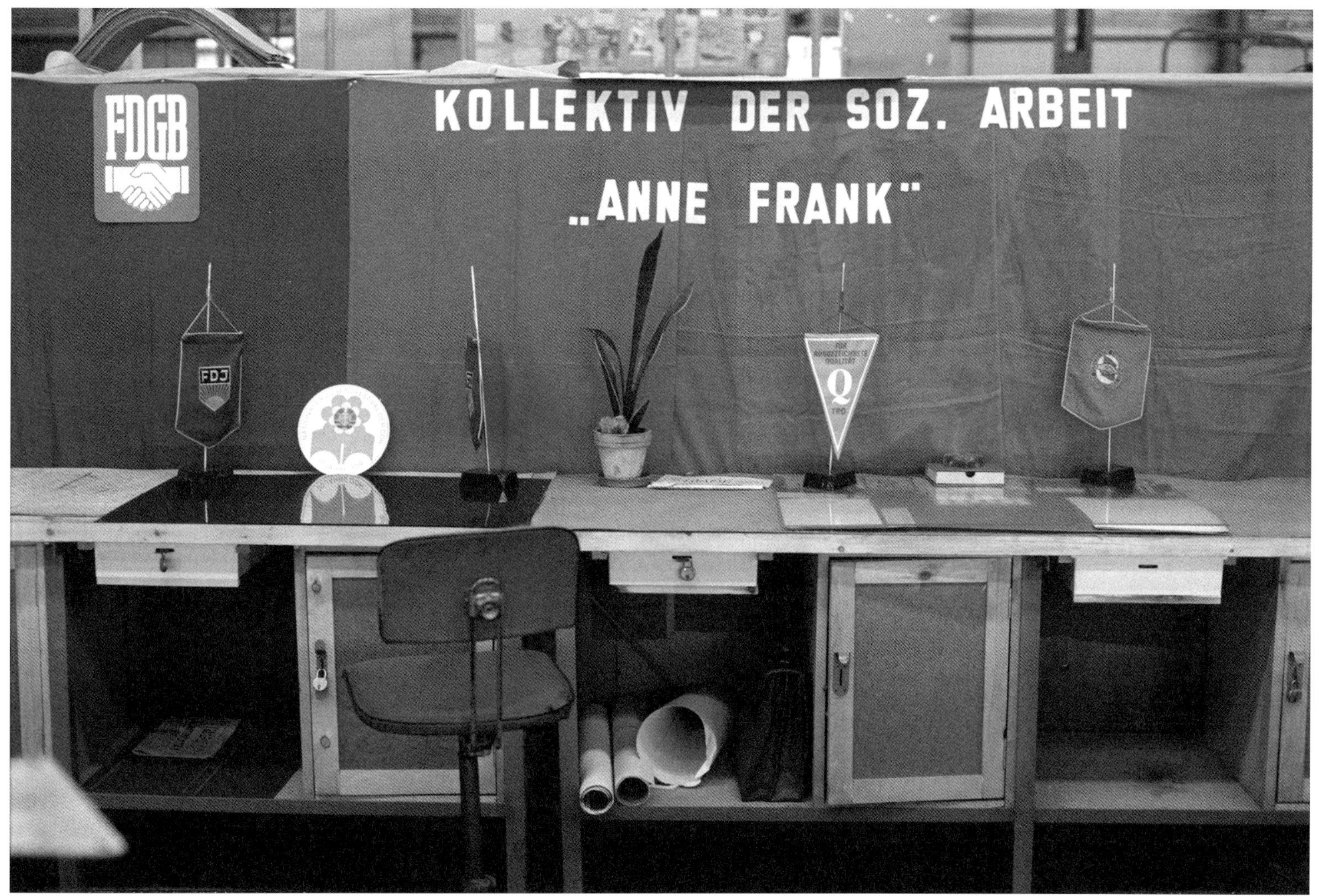

»Vor dem Besuch von jemandem Wichtigen herrschte immer große Anspannung. So etwas war vorher bekannt. Also wurde aufgeräumt und alles gewienert, um den hohen Gast würdig zu empfangen. Betriebsleitung, Gewerkschaft, Partei meinten, das sei ein guter Anlass, mal wieder richtig sauber zu machen.«
Kollektiv »Anne Frank«, VEB Transformatorenwerk Oberschöneweide (TRO), Berlin, 1979

"There was always great tension before the visit of someone important. Such things were known beforehand. So everything was tidied up and everything was put in order to receive the distinguished guest with dignity. The management, the union and the party thought that this was a good occasion to do a proper cleanup."
Kollectiv "Anne Frank", VEB Transformatorenwerk Oberschöneweide (TRO), (transformer plant), 1979

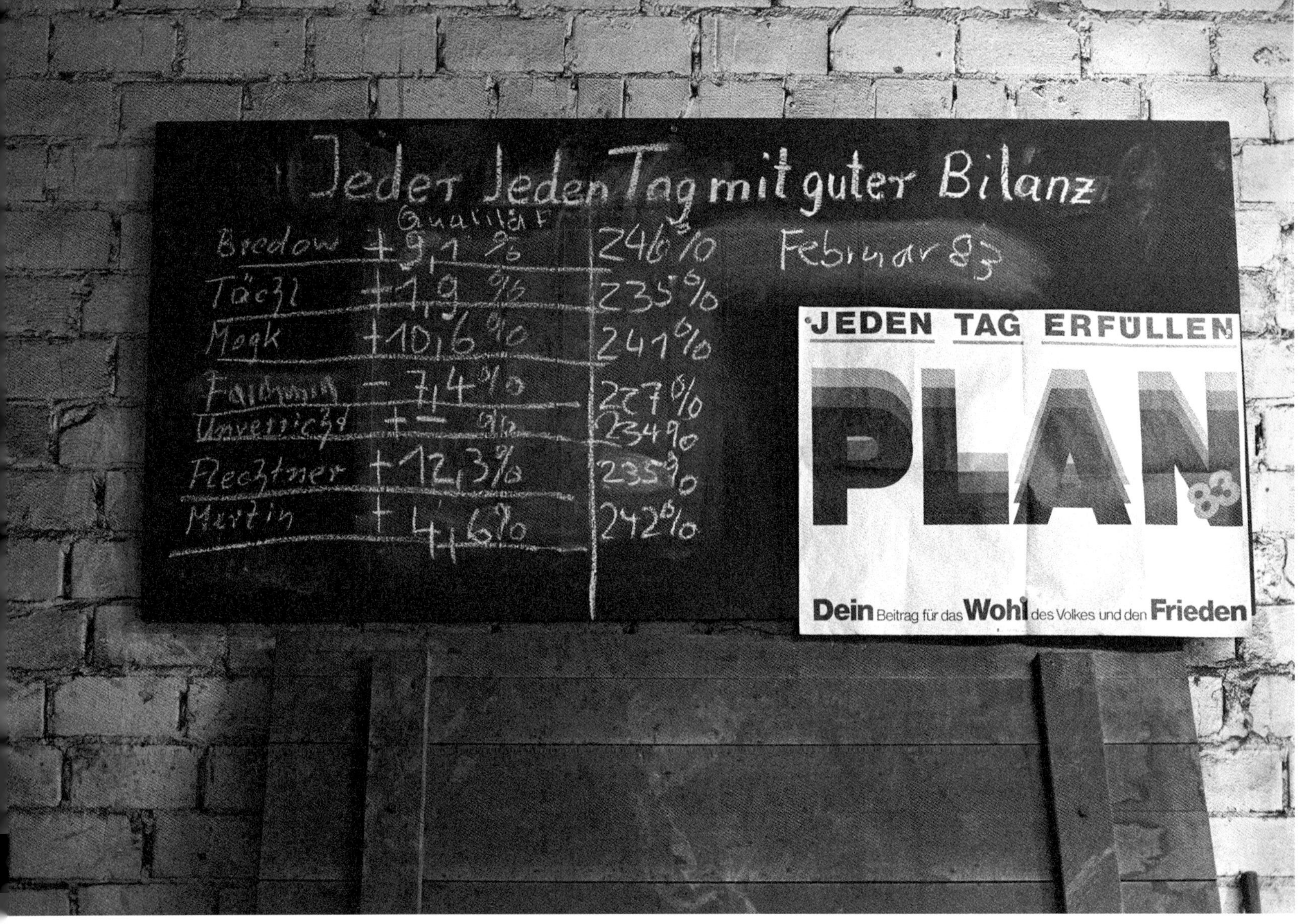

Plantafel der Brigade »Karl Marx«, VEB Elektrokohle Lichtenberg (EKL), Berlin, 1983

Planning board of the “Karl Marx” brigade, VEB Elektrokohle Lichtenberg (EKL), Berlin, (coal and graphite company), 1983

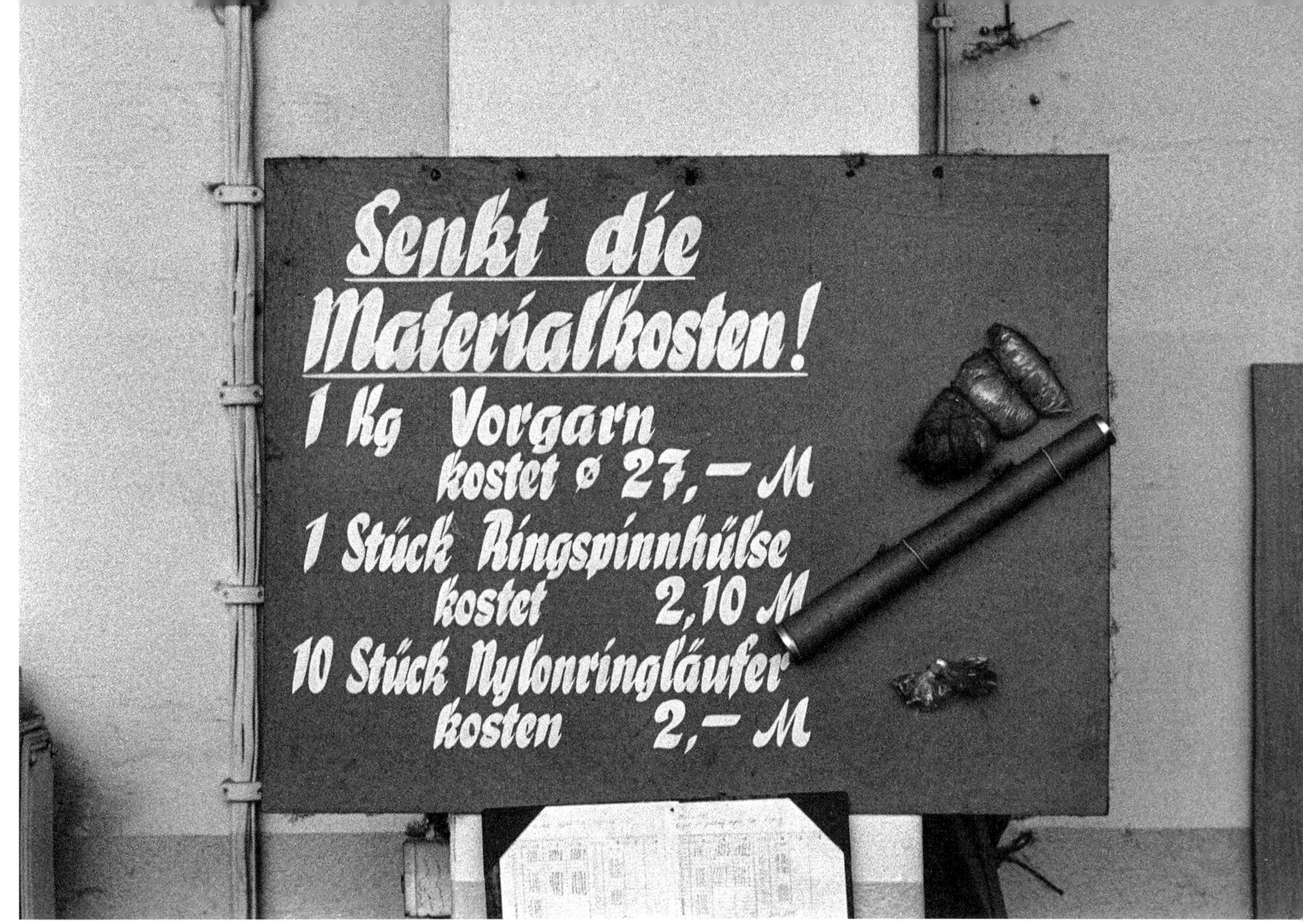

Tafel der Betriebsleitung mit der Aufforderung Material zu sparen, VEB Gubener Wolle, 1980

Plant management board calling for a reduction in material costs, VEB Gubener Wolle, (wool company), 1980

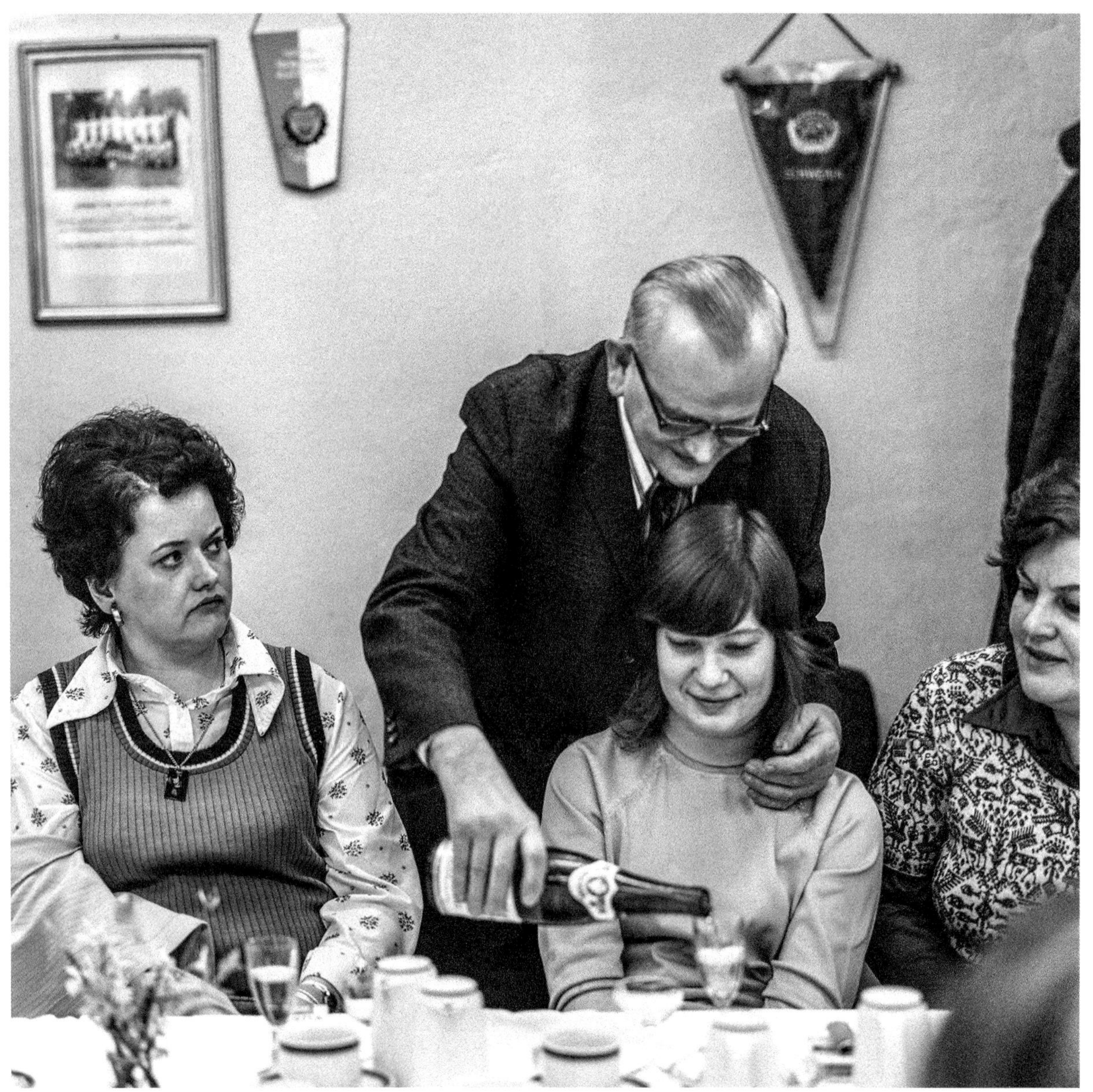

Männliche Machtspiele bei einer Feier im VEB Bergmann-Borsig (BB), Berlin, 1977

Male power games at a celebration in VEB Bergmann-Borsig, Berlin, (power plant equipment company), 1977

Faschingsfeier im VEB Elektro-Apparate-Werke »Friedrich Ebert« (EAW), Berlin-Treptow,1986

Carnival celebration at VEB Elektro-Apparate-Werke Berlin, (electric appliances plant), 1986

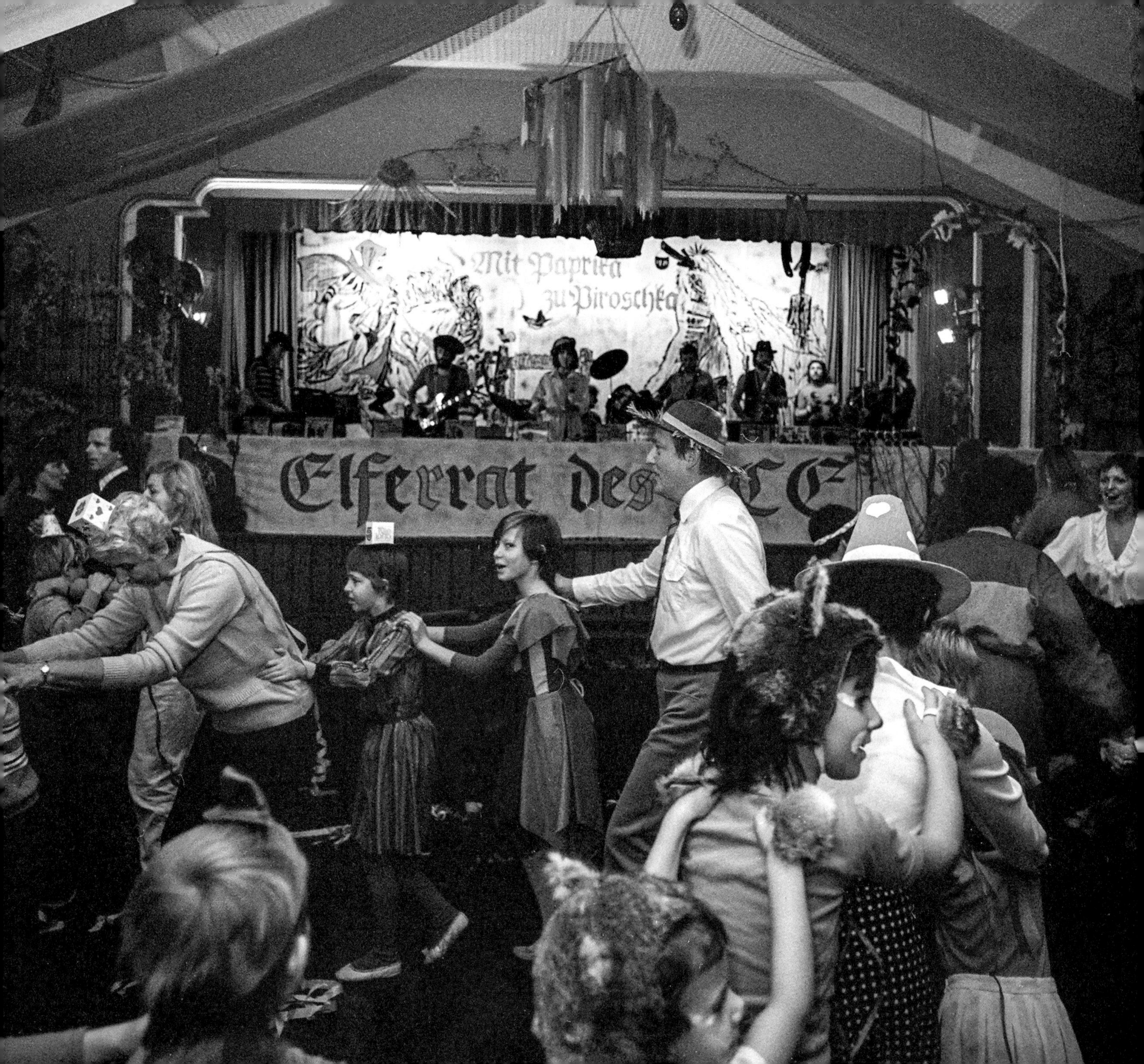
Mit Paprika
zu Piroschka
Elferrat des

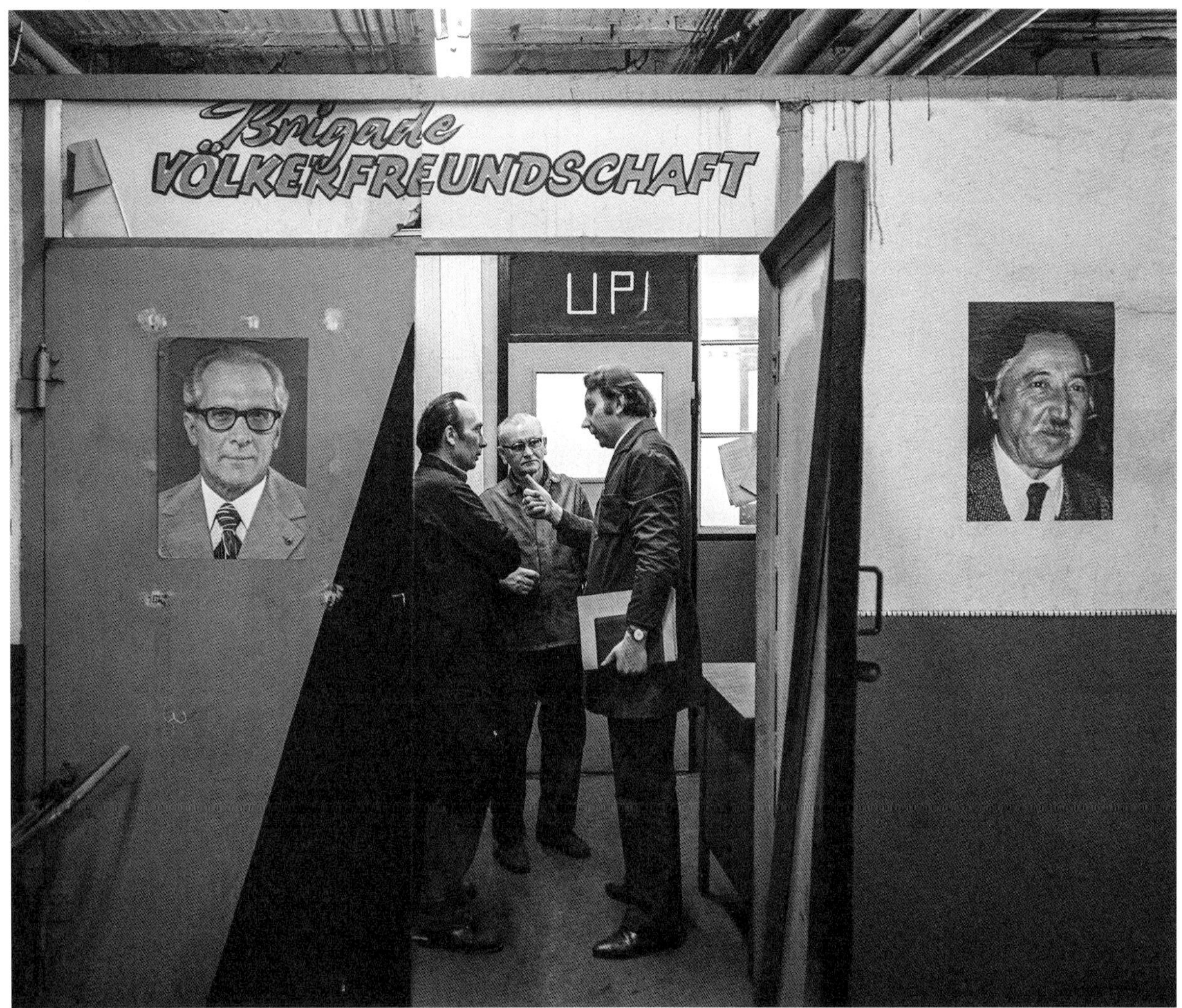

Vorbesprechung zum Besuch des chilenischen Kommunistenführers Luis Corvalán und des DDR-Staatsratsvorsitzenden Erich Honecker im VEB Bergman-Borsig (BB), Berlin, 1977

Discussion about the upcoming visit of the Chilean communist leader Luis Corvalán and the Chairman of the GDR Council of State Erich Honecker at VEB Bergman Borsig, Berlin, (power plant equipment company), 1977

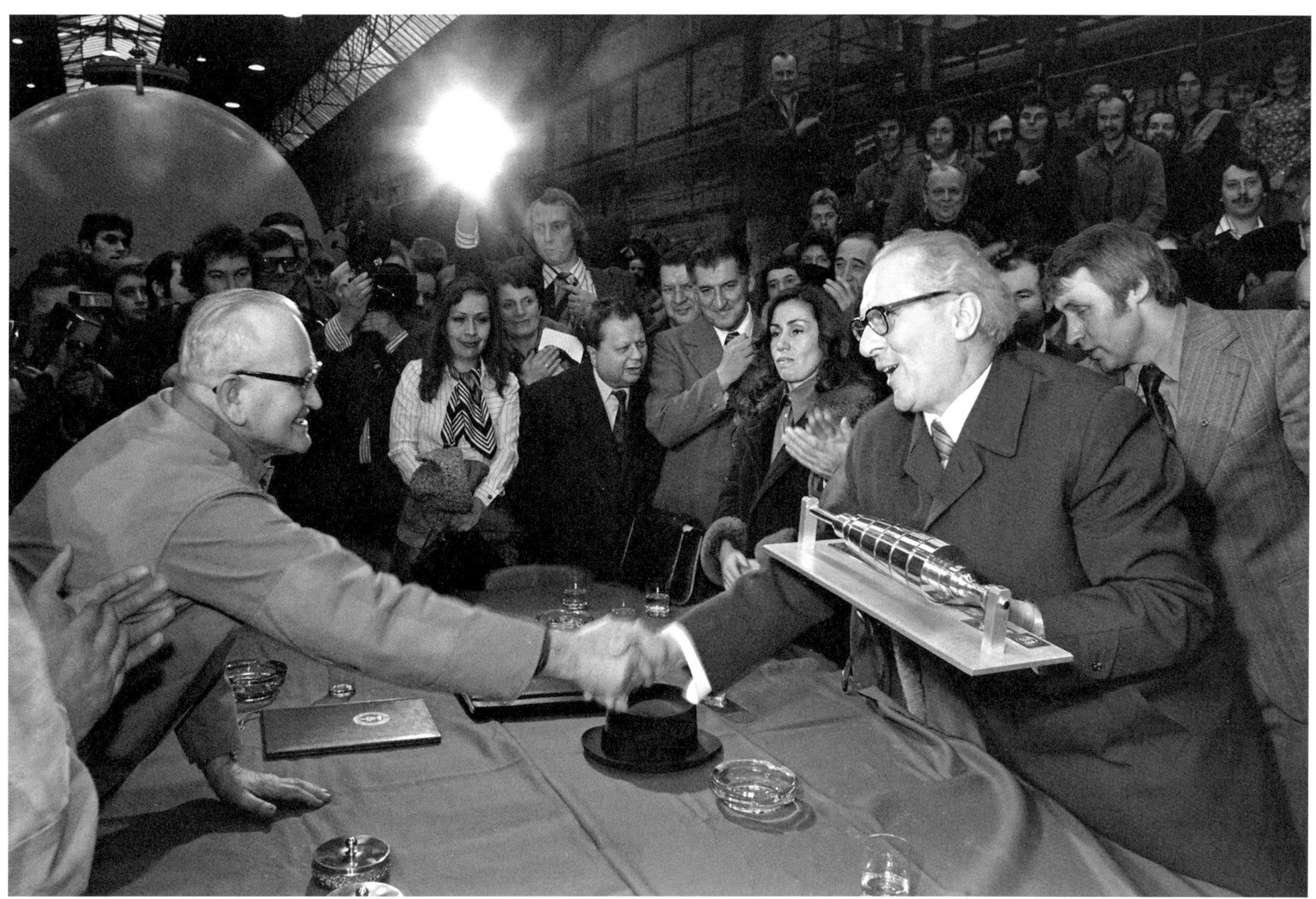

Erich Honecker nimmt ein Geschenk der Brigade »Völkerfreundschaft« von Brigadier Walter Nusse entgegen, VEB Bergman-Borsig (BB), Berlin, 1977

Erich Honecker accepts a gift from Brigadier Walter Nusse of the "Völkerfreundschaft" (International Friendship) brigade, VEB Bergman Borsig, Berlin, (power plant equipment company), 1977

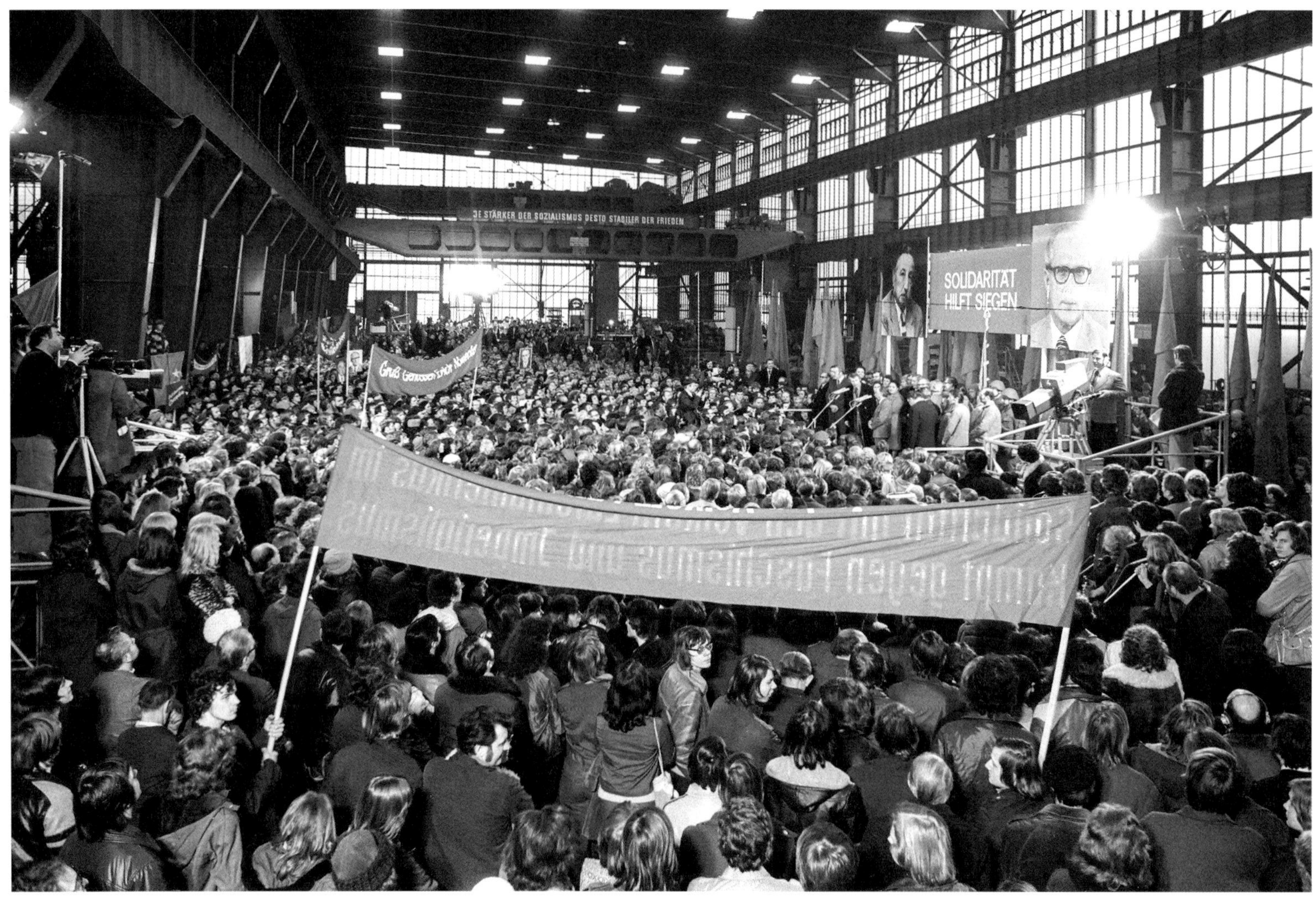

Rede des chilenischen Kommunistenführers Luis Corvalán vor der Belegschaft des VEB Bergman-Borsig (BB), Berlin, 1977

Speech by the Chilean communist leader Luis Corvalán to the employees of VEB Bergman Borsig, Berlin, (power plant equipment company), 1977

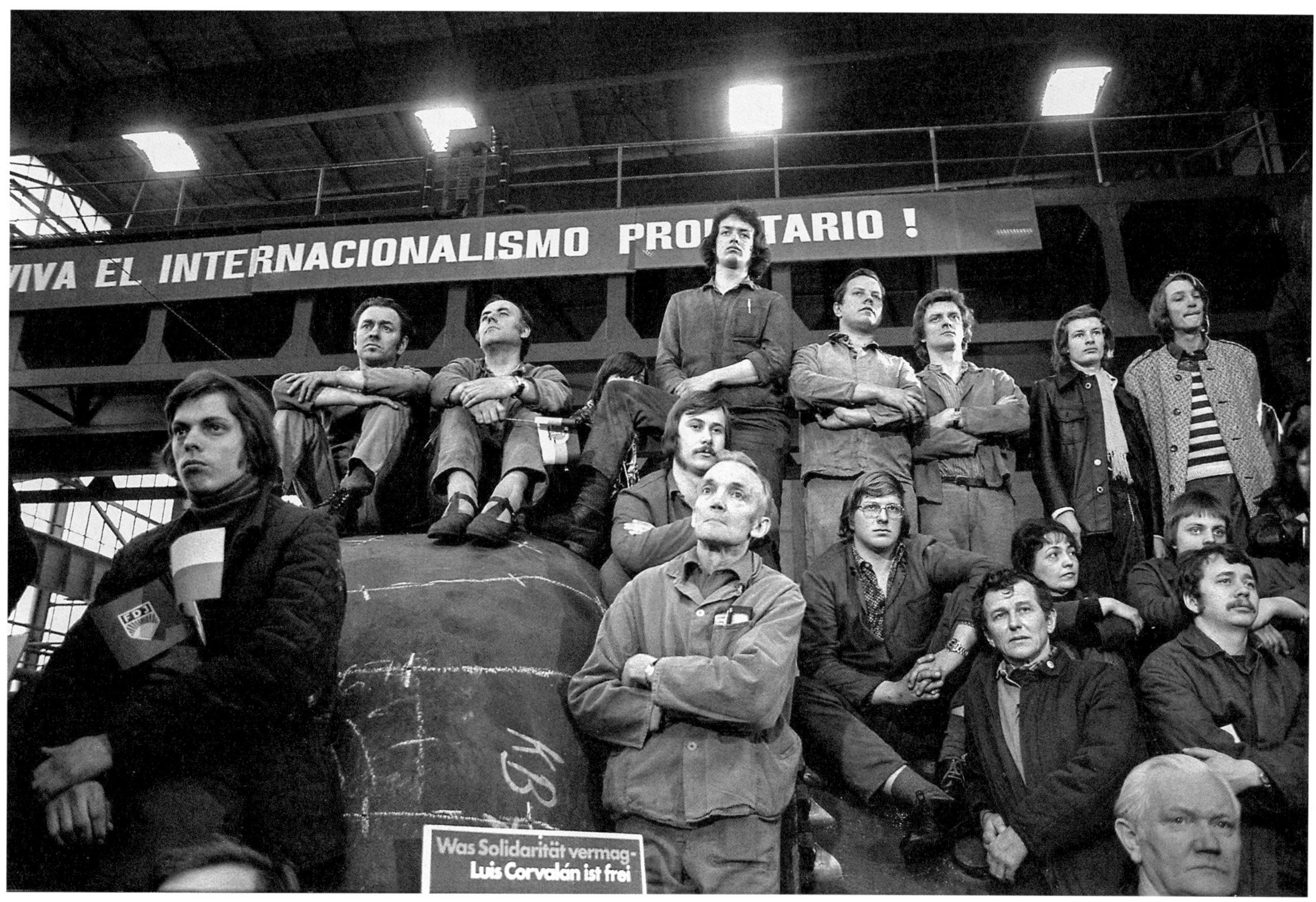

Betriebsangehörige des VEB Bergman-Borsig während der Rede von Luis Corvalán, Berlin, 1977

Employees of VEB Bergman Borsig (power plant equipment company) during the speech by Luis Corvalán, Berlin, 1977

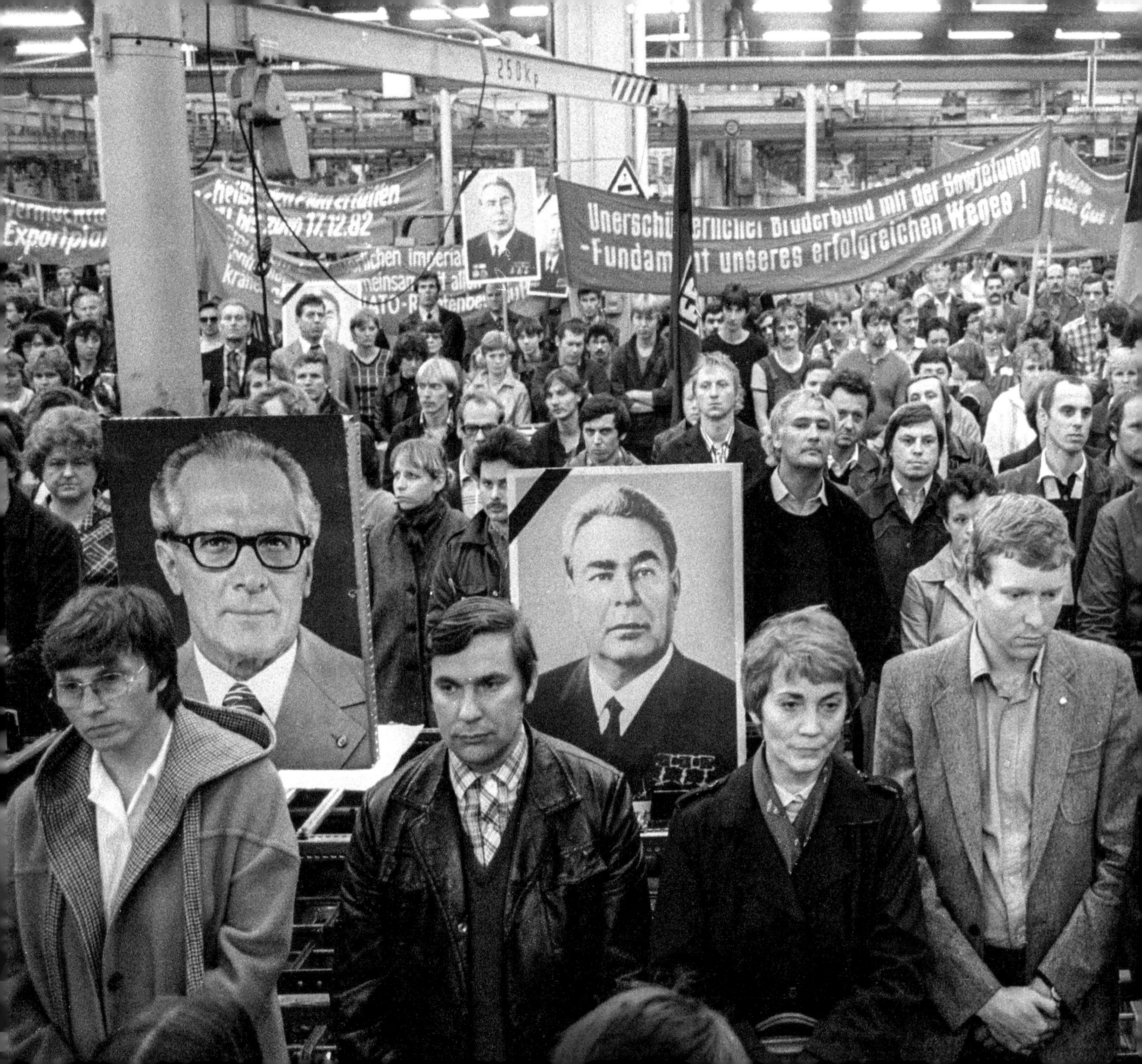
250 kp
bis zum 17.12.82
Exportplan
Bruderbund mit der Sowjetunion
unseres erfolgreichen Weges !

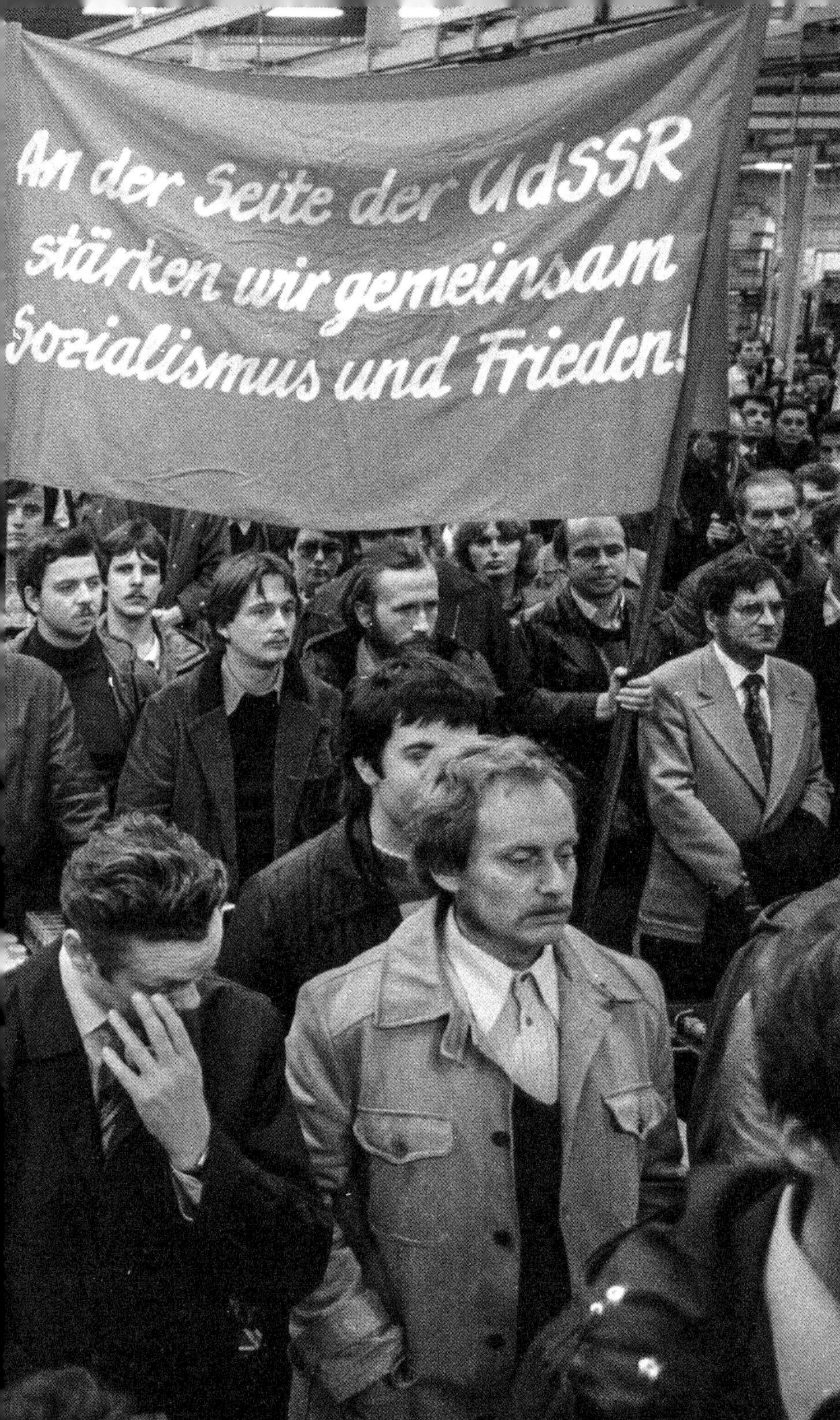

»Das Foto entstand während eines ›Gedenkmeetings‹ aus Anlass des Todes des sowjetischen Staats- und Parteichefs Leonid Breschnew am 13. November 1982. Es ist ein schwieriges Bild für mich: Vorn stehen die Funktionäre. Das ist eine Darstellung von Leuten, die für Breschnew sind. Sicherlich gab es viele, die ehrlich getrauert haben. Aber bei den meisten war es eben nicht so. Die Trauer war ja angeordnet. Aber dass es eine Pflichtveranstaltung war, sollte in der Zeitung natürlich nicht zu sehen sein.«
VEB Elektroprojekt und Anlagenbau (EAB), Berlin, 1982

"The photo was taken during a 'commemorative meeting' on the occasion of the death of the Soviet head of state and party leader Leonid Brezhnev on November 13, 1982. It is a difficult picture for me: the functionaries are all standing in front. This is a portrayal of people who are for Brezhnev. Surely there were many who honestly mourned. But for most people it was not like that. The mourning was ordered from above. But the fact that it was a compulsory event should not, of course, be in the papers."
VEB Elektroprojekt und Anlagenbau Berlin (EAB),
(electrical projects and plant engineering company), 1982

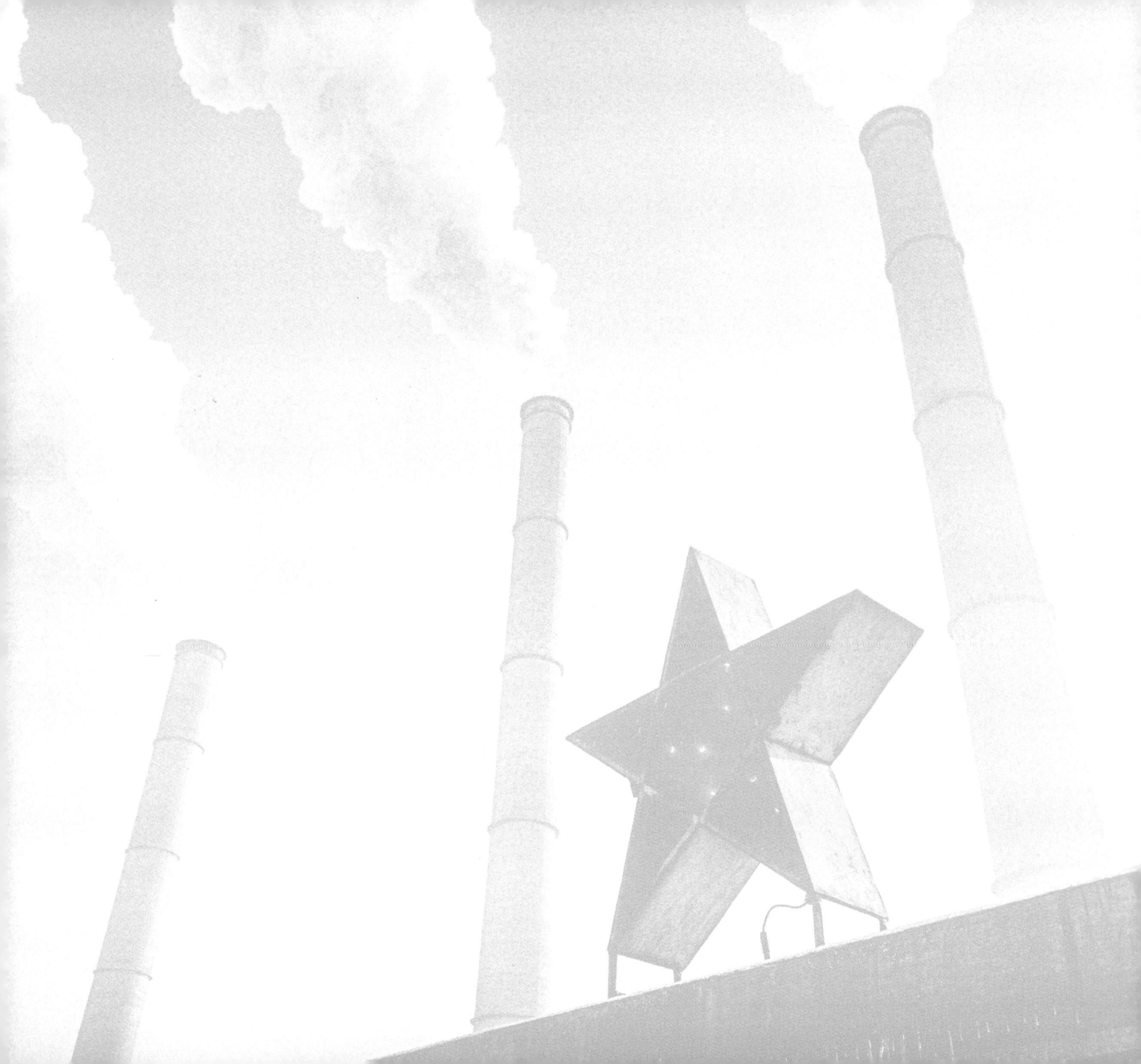

INDUSTRIE-LANDSCHAFTEN

WEGE UND WERKE

INDUSTRIAL LANDSCAPES

WAYS AND WORKS

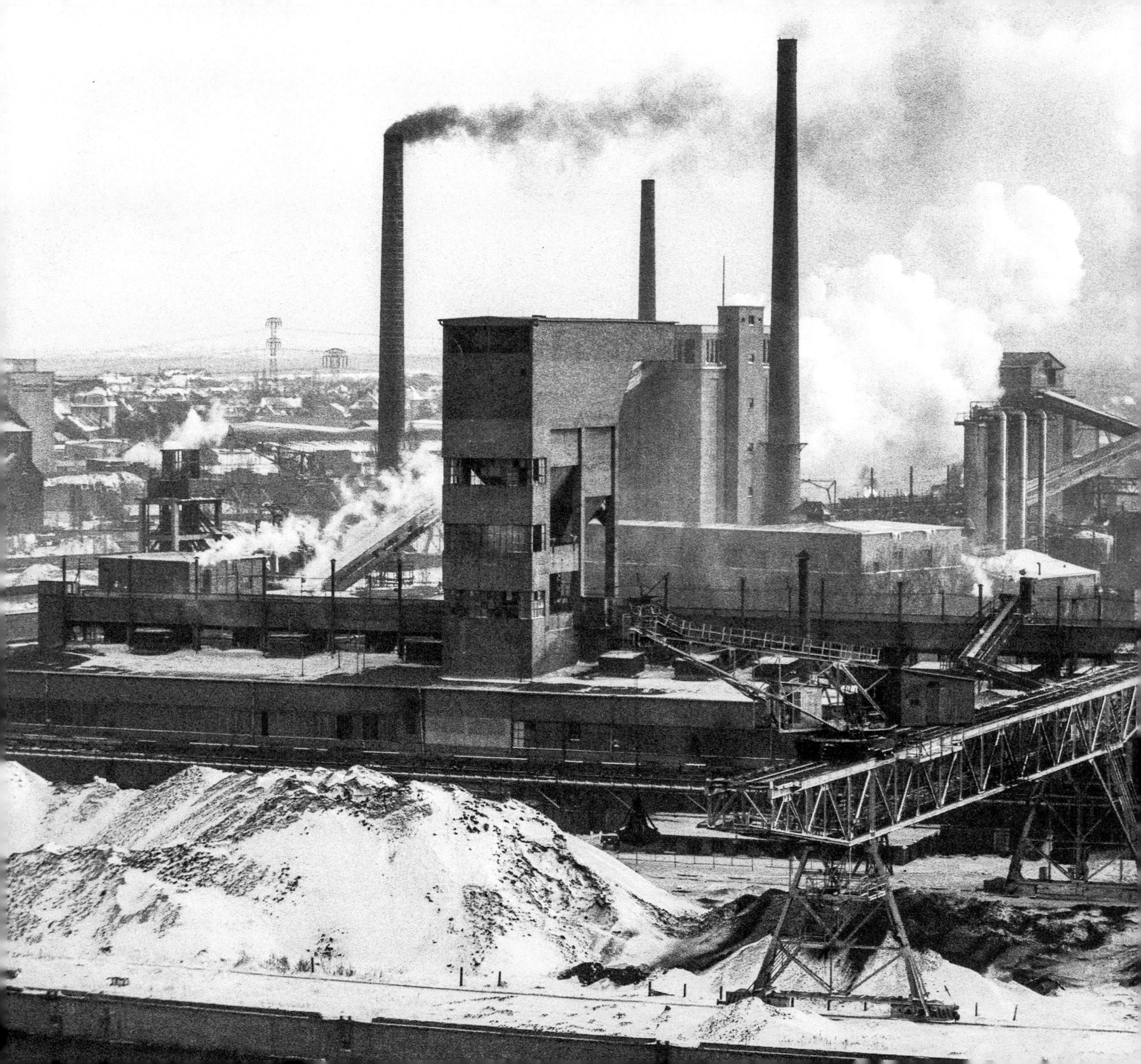

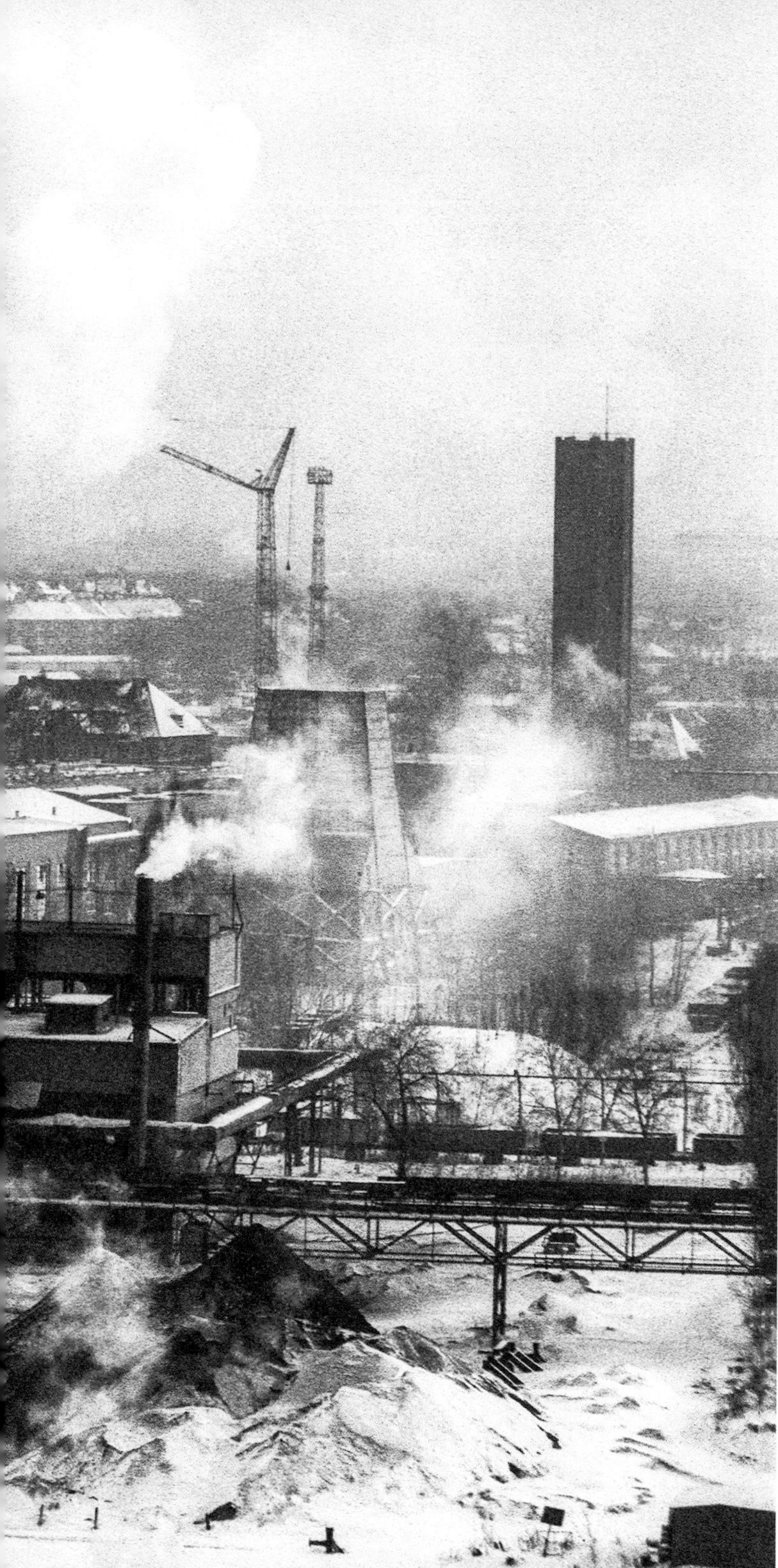

Gaskokerei des VEB Energiekombinat Berlin-Lichtenberg, 1981

Coking plant at VEB Energiekombinat Berlin-Lichtenberg, (energy combine), 1981

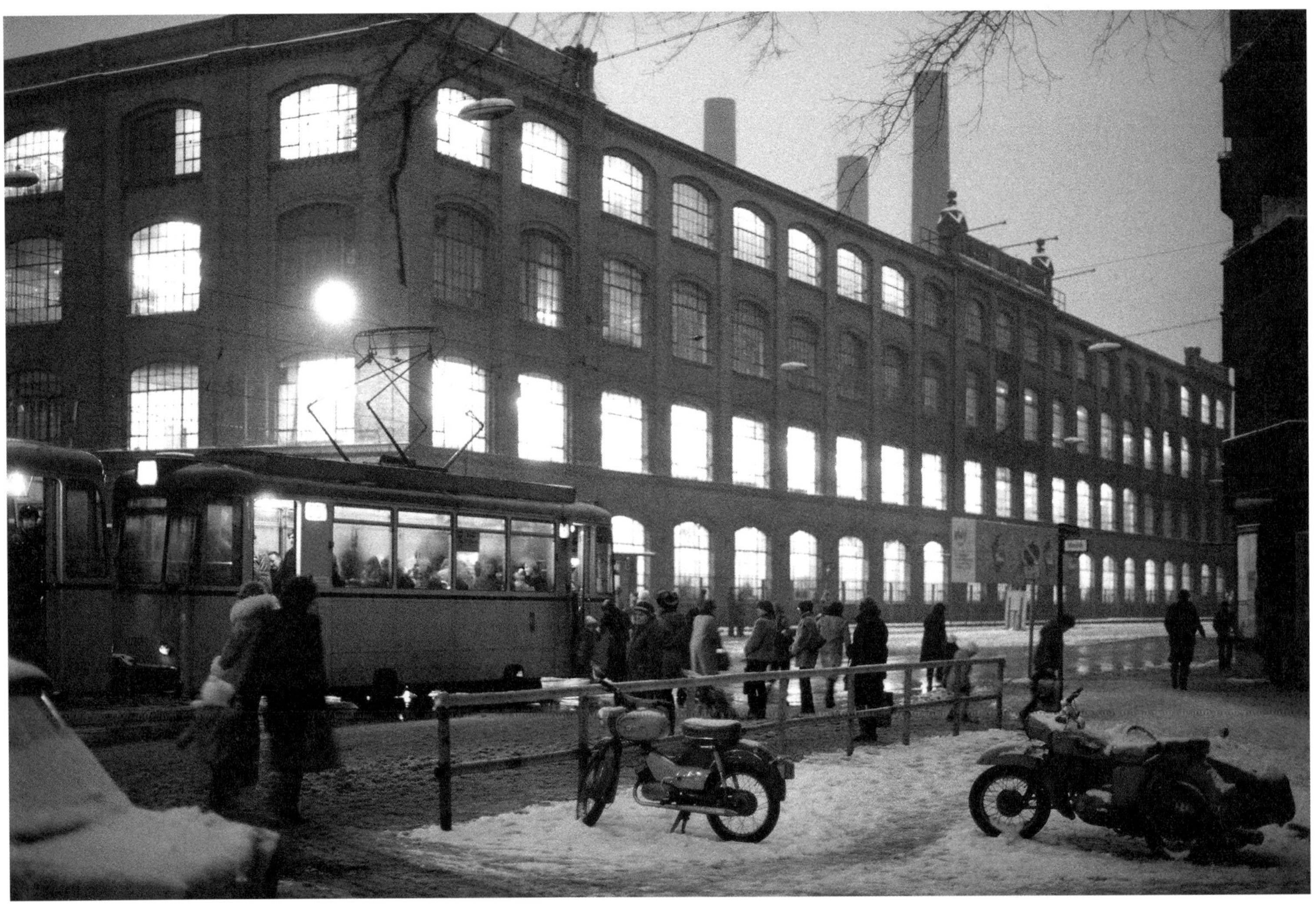

Straßenbahn vor dem VEB Kabelwerk Oberspree (KWO), Wilhelminenhofstraße, Berlin, 1981

Tram in front of VEB Kabelwerk Oberspree (KWO), Wilhelminenhofstraße, Berlin, (cable works), 1981

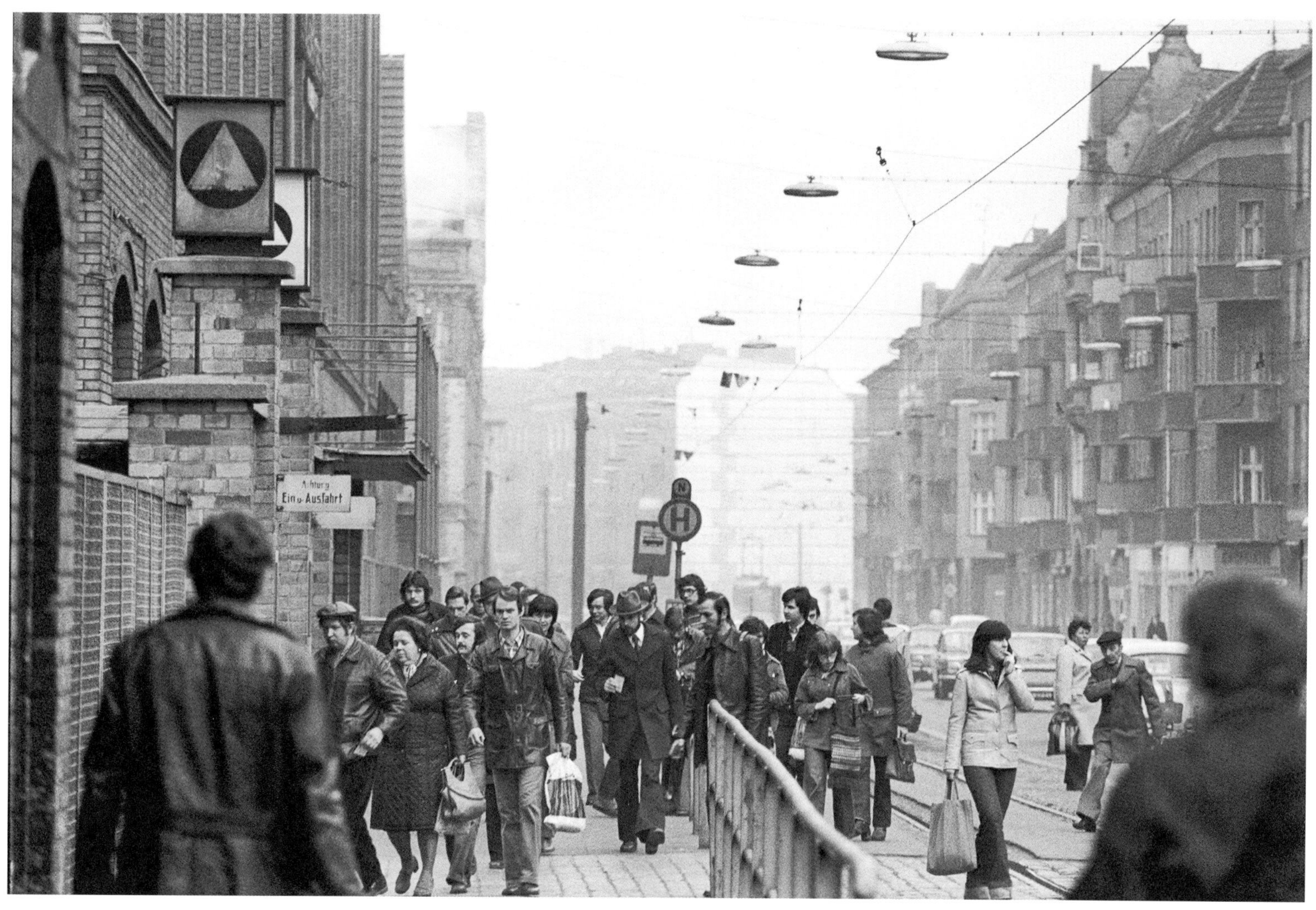

Schichtwechsel am Werkstor Wilhelminenhofstraße, VEB Kabelwerk Oberspree (KWO), Berlin, 1979

Shift change at the factory gate on Wilhelminenhofstraße, VEB Kabelwerk Oberspree (KWO), Berlin, (cable works), 1979

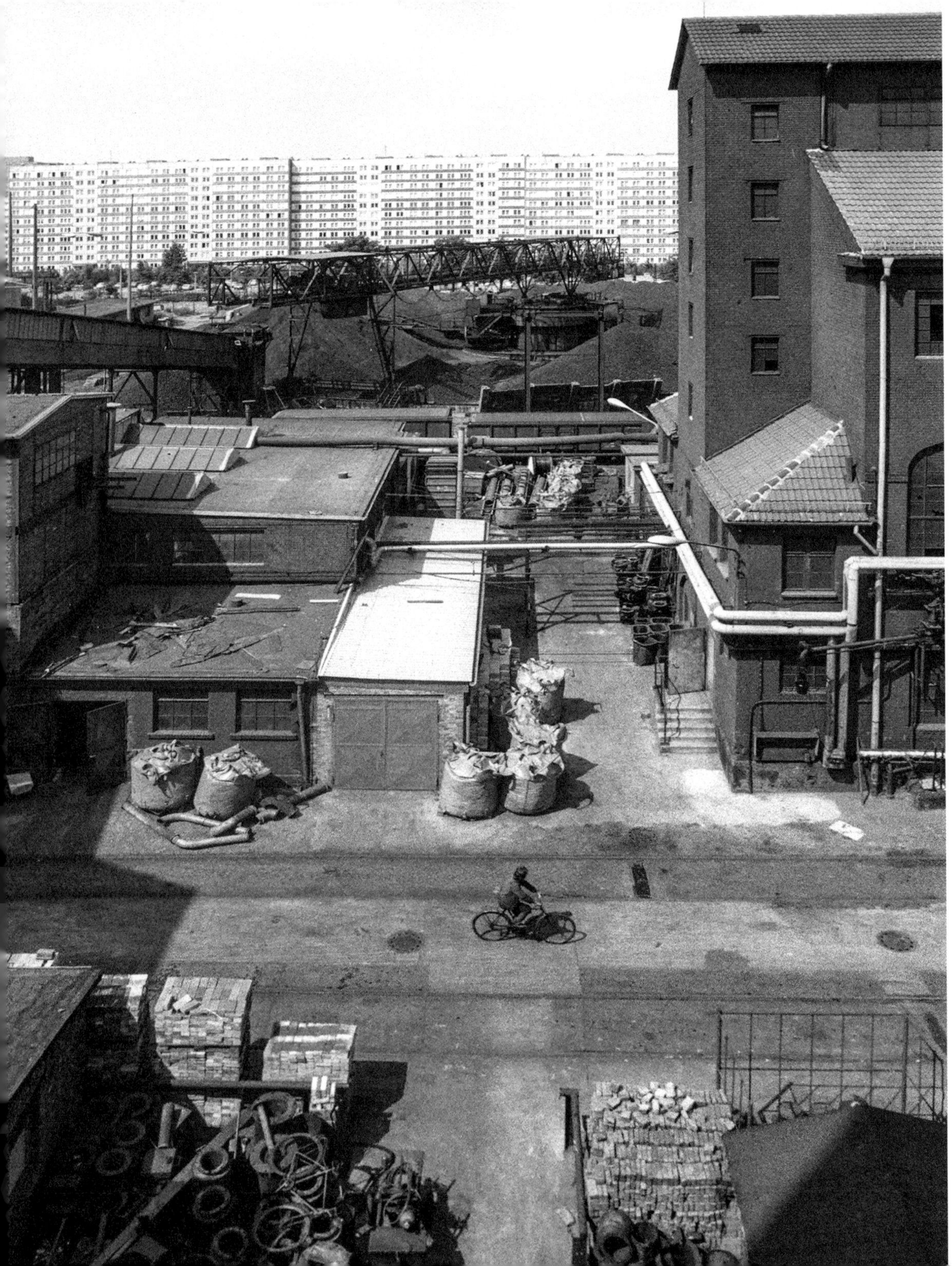

Werksgelände des VEB Elektrokohle Lichtenberg (EKL), im Hintergrund die Wohnungsneubauten an der Landsberger Allee in Berlin-Lichtenberg, 1982

Factory premises of VEB Elektrokohle Lichtenberg (EKL), (coal and graphite company); newly-built apartments on Landsberger Allee in Berlin-Lichtenberg are in the background, 1982

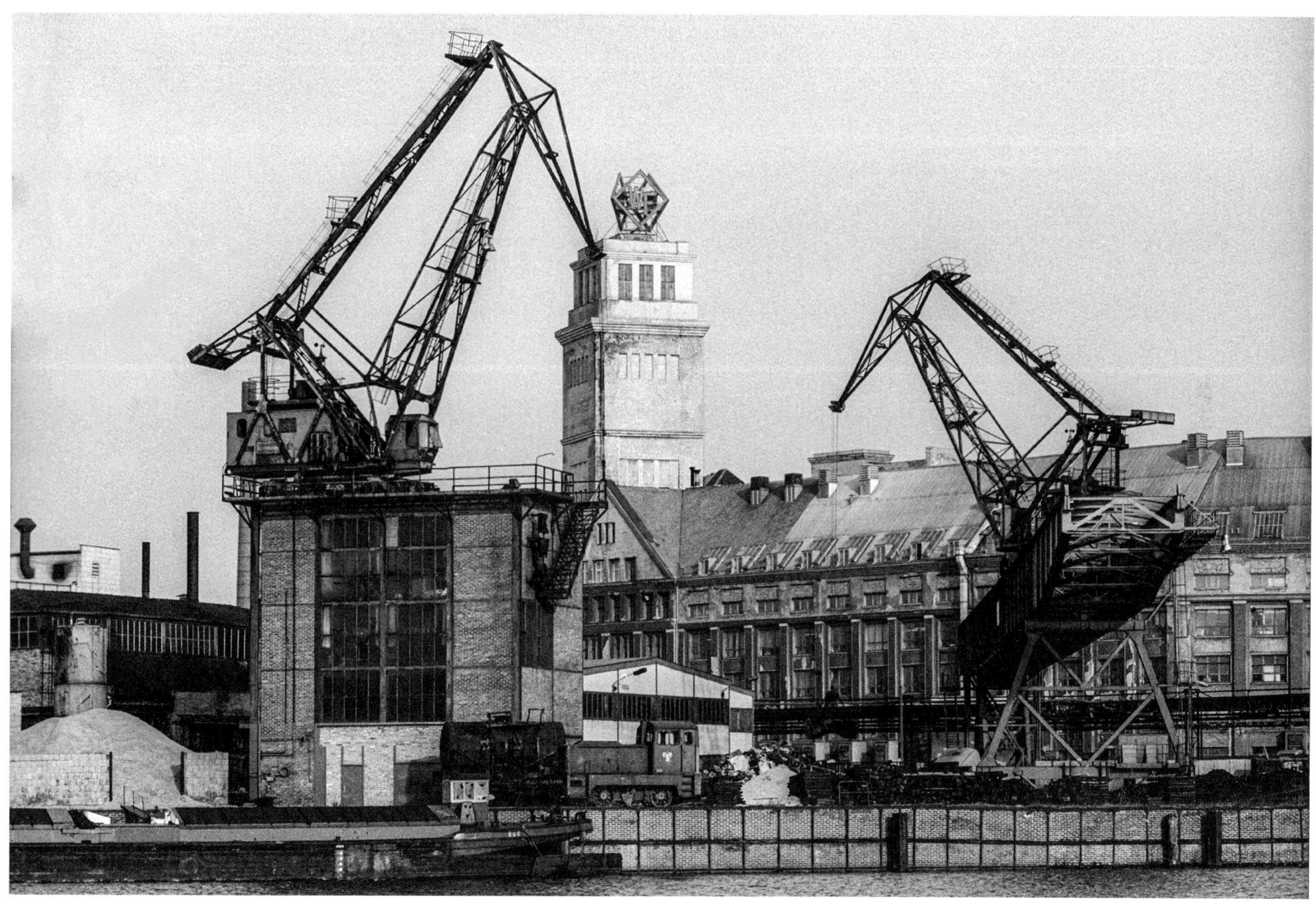

Hafenanlage an der Spree, dahinter des VEB Kabelwerk Oberspree (KWO) und der »Behrensturm« des VEB Werks für Fernsehelektronik (WF), Berlin, 1986

Port facilities on the Spree River; behind them is VEB Kabelwerk Oberspree (KWO), (cable works), and the "Behrens Tower" at the VEB Werk für Fernsehelektronik (WF), Berlin, (television electronics factory), 1986

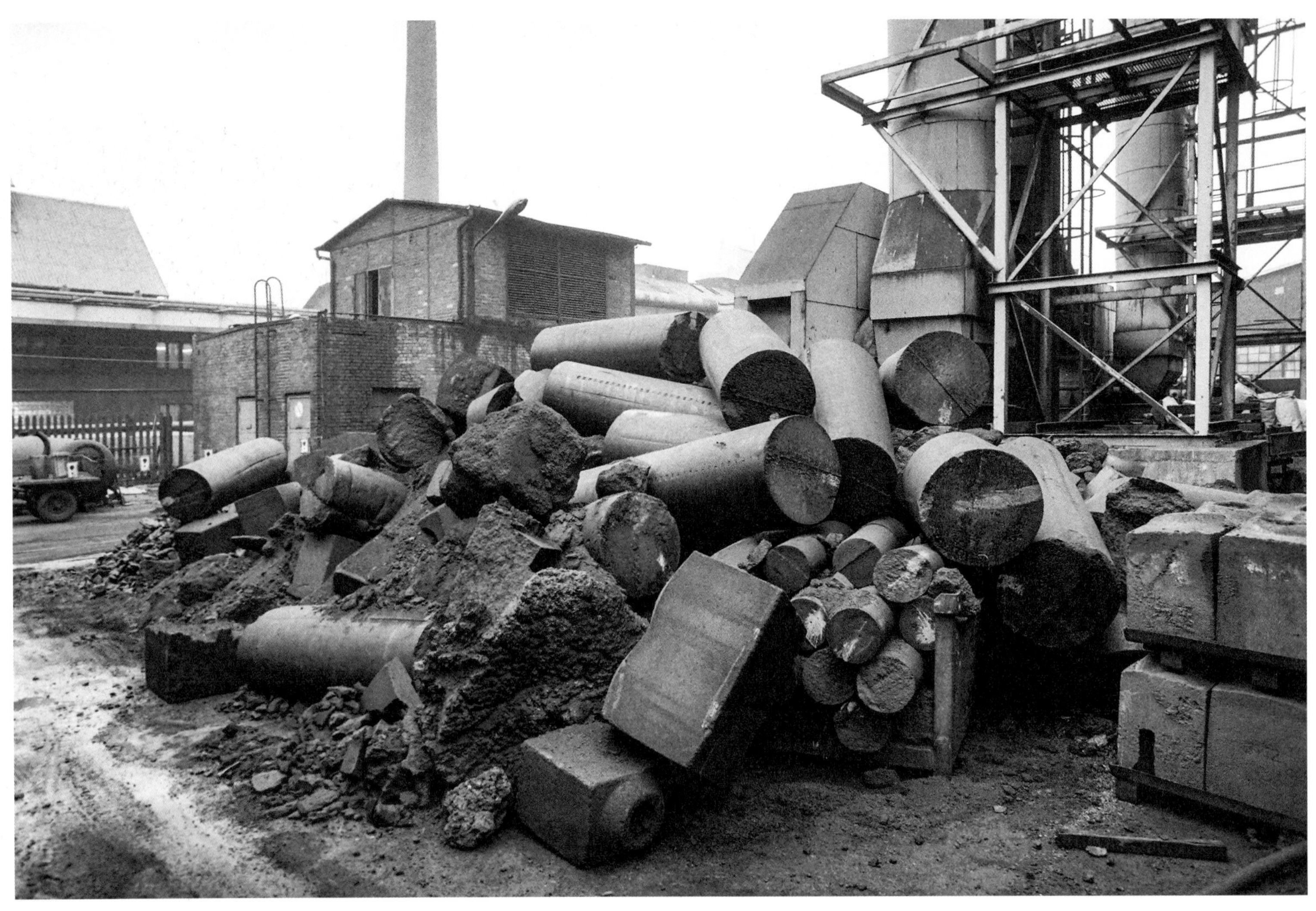

Schutthalde mit Grafitabfällen, VEB Elektrokohle Lichtenberg (EKL), Berlin, 1986

Waste disposal site with graphite refuse, VEB Elektrokohle Lichtenberg (EKL), Berlin, (coal and graphite company), 1986

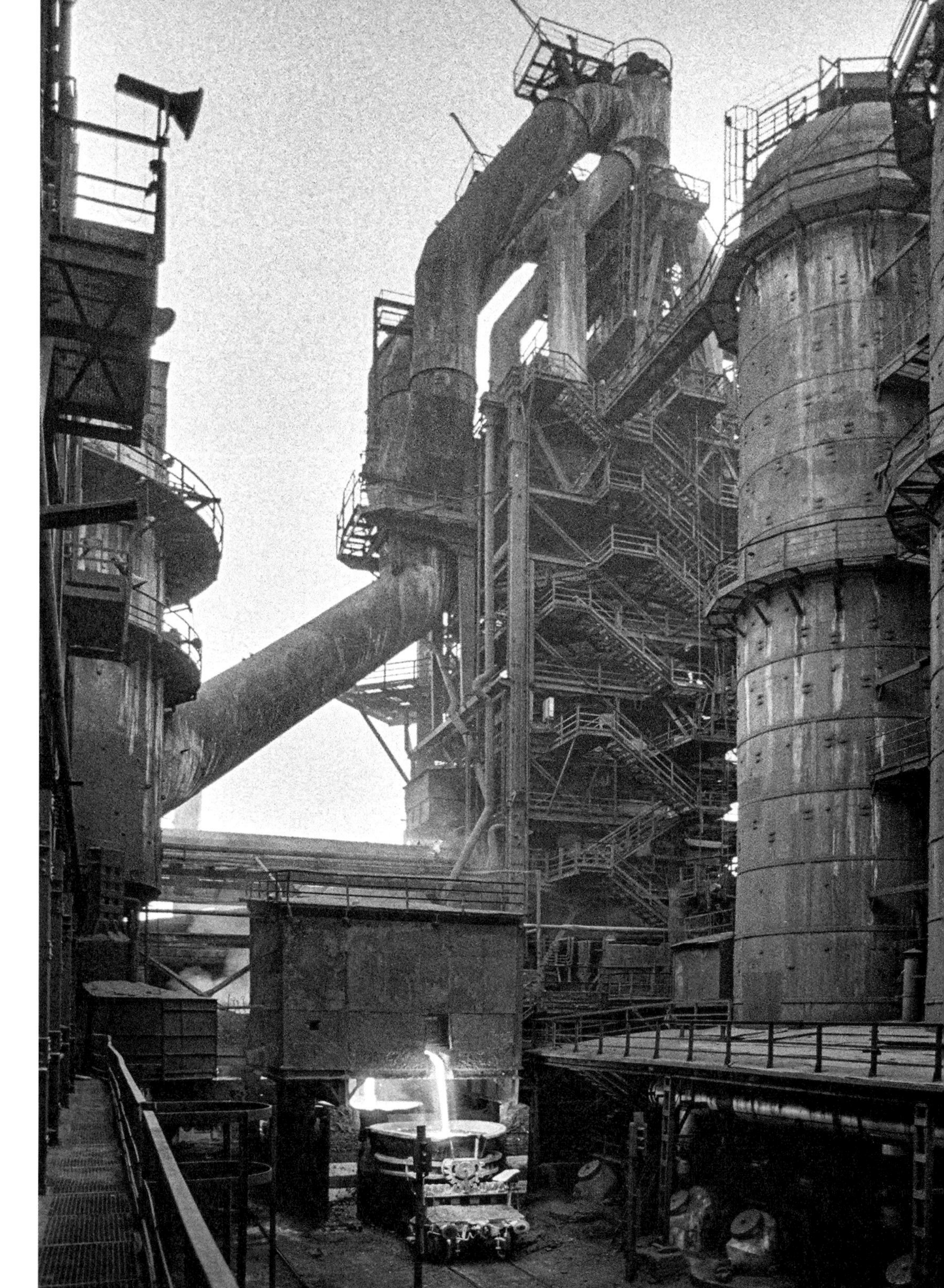

Hochöfen, Eisenhüttenkombinat Ost (EKO), Eisenhüttenstadt, 1978

Blast furnaces, Eisenhüttenkombinat Ost (EKO), Eisenhüttenstadt, (iron-mill combine), 1978

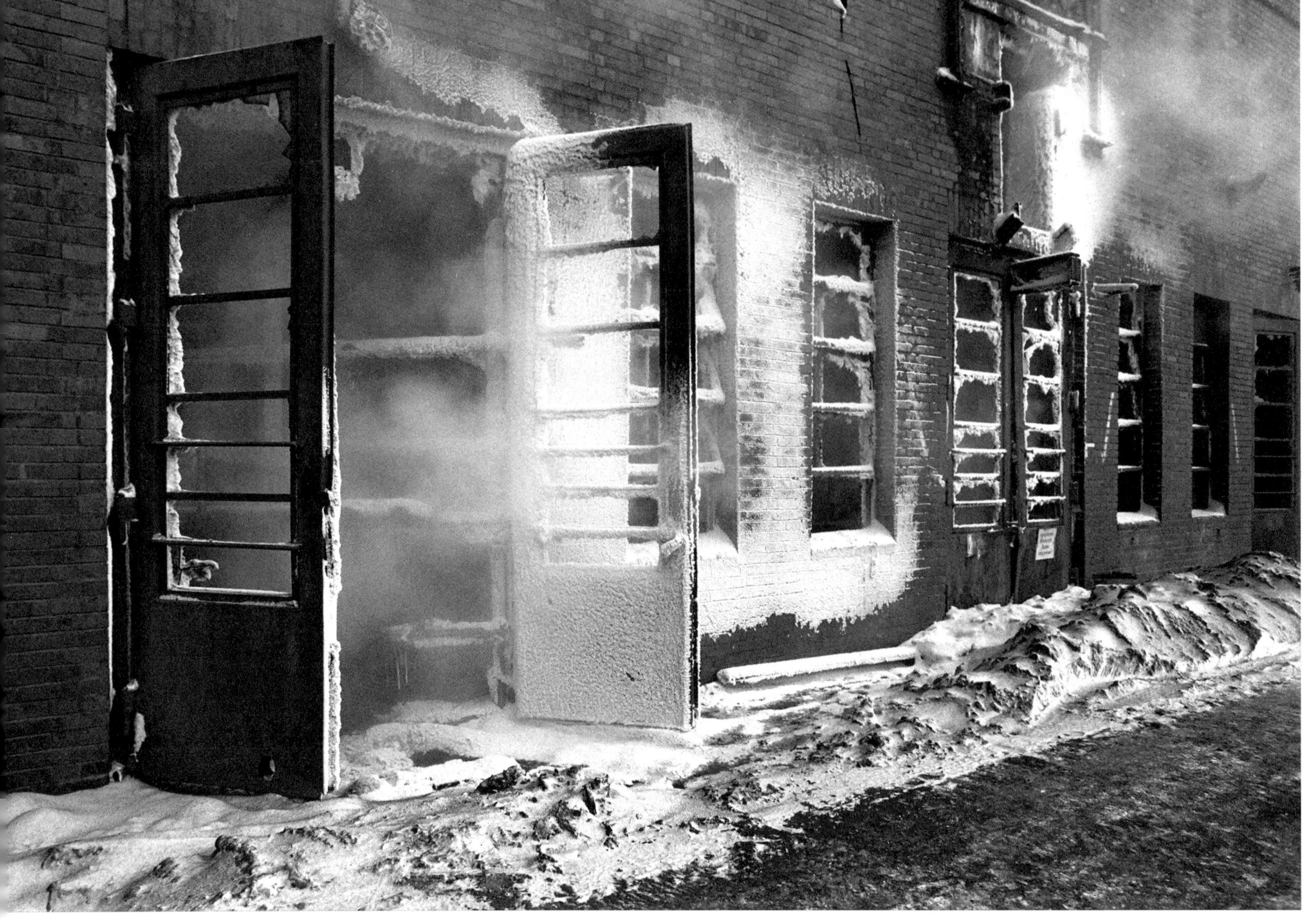

Eingefrorene Werkstore im Winter, Heizkraftwerk Klingenberg, Berlin, o. J.

Frozen factory doors in winter, Heizkraftwerk Klingenberg, Berlin, (combined heat and power plant), no date

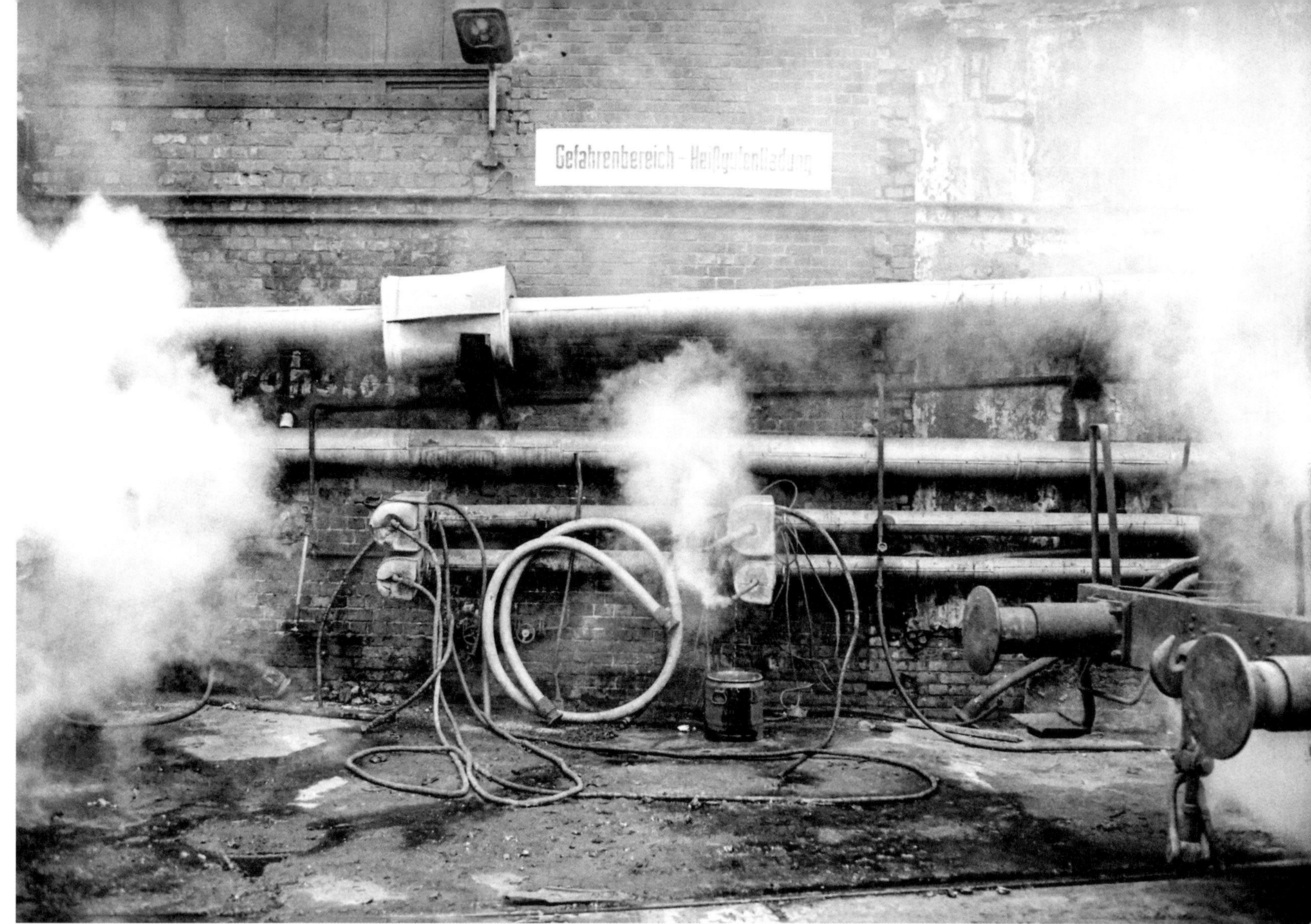

»Das Bild entstand so beim Vorbeigehen. Quasi ein zufälliges Zeitdokument. Die undichten Rohre stehen auch sinnbildlich für den Zustand der DDR-Wirtschaft Mitte der 1980er Jahre. So was wäre nie in die Zeitung gekommen. Solche Ecken gab es vielfach – heute undenkbar.«
VEB Elektrokohle Lichtenberg (EKL), Berlin, 1986

"The picture was taken while just passing by. It's like a coincidental time document. The leaking pipes are also symbolic of the state of the GDR economy in the mid-1980s. Something like that would never have made the papers. There were many such areas – unthinkable today."
VEB Elektrokohle Lichtenberg (EKL), Berlin, (coal and graphite company), 1986

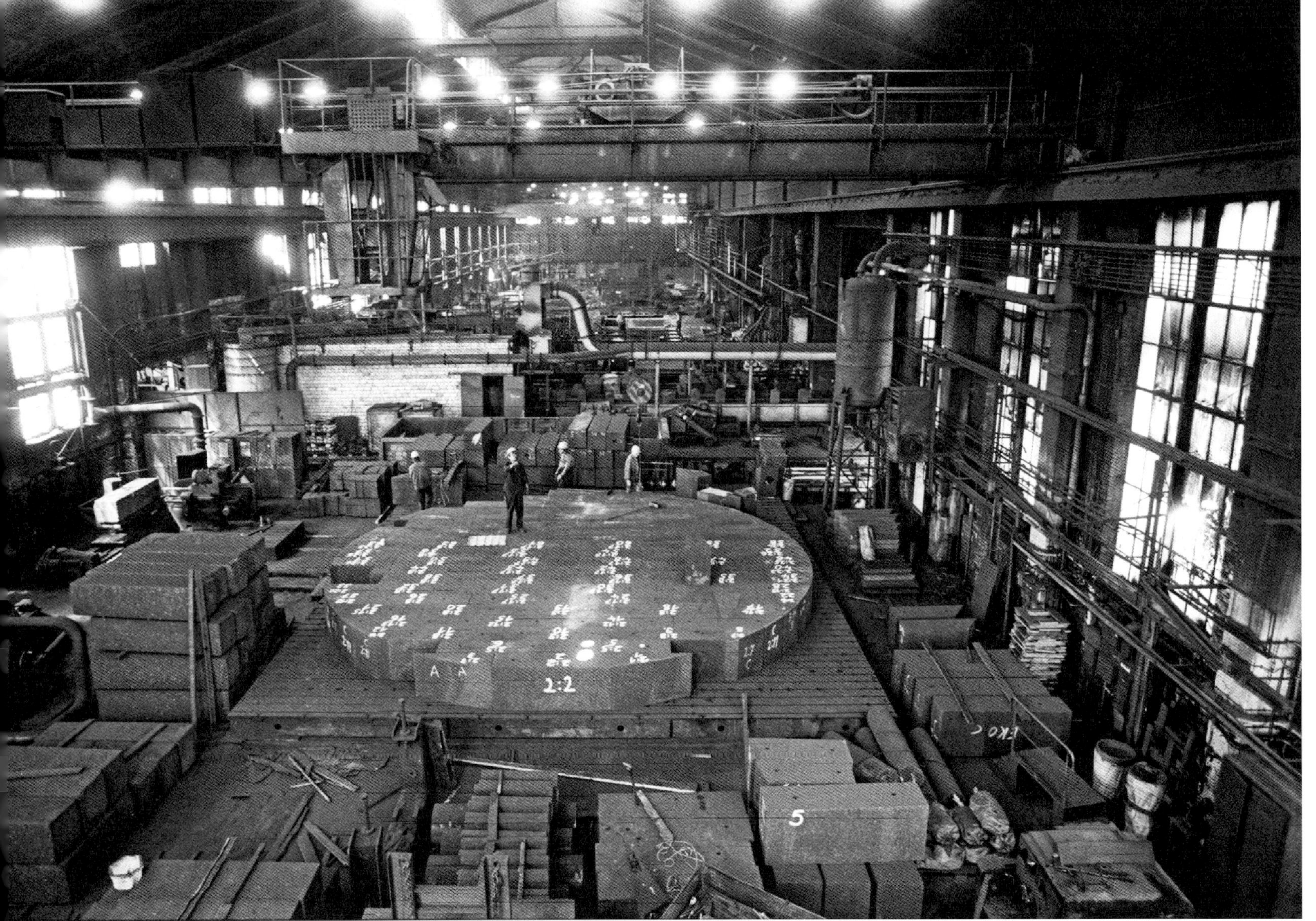

Neue Werkshalle des Bereichs Großkohle, VEB Elektrokohle Lichtenberg (EKL), Berlin, 1985

New production shop in the “Großkohle” section, VEB Elektrokohle Lichtenberg (EKL), Berlin, (coal and graphite company), 1985

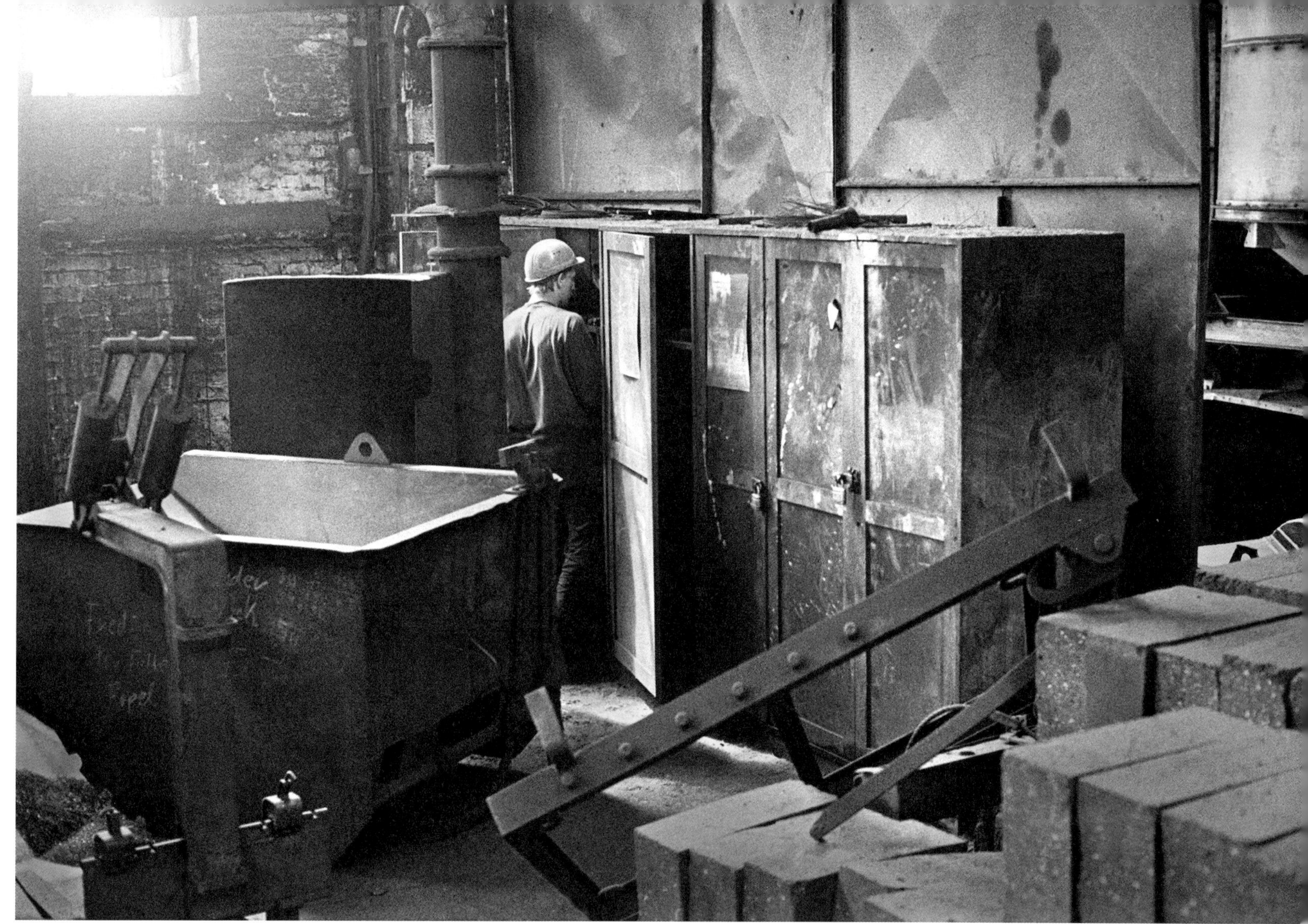

»Das Foto wurde wurde bei der X. Kunstausstellung der DDR in Dresden gezeigt. Irgendwie hatte es der Auswahl-Kommission dort gefallen. Daraufhin gab es einen empörten Brief vom EKL an den Verband der Bildenden Künstler. Willi Sitte, damals dessen Präsident, stellte sich hinter das Bild im Sinne der Kunst. Allerdings konnte ich mich danach im EKL nicht mehr so frei bewegen. Da ging dann fast nichts mehr.«
Bereich Großkohle, VEB Elektrokohle Lichtenberg (EKL), Berlin, 1985

"This photo was displayed at the GDR X. Art Exhibition in Dresden. The selection committee liked it for some reason. This prompted EKL to write an indignant letter to the Association of Fine Artists. Willi Sitte, its president at the time, defended the picture in the interest of art. However, I was not able to move about so freely in EKL afterwards. I hardly ever went there again."
VEB Elektrokohle Lichtenberg (EKL), Berlin, (coal and graphite company), 1985

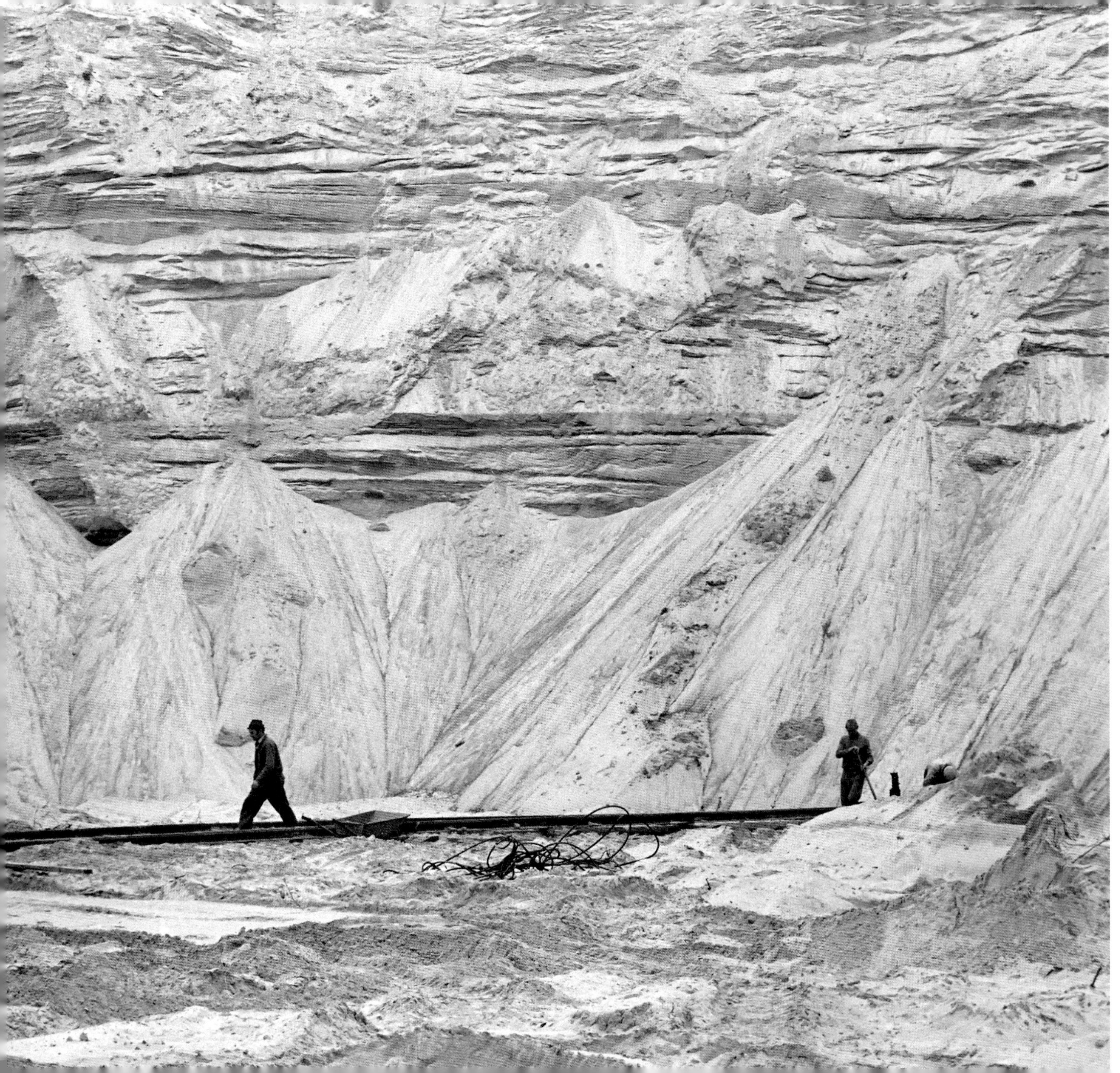

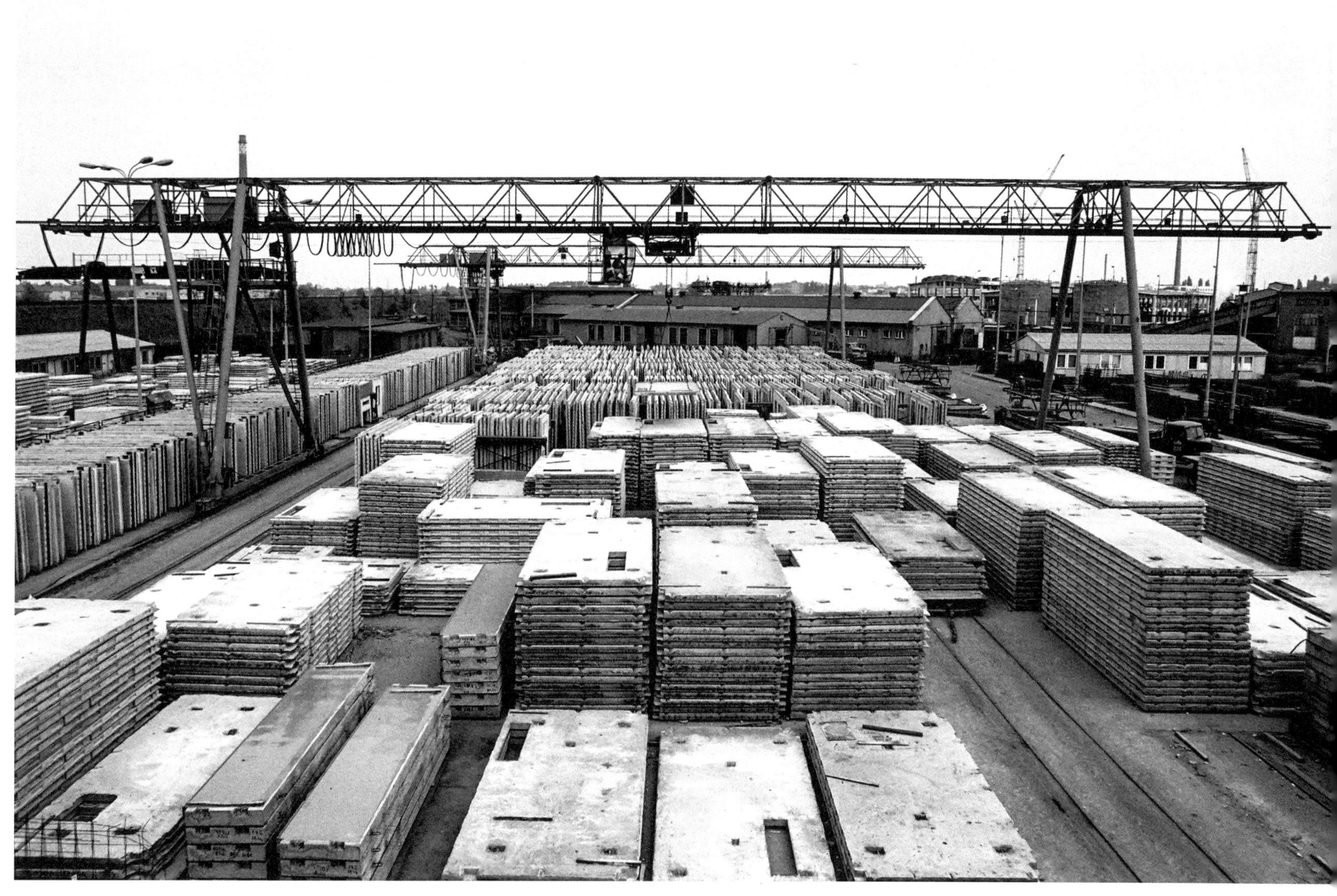

Bergleute im Tagebau Niederlehme, 1981

Miners in a surface mine, Niederlehme, 1981

Lager mit Plattenbaukomponenten, Betonwerk Grünau, Berlin, 1978

Depot with prefab slab housing components, Betonwerk Grünau, Berlin, (cement works), 1978

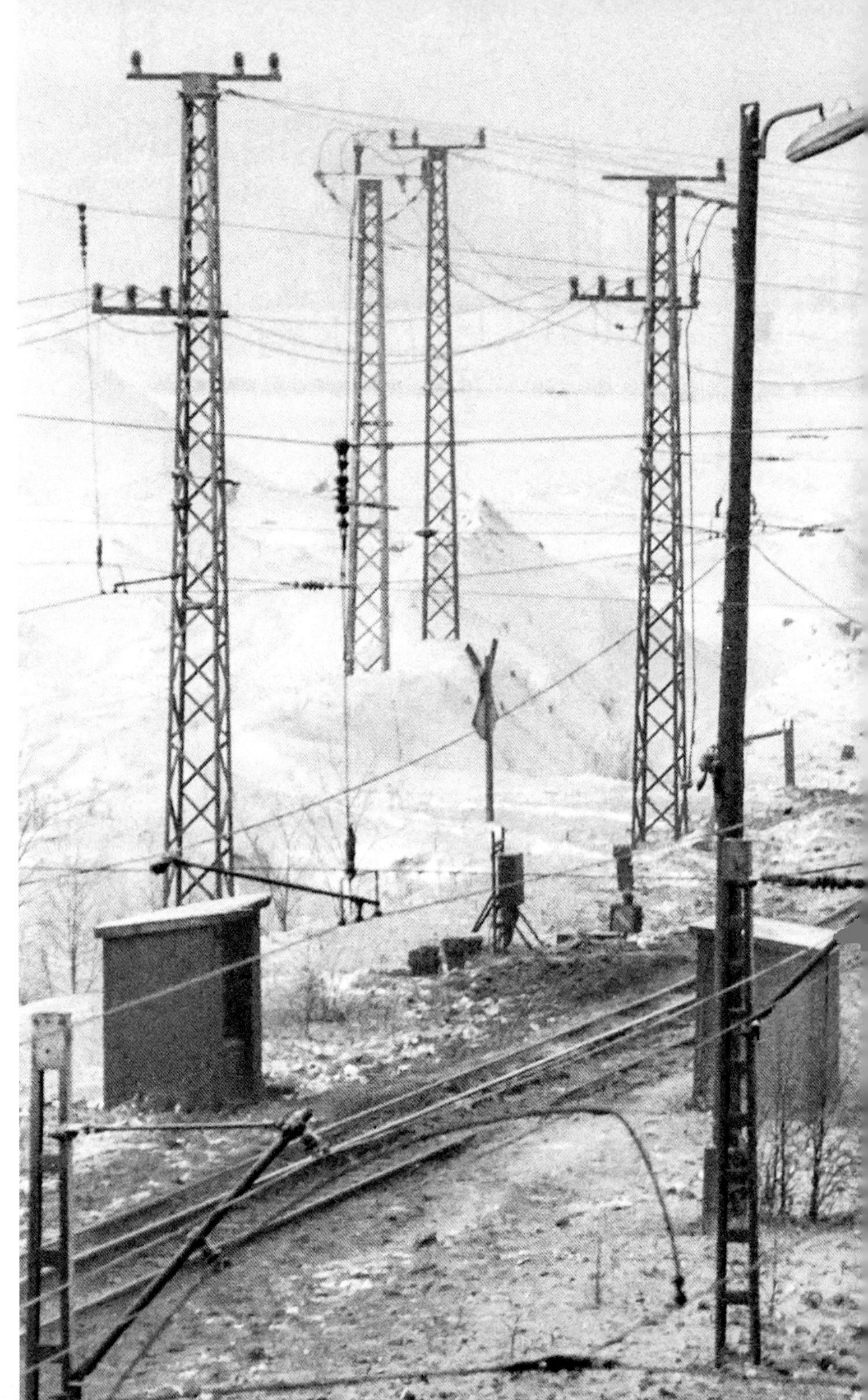

Kohlenbahn, Tagebau Meuro, Senftenberger Revier, 1987

Coal train, Meuro surface mine, Senftenberg district, 1987

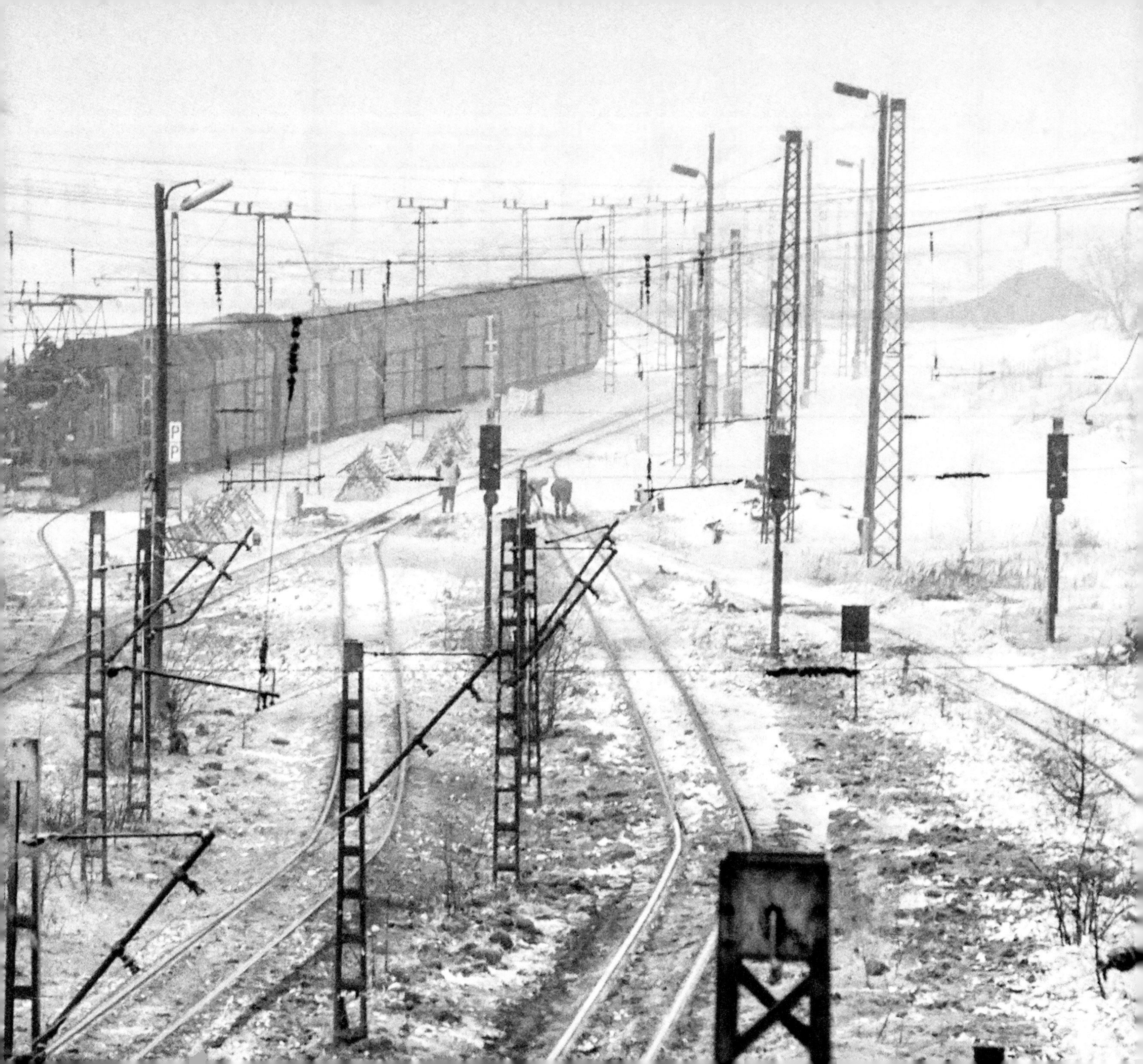
P
P

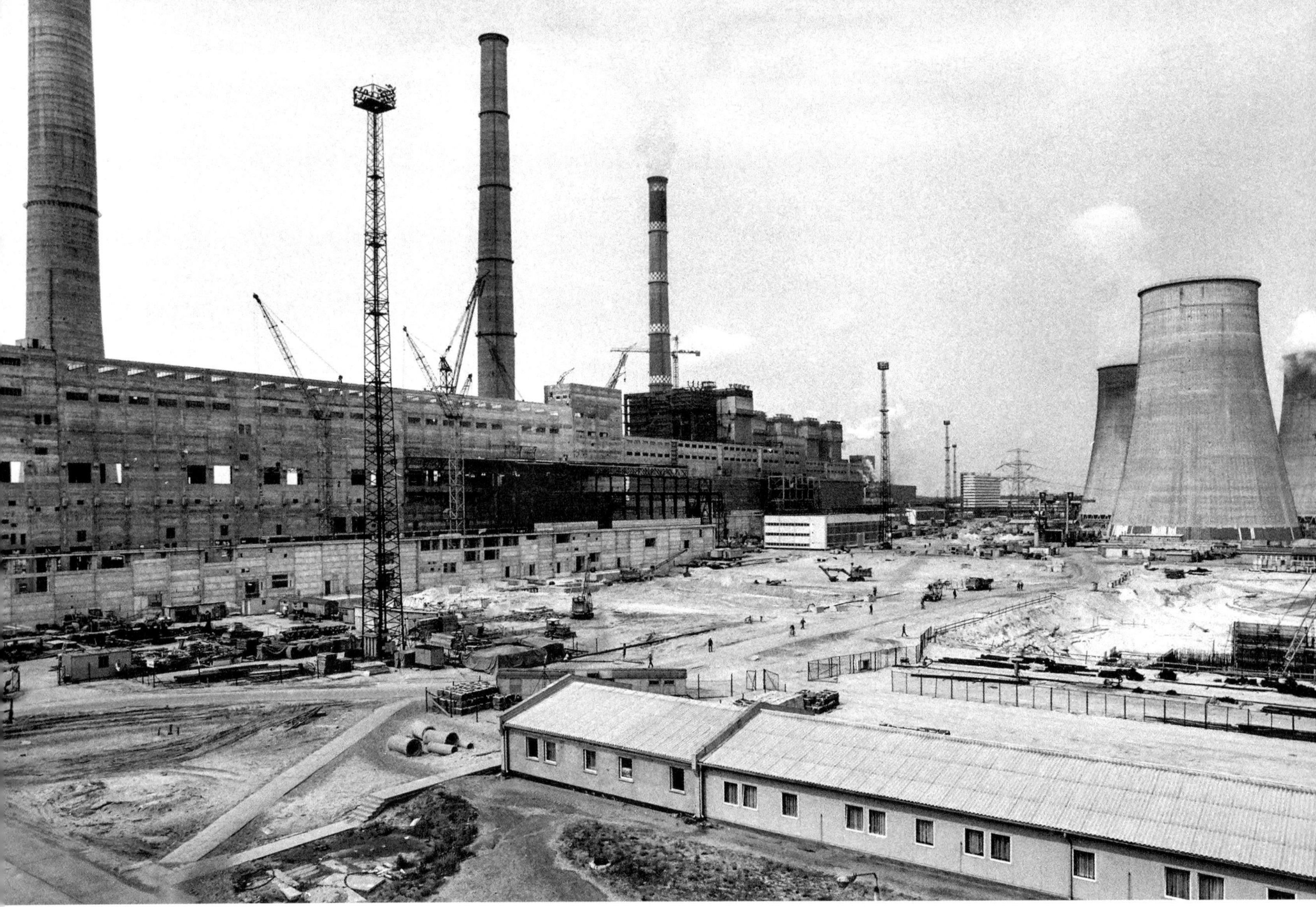

Neubau des Braunkohlenkraftwerks Jenschwalde, 1982

Newly built brown coal power station, Jenschwalde, 1982

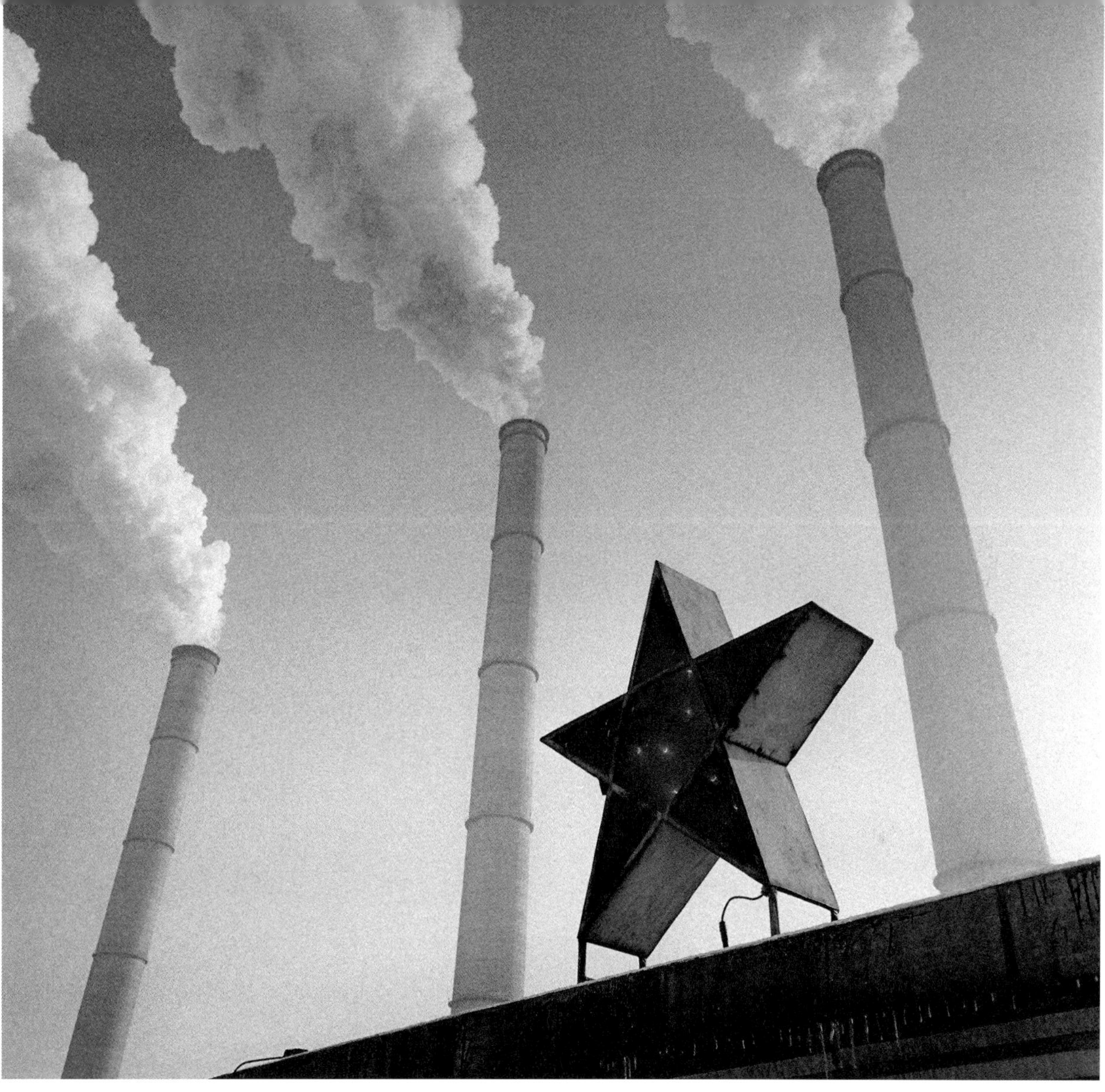

Rauchende Schlote, Kraftwerk Boxberg, um 1975

Smoking chimneys, Boxberg Power Station, ca. 1975

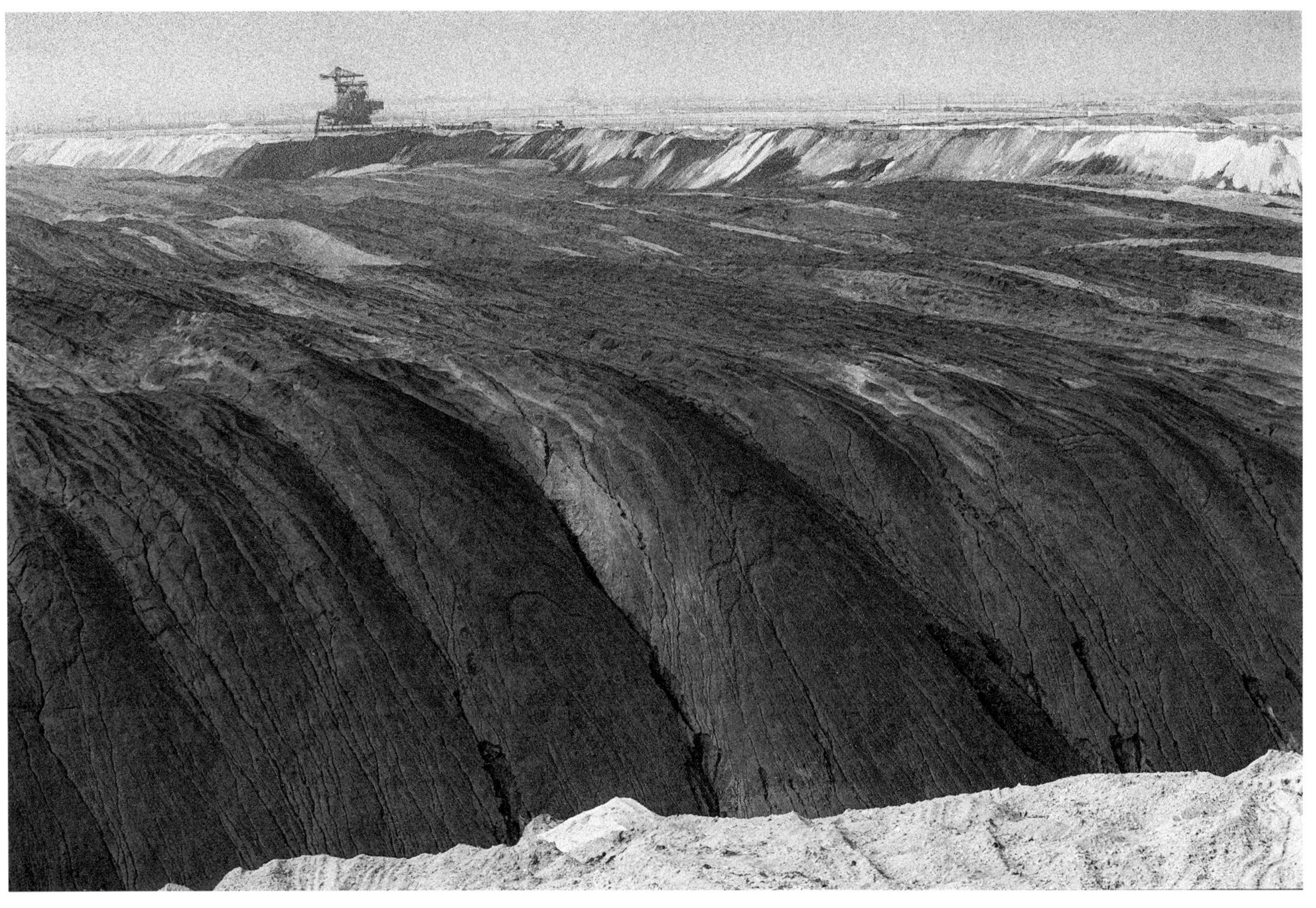

Tagebaulandschaft vor der Rekultivierung, Senftenberg, 1983

Surface mine landscape before recultivation, Senftenberg, 1983

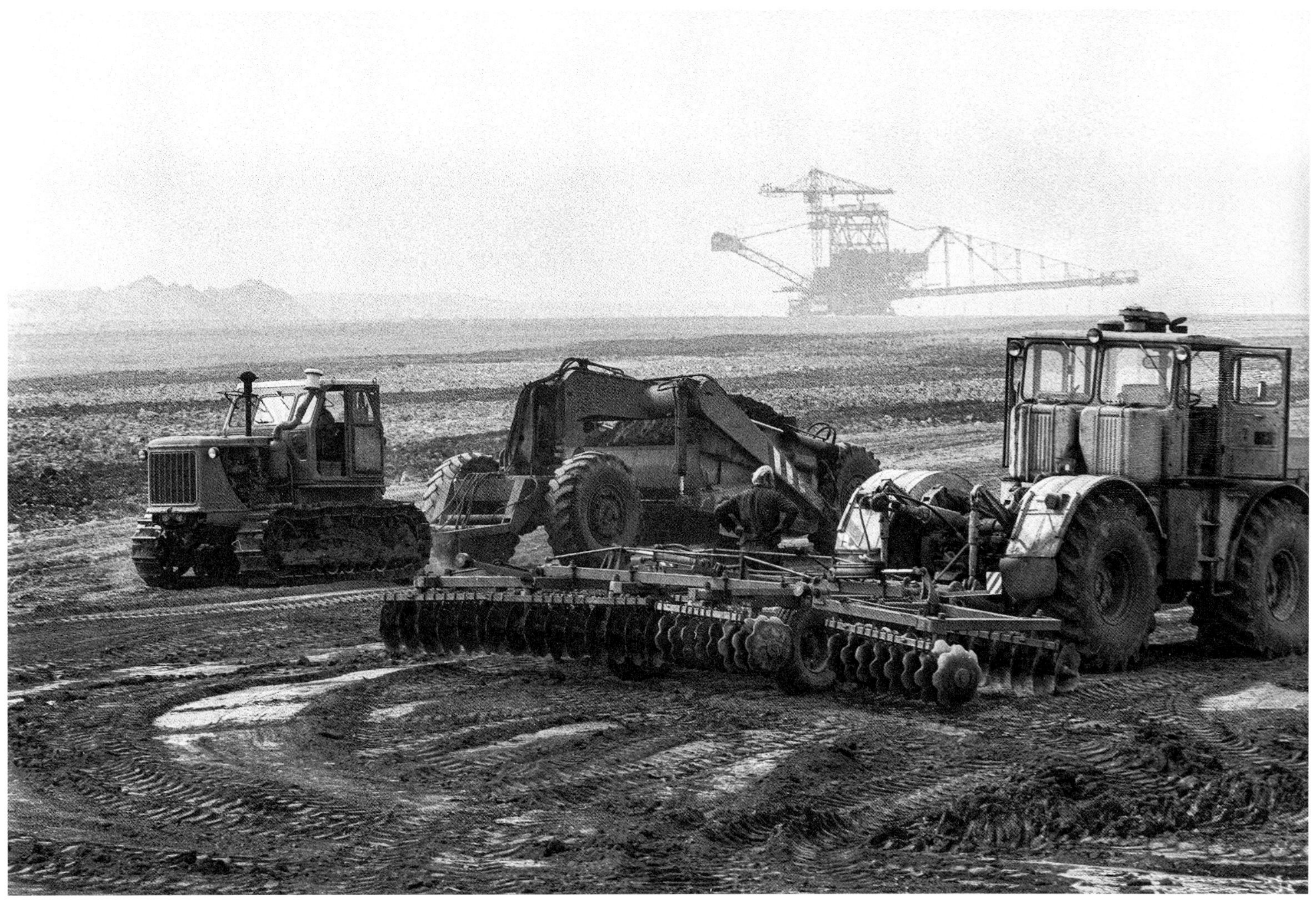

Rekultivierung eines Tagebaus im Senftenberger Revier, 1983

Recultivation of a surface mine in the Senftenberg district, 1983

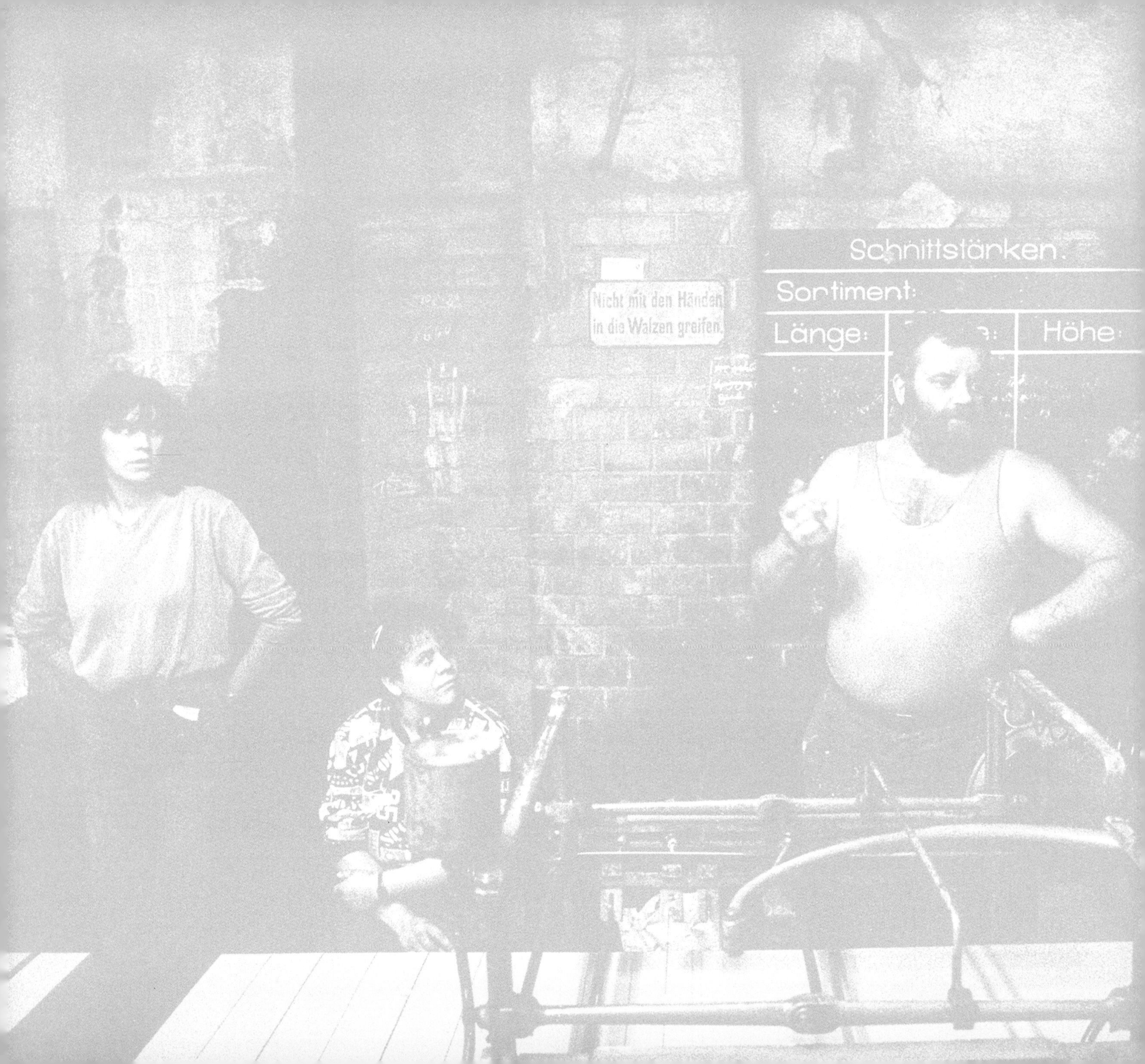
Nicht mit den Händen
in die Walzen greifen.
Schnittstärken.
Sortiment:
Länge:
Höhe:

1990
FREIHEIT UND ABWICKLUNG

1990
LIBERATION AND LIQUIDATION

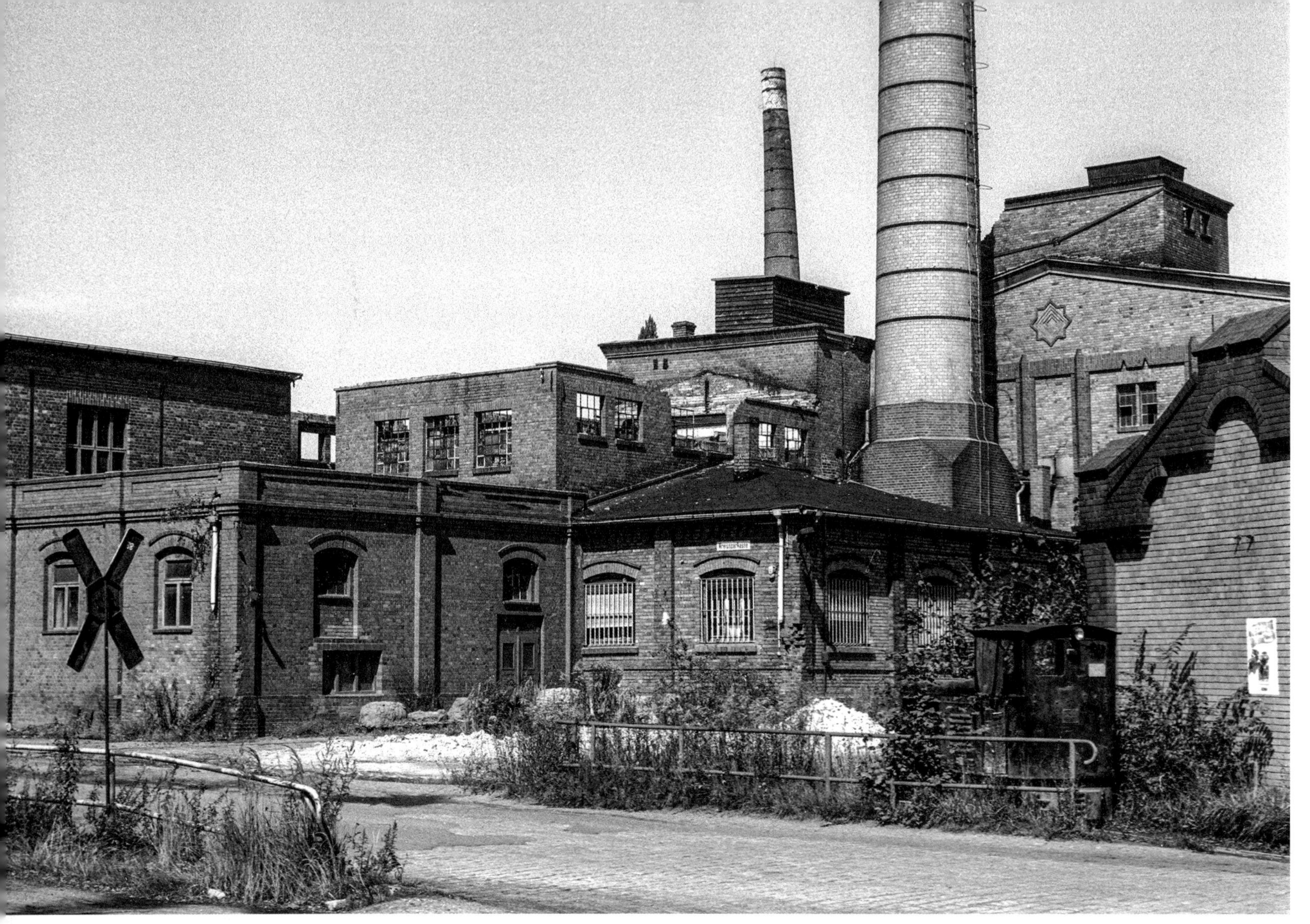

Werksansicht, Klinker-und Ziegelwerke Großräschen, 1990

View of the plant, Klinker- und Ziegelwerke Großräschen (brick and tile works), 1990

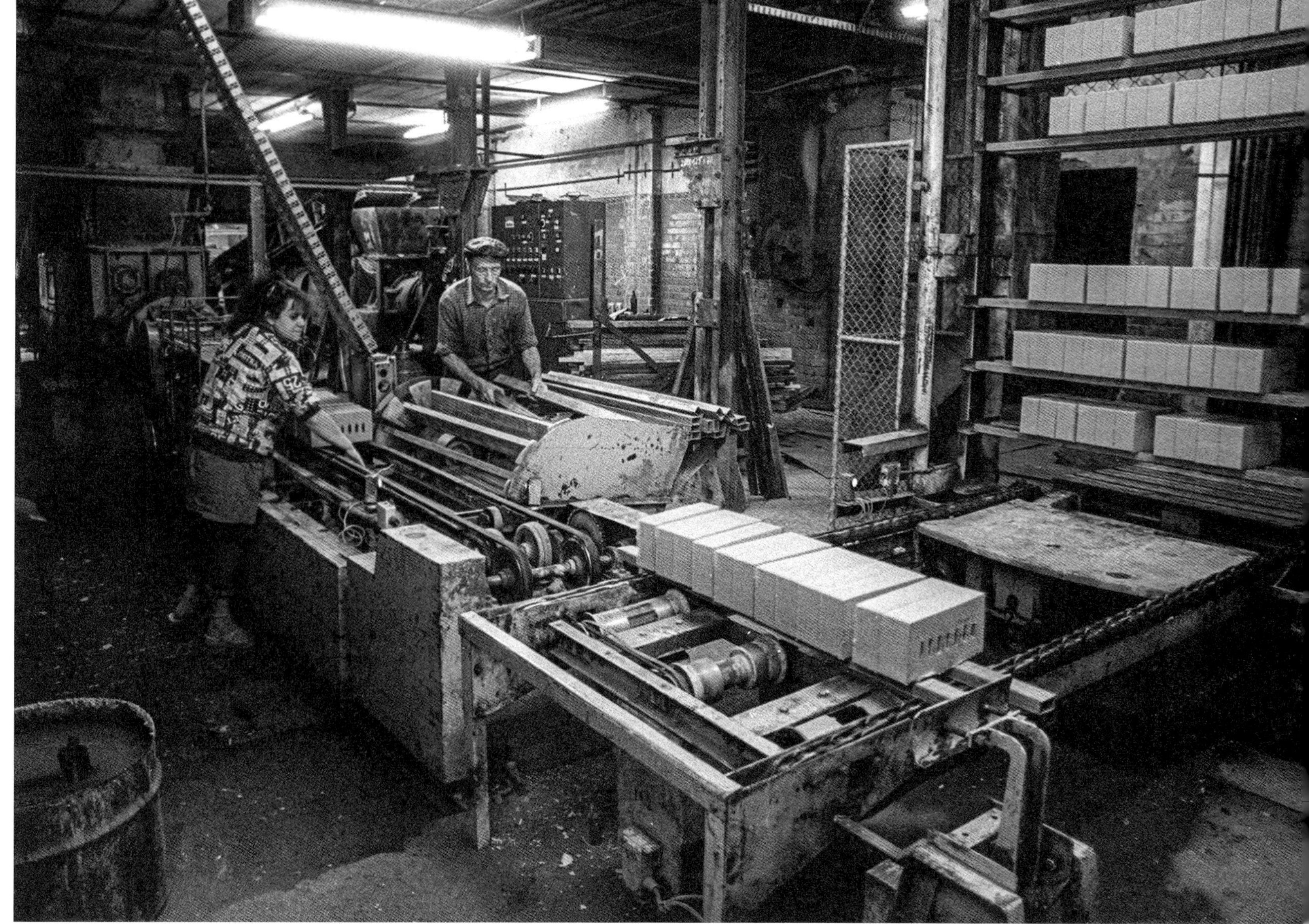

»Die Serie entstand 1990 im Zuge des Wiederaufbaus der Berliner Synagoge. Ich sollte in Großräschen die Herstellung der Ziegelelemente fotografieren. Das war nach der Wende wohl einer der letzten Großaufträge des Betriebs. Wenn man investiert hätte, wäre der Laden sicher noch zu retten gewesen. Aber wie so viele andere Betriebe wurde auch dieser abgewickelt.«
Klinker- und Ziegelwerke Großräschen, 1990

"The series was created in 1990 during the reconstruction of the Berlin synagogue. I was to photograph the production of the brick elements in Großräschen. This was probably one of the company's last major orders after the peaceful revolution of 1989. If one had invested, the shop would surely have been saved. But like so many other companies, this one was also liquidated."
Klinker- und Ziegelwerke Großräschen (brick and tile works), 1990

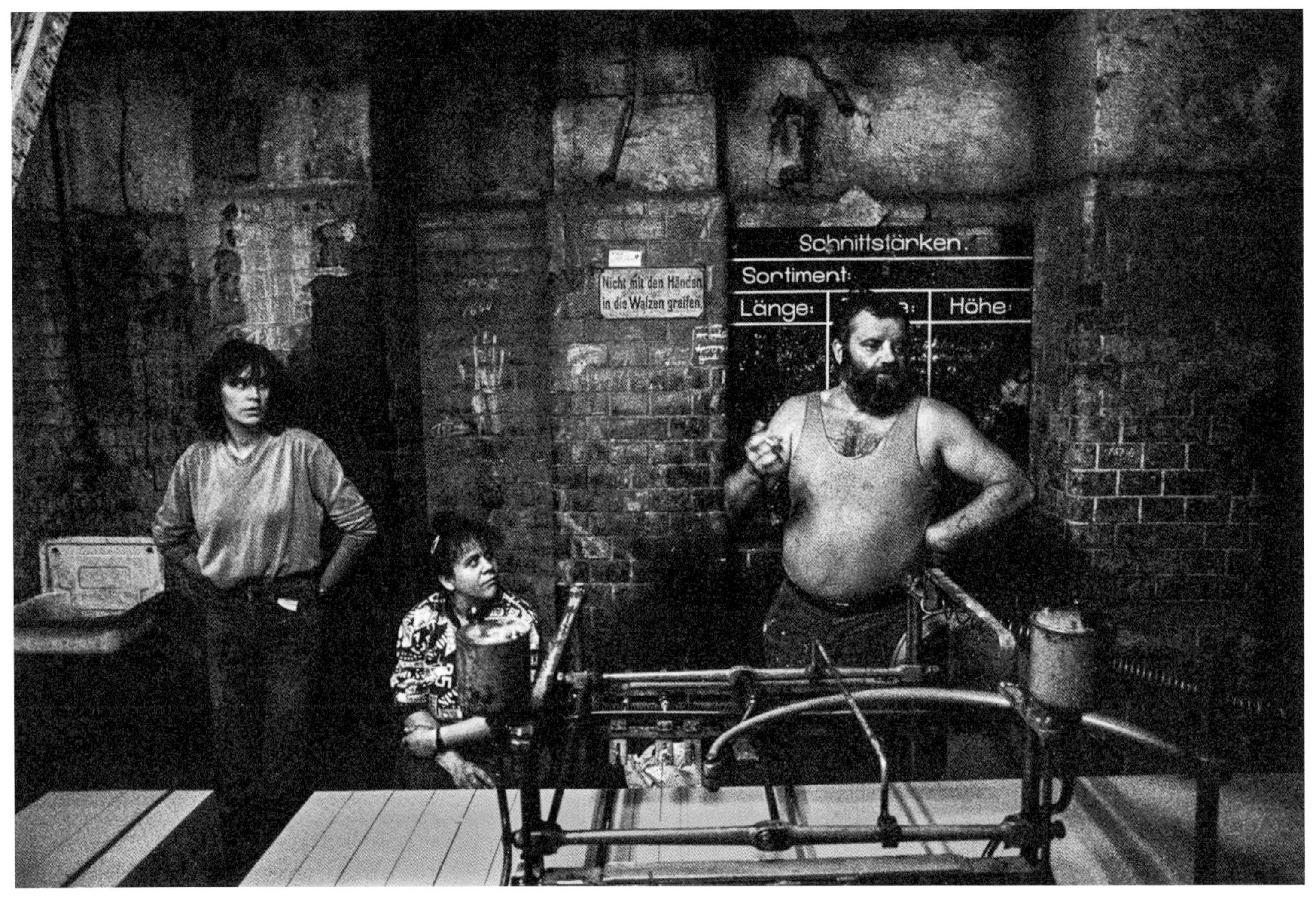

Früher »Werktätige«, jetzt »Mitarbeiter«, Klinker- und Ziegelwerke Großräschen, 1990

Formerly "worker", now "employee", Klinker- und Ziegelwerke Großräschen (brick and tile works), 1990

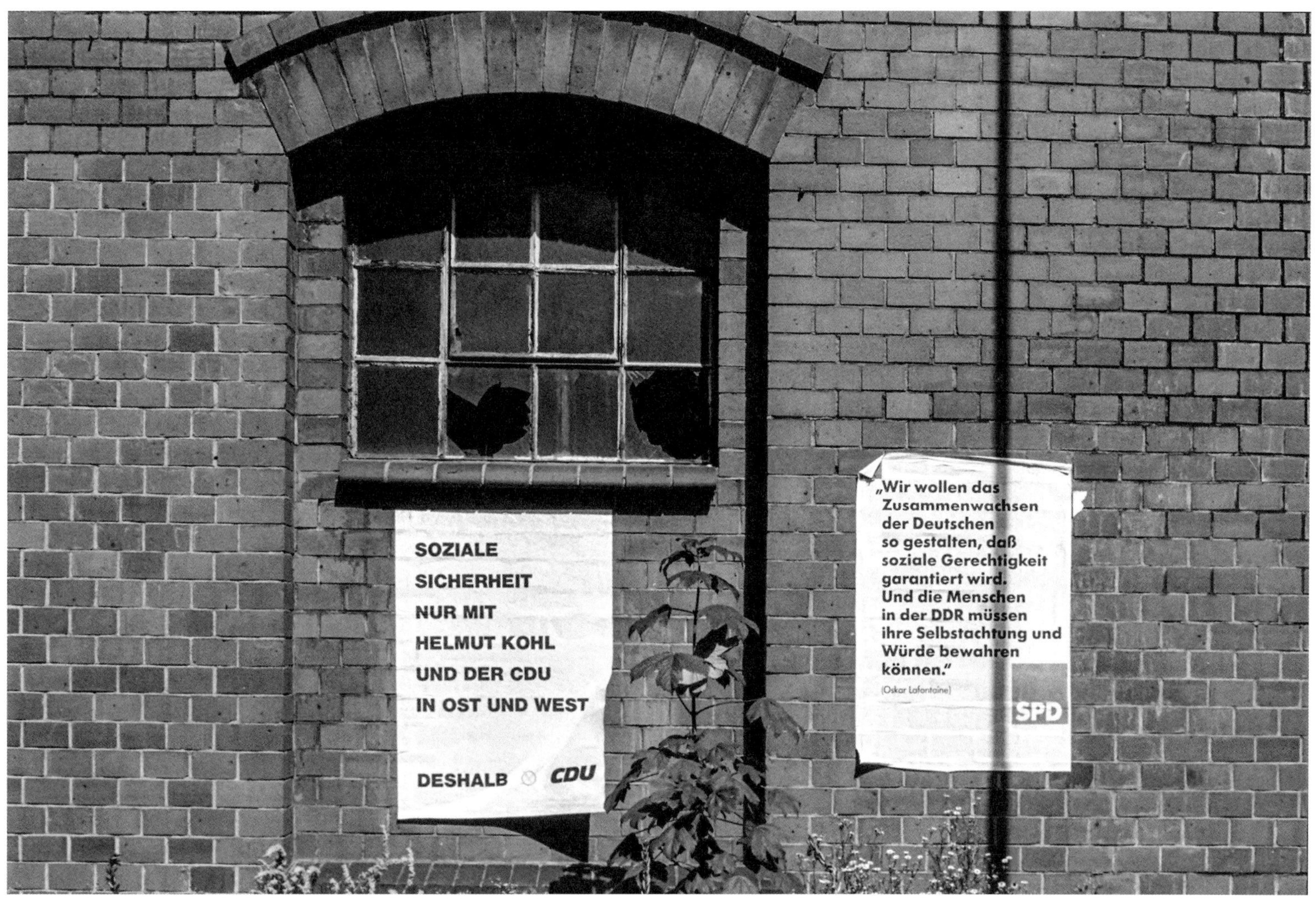

Plakate für die ersten freien Wahlen in der DDR im März 1990, Klinker- und Ziegelwerke Großräschen, 1990

Poster for the first free election in the GDR in March 1990, Klinker- und Ziegelwerke Großräschen (brick and tile works), 1990

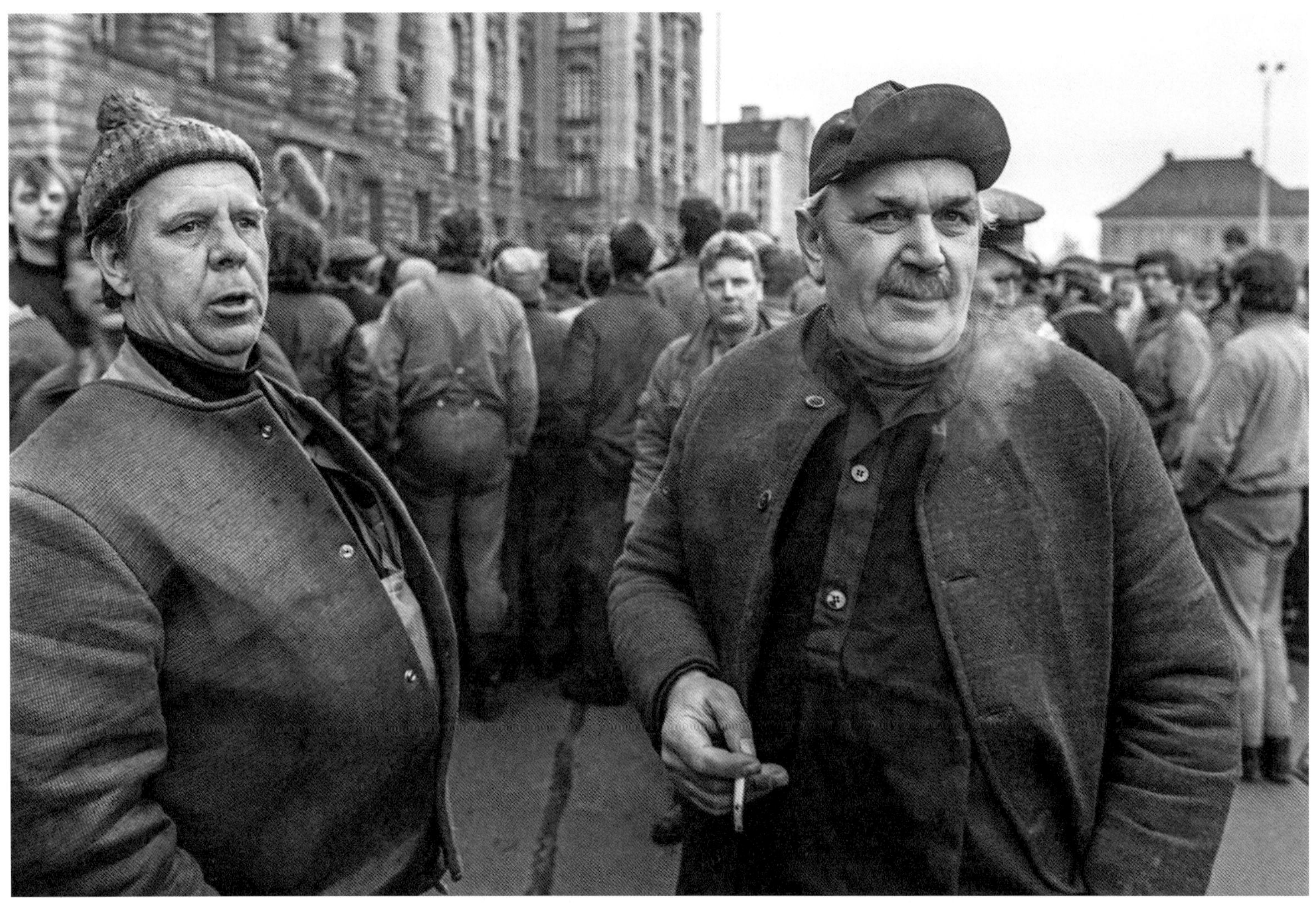

Warnstreik der Ostberliner Müllfahrer, die im Januar 1990 unter anderem eine Lohnangleichung an die Westberliner Kollegen forderten, VEB Kombinat Stadtwirtschaft Berlin, 1990

Warning strike by the East Berlin garbage collectors, who in January 1990 demanded, among other things, a wage adjustment to the level of their West Berlin colleagues, VEB Kombinat Stadtwirtschaft Berlin, (city services company), 1990

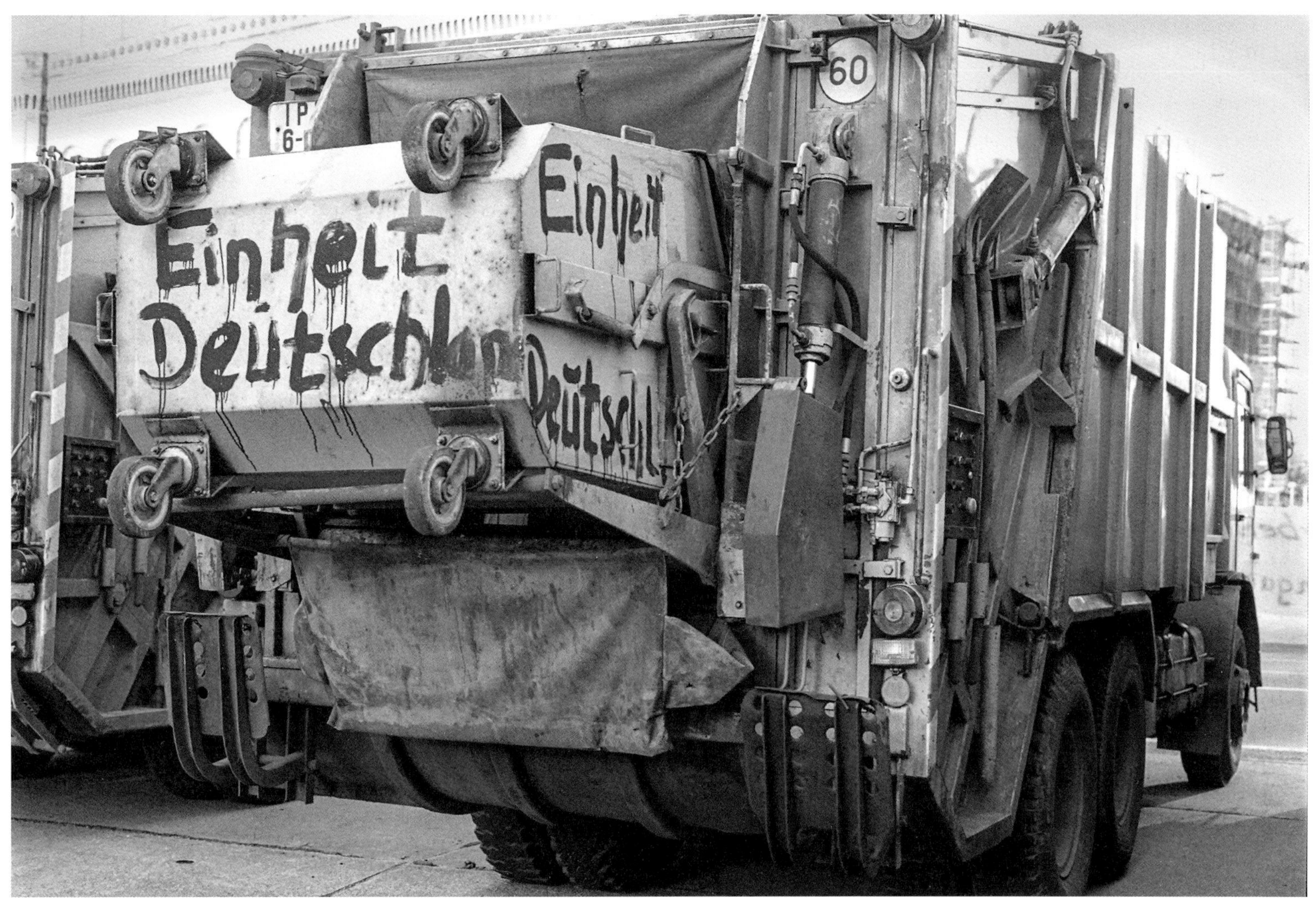

Müllwagen während des Warnstreiks am Molkenmark in Berlin-Mitte, VEB Kombinat Stadtwirtschaft Berlin, 1990

Garbage truck during a warning strike at Molkenmark in Berlin-Mitte, VEB Kombinat Stadtwirtschaft Berlin, (city services company), 1990

Günter Krawutschke

Geboren 1940 in Staßfurt (Sachsen-Anhalt), lebt seit 1956 in Berlin und Blankenfelde.
Kameraassistent beim Deutschen Fernsehfunk, Handwerksfotograf, Studium an der Hochschule für Grafik und Buchkunst Leipzig, Diplomfotografiker.
1965 bis 1990 Bildreporter, vornehmlich beim Berliner Verlag.
Seit 1988 freiberuflicher Fotograf und Designer.

Born in 1940 in Staßfurt (Saxony-Anhalt), has lived in Berlin and Blankenfelde since 1956.
Camera assistant at Deutsches Fernsehfunk (TV station), craftsman photographer, studied at the Academy of Fine Arts Leipzig, degree in Photography.
1965 to 1990 photojournalist, primarily at Berliner Verlag (publishing company).
Since 1988, freelance photographer and designer.

Foto-Projekte

1976–1993	Spandauer Vorstadt – Menschen, Häuser, Straßen
1978–1979	Linienstraße – Fotos aus dem alten Berlin
1970–1987	Fotografien aus Industriebetrieben der DDR, einschließlich Berlin (Ost)
1987–1990	Wiederaufbau der Friedrichstraße, Fotothek im Auftrag der Baudirektion Berlin
1989–1990	Berlin-Friedrichstraße, eine Bestandsaufnahme
1988–1995	Wiederaufbau der Neuen Synagoge Berlin als Centrum Judaicum, Dokumentation im Auftrag der Stiftung Neue Synagoge Berlin
2003	Fotografien für Fernsehfilm des RBB »La vie en rose«

Photography Projects

1976–1993	Spandauer Vorstadt – People, Houses, Streets
1978–1979	Linienstraße – Photos from Old Berlin
1970–1987	Photos from Industrial Plants in the GDR, including Berlin (East)
1987–1990	The Rebuilding of Friedrichstraße, photo archive commissioned by the Berlin Building Department
1989–1990	Friedrichstraße Berlin, Taking of an Inventory
1988–1995	Reconstruction of the New Synagogue Berlin, Centrum Judaicum, documentation commissioned by the New Synagogue Berlin Foundation
2003	Photographs for the TV film "La vie en rose"

Ausstellungen (Auswahl)

1983	»Bilder aus der Produktion«, Galerie Sophienstraße, Berlin (Beteiligung)
1986	»Realität-Vernunft-Kunst«, Marstall, Berlin (Beteiligung)
1986	»Was uns verbindet«, Fotogalerie Berlin (Beteiligung)
1987	X. Kunstausstellung der DDR, Dresden (Beteiligung)
1990	»Günter Krawutschke, Hauptstadt östlich Friedrichstraße«, Haus am Lützowplatz, Berlin (Personalausstellung)
1992	»Wiederaufbau der Neuen Synagoge Berlin«, Galerie Europa, Tulsa (Oklahoma, USA)

Exhibitions (selection)

1983	"Bilder aus der Produktion" (Pictures from the Manufacturing Sector), Galerie Sophienstraße, Berlin (participant)
1986	"Realität-Vernunft-Kunst" (Reality-Reason-Art), Marstall, Berlin (participant)
1986	"Was uns verbindet" (What We Have in Common), Fotogalerie Berlin (participant)
1987	X. Kunstausstellung der DDR (GDR Art Exhibition), Dresden (participant)

1992	»Exkursion in Berlin«, University Center at Tulsa (Oklahoma, USA)
2008	»Arbeiten – Fotografien aus Ostberliner Industriebetrieben und Linienstraße – Fotos aus dem alten Berlin«, Schubert Galerie, Berlin
2011	»Fotografien«, Alte Aula, Blankenfelde (Personalausstellung)
2019	»Gesichter der Arbeit«, Deutsches Technikmuseum, Berlin
2020	»Gesichter der Arbeit«, DASA Arbeitswelt Ausstellung, Dortmund

Print (Auswahl)

1990	Bildband »Hauptstadt östlich Friedrichstraße. Streifzüge durch Berlin-Mitte«, ex pose Verlag Berlin
1995	Bildband »Neue Synagoge Berlin, Wiederaufbau als Centrum Judaicum«, Sender Freies Berlin, Landesbank Berlin, Berliner Morgenpost
2008	Katalog »Arbeiten«, Edition SIEBEN, Schubert Galerie Berlin
2020	Bildband »Gesichter der Arbeit. Fotografien aus Industriebetrieben der DDR«, be.bra verlag

1990	"Günter Krawutschke, Hauptstadt östlich Friedrichstraße" (Capital City East of Friedrichstraße), Haus am Lützowplatz, Berlin (personal exhibition)
1992	"Wiederaufbau der Neuen Synagoge Berlin" (Reconstruction of the New Synagogue Berlin), Galerie Europa, Tulsa (Oklahoma, USA)
1992	"Exkursion in Berlin", University Center at Tulsa (Oklahoma, USA)
2008	"Arbeiten – Fotografien aus Ostberliner Industriebetrieben und Linienstraße – Fotos aus dem alten Berlin" (Work – Pictures from East Berlin Industrial Plants and Linienstraße – Photos from Old Berlin), Schubert Galerie, Berlin
2011	"Fotografien" (Photographs), Alte Aula, Blankenfelde (personal exhibition)
2019	"Gesichter der Arbeit" (Faces of Work), Deutsches Technikmuseum, Berlin
2020	"Gesichter der Arbeit" (Faces of Work), DASA Arbeitswelt Ausstellung, Dortmund

Print (selection)

1990	Photo book "Hauptstadt östlich Friedrichstraße. Streifzüge durch Berlin-Mitte", ex pose Verlag Berlin
1995	Photo book "Neue Synagoge Berlin, Wiederaufbau als Centrum Judaicum", Sender Freies Berlin, Landesbank Berlin, Berliner Morgenpost
2008	Catalogue "Arbeiten", Edition SIEBEN, Schubert Galerie Berlin
2020	Photo book, "Faces of Work. Photographs from the GDR's Industrial Plants", be.bra verlag

Anmerkungen

Mehr als Arbeit

1 Peter Burke: *Augenzeugenschaft. Bilder als historische Quellen.* Berlin 2019.
2 Agneta Jilek: *Abgesang auf die Helden: Repräsentationen des arbeitenden Menschen auf den Porträtfotoschauen der DDR (1971–1986).* In: Knud Andresen/Michaela Kuhnhenne/Jürgen Mittag/Stefan Müller (Hg.): *Repräsentationen der Arbeit. Bilder – Erzählungen – Darstellungen.* Bonn 2018, S. 213; Gerhard Paul: *Das visuelle Zeitalter. Punkt und Pixel.* Göttingen 2016, S. 551, 587; Mary Fulbrook: *Ein ganz normales Leben. Alltag und Gesellschaft in der DDR.* Darmstadt 2008, S. 232.
3 Steffen Mau: *Lütten Klein. Leben in der ostdeutschen Transformationsgesellschaft.* Berlin 2019, S. 48.
4 Christoph Kleßmann: *Arbeiter im »Arbeiterstaat« DDR.* Erfurt 2014, S. 7; Vgl. auch Mau, *Lütten Klein*, S. 49 f.
5 Wolfgang Engler: *Die Ostdeutschen. Kunde von einem verlorenen Land.* Berlin 1999, S. 198 ff.
6 Ebd.
7 Mau, *Lütten Klein*, S. 18, 43–71.
8 Fulbrook, *Leben*, S. 233 f.
9 Mau, *Lütten Klein*, S. 49 f.
10 Gerd Dietrich: *Kulturgeschichte der DDR. Band III: 1977–1990.* Göttingen 2018, S. 1617.
11 Fulbrook, *Leben*, S. 248 f.
12 Wolfgang Hilbig: *Die Arbeiter. Ein Essai.* In: Hilbig, *Werke. Erzählungen und Kurzprosa.* Hg. von Jörg Bong / Jürgen Hosemann / Oliver Vogel. Frankfurt am Main 2009, S. 58–69.
13 Fulbrook, *Leben*, S. 229 f.
14 Ebd., S. 230–242.
15 Klaus Schroeder: *Der SED-Staat. Geschichte und Strukturen der DDR.* 3., vollständig überarbeitete und stark erweiterte Neuausgabe, Köln 2013, S. 677–683.
16 Vgl. Kleßmann, *Arbeiter*, S. 38, 70.
17 *Die Entscheidung trifft stets das Kollektiv.* In: *Neues Deutschland* vom 04.07.1972, S. 6.
18 Kleßmann, *Arbeiter*, S. 42; Fulbrook, *Leben*, S. 244.
19 Schroeder, *SED-Staat*, S. 682.
20 Michael Meyen: *Öffentlichkeit(en) und heimliche Mediennutzung in der DDR.* In: Siegfried Lokatis/Ingrid Sonntag (Hg.): *Heimliche Leser in der DDR. Kontrolle und Verbreitung unerlaubter Literatur.* Berlin 2008, S. 35–51, hier S. 36.

Notes

More than Work

1 Peter Burke: *Augenzeugenschaft. Bilder als historische Quellen.* Berlin 2019.
2 Agneta Jilek: *Abgesang auf die Helden: Repräsentationen des arbeitenden Menschen auf den Porträtfotoschauen der DDR (1971–1986)*, in: Knud Andresen/Michaela Kuhnhenne/Jürgen Mittag/Stefan Müller (Eds.): *Repräsentationen der Arbeit. Bilder – Erzählungen – Darstellungen.* Bonn 2018, pp. 213; Gerhard Paul: *Das visuelle Zeitalter. Punkt und Pixel.* Göttingen 2016, pp. 551, 587; Mary Fulbrook: *Ein ganz normales Leben. Alltag und Gesellschaft in der DDR.* Darmstadt 2008, pp. 232.
3 Steffen Mau: *Lütten Klein. Leben in der ostdeutschen Transformationsgesellschaft.* Berlin 2019, pp. 48.
4 Christoph Kleßmann: *Arbeiter im »Arbeiterstaat« DDR.* Erfurt 2014, pp. 7; cf. also Mau, *Lütten Klein*, pp. 49 f.
5 Wolfgang Engler: *Die Ostdeutschen. Kunde von einem verlorenen Land. Berlin.* 1999, pp. 198 ff.
6 ibid.
7 Mau, *Lütten Klein*, pp. 18, 43–71.
8 Fulbrook, *Leben*, pp. 233 f.
9 Mau, *Lütten Klein*, pp. 49 f.
10 Gerd Dietrich: *Kulturgeschichte der DDR. Band III: 1977–1990.* Göttingen 2018, pp. 1617.
11 Fulbrook, *Leben*, pp. 248 f.
12 Wolfgang Hilbig: *Die Arbeiter. Ein Essai*, in: Hilbig, *Werke. Erzählungen und Kurzprosa*; published by Jörg Bong / Jürgen Hosemann / Oliver Vogel. Frankfurt am Main 2009, pp. 58–69.
13 Fulbrook, *Leben*, pp. 229 f.
14 ibid., pp. 230–242.
15 Klaus Schroeder: *Der SED-Staat. Geschichte und Strukturen der DDR.* Köln [3]2013, pp. 677–683.
16 cf. Kleßmann, *Arbeiter*, pp. 38, 70.
17 *Die Entscheidung trifft stets das Kollektiv*, in: *Neues Deutschland*, 04.07.1972, pp. 6.
18 Kleßmann, *Arbeiter*, pp. 42; Fulbrook, *Leben*, pp. 244.
19 Schroeder, *SED-Staat*, pp. 682.
20 Michael Meyen: *Öffentlichkeit(en) und heimliche Mediennutzung in der DDR*, in: Siegfried Lokatis/Ingrid Sonntag (Eds.): *Heimliche Leser in der DDR. Kontrolle und Verbreitung unerlaubter Literatur.* Berlin 2008, pp. 35–51, here pp. 36.

21 Zum Thema »Öffentlichkeit« in der DDR: David Bathrick, *The Powers of Speech. The Politics of Culture in the GDR*. Lincoln 1995.
22 Maxie Wander: *Guten Morgen, du Schöne. Protokolle nach Tonband*. Berlin [9]1992, S. 93.
23 Kleßmann, *Arbeiter*, S. 119.
24 Fulbrook, *Leben*, S. 245 f.; Mau, *Lütten Klein*, S. 38.
25 Vgl. Fulbrook, *Leben*, S. 245.
26 Ebd., S. 232–242.
27 Walter Süß: *Staatssicherheit am Ende. Warum es den Mächtigen nicht gelang, 1989 eine Revolution zu verhindern*. Berlin [2]1999, S. 61.
28 Dietrich, *Kulturgeschichte Band III*, S. 1620–1622.
29 Kleßmann, *Arbeiter*, S. 120–127.
30 Uwe Kolbe: *Hineingeboren. Gedichte 1975–79*. Berlin/Weimar 1980.
31 Kleßmann, *Arbeiter*, S. 115.
32 Andrew I. Port: *Die rätselhafte Stabilität der DDR. Arbeit und Alltag im sozialistischen Deutschland*. Bonn 2010, S. 339–357.
33 Thomas Ahbe: *Die DDR im Alltagsbewusstsein ihrer ehemaligen Bevölkerung. Die Ostdeutschen als Produkt der DDR und als Produzenten von DDR-Erinnerungen*. In: Jens Hüttmann/Ulrich Mählert/Peer Pasternack (Hg.): *DDR-Geschichte vermitteln*. Berlin 2004, S. 113–139, hier S. 117; Ders.: *Die Konstruktion der Ostdeutschen*. In: *Aus Politik und Zeitgeschichte 54* (2004), S. 12–22, hier S. 15 f.
34 Mau, *Lütten Klein*, S. 18, 150–155.

Wirklich – unwirklich

1 Dem *Organ des Zentralkomitees der Sozialistischen Einheitspartei Deutschlands*, so der Untertitel des *ND*; Tagesauflage 1,1 Millionen (1989). Nur die Tageszeitung der FDJ *Junge Welt* hatte mit 1,5 Millionen eine höhere Auflage.
2 Die Tageszeitung der »Hauptstadt der DDR«, war – wie alle anderen 14 regionalen Tageszeitungen direkt der SED-Bezirksleitung unterstellt – Teil des Pressemonopols der Partei; Tagesauflage: 345.000.
3 Unter http://zefys.staatsbibliothek-berlin.de/ddr-presse sind alle Ausgaben des *ND* vom 23.4.1946–3.10.1990, der *Berliner Zeitung* vom 21.5.1945–31.12.1993 und der Tageszeitung der Ost-CDU *Neue Zeit* vom 22.7.1945–5.7.1994 komplett abrufbar.
4 Das Zentralkomitee war formal das höchste Gremium zwischen den SED-Parteitagen. Bestimmend waren letztlich aber das Politbüro und der Generalsekretär.
5 Vgl. Stefan Pannen: *Die Weiterleiter. Funktion und Selbstverständnis ostdeutscher Journalisten*. Köln 1992, S. 21.
6 Vgl. Jürgen Wilke: *Presseanweisungen im zwanzigsten Jahrhundert*, Köln 2007, S. 285 f.

21 On the subject of the "public sphere" in the GDR: David Bathrick, *The Powers of Speech. The Politics of Culture in the GDR*. Lincoln 1995.
22 Maxie Wander: *Guten Morgen, du Schöne. Protokolle nach Tonband*. Berlin 1992, pp. 93.
23 Kleßmann, *Arbeiter*, pp. 119.
24 Fulbrook, *Leben*, pp. 245 f.; Mau, *Lütten Klein*, pp. 38.
25 cf. Fulbrook, *Leben*, pp. 245.
26 ibid., pp. 232–242.
27 Walter Süß: *Staatssicherheit am Ende. Warum es den Mächtigen nicht gelang, 1989 eine Revolution zu verhindern*. Berlin [2]1999, pp. 61.
28 Dietrich, *Kulturgeschichte Band III*, pp. 1620–1622.
29 Kleßmann, *Arbeiter*, pp. 120–127.
30 Uwe Kolbe: *Hineingeboren. Gedichte 1975–79*. Berlin/Weimar 1980.
31 Kleßmann, *Arbeiter*, pp. 115.
32 Andrew I. Port: *Die rätselhafte Stabilität der DDR. Arbeit und Alltag im Sozialistischen Deutschland*. Bonn 2010, pp. 339–357.
33 Thomas Ahbe: *Die DDR im Alltagsbewusstsein ihrer ehemaligen Bevölkerung. Die Ostdeutschen als Produkt der DDR und als Produzenten von DDR-Erinnerungen*, in: Jens Hüttmann/Ulrich Mählert/Peer Pasternack (Eds.): *DDR-Geschichte vermitteln*. Berlin 2004, pp. 113–139, here p. 117; id.: *Die Konstruktion der Ostdeutschen*, in: *Aus Politik und Zeitgeschichte 54* (2004), pp. 12–22, here pp. 15 f.
34 Mau, *Lütten Klein*, pp. 18, 150–155.

Real – unreal

1 The subheading of the *ND* (New Germany) is: *Organ of the Central Committee of the Socialist Unity Party of Germany*; Daily circulation 1.1 million (1989). Only the daily newspaper *FDJ Junge Welt* with 1.5 million had a larger circulation.
2 The daily newspaper for the "Hauptstadt der DDR" (GDR Capital) was – like all the other 14 regional daily papers under the control of the SED – a part of the party's press monopoly; daily circulation: 345,000
3 At http://zefys.staatsbibliothek-berlin.de/ddr-presse all the editions of the ND from 23.4.1946-3.10.1990, of the *Berliner Zeitung* from 21.5.1945–31.12.1993 and the daily newspaper of the East-CDU *Neue Zeit* from 22.7.1945–5.7.1994 are available for study.
4 The Central Committee was officially the highest committee among the SED conferences. In the end, however, it was the Politburo and the Secretary General who were in charge.
5 cf. Stefan Pannen: *Die Weiterleiter. Funktion und Selbstverständnis ostdeutscher Journalisten*, Köln 1992, pp. 21.
6 cf. Jürgen Wilke: *Presseanweisungen im zwanzigsten Jahrhundert*, Köln 2007, pp. 285 f.

7 Wie Karikaturen, Diagramme und Vignetten auch.

8 Verband der Journalisten (Hg.): *Handbuch des Kreiszeitungsredakteurs*, Ost-Berlin 1962, S. 109.

9 Ebd.

10 Vgl. Bernd Lindner: *Ein Land – zwei Bildwelten. Fotografie und Öffentlichkeit in der DDR*, in: Karin Hartewig / Alf Lüdtke (Hg.): *Die DDR im Bild. Zum Gebrauch der Fotografie im anderen deutschen Staat*. Göttingen 2004, S. 18–206.

11 Verband der Journalisten (Hg.): *Bild in der Presse. Handbuch für Journalisten*. Leipzig 1964.

12 Der wortfixierte Blick auf die DDR-Presse hält sich bis in die Gegenwart. So finden sich in der von Burghard Ciesla und Dirk Külow publizierten Geschichte des *ND – Zwischen den Zeilen* (Berlin 2009) – kaum Hinweise auf die Arbeit mit den Fotos in der Zeitung.

13 Hermann Budzislawski: *Sozialistische Journalistik. Eine wissenschaftliche Einführung*, Leipzig 1966, S. 200.

14 Stefan Ulfert: *Zentralbilder. Pressefotografie in der DDR*; http://pressegeschichte.docupedia.de/wiki/Zentralbilder (18.05.2011).

15 *Die Presse – kollektiver Organisator der sozialistischen Gestaltung*, Die 3. Pressekonferenz des ZK der SED, Berlin 1959, S. 208 f.

16 Konrad von Billerbeck: *Stand und Perspektive der Bildjournalistik*. In: Neue Deutsche Presse 12/1963, S. 3–7. Der Autor, Bildredakteur der Illustrierten *Für Dich*, gehörte zur Berliner Sektionsleitung der Bildjournalisten im VdJ.

17 Die *Neue Berliner Illustrierte*, prominenteste Illustrierte der DDR, erschien 1945–91 wöchentlich in 726.000 Exemplaren.

18 Die *ZiB* erschien ab 1946 – erst 14tägig, später wöchentlich – und ging 1969 in die *NBI* ein.

19 Die *Illustrierte Zeitschrift für die Frau* erschien von 1962–91 wöchentlich in 926.000 Exemplaren.

20 Die Auslands-Illustrierte der DDR – hrsg. von der Gesellschaft für Deutsch-Sowjetische Freundschaft – erschien von 1954–91 im 14-tägigen Rhythmus.

21 Die *Zeitschrift für Mode und Kultur* erschien von 1956–95 6x jährlich in 200.000 Exemplaren und war auch wegen ihrer hochwertigen Fotostrecken ständig ausverkauft.

22 Ab Mitte der 1970er Jahre gab es darin bereits Bildstrecken von bis zu vier Doppelseiten. Vgl. Interviews mit Mitgliedern der Gruppen im Themenheft *Fotografie in der DDR* der Zeitschrift *Bildende Kunst* 4/1984, S. 157–167.

23 Ebd. S. 151–156.

24 Vgl. dazu Bernd Lindner: *Widersprüchliche Bildwelten. Journalistische Fotografie in der DDR*. In: Berlinische Galerie (Hg.): Geschlossene Gesellschaft. Künstlerische Fotografie in der DDR 1945–1989. Bielefeld/Berlin 2012, S. 274 f.

7 Like caricatures, diagrams and vignettes as well.

8 Verband der Journalisten (Ed.): *Handbuch des Kreiszeitungsredakteurs*, Ost-Berlin 1962, pp. 109.

9 Ibid.

10 cf. Bernd Lindner: *Ein Land – zwei Bildwelten. Fotografie und Öffentlichkeit in der DDR*, in: Karin Hartewig / Alf Lüdtke (Eds.): *Die DDR im Bild. Zum Gebrauch der Fotografie im anderen deutschen Staat*. Göttingen 2004, pp. 18–206.

11 Verband der Journalisten (Ed.): *Das Bild in der Presse. Handbuch für Journalisten*, Leipzig 1964 and Heinz Frotscher: *Das journalistische Foto*, Berlin 1968.

12 The word-fixated attitude towards the GDR press persists to the present. In the history of the *ND* found in *"Zwischen den Zeilen"* (Berlin 2009), published by Burghard Ciesla and Dirk Külow, there are hardly any references to the way photos were handled in the newspaper.

13 Hermann Budzislawski: *Sozialistische Journalistik. Eine wissenschaftliche Einführung*, Leipzig 1966, pp. 200.

14 Stefan Ulfert: *Zentralbilder. Pressefotografie in der DDR;* http://pressegeschichte.docupedia.de/wiki/Zentralbilder (18.05.2011).

15 *Die Presse – kollektiver Organisator der sozialistischen Gestaltung*, The 3rd Press Conference of the Central Committee of the SED, Berlin 1959, pp. 208 f.

16 Konrad von Billerbeck: *Stand und Perspektive der Bildjournalistik*, in: Neue Deutsche Presse 12/1963, pp. 3–7. The author, the picture editor for the magazine *Für Dich*, belonged to the Berlin section leadership of the photojournalists in the VdJ.

17 Die *Neue Berliner Illustrierte*, the leading illustrated in the GDR, was published weekly 1945–91 with a circulation of 726.000.

18 The *ZiB* was published in 1946 – at first bi-weekly, later weekly – and became part of *NBI* in 1969.

19 The *Illustrierte Zeitschrift für die Frau* was published weekly 1962–91 with a circulation of 926.000.

20 The GDR's International Illustrated – published by the Society for German-Soviet Friendship – was issued bi-weekly from 1954–91.

21 The *Zeitschrift für Mode und Kultur* was published 6 times yearly from 1956–95 with a circulation of 200,000 and was constantly sold-out mainly as a result of its high quality photo spreads.

22 Photo series covering up to four double pages began appearing in various periodicals around the mid-1970s; cf. Interviews with member of the groups in the special issue *Fotografie in der DDR* from the magazine *Bildende Kunst* 4/1984, pp. 157–167.

23 ibid. pp. 151–156.

24 cf. Bernd Lindner: *Widersprüchliche Bildwelten. Journalistische Fotografie in der DDR*, in: Berlinische Galerie (publisher): The Shuttered Society: Art Photography in the GDR 1949-1989 (bi-lingual) Bielefeld/Berlin 2012, pp. 274 f.

25 So Signum-Mitglied Erich Schutt in: *Die Gruppe Signum – So habe ich das gesehen* (Katalog). Ausstellung im Gut Geisendorf – Kulturforum der Lausitzer Braunkohle 2010, o. S.

26 »Die Gruppe war bei der Parteiführung nicht mehr so gut gelitten – zu viele Individualisten«, erinnert sich ihr Mitglied Erich Schutt im Gespräch mit dem Fotografen Jürgen Matschie, August 2010.

27 Vgl. *Stichworte zur Fotografie in der DDR: Organisationen/Institutionen.* In: Foto-Anschlag. Vier Generationen ostdeutscher Fotografen. Hg. von der Stiftung Haus der Geschichte der Bundesrepublik Deutschland/Zeitgeschichtliches Forum Leipzig. Leipzig 2001, S. 146 f. Die gleichnamige Ausstellung (Kurator Bernd Lindner) wurde in Leipzig und Bonn gezeigt.

28 Vgl. Jeannette Stoschek: *Bilder im eigenen Auftrag. Eine Annäherung an das fotografische Werk von Evelyn Richter.* In: *Evelyn Richter. Rückblick – Konzepte – Fragmente* (Katalog zur gleichnamigen Ausstellung im Museum der bildenden Künste Leipzig). Bielefeld 2005, S. 22.

29 Vgl. Bernd Lindner: *Land im Wartestand. Gerhard Gäbler porträtiert das letzte Jahrzehnt der DDR.* In: Gerhard Gäbler: *Zeit ohne Wiederkehr. Fotografien aus der DDR von 1978 bis 1990.* Halle/Saale 2016, S. 153.

30 Alle wörtlichen Zitate Günter Krawutschkes sind entnommen: https://www.museumsfernsehen.de/gesichter-der-arbeit-der-fotograf-guenter-krawutschke-im-deutschen-technikmuseum/ (16.6.2020).

31 Bemerkenswerterweise wurde dieselbe Arbeitergruppe in der *Berliner Zeitung* vom 1. Februar 1977 (S. 3) unter Überschrift »Uns empfing eure heiße Freundschaft« lebhaft applaudierend gezeigt. Die dort abgebildete Großaufnahme entstand wenig später, während des Beifalls zur Rede Corvalans; dem durchaus die Sympathie vieler DDR-Bürger galt, nicht aber der um ihn inszenierten Politshow.

32 In: X. Kunstausstellung der Deutschen Demokratischen Republik, Dresden 1987/88 [Katalog], S. 405.

33 Lindner, *Widersprüchliche Bildwelten,* S. 276 f.

34 Roger Melis, im Ausstellungsführer zu *»Die Ostdeutschen. Fotografien aus drei Jahrzehnten DDR«*. Berlin 2019. Melis war Ende 1981 wesentlich an der Konstituierung der *Arbeitsgruppe Fotografie* beim Verband Bildender Künstler beteiligt, die der Fotografie in der DDR eine neue, unabhängigere Plattform gab.

35 Zuletzt Günter Bersch: *Passionen. Ein Bild ist nicht genug* [Katalog zur gleichnamigen Ausstellung in Erfurt, Eisenach, Gotha und im Eichsfeld]. Halle 2017; Barbara Köppe: *Frauen – Schönheit – Schicht. Frauen im VEB Kosmetik-Kombinat 1988/89* [Kunsthalle Talstraße, Halle/Saale 2019; leider ohne Katalog], sowie auch der Band zu Roger Melis' Berliner Ausstellung *Die Ostdeutschen.* Leipzig 2019 (vgl. Anm. 34).

25 Quote from Signum member Erich Schutt in: *The Signum Group – That is the way I saw it* (Catalogue). Exhibition in Gut Geisendorf – Kulturforum der Lausitzer Braunkohle 2010, n. pp.

26 "The party leadership was much less willing to tolerate the group – just way too many individualists," recalls former member Erich Schutt in an interview with the photographer Jürgen Matschie, August 2010

27 cf. *Keywords about photography in the GDR: organizations/institutions,* in: *Foto-Anschlag. Vier Generationen ostdeutscher Fotografen.* Published by the House of the History of the Federal Republic of Germany/Forum of Contemporary History Leipzig, Leipzig 2001, pp. 146 f. The exhibition with the same name (curator Bernd Lindner) was shown in Leipzig and Bonn.

28 cf. Jeannette Stoschek: *Bilder im eigenen Auftrag (Pictures on my own behalf). An encounter with the photographic works by Evelyn Richter,* in: *Evelyn Richter. Retrospective – Concepts – Fragments* [Catalogue to the exhibition with the same name which was shown in The Museum of Fine Arts, Leipzig], Bielefeld 2005, pp. 22.

29 cf. Bernd Lindner: *Land im Wartestand. Gerhard Gäbler portrays the last decade of the GDR,* in: Gerhard Gäbler: *Zeit ohne Wiederkehr. Fotografien aus der DDR von 1978 bis 1990,* Halle/Saale 2016, pp. 153.

30 All verbatim quotes from Günter Krawutschke are taken from: https://www.museumsfernsehen.de/gesichter-der-arbeit-der-fotograf-guenter-krawutschke-im-deutschen-technikmuseum/ (16.6.2020).

31 Remarkably, the same group of workers was shown vividly applauding in the Berliner Zeitung of February 1, 1977 (p. 3) under the headline "Uns empfing eure heiße Freundschaft" (We have been warmly received). The close-up depicted there was taken a little later, during the applause for Corvalan's speech; Corvalan certainly had the sympathy of many GDR citizens, but the political show staged around him did not.

32 In: X. Kunstausstellung der Deutschen Demokratischen Republik, Dresden 1987/88 [catalog], pp. 405.

33 Lindner: *Widersprüchliche Bildwelten*, pp. 276 f.

34 Roger Melis, in the exhibition guide to *Die Ostdeutschen. Fotografien aus drei Jahrzehnten DDR*, Berlin 2019. At the end of 1981, Melis was instrumental in establishing the Photography Working Group at the Verband Bildender Künstler (artists association), which gave photography in the GDR a new, more independent platform.

35 Lastly Günter Bersch: *Passionen. Ein Bild ist nicht genug* [Catalogue to the exhibition with the same name which was shown in Erfurt, Eisenach, Gotha and Eichsfeld], Halle 2017; Barbara Köppe: *Frauen – Schönheit – Schicht. Frauen im VEB Kosmetik-Kombinat 1988/89* [Kunsthalle Talstraße, Halle/Saale 2019; unfortunately no catalogue], as well as the book for Roger Melis' Berlin exhibition *Die Ostdeutschen*, Leipzig 2019 (cf. annot. 34).

Neue Berliner Beiträge zur Technikgeschichte und Industriekultur

ISSN 2511-3143

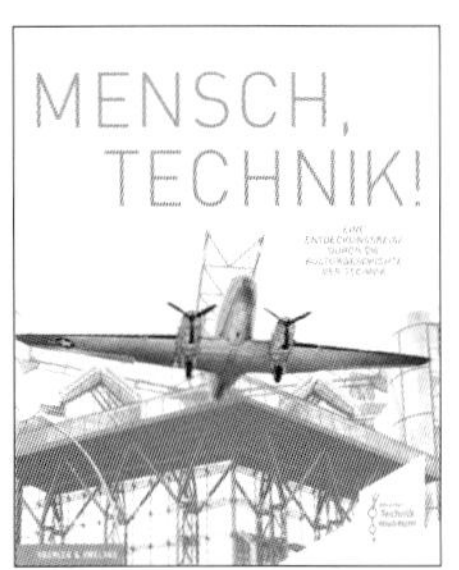

Bd. 1

Stiftung Deutsches Technikmuseum Berlin (Hg.)
Mensch, Technik!
Eine Entdeckungsreise durch die Kulturgeschichte der Technik

260 Seiten,
175 Abbildungen
ISBN 978-3-73380-395-7

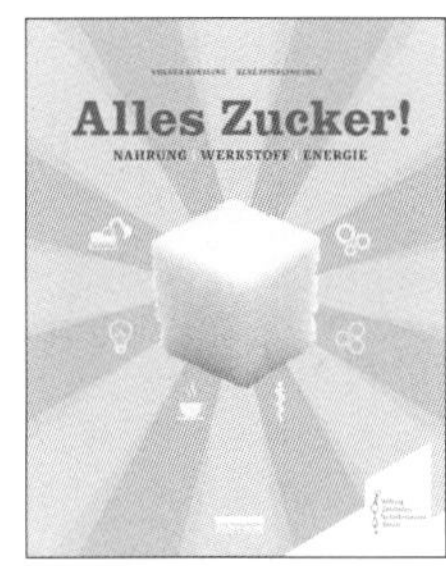

Bd. 2

Volker Koesling / René Spierling (Hg.)
Alles Zucker!
Nahrung – Werkstoff – Energie

256 Seiten,
185 Abbildungen
ISBN 978-3-89809-142-8

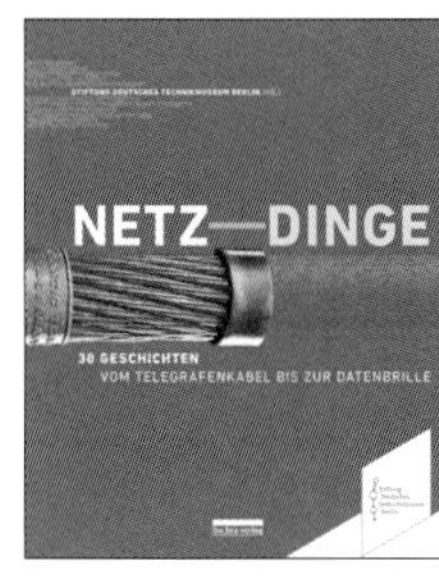

Bd. 3

Stiftung Deutsches Technikmuseum Berlin (Hg.)
Netz-Dinge
30 Geschichten – Vom Telegrafenkabel bis zur Datenbrille

176 Seiten,
105 Abbildungen
ISBN 978-3-89809-143-5

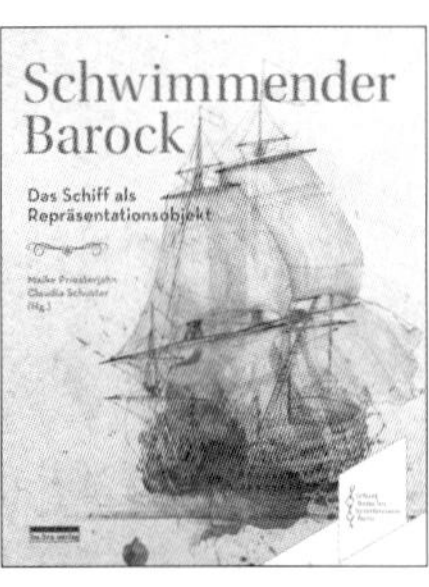

Bd. 4

Maike Priesterjahn / Claudia Schuster (Hg.)
Schwimmender Barock
Das Schiff als Repräsentationsobjekt

160 Seiten,
126 Abbildungen
ISBN 978-3-89809-153-4

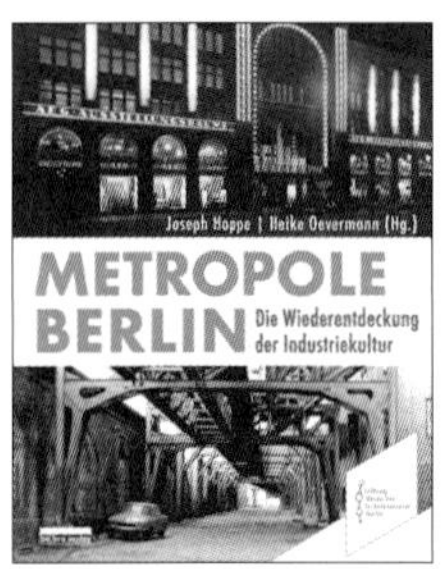

Bd. 5

Joseph Hoppe / Heike Oevermann (Hg.)
Metropole Berlin
Die Wiederentdeckung der Industriekultur

256 Seiten,
200 Abbildungen
ISBN 978-3-89809-167-1

New Contributions to Industrial Heritage and the History of Technology

ISSN 2626-1618

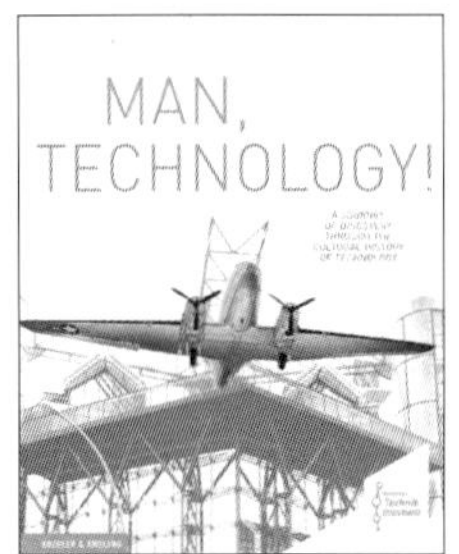

Vol. 1

Stiftung Deutsches Technikmuseum Berlin (ed.)
Man, Technology!
A Journey of Discovery through the Cultural History of Technology

200 pages,
175 illustrations
ISBN 978-3-7338-0396-4

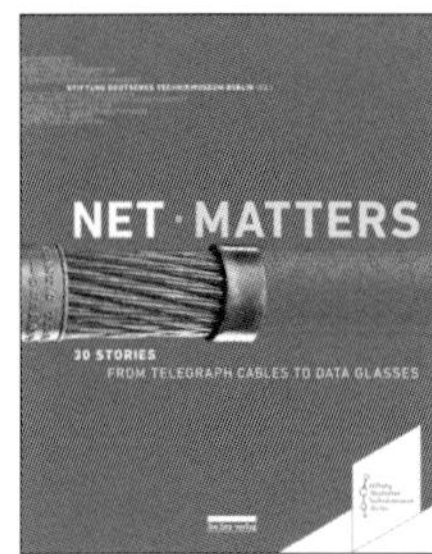

Vol. 2

Stiftung Deutsches Technikmuseum Berlin (ed.)
Net Matters
30 Stories – From Telegraph Cables to Data Glasses

176 pages,
105 illustrations
ISBN 978-3-89809-144-2

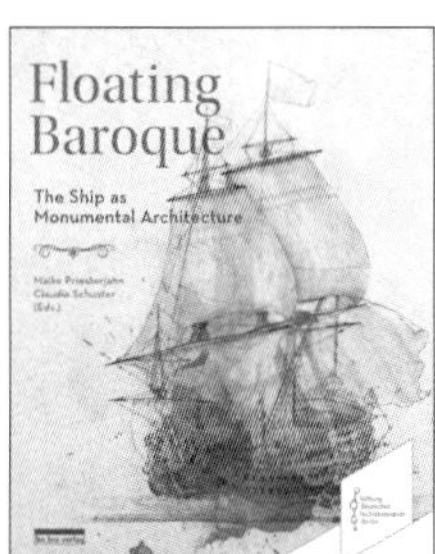

Vol. 3

Maike Priesterjahn / Claudia Schuster (ed.)
Floating Baroque
The Ship as Monumental Architecture

160 pages,
126 illustrations
ISBN 978-3-89809-154-1